吉野作造選集 7

中国論 一

岩波書店

編集
松尾尊兊
三谷太一郎
飯田泰三

凡例

一　本巻に収録した著作は次のとおりである。
『支那革命小史』(一九一七年刊)
『第三革命後の支那』(一九二一年刊)
『対支問題』(一九三〇年刊)

二　底本を可能な限り尊重したが、次の諸点については整理をおこなった。
1　漢字は原則として新字体を用い、異体字等はおおむね通行の字体に改めた。
2　合字は通行の字体に改めた。
3　句読点、中黒などについては基本的に底本のあり方を尊重したが、特に必要と認められる箇所に限り補正した。傍点については極端に多用されているものは省いた。
4　底本の明らかな誤字・誤植は正した。
5　振りがなについては、原文を尊重しながら、編者によって新かなで付した。
6　底本にある引用符は慣用に従って整理したが(引用文や論文名などは「　」、書名・雑誌名などは『　』)、引用符が原文にない場合はそのままとした。

三　編者による注記は次の原則によりおこなった。
誤記・脱字等によって文意が通じ難い箇所には、行間に〔　〕を用いて注記を加えた。特に注記が必要な場合は、本文中に〔　〕を付して挿入した。

目　次

支那革命小史

序

一、最近二十年に亙る支那の革命運動は、謂はゞ新支那誕生の生みの苦みである。支那に将来ありや否やの問題は、思ふに革命運動の前途如何に依りて決せらるゝであらう。支那に関して我国には各種各様の意見がある。而して著者は多大の同情と敬意とを支那民族に払はんとする立場をとる一人である。『支那革命小史』は実に、支那民族復興の努力を卒直に語るものたると同時に、又何故に著者が支那民族に敬意を表するかの理由を説明するものである。

二、支那革命運動の裏面には、毎《つね》に日本志士の援助が潜んで居る。故に正確なる支那革命史は、日支両方面より材料を集めて研究するの必要がある。換言すれば、支那革命史の大成は、日支両国の学者の協戮《きょうりく》に待たねばならぬ。而して此種の事業の未だ嘗て何人にも試みられざるは、著者の多年遺憾とせる所であつた。著者が支那革命史の研究に着手せしは、此種の緊急なる事業の端緒を作らんとするの微意に出でたのであつた。

三、著者は今『支那革命史論』の著作中である。甚だ不完全なものであるけれども近く之を公にせば、全然此種の論作を有せざる我国読書界に多少の貢献を為し得べきを自信する。併し此方は比較的浩瀚な著作である。一般の読者に向つては、モツト簡単なる形に於て支那革命運動の真相を伝ふるの必要もあらう。といふので更に縮述して本書一篇を作り、先づ之を公にすることにした。支那革命の由来、最近の政変の因縁等を知るには、之でも先づ十分であらうと信ずる。

四、猶本年五月の政変より復辟《ふくへき》失敗に至る間の政変を知るの便宜として附録〔八〕編を添へた。之は本年六月外交時報社の需に応じて書いたものである。今同社の承諾を得て巻末に附することにした。

五、本書は革命運動の抑《そもそ》もの初めより、第三革命の勃発に至る迄で筆をとめた。第三革命開始以後の変動乃至経過に就ては著者は別に近く『第三革命後の支那』なる一篇を公刊して詳細に之を説明する積りである。隣邦の近事に心を労せらるゝ読者は『支那革命小史』を読まれたる後、更に『第三革命後の支那』によりて最近の政局に通ぜられんことを希望する。

大正六年七月

著者識

目　次

附録　最近支那政界の二大勢力

第一章　支那革命運動の実体

革命運動に対する誤解　本文に入る前に、先づ支那の革命運動なるもの丶実体如何を明にして置かう。近頃では日本でも段々革命運動に就いての理解が正しくなつて来た様だが、仍《な》ほ未だ幾多誤解がないではない。況《ま》して外国人などの書いたものを見ると、革命運動の真相を適当に理解して居ないものが頗る多いのに驚くのである。甚しきは支那人の中にさへ之を誤解して居るものがあるのである。今その誤解の二三を挙ぐれば、例へば支那の革命運動なるものは、満洲に於ける馬賊の如き、若くは長江筋の哥老会《かろうかい》の如き、半分泥棒をやるものであるとか、或は人種の争ひで、満人と漢人との間に於ける単純なる競争に過ぎぬとか、或は政界の落伍者が自分の地位を回復する為めに騒動を起すのであるとか、又或は清朝を倒して明朝を回復せんとする一種の政権争奪に外ならぬとか、色々解釈を与へて居るのである。併し此等は総て誤解である。少くとも半面の観察に過ぎぬ。予の観る所に依れば、最近の革命運動は勿論、過去に於ける有らゆる革命運動は皆、其根柢に於ては「弊政改革」といふ政治的意義を有して居ると思ふのである。唯だ実際の運動として現はる丶際には、之に或は満人・漢人の争ひが附け加はり、或は単純なる政権争奪が附け加はり、又は馬賊や哥老会の如きまでが互に利用し利用されて之に参加するのであるから、外形の上に於て前記諸種の誤解を招くのも致方が無い様に思はる丶。併し之等は皆附随の一時的要素に外ならぬ。若し革命運動を過去現在未来に亙りて一の生命ある運動として観るならば、吾人は其の根柢に於て常に弊政改革といふ一種の熱烈なる思想の横流して居ることを看過することが出来ぬのである。

右の如く、近代支那の革命運動の根本思想は、弊政を改革して新支那の復興を図るといふことに在る。併し斯《か》かる思想は、世の進むと共に段々に拡がるべきものではあるけれども、之れが十分に一般国民に徹底するまでには長い年月を要する。十分に徹底しない以上は、如何に此思想に道理があつても、之れ丈けでは一種具体的の国民運動にはなり得ない。そこで若し先覚者が国を憂ふるのあまり、一刻も早く革命を決行せんとならば、純粋なる政治的改革の理想の外に、他に何等か国民の血を湧かすやうな題目を藉《か》り来るの必要がある。而して支那で第一にこの役目を勤めたものが即ち排満思想――満洲朝廷を倒すといふ思想――であつた。その後満洲朝廷は倒れ排満の口実が無くなるに至るや、二度目に、即ち最近の第三革命に利用されたのが、実に排袁思想である。尤も純粋の革命思想の方が十分に発展すれば、排満思想とか排袁思想といふやうな借り物の必要は段々減じて来る訳であり、袁世凱の死んだ今日となつては最早藉るべき何等の口実もなくなり、これからは純粋の革命思想一点張りで往かなければならぬのであるが、併し今日の革命思想が、果して純粋に独力で、よく独立の国民的運動を成就し得る程に発達せりや否やは、一の疑問であると思ふ。

革命思想と日清戦争　却説《さて》革命運動の根本をなす所の「弊政改革」といふ考が、一般に国民的希望としてずつと行き亘つて来たのは何時頃からであるかといふに、これは一般に日清戦争以来の事と云はれて居る。其の以前に於ては、一般の国民は因襲故習の支配する所となつて、もう斯《こ》ういふものだと諦めて不平も何も無かつたものと見へる(但し排満の思想は自ら別問題である)。其の一端は今日でも之を目撃することが出来る。大正五年の春予が満洲に遊びし時、奉天で聞いた話であるが、張作霖《ちようさくりん》部下の或る軍隊で秣《まぐさ》を買ふとき、検量に立ち合つた下士は、現に一貫目とあるものを五百目と叫ぶ。商人が之に故障をいふと頭を殴《な》ぐられるといふことである。之で泣寝入になつては商人が堪《たま》るまいと思ふと、御用商人も亦実は田舎に品物を買出しに行くとき、官商を笠に着て同じ様な不埒《ふらち》を働くのが常だといふことである。結局に困《くる》しむのは国民であるけれども、お上に物を売るのは斯うい ふものと諦めて、其の時だけの一時の不平で治りがつく。今日に於て猶然り。況して数十年前の過去に在つては、極めて少数の人が稀に之を不当と歎ずる者ありとするも、国民一般には政治改革などの思想は全然無かつたのである。然るに此思想が、極めて消極的意味ではあるが、漸く上下を通じて一の国民的意識とでもいふやうなものになつたのは、実に日清戦争からである。何故なれば此戦争は従来の迷想を一挙に打破し、官民両者を通じて其惰眠に一大警鐘を発《はな》つたものであるからである。従来支那の政府では、所謂「閉関絶市」と称へて余り外国の真似をしないでも国が立つて行けると思つて居つたのに、意外千万にも従来軽蔑し来れる日本と戦つて大敗を招いだ。是れ抑も何の故ぞ。又民間にしても、大国の支那が小国の日本に散々苦しめられた理由が解らない。開戦の当時日本の必敗を期したのは独り支那のみではない。当時英国ですら、よもや日本が勝たうとは思はなかつたのである。而して茲《ここ》に一旦疑念の起るや、彼等は漸く長夜の眠より醒めかけた。之れが好い刺戟になつて、茲に始めて政治改革の必要といふ事に着眼する様になつたのである。而して之は独り政府自身が何とか改革しなければならぬと考ふるに至つたのみならず、民間にも俄然として改革といふ考が起る様に立ち到らしめたのである。

康有為と孫逸仙　斯くて日清戦争を期として、時勢は正に一変した。然るにこゝに亦斯の時勢に乗じて現はれ、更に斯ういふ思想を一層深く国民の間に伝播した所の人物が二人ある。其の一人は康有為《こうゆうい》で、もう一人はいふ迄もなく孫逸仙《そんいっせん》である。時の趨向は此二人者の活働に依つて更に長足の発展を遂げしめられたのである。

康有為はもと儒教の学者である。彼は初め如何に改革すべきやの所謂改革の内容に付ては深く研究して居なかつたやうだ。けれども、兎に角今までのやうな政治のやり方ではいかぬ、何とか改革しなければならぬといふ熱烈なる希望には燃えて居つた。後に人を通じて日本維新以来の改革史を研究するに及んで、始めて日本のやうにやれば可い、日本を真似れば可いといふ考が定まり、即ち君主立憲といふ明確なる内容を有する改革論を主張する様になつた。彼の所謂「変法自彊」論は此主張の上に立つものである。尤も此思想は康有為に先じて譚嗣同《たんしどう》などが既に唱へて居つたと云ふものもあるけれども、今日のところ康有為が此の連中の代表者にされて居るやうである。

もう一人の孫逸仙に付ては多く言ふの必要はあるまい。彼は本来日清戦争の少し以前から一種の革命論を唱へて居つたのだけれども、夫《そ》れ迄は余り広く世間一般から着眼せられては居なかつた。孫逸仙はもと広東《カントン》省の百姓の子で、自分の兄の出稼して布哇《ハワイ》に居るを便《たよ》つて幼時自分も布哇に渡り、其地の「ミツシヨン・スクール」に学んだが、其間に自ら亜米利加《アメリカ》流の政治思想が頭に這入《はい》つて、遂に民主共和論を奉ずるやうになつたものと見へる。幼時洪秀全《こうしゅうぜん》に私淑したといふから、革命家たるの素質は本来有《も》つて居つた者と見へる。彼の本職は医者で、初め広東辺に病院を開いて居つたが、段々専門の革命主義者になり、盛に民主共和論を唱へ出した。されば広東附近には相当に知られて居つたが、併し全国一般には広く知られるまでには至らなかつた。それが日清戦争後になつて国民が改革といふ事を問題とする様になると、直に之と孫の名とが連想さるゝ事となつたのである。加之《しかのみならず》、彼は日清戦争後度々革命運動を南方に起したので、為めに其名漸く遍ねく世間に知らるゝやうになつたのである。

此の如く時勢に乗じて現出せる二改革主義者は、其一方の康有為は君主立憲主義を唱へ、他方の孫逸仙は民主共和論を主張して、各々論陣を進めて其勢力の拡張を図つた。尚これは後に説く事であるけれども、改革思想の此二つの系統は今日にも残つて居つて、革新主義の二大潮流を作つて居る。即ち漸進主義的傾向と急進主義的傾向と、換言すれば過激にやる派と穏かにやる派と、幾分か保守的の古い勢力とも調和して行かうといふ派と、何処までも一本調子で押し通さうといふ派と、二つの潮流に分れ、共同の強敵にでも遭ふといふ様な場合には一致するが、一般には動《やや》もすると分裂反目し易い関係になつて居る。是れ、畢竟孫逸仙派と康有為派との主義の対立から生ずるものであらう。猶《な》ほ聞く所に依れば、孫と康との個人的の感情も亦決して融和して居ないとの事である。孫は夫れ程でもないけれども、康にはどうしても孫と提携せんとするの意思がないといふ事だ。蓋し康より見れば、民主共和などを唱へる者は、少くとも清朝時代に在つては乱臣賊子でゞもあるかのやうに考へられたであらう。彼が戊戌《ぼじゅつ》の政変に失敗して明治三十一年我国に亡命するや、支那革命運動に同情ある日本の某名士は、孫・康両名士を提携させ、二つの勢力を一緒にして革命運動の成功を促進させやうと努めたけれども、孫逸仙は快く之を承諾したに拘はらず、康有為はどうしても聴かない。結局副島種臣伯を煩はし、彼を伯邸に拉し、筆談を以て勧説至らざるなかりしも、遂に動かなかつたといふ事である。されば先度の第三革命に於ても、袁世凱《えんせいがい》の生きて居る間は、彼も所謂南方党の一人として非常に働いたやうであるけれども、一旦袁世凱が死んで南北妥協の徴候が見へると、康有為並びに其同臭味の梁啓超《りょうけいちょう》の一派は、忽ち所謂純革命党と袂を分ちて官僚派に款《かん》を通じた。尤も康有為彼自身は、今日最早夫れ程重きを為さなくなつたけれども、而かも彼の衣鉢を継ぎて、漸進主義の名に隠れて純革命党を牽制せんとする分子の少からぬ事は、之を見逃してはならぬ。

改革思想と排満思想　康有為の方の意見は、所謂君主立憲論で、自づから清朝を奉戴しつゝ、政治的改革を実行しやうといふ方であるから、此種の改革思想が民間に段々拡がつても、為めに直に革命運動にはならない。只改革的精神を大に誘起したといふ点に於て、自ら革命思想の流行を助くる一因とはなつた。而して純粋の革命思想の発達を促した方は、言ふまでもなく孫逸仙の民主共和論であつて、此の方が夫《か》の排満思想と一緒になつて始めて具体的の革命運動となつたのである。予はもと甚だ支那の歴史に明ならず、詳細論断するの用意を有せざるも、聞く所によれば、王朝更代の際には、何時も新王朝に対する一部の反抗が烈しいものであるが、此反抗の勢は明末清初に於て特に非常に強烈であつたとの事である。こは内藤湖南博士の著『支那論』にも見へて居る（同書二五六頁以下）。又現在支那人間に行はるゝ伝説に拠ると、清朝では満人の風習を漢人に強制する為めに非常に惨酷な方法を取り、甚しきは虐殺などをやつた。政府が八釜しく干渉して陰蔽に努めたので、其事実は外間には割合に知られて居ないけれども、其事実を書いた秘密の出版物は、隠密の間に読まれて居る。さういふ種類の本は随分写本になつて今日に伝つて居るとの事である。其の中で最も有名なものは、『揚州十日記』とか『嘉定屠城記』などで、後世の人も之を読んで実に満人に対して血湧き骨躍るの感を養はれたるものである。而して斯ういふ憤懣の念も一つの主たる原因をなして、清朝時代には色々の秘密結社が出来たのである。之等の秘密結社の中には、他の目的に出づるものもあることは言ふを俟《ま》たないが、多くは排満思想に淵源するか、少くとも之を標榜するものであつて、夫の有名な哥老会などは、其著しき一好例である。さういふ「排満思想」が実に新に興れる「革命思想」と結び、共に清朝に反対する所から一緒になつて、こゝに段々一個の反対の運動が起る様になつたのである。又之は支那の友人に聞いた話であるが、斯ういふ形勢を馴致するに付ては鄒容《すうよう》といふ青年の書いた『革命軍』といふ本が非常に与つて力あるとの事である。予は未だ此本を見たことはないが、之には夫の章炳麟《しょうへいりん》が全力を傾投〔倒〕した序文を書いてあるので、非常に支那人に読まれたさうである。此本の為めに二人とも捕へられて獄に投ぜられたが、鄒容は間もなく獄中に毒殺せられたとの事である。

右述ぶるが如く、思想上に於ては、革命思想と排満思想とは既に立派に提携した。而して更に之を実際上に相結合せしめて現実の運動に利用したのは孫逸仙である。彼は明治二十六七年頃広東三合会の頭目鄭弼臣《ていひっしん》なる者と結托し、三合会の勢力をかりて大に革命運動の為めに気を吐いた。後明治三十六七年頃湖南方面に於て、黄興《こうこう》が馬《ば》福益《ふくえき》と結托したのも彼此連絡はないけれども、大勢に乗じたものに相違ない。かくて排満思想と革命思想とは、密接なる事実上の関係を結び、双方一緒になつて発現し、革命運動が段々に具体的勢力を増すやうになつたのである。

第二章　初期の革命運動

日清戦争頃の革命運動　革命を直接の目的とする運動が初めて暴動の形を取つて現はれたのは、孫逸仙が興中会を組織してからの事である。彼が興中会の徒党と共に事を起さんとしたのは明治二十八年の事である。其時の運動は、無論規模の小さい一寸したものであつた。その後種々大袈裟な形を取つてやり出すに至つたのは北清事件以後の事に属し、明治三十三年頃よりは段々盛んにやる様になつたのである。尤も此頃から孫以外に独立して事を起すものが現れて来た。併し其等の運動も物質上精神上共に準備が十分でなく、一寸やつても直ぐ失敗に帰して旨《うま》くいかなかつたのである。孫逸仙の第一次の運動は広東でやつたのであるが、衆寡敵せずして成功しない。たゞ海岸に近いだけに失敗しても割合に旨く逃げることが出来たのである。其後彼は成功の見込なきに拘はらず、屈せず撓《たゆ》まず運動を繰り返した。其勇気には感服の外はない。因《ちなみ》に云ふ。此時の失敗後孫は一時英国に逃れて居つたが、明治三十一年春再び帰りて横浜に滞在した。孫が日本人と相識つたのは此時からである。従て支那の革命が日本志士の多大なる援助の下に大規模にやる様になるのも、此時が端緒をなすのである。

戊戌の政変　さて此等の運動は概して孫逸仙がやつたのであるが、明治三十七年頃からは黄興などもやり始め、夫《それ》より段々外に同じ目的を以て運動するもの到る処に勃興して来たのである。而して此趨勢は義和団事件より一層盛になつたのである。義和団の原因に付ては色々の事があらうが、一つの主たる原因は矢張り康有為の政変に在る。康有為は前にも述べた如く君主立憲論を唱へ、始め湖南長沙府に学校を設け、又新聞などをも作り、盛に民間に運動をやつて居つたが、時の湖南省の巡撫《じゅんぶ》陳宝箴《ちんほうしん》及び提学使黄遵憲《こうじゅんけん》の推薦に依り、召を蒙りて北京に赴き、忝《かたじけな》くも光緒《こうちょ》皇帝から改革の相談を受けたのである、蓋し光緒皇帝も当時覚醒したる一人であつたのである。さて康は帝の旨を受けて愈々立憲政治を施さうといふ事になつたが、其の為めには保守連や西太后の如き邪魔物〔者〕を追ひ除けねばならぬ。それには袁世凱の力を借りる必要があるといふ事になつた。袁は日清戦争の時に一旦中央を退いたけれども、戦争後再び乗出し、時恰かも清朝亦覚醒して、軍制の改革を叫ぶに遇ひ、彼は命を受けて、天津附近の小站《しょうたん》といふ処で新式の軍隊を編成することになつた。初めは二三千位の兵であつたといふが、新式といふ所から人の注目を惹いたのであらう。康は其の兵隊を利用しやうといふので、袁世凱を抱き込んだのである。然るに袁世凱は途中裏切つて一切の密謀を栄禄《えいろく》を通して西太后に密告したと云はれて居る。其の結果にや、改革運動は遂に挫折して、光緒皇帝は幽閉の憂き目に遭ひ、康有為一味の者は多くは縛に就きて刑戮せられ、僅に康と其の僚友の梁啓超及び王照《おうしょう》の三人が身を以て日本に逃れ了せたのであつた。譚嗣同等は皆此時殺されたのである。是れ実に光緒二十四年(明治三十一年)八月十三日の出来事である。

義和団事件　此の出来事の結果西太后が再び政権を握ることになり、それからして清朝は極端なる保守的となつた。この趨勢に乗じて義和団が起つて来たのである。この動揺の渦中に端郡王《たんぐんおう》といふのが現はれて来たのであるが、此の端郡王は元来光緒皇帝の立つ前に皇太子になるべき順序にあつた人である。それが色々のことから除外せられたのであるが、光緒皇帝には子が無いので、西太后は皇儲《こうちょ》を醇親王《じゅんしんのう》家に求めずして、恣《ほしいまま》に今度は端郡王の子を皇太子に立てんとしたのである。それにつれて端郡王が中央の政海に頭を擡げるやうになり、次第に勢力を得たのである。而して王は実に極端なる保守主義を唱へ、為めに義和団の起るや、忽ち其排外運動に加担したのである。それ故に義和団事件は畢竟、一つには康有為の所謂戊戌政変の反動として起つたものといつてもよい。さて此事変に際し、外国は黙つて居られなくなつた。それは、あの時は独り団匪許《ばか》りでなく、立派な官兵も之と一緒になつて、列国の公使館を囲み、扶清滅洋を旗章として、外国人を鏖殺《おうさつ》しやうとしたからである。彼等は実に外国人を皆殺しにして、やがて世界を併呑しやうといふ意気込みで騒ぎ立つたのである。為めに外国人は長い間籠城の苦を嘗《な》めたのである。そこで各国聯合軍は清兵に対して奮起した。間もなく北京の籠城は救はれ、清軍は段々追ひ捲くられ、其の結果、西太后を始め光緒皇帝以下百官有司は陝西《せんせい》省の西安に蒙塵《もうじん》し、北京一帯の地は外国人の支配する所となつた。

義和団の変に乗ぜる革命運動　さて天下が斯ういふ形勢になると、こゝに此好機会に乗じて一つ事を起さんとするものあるは当然である。先づ第一に孫逸仙が広東省の恵州に於て再挙を企てたのである。其の時起した運動は、結局失敗したけれども、更に風を聞いて起つたものが沢山ある。其中に吾々の注意に値するものは唐才常《とうさいじょう》の乱である。

唐才常は、湖南省の人で、康有為や譚嗣同の同志であり又其の親友である。彼初め康有為と同じく、日本の真似をしやうといふので、現に上海で仮設国会即ち国会の真似事などをやつて、有志者と一緒に他日の準備を攻究して居つたが、どんな風にやるものか実地見学をしやうといふので日本にも来た事がある。尤も内々には革命運動の助けを得る積りで――日本には同志者も居り革命派も居るから、其の積りで――日本に来たのである。又彼は元来康有為と共に君主立憲論者であつたけれども、実は清朝に対してそれ程恩義を感じて居なかつたと見へて、間もなく民主共和の思想に改宗して仕舞つたらしい。併し彼は表面上の主義としては飽くまでも君主立憲説であつた。そこで一つ武昌辺で旗揚げをしようといふので、先づ当時の湖広総督張之洞《ちょうしどう》を殺さうと考へたのである。然るに之が張之洞の為めに早くも発見せられ、且又色々手違ひもあつたので失敗に帰して仕舞つた。けれども、此時に唐才常と一緒に多数の有為な青年が命を棄てた――青年といつても三十内外の人であるが――のである。あゝいふ人が命を棄てたといふので之がまた後より来る湖南の青年を鼓舞する上に非常な影響を及ぼしたのである。

唐才常の挙兵を伝聞して当時黄興も亦起つて事を挙げんとした。黄興の名が革命運動に現はれたのは先づ此時からといつてよい。而して黄興が此時事を起さんとしたのは、唐才常から頼まれたのではない。彼此の間に連絡は無かつたけれども、唐才常がやるならば自分も応援するといつて起つたのであらうと思ふ。処が唐才常が破れる。そこで彼も運動を中止した。

唐才常の旗揚げと前後して、孫逸仙も亦恵州で事を挙げたことは前述の通りである。台湾総督府が孫の革命運動に関係があつたといふ訛伝《かでん》のあつたのは、此の時のことである。

第三章　清朝末期に於ける革命的機運の熟成

日露戦争の影響幷に日本留学　右の如き事情からして、段々革命的気分が国民の間に拡まつて来つゝある所へ、清朝の末年に及んで日露戦争が起り、其の影響によつて、改革的精神は更に猛然として振ひ起つた。独り民間のみならず、政府の側でも、進んで庶政を改革しなければならぬことに気が付いた。さうすると、民間の方では、前々から革命思想が盛んになりつゝある所へ、政府の方でも改革を叫び出したので、従来は危険思想の圧迫といふ名に押されてこつそり唱へて居つたのが、今度は政府の公許の下に公然と革命論を主張することが出来るやうになり、其の結果更に急激の進歩を見た。後遂に第一革命の成功するに至つたのも、つまりは此機運に促された結果に外ならぬ。

当時官民両方面を通じて改革思想の急激に盛になつたに付ては、外勢の圧迫といふ原因も手伝つて居ることを見ねばならぬ。鉄道電信といふが如き新事物も慥《たしか》に支那人を刺戟したに相違ない。独逸《ドイツ》の膠州湾《こうしゆうわん》占領(明治三十一年二月六日)と云ふやうな侵略的行動も亦、斯かる外国の勢力に対抗するには是非とも政治の改革をしなければならぬといふ考を強めた事であらう。併し之等のものに勝りて特に深く革命思想を非常に支那の人心に植え付けた物は外国留学である。詳しく云へば留学による外国文物の直接見分〔聞〕である。中にも最も著しき結果を示した物は日本の留学であつた。抑も日本留学は、日露戦争前頃から盛になつたが、之は一つには梁啓超の力であるといふ事である。梁啓超は戊戌の変に際し、日本に亡命して親しく其文物を見聞するの機会を得た。大に日本の勃興に感激したものと見へて、頻りに日本を学んで改革を計るべきを得意の名文に依つて故国の青年に訴へた。之に動かされて日本留学に志した青年は非常に多いとの事である。先度の革命運動に真つ先きに旗揚げした蔡鍔《さいがく》の如きも、実に梁啓超の招ぎに依つて我国に遊学した其の門下生の一人である。序に蔡鍔に付て一言するが、彼は最初日本に来て政治法律を学ばんとして居つたが、革命運動の成功には自ら進んで軍人になる者の輩出するを必要とするとて、元来蒲柳の質なるに拘はらず、率先して士官学校に入つたとの事である。蔡鍔の外、現に今度の運動に非常に尽力して居る李書城《りしよじよう》・張孝準《ちようこうじゆん》・李《り》烈鈞《れつきん》・李《り》根源《こんげん》等も皆此種軍人留学生であつた。

さて此等の留学生は初めは概して皆自費生であつたが、日露戦争後政府も大に覚醒して是非日本を学ばざるべからずといふことになり、中央政府並に各省官庁からも続々官費の留学生が来ることになつた。而してさういふ者が日本に来ると、必ず直ぐ革命家になるのである。これは何も不思議な事ではないので、例へば土耳其《トルコ》の青年が独仏諸国に留学すると何れも皆青年土耳其党になると同じ理窟で、弱国の元気ある青年が、突如強国の文明に接すると、直ぐに革命家になるは当然の事である。故に西欧諸国に遊べる土耳其の青年と同じやうに、支那の青年も亦日本に来て直に青年支那党とでもいふべきものになり、急進的改革思想を抱いて帰つて行くことになる。元来支那政府では、初め外国に留学生を送る時に、何国を択ぶべきかにつき色々議論があつた。日本は君主立憲国であるから、別に危険もあるまいと相談一決し、安心して我国に留学生を出すこと丶なつたのださうである。然るに事は予想に反し、誰も彼も革命党になるので、支那政府は其予想外なるに大に驚いたのである。而して一時は其原因を孫逸仙が日本に在りて革命思想を吹き込むに在りと断じ、嘗つて慶親王《けいしんのう》をして伊藤公を通じ、孫逸仙の放逐を日本政府に依頼した事もある。孫が三十八年の秋飄然として我国を去り、南洋を経て亜米利加の方に向つたのは之が為めである。然るに孫逸仙が去つても、青年留学生の態度は依然として変らない。来る者〳〵皆革命主義者になる。而して彼等は啻《ただ》に革命主義者になる許りではない。更に日本で革命主義の雑誌を拵《こしら》へ、それを本国に送つては大に主義の伝播に努むる。日本から帰つた者も亦、或は其父兄に、或は其友人に、盛に革命思想を鼓吹する。かくして日本留学は多数の有力なる革命青年を作り、此等の青年は亦帰郷後各地に散じて更に大に革命思想を伝播したのである。

留学生の二派　尤も日本に来て思想上の変革を受けたもの、間には、所謂革命的民主共和論者の外に、君主立憲論者も少からずある。同じく君主立憲論者の中にも、康有為・梁啓超一派の漸進的君主立憲論もあれば、先年帝制問題で再び注目を惹いた楊度《ようど》の主張するが如き所謂君主立憲国会速開論もある。此の二つの君主立憲論に対抗するのが民主共和派で、それが一番盛んであつた。当時法政大学に附設せられた速成科の学生が此派の中堅となつて居つた。夫の汪兆銘《おうちょうめい》の如きは其中の錚々たるもので、彼は後老文豪章炳麟と結托して中国同盟会の機関たる『民報』に拠り盛に留学生の間に革命思想を鼓吹したのである。民報は支那では無論発売禁止であつたが、内々で盛に輸入せられたとの事である。之に反対して梁啓超は先に『清議報』を後には『新民叢報』といふ雑誌を出し、大に君主立憲論を唱へて民主共和派と論戦を交換した。斯くて留学青年の間には、当時支那の政治を改革せねばならぬといふ点には双方一致して居るけれども、どう改革しやうかといふ具体的の問題になると、君主立憲論と民主共和論と大体二つに分れて大に言ひ争つて居つたのである。併し兎に角さういふ工合で、改革の思想は非常に青年留学生の頭に浸み込んで、苟《いやし》くも日本に来た程のものは、民主共和か君主立憲か、孰《いず》れかに必ず這入らなければならぬといふ形勢になつた。而して其の中で何れかといへば民主共和の方が景気がよかつたのである。斯くして居る間に、明治三十八年に至り中国同盟会といふ革命党の秘密結社が日本に成立し、之に依つて日本在留のすべての革命主義者の大結束が出来、革命派の勢は更に一段と加はることになつた。猶この中国同盟会組織のことは後に詳しく説く機会がある。

新革命青年と孫文との比較　右の如き次第で、日本に留学した者の中から多数の革命主義者を輩出したのであるが、之等の連中が実に今日の革命党の中堅を為す者である。而して之等の一派は又実に孫逸仙一派の革命家とは大に其趣を異にする者なることを注意せねばならぬ。蓋し之等の青年留学生は、日本に留学したことに因て革命家となつたもので、孫逸仙とは何等直接の関係はない。全く孫の影響を受けないとは申されぬが、孫逸仙とは革命家となつた所以の出発点が違ふ。少くとも彼等は一面熱烈なる愛国者たる点に於て、孫逸仙とは根本的に其思想を異にする。孫逸仙の方は何れかといへば、余程コスモポリタンで、国家的畛域《しんいき》を重視せぬ。従つて彼は清朝を倒して共和の主義をさへ貫徹し得るなら、外国の資本に依らうと、其の勢力を借らうと、又は日本の政治家に頼らうと、総じて外勢外援を利用することを厭はない。処が青年留学生連の革命主義者に至つては、元と〳〵愛国的精神に燃ゆるの余り革命家となつたものであるから、孫逸仙の様に甘じて外援に頼ることを肯《がえん》ぜぬ。伝ふる所によると、三十三年の恵州事件の際、孫は台湾を策戦の根拠とするの承認を得るなら、他日厦門《アモイ》は日本にやつてもよいと約せんとしたとの事であるが、斯《かく》の如きは今日の革命派青年の断じて許さざる所である。斯ういふ所から今日多数の革命派と孫逸仙系統の一派とは、動もすれば相離れんとする傾がある。中国同盟会組織（此事は次章に詳述する）の当時已に両派の暗闘があつたが、今日では孫逸仙の系統は殆んど別物の取扱を受けて居るらしい。現に今次の第三革命にも孫派は何の関係もなかつた。孫は従来支那革命の元祖たりし丈け、革命といへば直に孫を連想するも、彼の革命思想乃至計劃を以て今日の革命党を推断するは実は大なる誤りである。

清朝政府の改革計劃　斯くて兎に角日本に留学した程の者は、殆んど皆革命思想を抱いて帰る。又これを盛に知己友人の間に弘める。支那到る処殆んど改革革命の声を聞かぬ処が無い程になつた。尤も之は其頃清朝自ら改革を唱ひ出した為めに、革命党が改革論を行《や》るに大なる便宜を得たといふ理由もある。清朝政府は一度北清事変の結果として改革の必要に逼《せま》られたが、日露戦争の起るに及び、更に自発的に深く改革の必要を感じたのである。その理由は、支那人も亦一部の西洋人と同様に、日本の露国に勝てるは、立憲政治が専制政治に勝てるなりと速断したからである。かくて立憲政治にさへすれば、支那も直に強国になれると考へた。且つ又立憲政治は総ての人が政権に参与するといふ点よりして挙国一致の実が挙る。支那のやうな専制政治では、政府と人民との関係が遠いから、挙国一致が出来ないといふて、立憲政治でなければ統一した強国が出来ぬといふやうな考になり、一時は何事につけ立憲々々といふ言葉が非常に流行したものである。さういふ風に清朝政府の方でも大に動いて居つた所へ、張之洞や袁世凱などが亦献策して頻りに政治改革の必要を説き立てたので、改革の機運は益々熟して来た。而して遂に明治三十八年にはいよ〳〵憲法研究の為めに所謂出洋憲法考査大臣といふものを海外に派遣することになつた。日本にも来て長く有賀博士や故穂積八束先生などの講義を聴いて往つた事は人の知る所である。其外法律の改正もやるといふので、我国より岡田朝太郎先生や志田鉀太郎先生、松岡義正博士などを招聘して法律の制定に当らしめた。果して徹底した改革をやつたかどうかは別問題として、兎に角何等かの改革を幾分実行した事は疑ない。それに袁世凱の如きは、当時直隷《ちよくれい》総督として天津に在り、先づ配下の直隷省に於て、或は司法機関を独立さするとか、自治制を試行するとか、警察監獄を改良するとか、新式の学校を建つるとか、色々の新事業を試みた。之等の改革は大体に於ては極めて不徹底なるものであると思ふけれども、彼は之を巧妙なる文章を以て誇大に西太后に報告したので、改革論は益々勢力を増して来る。斯くして立憲政治の実施は殆んど争ふ可らざる天下の輿論となり、其結果は即ち明治四十一年八月の憲法準備清単となつて現れた。之は向ふ九ケ年を期して、第一年には何、第二年には何、第三年には何といふやうに、九ケ年を以て完全に立憲政治を実行するといふ案であつた。かくの如く清朝自身が既に卒先して改革するといふのであるから、久しく人目を避けて民間に隠れて居つた改革思想は、今や白昼公々然として、或は新聞に或は演説に主張せらるゝやうになつた。つまり従来の危険思想は今や政府公認の下に堂々と唱へられるやうになつたのである。

中央政府権威の失墜幷に諮議局資政院に於ける民論の横行　斯かる形勢に進んで来た所へ、もう一歩進めて改革論・革命論の流行を一層盛にしたるものは、憲法準備清単に基いて明治四十二年始めて開かれたる各省諮議局《しぎきょく》である。諮議局の開催と関連してもう一つ注目せねばならぬことは、四十一年の末から四十二年に掛けて、清朝中央政府の威力が俄然として減退したことである。そは従来中央政府に幾分重きをなし来りし人々が、此の頃打揃うて中央から取り去られたからである。即ち四十一年の十月二十二日(陽暦)には光緒皇帝がお崩《かく》れになつた。二日隔てゝ二十四日には西太后がお崩れになつた。かくして北京政府は一時に二人の中心点を喪つた。其後を継いだものは、当時五歳の醇親王《じゅんしんのう》の長子溥儀《ふぎ》である。父の醇親王乃ち摂政王の位に就いた。同親王は元来皇族中賢明の聞え高かつた方ではない。従つて今度中央に多少でも重きをなす人といへば、先づ慶親王に次いでは張之洞・袁世凱の徒である。所が翌四十二年正月に、醇親王は兄君光緒帝の恨を慰めんとにや、袁世凱を一挙にして斥けた。更に其の年の十月には長く一世の重望を負ふて居た張之洞が死んだ。かくて後に残つたものは一慶親王である。当時外務大臣をして居た那桐《なとう》などは、案外凡庸の人である。而して青年皇族は挙げられて各部の大臣となつたが、其無識と無謀とは彼等を駆りて極めて軽薄なる政治を行はしめた。斯くて政府は民間より大に鼎の軽重を問はるゝといふ訳になる。此時に当りて各省に於て諮議局が開かれたのである。果せる哉、諮議局は当初創設の趣意に反し、政府の圧迫に久しく鬱屈せし革命論の公然と主張せらるゝ公設の機関となつた。従つて盛に行政部と衝突する。而して当時期せずして各省の諮議局で普《あまね》く主張せられし問題の一は国会速開論であつた。九年は長過ぎて待つて居れぬから、来年直ぐに国会を開けといふのが、期せずして各省に起つた意見である。各省諮議局は皆大多数で此意見を通過した。而して此運動は各省別々にやるよりも、聯合してやつた方が遥に有効であると唱へて、各省聯合を策したのが、前内務総長の孫洪伊《そんこうい》である。彼は当時直隷省の諮議局議長であつた。彼の案によれば、一名づゝの代表者を各省から出して、聯合して国会速開運動をやらうといふのである。各代表者北京に会するに及び、こゝに国会速開請願団といふものが出来た。此請願団は是非とも国会は来年から開いて貰はねばならぬといつて政府に逼つた。政府は之を拒絶するの辞に窮し、遂に此運動の果して国民多数の意見に合致するや否やの知り難きを以て答ふるや、請願団の有志は転じて国民多数の調印を得べく各地に奔走することゝなつた。而して此機会を利用して、彼等はまた直接国民に公然と革命思想を伝ふることを怠らなかつた。時恰かも日本にある革命党本部は支那各地に在る其支部と諜《しめ》し合はして、着々其準備を成しつゝある。即ち遥に請願団と策応して同志を多数各地に派遣し、以て遊説を助けしめた。其の時にまた丁度に政府を攻撃するに都合の宜い事件が起つた。それは満洲方面に於ける日露の活動で、中にも露清条約の如きは尤も支那の外交的屈辱を語るものである。革命派は乃ち此国辱を問題として政府攻撃の材料としたのである。之れ実に明治四十二年の事である。

翌四十三年には憲法準備清単の規定によりて、仮国会即ち資政院を開く事になつた。然るに資政院の議員も亦北京に乗込み、輦轂《れんこく》の許《もと》に在つて公然と革命論をやる事になる。資政院の開会は四十三年九月であるが、開会早々例の国会速開案が議員より提出せられ、之が殆ど満場一致を以て可決された。即ち来年直に国会を開くといふのである。之等の過激なる議論に辟易し、政府は到底之に抵抗する事が出来ぬと見たものと見え、然らば年限を短縮して宣統五年を以て国会を開かうといふ宣言を発した。以て如何に民論が実際上清朝を動かすの力となつて居たかゞ分る。而かも従来散漫なりし民間有志の諸勢力は、此時既に已に日本に於て統一された。革命党は更に急に大勢力となつた。翻つて支那の中央政府を見るに、日に月に民心を失し、其軽佻なる施政は益々政府を邪路に誘ふて居る。茲に乗ずべき機会は遠からず来るであらうとは革命党領袖の斉しく抱く所の観察である。斯くして遂に夫の第一革命は起つたのである。

附記　次に掲ぐる中国同盟会成立後、第一革命の勃発に至るまでの間に、また数回の暴動はあつた。明治四十年孫文《そんぶん》の恵州再挙、四十二年孫黄提携の鎮南関《ちんなんかん》事件、四十四年春の黄興の黄花《こうか》崗《こう》の変の如き其重なるものである。

第四章　第一革命

さてこれより第一革命の本論に入る。

一　中国同盟会の成立

孫黄の握手と中国同盟会の成立　第一革命を起すの原動力となつたものは中国革命同盟会（略して中国同盟会と云ふ）の組織である。中国同盟会の組織によりて革命主義者の大同団結を見たのは、大勢上自ら斯くあらねばならぬものと思はれぬことはないが、之が直接の動機を作つたのは新来の孫逸仙と黄興との握手であらう。孫は前回に述べたる恵州事件（明治三十三年）の失敗より暫く外国に放浪して居つたが、三十七年の暮再び日本に帰つて来た。其の頃日本に沢山の支那留学生が居つたが、其の間に中堅となつて盛に革命を論じて居たのが黄興である。黄は孫と相並んで支那革命党の二大人物と称せらるゝ人であるけれども、此両人は此時までは全く未見の間柄であつた。而して此二人の間に立つて紹介の労を取つたのは宮崎滔天君等であると聞いて居る。而して此両人の提携が端なくも在留革命青年の大結束を生むに至つたのである。蓋し当時我国に在留せし留学生の多数が斉しく革命思想を懐《いだ》くものなることは、疑なかつたけれども、警察の取締りなどが相当に八釜しかつたので、有志がより〳〵小会合を催す位のことはあつたが、全体どれ丈の人が同志同主義なりやは精密に分らない。そこで一派の策士が、一つ景気を測つて見やうとて、瀬踏みに開いたのが東京麹町区飯田河岸の富士見楼に於ける孫文先生歓迎会である。初め四五十人も来会者があらうかといふ予想であつたが、当日となりて来会の有志定刻前に四五百人の多きに達し、遅れて至るものは会場内に入り切れずして道路に溢れる有様であつた。そこで発企人は固《もと》より、孫逸仙も亦非常の満足で、是ならばといふので、改めて各省から数名の委員を出さしめ、総勢三四十人の委員を集めて革命運動の秘密結社を作るの相談をした。此時に集つたのは内田良平氏の私邸であると聞いて居る。其結果議纏《まと》まり、愈々発会式を挙行するの段取に進んだが、之にも大に会場の物色に苦んだ。何となれば発会式となればどうしても数百の人が集るべく、夫れ程多数の支那人の集会となれば大に警察から睨まれる恐あるからである。当時の日本政府は、清朝に対する義理として、厳重に革命党を取締り、殊に孫逸仙の来朝後は、支那公使館の方と共に、熱心に其動静に注意して居つたのである。斯くして彼等が苦心して探しあてたのが、赤坂霊南坂附近の坂本金弥氏の別荘であると聞いて居る。坂本氏の友人が、主人に会合の目的を告げずして其私邸の大広間を借り込んだのださうだ。兎に角斯くの如くにして中国同盟会は東京に於て成立した。孫逸仙は挙げられて総裁となり、黄興は実行部長に、宋教仁《そうきようじん》・張継《ちようけい》等の諸氏は幹事として各地方との連絡の衝に当ることにした。先づ東京に本部を置き、上海、香港、新嘉坡《シンガポール》等の要地にして同志者の居る所にはそれぐ〜支部を設けた。是《ここ》に於てあらゆる革命主義者は、始めて統一ある団体に綜合せられ、革命運動も亦不完全ながら組織的に行はるゝの端緒を開くことになつた。これ明治三十八年の秋のことである。

軍人革命派　尚ほも一つ之《これ》と関聯して申し置かねばならぬのは、今後如何に組織的にやるとしても、革命運動に本当に成功するには、如何しても軍隊の力に倚《よ》らなければならぬといふので、此頃段々革命主義の青年中に自から進んで軍人を志望するものを生じ、其結果又自然各種の軍人同盟が出来たことである。尤も当年の留学生中には、前記の動機と関係なく、初めより軍人になる考で居つたものもある。そは日露戦争に刺戟された支那では、何よりも第一には政治の改革、之に次いでは軍制の改革を急要となし、従つて此両方面に於て大に日本に学ばんとし、政府亦此旨を以て大に留学生の派遣を奨励したのである。而して之等の軍人志願者は、初め振武学堂とか成城学校とかに学んで居つたのであるが、後ち《の》支那政府から日本陸軍省に懇願し来るに及んで、毎年一定数の秀才は、我が陸軍士官学校に於て正式の教育を授くることになつた。而して初め数回の間は、志望者を本邦在留学生中より募集したのであるが、在留年少革命主義者は渡りに船と喜んで此募集に応じたのである。中には当初政治法律を学ぶ積りで来た者までが、中途転じて此募集に応じた者も少からずある。此中には中々偉らい人も多い。殊に第三期(明治三十九年)には非常に多かつた。蔡鍔は即ち此第三期生である。其他第一期の呉禄貞《ごろくてい》、第六期の李烈鈞、李根源、唐継尭《とうけいぎょう》などは皆此頃の軍人留学生中の牛耳を取つた人々である。なほ此事は後ち支那の政府にも分つて来た。そこで第六、七回目頃からは日本で募集することをやめ、支那で選択して派遣することに改めた。然し斯くして支那から派遣せらる、学生は日本に来る迄は革命党ではないが、来ると忽ち革命党になつて仕舞ふ。尤も満人などが別に聯合して満人だけの団体を作り、以て純革命派に対抗して居つたことは言ふを待たない。さて此等の革命的軍人連中は、卒業後段々本国に帰つて軍隊に隠密の運動を為すに当り、同盟会なる政治的秘密結社と密接に連絡し居つては何彼につけて不便であるといふ所から、同盟会以外に於て独立の一派を為すことに決めたと聞いて居る。然し他日革命運動を共にするといふ点から、蔡鍔とか李烈鈞とかいふやうな重立つた者だけは、孫・黄の一派と連絡を取つて居つたことは言ふまでもない。尚ほ序に申すが、当時軍人派の仲間の中で、最も頭角を現はしたのは、例の蔡鍔と呉禄貞との二人であるといふことである。此両人は申し合せた結果にや、又は偶然の現象にや、一方は自ら南方の経営に任じ、他方は北方の経営に当るといふことになつた。彼等が南北に分れて部下軍隊の養成に尽したことは、第一革命の時に立派に其効果を示して居る。殊に今次の第三革命は、主として蔡鍔の養成した雲南軍隊の力によることは亦多言を要しない。而して此二人は、一は先きに石家荘に於て袁の間者の殺す所となり、他は先き頃病を以て我が福岡病院に客死して、共に今や此世の人でないのは、誠に痛惜に堪へざる所である。

二　四川省の動乱

宋教仁の活動　中国同盟会は、其成立後、機関誌『民報』を発刊して夙に革命思想を日本在留学生の間に伝播することを力《つと》めた外に、又支那の内地に続々人を派遣して遊説鼓吹に骨折らしめた。丁度其頃支那の内部は、革命思想の遊説に都合のよい状態にあつたのである。そは先にも述べた通り、国会速開運動其の他色々の改革運動が内地に起つて居る際であつたからである。而して之等の運動の中に於て最も有効なりしは、各地要所々々に発行せる新聞であるが——新聞社が革命運動の中心たりしことは、よく第十九世紀前半の仏国革命と似て居る——其の連中で第一革命に直接関係のあるのは、上海で『民立報』を主宰して居つた宋教仁である。宋教仁は後で革命志士の間に重要の地位を占め、為めに袁世凱の暗殺する所となつた人であるが、其の頃はまだ夫れ程に認められて居なかつたらしい。が、然し兎に角非常の手腕家で、上海で民立報館を建て、譚人鳳《たんじんほう》と結托して大に活動して居つたのである。彼は揚子江《ようすこう》沿岸を以て自己の活動区域となし、中国同盟会の別働隊といふ意味で、中部同盟会といふ特別団体を作つて密々劃策する所があつた。而して彼の這般《しゃはん》の劃策は、所謂鉄道国有問題の発生するに及んで、俄然大々的活躍の機会に遭遇したのである。

鉄道国有問題と四川の動乱　抑も鉄道国有問題といふのは、明治四十四年時の郵伝部尚書即ち逓信大臣の盛宣懐が外国から金を借るの目的を以てやつた仕事である。支那では大蔵省よりも逓信省の方が金になる。鉄道、郵便、電信、之等を担保にして金を借り出すことが出来るからである。今日でも交通部は兎角金を得る方便に利用せられて居る。そこで郵伝部尚書の盛宣懐《せいせんかい》は、鉄道国有といふ美名の許に、各種の鉄道を中央の管理に収め、これを担保に外国から金を借る積りであつたのである。当時の所謂皇族内閣が、極めて浮華虚飾の政策に耽り、政府の財政をして一層困難に陥らしめたことは一々茲に説くの煩を避けやう。兎に角莫大の借金をしなければ立ち行かなくなつた。借金には担保が要る。何が担保に宜いかといへば鉄道である。故に先づ鉄道を中央の管理に収むることが必要である。かくて鉄道国有論が起つたのである。さうすると民間には非常の反対が起つた。借款をやる為めの国有なら、是れ正しく当時の流行たる利権回収の主義に反くからである。中にも反対の声の最も高かつたのは四川と湖南とであつた。そは差当り国有の目的物と目指されて居つたものは、川漢《せんかん》、粤漢《えつかん》の二鉄道であつたからである。此二鉄道に付ては所謂商弁主義が確立し、既に民間の商事会社も出来て居り、若干資本も集められて居つたので、俄に政府に取り上げらるゝは非常の苦痛である。そこで此両省の人士は最も盛んに反対したのである。尤も盛宣懐は各省の個別的借款を中央に管理し其の統一を図るのだとも弁解して見たが、中央政府が借款を壟断《ろうだん》するのは、恐らくコンミツシヨンを独り占めする為めであらうなどといつて、此の点でも却つて反対をする。さういふ訳で盛宣懐の鉄道国有案は、非常の反対を受けたのみならず、之に直接の利害関係ある四川省と湖南省とは民心沸騰して甚だ不穏の形勢を呈した。而して宋教仁の一派は此形勢を好機として、俄然其運動の手を拡げたのである。

斯くして四川省は瞬く間に動乱の巷となつた。事の起りは明治四十四年九月四川保路同志会の設立に在る。是れ四川鉄路の民営保全を主張して政府の方針に反抗するを目的とするものである。時の四川総督趙爾豊《ちようじほう》は極力同志会の運動を迫害し、其の重立つた者を捕縛した。其の結果遂に不平が勃発して省城成都に一大騒動が起り、趙総督は殺され、外国人などは重慶まで避難するといふ騒ぎになつた。北京朝廷はやがて鎮撫の為め端方を派遣したのであるけれども、彼は漸く万県に至つた計りで前後より民軍の包囲する所となり、進退谷《きわま》りて到頭殺されて仕舞つた。かくて四川全体は全然北京朝廷の威令の及ばざる所となつた。而して此運動の蔭に同盟会系統の人々の参加があつたことは疑を容れない。

三　武昌起義の勃発

武昌漢口に於ける陰謀　宋教仁は四川省に於ける此形勢に勢ひを得て、更に一歩を進めて武昌で事を挙げんと欲し、主として武昌方面の軍人と通謀して準備する所があつた。一味の同志は漢口の露西亜《ロシア》居留地の宝善里といふ町の十四番地に一戸を借りて、爆裂弾の製作に従事した。宋教仁亦同じ町の二十番地に一戸を構へ、表面には宝恵公司といふ看板を掛けて密謀の本拠にあてた。愈々事を起すの期は、初めの予定では、中秋明月の頃といふのであつた。之は丁度陽暦の十月六日に当る。去ればにや誰いふとなく、当時世上には、中秋明月を期して動乱起るべしとの噂があつた。従つて官憲でも大に警戒はして居つたのである。然るに革命派では準備が思ふやうに出来ない為め、実行を廿五日に延期することにした。即ち陽暦十月十六日を期して旗上げをする予定であつたのである。それが次に述ぶるが如き不慮の変事の結果として、期に先《さきだ》ちて勃発し、遂に第一革命の発生となるに至つたのである。

武昌起義の真相　十月九日の午後三時頃、爆裂弾密造所たる宝善里の十四番地に於て、何かの失策から突如爆裂弾が爆発した。忽ち露西亜の巡査がやつて来る。支那の官憲も亦密告に依つてやつて来る。之れが露顕の端緒となつて、翌日に至り、武昌に於て革命党の同志三十二人が縛に就いた。加之《しかのみならず》家宅捜索を受けた結果、印形、旗、それから最も肝腎な連判帳までが押収する所となつた。其の時辛うじて逃れたもの丶中に、孫武《そんぶ》といふ人がある。彼れ武昌を脱し漢口に至り、英国居留地に於て同志の一人張振武《ちょうしんぶ》に会ひて急を告ぐ。彼等は一時急遽上海に逃れて他日の再興を計らうかとも考へたが、連判帳の押収せられた以上、多数同志の生命は何れにしても風前の灯火である。如かず、成功を万一に期してかねての計劃を実行せんにはと相談を一決し、扨てこそ同夜を以て俄に旗揚を決行したのである。

伝ふる所に依ると、同夜深更、張振武・蔣翊武《しょうよくぶ》等二三輩は、黎元洪《れいげんこう》を其寝室に襲うて義兵を挙ぐべきを迫つた。黎元洪は張彪《ちょうひょう》と共に当時武昌に於ける軍界の二大立物、而かも彼は張彪とは正反対に非常な人望家であるから、彼の名で事を起すは大に成功を助くる所以である。故に彼が遅疑決せざるの態を見るや、張振武等は遂にピストルを差し向けて脅迫するまでに至つたといふことである。斯くして黎元洪の名義で、かねて言ひ合した通りの措置に出づべきの命令が出た。黎の名義の為めでもあらうが、銘々左腕に白布を捲いて義軍の表章となし、命を奉じて総督衙門《がもん》の攻撃に向ふもの頗る多かつた。総督瑞澂《ずいちょう》も、師団長の張彪将軍も、同夜逃げて武昌を去つたので、首尾能く黎元洪は省城を手に入る丶ことが出来たのである。此等の細かい事は今こ丶に詳くは述べぬ。これが陽暦十月十日の夜の出来事であるが、翌十一日には武昌にある湖北諮議局を其儘都督府となし、黎元洪を都督に挙げ、当時の湖北諮議局議長であつた湯化竜《とうかりゅう》をば民政長官に挙げて、独立の宣言を発表したのである。この時遅れて馳せ参じた宋教仁は、直ちに武昌を中心として支那全体の共和国の宣言を為すべしとの意見であつたが、黄興等の反対で行はれなかつたといふ。一省丈の独立で、全体の共和宣言は早過ぎると考へたのであらう。それでも外部に対しては、中華民国政府といふ名義で交渉することゝし、其旨を諸外国に通牒し、同時に年号を改めて黄帝紀元四千六百九年と称した。尤も後に黄帝は漢民族の祖先であるから、斯共和国が満・蒙・回・蔵の四族をも統轄するといふ意味に適合しないといふので之を廃し、翌年からは別に中華民国元年といふことにした。

第五章　北京政府の対策

一　北方の形勢と袁世凱の起用

北京政府の狼狽と袁世凱の起用　扨て翻つて北方の清朝の方はどうかといふに、十月十日武昌の変を聞いて朝廷は非常に狼狽した。十日の夜その報知に接し、十二日の昼過ぎにやつと時の陸軍大臣廕昌《いんしょう》を南方討伐に向はしむるの命令を発したといふことに依つても、如何に狼狽の度が烈《はげ》しかつたかゞ分る。而して十二日の昼過ぎに命を奉じた廕昌の、愈《いよいよ》兵を率ゐて南に向つたのは更に数日後の十八日である。その内に各省は続々独立する。北京朝廷は恰も四方包囲の形になつて、もう廕昌の力では始末が付かぬ様になつた。然らば誰を挙げやうかといへば、差当り岑春煊《しんしゅんけん》か袁世凱の外には之と云ふ適才が無さ相である。併し袁世凱では摂政王との関係がうまく行かないので、第一に岑春煊が相談を受けた。岑の応ぜざるに及んで袁世凱の起用といふことになつた。彼が湖広総督に任ずとの辞令を交附されたのは十月十九日である。尤も之と同時に岑春煊を四川総督に任じた。即ち同時に此二大人物を起用して騒乱を鎮定せしめんと考へたのである。但し岑は四川省には赴かなかつた。武昌より上海に引き返して大命を返上したのである。

袁世凱は当時河南の故郷に在つたが、足疾未だよくないといつて大命を受けぬ。一体袁世凱が四十二年正月に免職されたのは、表面足疾を理由とするものであつた。そこで彼は意地悪くも今やまた足疾を名として恩命を受けんとせぬ。尤も断じて拒絶するといふ態度は取らないので、或は自分のやうな老残無援の者に恩命を賜はるとは、君恩の厚き感激為す所を知らずとか、又は、君恩に感泣するの余り、殆んど狂する計りに室内を踊り廻つたとかいふ様な電報を頻りに打たしめて居る。その癖彼はどうしても容易に起たうとしない。政府は終に袁と最も近い関係のある徐世昌《じょせいしょう》をして、微行して親しく袁に説かしめた。それでも未だ出ぬ。其の中に形勢が段々に進んで、南方の景気は益〻有利に発展する。斯うなると袁にも形勢の落ち付く先きの見極めが益〻附かなくなり、従つて益〻起ち難い状態になるので彼の腰は益〻重くなる。斯くする間に又こゝに突如北方に取りて容易ならぬ大事件が起つた。張紹曾《ちょうしょうそう》の蹶起即ち是である。

張紹曾の威脅　直隷省灤州《らんしゅう》の第二十師団長に張紹曾といふ人がある。彼は十月二十九日十三箇条から成る上奏文を北京政府に上《たてまつ》つた。これは一種の政治改革の要求であるが、其内容は殆んど君主政治を廃して共和政治を実行するに等しいもので、且つ即刻之を承諾しないなら、更に兵を率ゐて上京し、親しく闕下《けっか》に伏して上申する積りであると書き添へてある。一種の最後通牒で、其意蓋し南方の動揺に乗じ、武力を以て北京を乗取らんとするに在るや明白である。尤も張氏の人物を知つて居る者は、大したことも出来まいと高を括つて居たけれども、外国の新聞などは、団匪事件を回想して、一時非常に之を恐れたものである。彼は三十七年度の日本の士官学校卒業生で袁世凱の引き立てを蒙つた人である。兎に角彼は少からぬ兵を擁して天津に近い所までやつて来た。北京朝廷は之にも非常な恐れをなした。十月三十日此上奏案を資政院の議に掛けると、資政院は強《あなが》ち張と通謀した訳ではあるまいけれども、「内憂外患の時局に対する根本策」を講ずるの名の許に張紹曾の上奏案に裏書きした。其結果として公表せられたのが有名なる十九信条の宣明である。是れ清朝に於ける最初にして且最後の憲法といふべきもので、所謂虚君立憲の主義を立てた所のものである。猶ほ序に申すが、此張紹曾の運動は袁が北京を脅す為めにやつた陰謀であるといふ人がある。張が袁の児分であつたといふ所から、此の想像も一応の理由もあるが、事実は決してさうでは無いやうである。予の聞く所では之は呉禄貞と通謀しての仕事らしい。之には或る日本人も関係があるが、其名は今之を公表することは出来ない。要するに、呉と張と前後から北京を挟撃して南方に策応するといふが、此の事件の真目的と思はるゝ。而して此計劃は、袁の放つた刺客の為めに呉が石家荘に暗殺された事に由つて挫折して仕舞つた。

盛宣懐の失脚　此れと同時に資政院はまた盛宣懐が鉄道国有を断行しやうとしたのが抑も禍の源であるといふので、彼に対する弾劾案を通過した。狼狽し切つて居つた政府は、之に応じて直ちに盛の官職を解いた。而かも身辺の保護をも加へぬといふ上諭を出したので、盛は今にも殺されやうとする極めて危険な地位に陥つた。それを日本人が助けて北京を逃れしめた。斯く盛を此際窘《くる》しめたのは、実は政敵袁の計略であると云はれて居る。蓋し目星しき敵を北京から一掃して仕舞はなければ、袁は入京するに不便であるからである。猶ほ此時、盛が支那の実業界に大勢力を有する所よりして、列国と日本との間に盛の奪ひ合があり、為めに一と先づ列国の運動にしてやられて、盛は青島《チンタオ》に持つて行かれたが、後いろ〳〵苦心して盛に脱出をすゝめ、病気保養の為めと称して、大連を経て須磨に連れて来たといふ面白い話もある。

袁愈々入京す　以上の事情からして、北京政府の袁世凱を頼むこと益〻急である。而かも彼は容易に出て来ない。人をして暗に湖広総督だけでは征伐の目的を達し難いといふやうなことを仄めかした。其の結果十月二十八日に、彼は改めて全権欽差征討大臣の任を受けた。斯くして南方に行つて居つた廕昌の軍は全然袁のものとなつた。かくても袁はまだ北京に行かうとせぬ。政府は三十日に至り所謂罪己詔《ざいきしよう》を発布し、十一月の初めには更に袁に内閣総理大臣の大任を授けて政治の全権を托することにした。新たに発布された十九信条に拠りて議会亦袁の総理大臣たるに全然賛成の意を表した。当時の資政院は実は袁の廻し者趙秉鈞《ちようへいきん》の操縦の儘であつたとの事である。兎に角斯くして文武の全権は袁に帰する。其上に満人の兵隊は郊外に移すとか、張紹曾は宣撫大臣といふ名義で辺境に逐ひ斥けるとか、夫れ〴〵邪魔になるものを追ひ除けて、北京を十分に安全にして、其上に悠然として十一月十三日といふに愈々北京に乗込んで来たのである。その翌日直ちに自分の内閣を拵へた。それから二十日になつて、従来政府の大臣は宮中に出仕して政務を見たのであるけれども、これからは忙しいからとて宮中に行かないで私宅で一切の事をやるの御許を得、つまり自分の宅を政府にして仕舞つた。而して十二月六日摂政王の退任を見るに及んで、袁世凱は文字通りの意味に於て北京朝廷の全権者となつた。

二　袁世凱の対時局策

袁の真意如何　袁世凱は北京政府の首脳として、果して如何の方法を以て南方との解決を講ぜんとしたか。此事に就いて世の袁世凱を論ずるものに色々の説がある。或者はいふ。袁世凱が結局清朝を滅ぼしたのは、予め多年革命党と通謀し、之を操つて居つた結果だと。併し是は全然局外者の無根の想像に過ぎない。革命党の幹部の中で、唯の一人でも、予め袁と通謀して居つたといふものは無い。或者はいふ。袁世凱は北上するに先ちて、窃かに革命党に款を通じ、初代大統領〔大総統〕たるの地位を得るを条件として清朝の倒壊に尽力すべきを約束したと。これは余程後になつてから、或は之に類した黙契があつたではあるまいかと疑はるゝ点はあるけれども、彼の河南掩《えん》留《りゆう》当時に於てさる約束のあつたことは、断じて之を否認することが出来る。然らば少くとも袁世凱一己の頭に、北上の前後、清朝を滅ぼして自分の天下にしやうといふ考が浮んだかといふに、予はそれまでの考も無かつたらうと思ふ。清朝の懇請あるを好機とし、何とか難局拾収の功を挙げて、枯木再び花咲く春に遭はうといふ野心に動いたことは疑あるまいが、しかし当初から、清朝を扶《たす》けて革命党を抑へ付けやうとか、或は革命党に賛成して清朝を引つ込ませやうとか、さういふ明白の方針は立つて居なかつたらしい。唯天下の混乱に乗じて出来るだけ自分の権勢を張つて見やうといふ位の所で、夫れ以上大した名案も無くて出たものらしく思はるゝ。されば彼の態度も其後絶へず動揺して居る。少なくとも、革命党の勢力の段々張つて来るに連れて、彼の漸次南方側に秋波を寄せたことは明白である。その明白な一つの証拠は、自分が愈ゝ出でゝ清朝の懇命を奉ぜんとした際に提出した所謂出廬条件である。全部四ケ条であるが、其の第一には明年直ちに国会を開くことゝあり、第二には直に責任内閣を作ること、第三には革命党を謀叛人と見ないで一の政社として取扱ふこと、第四には叛党検挙令の類を撤廃することゝある。是豈朝廷に向つて南方に屈伏すべきを勧むるものではないか。加之袁世凱が北上前一寸南に赴いて出征軍隊を犒《ねぎ》らつた時、密かに密使を黎元洪の許に派遣したといふ事実もある。この密使を接見したのが、黎元洪と宋教仁、胡瑛《こえい》の三人である。而して此密使の齎した袁の言ひ分なるものが面白い。曰く予今や清朝に対する臣節の義務と漢人としての民族的義務との間に板挿みとなつて、非常に苦しい立場に居ると。之等の事実は皆明白に袁が其の頃から南方に秋波を寄せ、武力を以て最後まで清朝の為に尽す志の無かつたことを語るものである。而して是れ袁に何も共和を賛するの志あつた為ではない。共和運動を相当に認めずんば、楽に時局の始末がつかないからである。

袁早く共和に傾く　右の如き袁の態度は、入京後益ゝ明になつた。段々共和でなければ立ち行かぬといふことに考が傾いたのであらう。入京後の度々の上奏文にも、それとなく共和でなければ可かぬといふやうなことが仄めかされて居る。一つの例をいへば、南方の乱党を圧迫して清朝の安全を保つことは、勿論不可能には非るも、斯くすれば為めに徒らに多数人の血を流さゞるを得ず。是れ臣の能《よ》く独断し得ざる所、冀《ねがわ》くは聖鑑を垂れ給へというやうなのがある。単に之れ斗《ばか》りではない。彼はまた例の慣用手段を以て、内々腹心の部下をして国事匡済会なるものを組織せしめて盛に共和論を発表させた。先度の帝制問題の策略と異曲同巧である。而して袁世凱が斯くまで共和の方に傾いたといふ事に対しては、南京側は全然無関係であるか如何は今日のところ疑問であるが、只茲に一つ注意すべきは、十二月二日南京に於ける各省代表会(此事後に説く)の大統領問題に関する決議文中に、「袁世凱正に反して公に就かば」之を挙げて大総統とするも亦可なりといふ意味の文字のあることである。袁が共和に意あることは、唐紹儀《とうしょうぎ》の口から南方に通ぜられた事に表向きはなつて居る。唐は北方を代表する媾和全権大臣として南下し(此事亦後に説く)、武昌に来た時、袁の必ずしも共和に反対に非る旨を明白に述べたとの事である。其後彼の上海に着くや、即夜彼は内々で黄興を引見した。黄興が挨拶もそこ〳〵に単刀直入談判の基礎の無論共和に在らざる可からざるを述ぶるや、唐は何の遅疑する所なく「無論さうです」と答へたさうである。之は決して唐紹儀一人の私意と見るべきものではない。斯くいろ〳〵の事情を綜合して考へれば、袁世凱の対南方策といふものは、若し彼を清末の忠臣として観るならば、初めより余程怪しいものであつた。少くとも彼には武力解決――革命党を何処までも武力で以て圧迫して往かうといふ大決心の無かつたことは一点の疑がない。

南方にも相当の打撃を与ふる必要を認む　然らば彼は清朝を見棄てゝ全然共和の要求に屈伏する考であつたかといふに又決して左様ではない。彼は革命派の南方に優勢なるを認めて居るけれども、そが支那全体の主人公たるべく未だ余りに微力であることも知つて居る。少くとも彼が北方の勢力を統括して之に当れば優に南勢の北上を抑ふるに足ることを知つて居る。於是《ここにおいて》彼は清朝を押し除けて自ら北方の主人公となり、而して後ち南方の革命党と妥協し、所謂労せずして天下を取らんと企てた。此考も無論始めから有つたのではあるまいが、兎に角慧敏なる彼は幾《いく》ばくもなくして時局の推移の中に斯の策の施すべき余地を見出したものと見へる。此の為めに彼は先づ一手に兵権を収めた。次に南方をして妥協の余儀なきを悟らしめんが為めに相当の打撃を南方に加へ置くの必要を認めた。此考は漢陽の戦に於て現はれて居る。此戦は十一月十八日に始まつた。北軍の大将は、黎元洪の下に副総統に挙げられた馮国璋《ふうこくしょう》で、南方の大将は去年亡くなつた黄興である。南軍の負けとなつて漢陽は二十七日に北方の手に落ちた。此際若し勢に乗じて飽くまで進撃を続くるならば、武昌を落すことは左まで困難では無い。然るに袁は漢陽に勝つたに拘らず、進撃の命を与へず、やがては馮国璋を北京に呼び返し、之に代つて段祺瑞《だんきずい》を派遣した。段祺瑞は大兵を擁して泰然と構へながら、一向進撃する気はひもなく、而かも北京に向つて頻りに革命軍の勢強く、容易に征服し難きの電報を打つて居る。何故に斯かる措置に出でたかといへば、余りに革命党を急迫しては清朝を押し除ける口実が無くなるからだと説明するものがある。併し之は余りに穿《うが》ち過ぎた説であらう。恐らく事の真相は、どんなに漢陽に勝つた所で、北方に革命党全体を討伐するだけの力の無いことは明であるから——現に南京は間もなく革命党に取られて居る——この際無理に押し進んで南方を苛《いじ》めて其感情を害するよりも、北方に自分の立ち場を固めるのが第一であると考へた事に在るだらう。之には宜い加減に南方と妥協することが必要である。併し相当の条件で妥協するには、また相当に北方をかため、且つ北方の勢力の相当に強きを示さねばならぬ。そこで此際南方に駐屯すべき将軍は、須《すべか》らく有能の軍人にして而かも漫《みだ》りに動かざる、多少政治的見識のある人物でなければならぬ。かゝる芝居は段祺瑞の嵌《は》まり役とする所、さてこそ馮に代つて派遣せられたのであらう。袁が一方には清朝を退け、他方巧に南方を丸め得たのは、実は段の助力大に与つて力あるものである。

第六章　共和政府の成立と南北妥協

一　共和政府の組織

又前に遡つて革命党の側のことを説く。

各省代表会議　革命運動が武昌で成功したといふ報導があると、前々から中国同盟会の運動の手が各方面に廻つて居つたから、各省は期せずして之に響応し、約一ケ月許りの間に、支那全体の約三分の二以上は皆な独立の宣言をした。最後まで頑張つて独立を肯んじなかつたのは張勲《ちょうくん》だけ位のものである。其他は独立の宣言をしないまでも、例へば山東や奉天の如く、少くとも暫く形勢を観望するといふ曖昧の態度を取る有様であつた。要するに全体の上より見れば、清朝は今や殆んど孤立の地位に立つたのである。さうなればこゝに武昌を筆頭として独立各省を結束し、支那全国に亙りて統一的の共和国を打立てようといふ考の起るのは当然である。然るに此考は意外にも先づ上海から叫ばれた。本来ならば此考は武昌から起るべき筈であるが、前にも述べた通り、黄興の考で此計劃を延期したので、遂に上海に機先を制せられたのである。此時実は上海には、革命が始まつたといふので、党の有力な幹部連中が期せずして各方面から集まつて来たので、乃《すなわ》ち上海は自然革命派の有力なる意見の発生地となつたのである。そこで各省から集まつて来た代表者は、自然会同して所謂各省代表会議を開かうといふことになり、未だ代表者の来て居ない省に向つては手紙をやつて代表派遣を促すと云ふことになつた。斯くして開かれたのは九月二十五日(陽暦十一月十五日)上海にその第一回を開いた各省都督府代表聯合会である。然るに殆んど之と時を同《おなじ》うして武昌の方でも急に考が変つて、丁度上海会議の開かるゝ二三日前(九月十九日)突如各省の代表会議を武昌に招集するの案内状を出した。そこで十一月十五日の上海会議は自然此事を第一の問題として相談したが、結局武昌の提案に譲ることゝし、現に集つて居る連中を二分し、一部は上海に駐《とどま》りて各方面との通信連絡に当らしめ、他の一部を武昌に送つて統一政府建設の議に与らしめることにした。斯くして正式中央政府組織のことを相談すべき各省代表会議なるものは、改めて武昌に於て、十一月三十日を以て其第一回の会議を開くことになつたのである。

南京政府の成立　此の時既に北京では袁世凱を起用し、袁の軍と革命軍との間に戦争が始まつて居つた。漢陽の戦では南軍の将黄興は北軍の将馮国璋の為めに破られた。さうすると対岸の武昌が危険になる。恰かもよし、革命派は漢陽で負けたけれども、南京では勝つた。十二月二日守将張勳を追つて南京は革命党の手に帰した。そこで各省会議を南京に移さうといふことになつた。尤も南京移転を決行する前に、武昌の会議で所謂中華民国臨時政府組織大綱なるものは決定せられて居つた。宋教仁が筆を執つたものである。之が南京陥落の翌日即ち十二月三日の事である。而して此組織大綱に基いて、やがて南京に於て共和政府が作らるゝ事となるのである。

孫逸仙大統領就任の事情　やがて中央政府が一と通り南京に出来た。今度は誰を大統領に選ぶかといふ問題に移つて、色々協議を重ねた。所が丁度此時北方の袁世凱亦大勢の枉《ま》ぐべからざるを洞察して共和主義に傾いて居るといふ情報に接した。之は此時已に南北妥協の話がつき、其北方を代表して南下せる唐紹儀の口から出たとして漢口から齎らされた情報なのである。そこで南京の人々は、袁世凱までが共和に傾いて居るなら、やがて南北統一して全支那に亙る本当の共和国が出来るから、大統領の選挙は其上の事にした方が可《よ》いといふ考になつて、一旦其議を中止したのである。然るに此処置に対しては上海に留守して居つた連中が不承知であつた。此連中は初めの申合では単に通信のことだけを司るといふ訳であつたが、何分相当の経歴と相当の識見を有つて居る連中であるから、権限の範囲を守つて黙つては居ぬ。愚図〳〵して居るべき場合ではない、早く基礎を固めなければ可《い》かぬといふて、遂に南京に於ける正当なる権限者を差し措いて、勝手に正副の元帥を選んで仕舞つた。即ち大元帥には黄興を挙げ、黎元洪を副元帥に据えて、中央政府の首脳たらしめよと要求して来た。此要求には南京連の固より穏かに承認すべくもない。其結果両方の間に忌むべき反目暗闘が始まつた。中に這入つた黄興などは其渦中に捲き込まれて最も困つたらしい。尤も邪推を逞《たくまし》うすれば、之は宋教仁の如き一部の野心家が黄興を戴いて大に腕を振つて見ようといふ魂胆に出でたものらしくも見ゆる。少くとも斯く考へて此事に烈しく反対したものも決して少く無かつた。要するに此問題に付ては、賛否の論紛々として帰する所が無かつたので、黄興自身進んで敗軍の将たるの故を口実として此選を辞した。黎元洪も亦認諾の意を表さない。そんなことからいろ〳〵悶着が起つて纏まりが附かない。政界大に混乱して一時識者は非常に嘆息したのであるが、丁度其処へ孫逸仙が帰つて来た。元来孫逸仙は今度の運動には更に直接の関係が無い。久しく欧米に遊んで居つたのであるが、故国の風雲急なるの報に接して急いで帰つて来たのである。此人ならば、何れの方にも無関係で、却つて纏りをつけるに都合がよからうといふので、今度は改めて孫逸仙を大統領にしやうといふ問題が持ち上つた。其の時彼は今度の革命には何等の関係も無いからとて固辞したが、強ひて推されて就任を承諾した。その結果正式の選挙を見たのは二十九日であつて、翌年一月二日、南京に於て芽出度就任式を挙げたのである。是に於て武昌に始まつた革命運動は、南京に於ける共和政府の設立を完成した事に依つて、こゝに一段落を告げたのである。

二　南北妥協

休戦及び和議　漢陽の勝利は南京の陥落と相殺し、南北の戦勢は茲に外見互角の形となつた。此潮合を計りて袁世凱は段祺瑞に令して一先づ黎元洪に休戦条約を結ばんことを提議せしめた。尤も此の休戦を言ひ出したのは、馮国璋の居る時からである。提案者は勝つた方の北軍側で、専ら仲介の労を取つたものは在漢口の英国領事である。領事の此周旋が、在北京の公使の訓電の結果なることは言を待たない。此時の言葉で短期停戦・長期停戦といふ事をいふが、短期停戦の方は司令官の見込みによつて独断で決し得るも、長期停戦の方は即ち媾和談判の予備となるもので、両方の中央権力者が直接に締結するものとせられて居る。而して此際黎は勿論長期停戦の申込みをも受けたのであるが、英国領事の差し当り仲介したのは短期停戦である。其結果取敢へず短期停戦の約束が成立し、其上長期停戦の約も出来、やがて媾和談判を開くといふ事にまで運んだのである。此談判には北方からは唐紹儀を派遣し、南方では伍廷芳《ごていほう》を代表者に任じた。唐紹儀は十二月九日北京〔を〕発し、途中漢口武昌を訪ひ、十七日上海に着いた。談判の会合は前後五回で、第一回は唐の着いた翌日即ち十八日で、第二回が二十日、それから約十日間許りの間隔があつて、第三回が二十九日、第四回が三十日、第五回が三十一日、これで談判が破裂して一段落を告げたのである。

談判の経過及びその破裂　媾和談判の席上に於ける北方側の表面の主張は、革命党は寛大に処分する、将来の政体は君主立憲で往かうといふことに在つた。南方側は全然其裏を行き、清朝は十分之を優遇する、只立国の基礎は共和主義でなければならぬと主張した。両全権各々其説を固執して譲らない。二十日第二回の談判の時に至つては唐は漸く伍の説に屈する色を形《あら》はしたが、併し清朝の使臣として而かも共和に同意するといふには、改めて特別の訓電を仰ぐの必要があるといふので、数日の猶予を乞ふた。其間彼と袁との間に数十回の電報の交換がある。袁も腹は疾《と》くに共和に極まつて居るも、露骨に清朝に寝返りを打つに忍びなかつたと見えて、此間色々苦肉の策を廻らした様である。一方には段祺瑞を始め地方の有力なる将軍連を使嗾《しそう》して共和賛成の電報を以て頻りに北京を脅かさしめた。他方には窮迫の余り策の出づる所を知らずとて皇族会議を開いて最後の指令を賜らんことを求むるの上表を奉つた。是れ豈共和屈伏の責任を皇族に嫁せんとするものではないか。やがて皇族会議は開かれた。其時最も強硬の説を唱へたものは粛親王《しゆくしんのう》である。併し多くの皇族は懊悩の極再び袁世凱の解決に一任する外に途なしといふに一致した。斯くて形勢は予定の通り進行したのである。けれども、元《も》と〳〵さう急速に運び得る性質のものではないので、従つて訓電もおいそれと発する訳には行かなかつたのであらう。唐紹儀は訓電の遅いので非常に焦慮《あせ》つた。伍廷芳も頻りに之を催促する。そこで訓電を待つに堪へずして上海では、将来の国体は国民会議を開いて決めるといふことに兎に角も協定した。国民会議を開けば無論共和になるに極まつて居る。之等のことは第五回の談判で協定が出来たのであるが、何処までも表面の体裁を飾らんとする袁世凱は断乎として此協定を拒んだ。其結果唐紹儀は大に怒つて全権の任を辞した。伍廷芳亦袁に詰責状を送つて此の談判は一《ひ》ト先《ま》づ破裂といふことになつたのである。

是に於て南方の連中は一時大に袁の心中を疑つた。気早の青年の中には北伐討袁、武力解決などを叫ぶものもあつた。更に過激な一派の者の中には爆裂弾を懐にし、悲壮なる別辞に送られて北上したものもある。其の中には若干の日本人も交つて居る。翌年の一月十六日袁世凱が北京街上にて爆裂弾を見舞はれたのも、続いて一月二十六日、清朝有力の軍人たる満人良弼《りょうひつ》が、同じく爆裂弾の殺す所となつたのも皆この結果である。此時の刺客中四人の者は直に捕まつて殺されたが、之等は今日北京の城側に革命の神として祀られて居る。さういふ風に袁世凱に対する反感は南方に於て一時非常に盛んであつた。

和議の再開及び南北双方の魂胆　併し袁世凱自身は此時固より全然武力に依りて南方と雌雄を決しやうといふ考はない。たゞ旨く清朝を押し除けるため適当なる潮合を待つて居つたに過ぎない。故に此儘《このまま》南方と絶縁する考は毛頭ない。而して彼は間もなく孫逸仙と直接電商するの手蔓を得て、再び南北妥協の交渉を開始継続したのである。

猶ほ袁世凱が折角唐紹儀の取り纏めた講和約定を承認しなかつた表面の一つの理由は、講和談判の継続中、南方派が恣《ほしいまま》に中央政府を組織し、孫逸仙を大統領に挙げたのが不都合だといふに在つた。十二月二十九日孫を選んで新共和国の大統領に挙げたことは先きに述べた所である。談判の結果、果して共和主義の採用になるや、将《は》た君主立憲の維持に決するや分らないのに、勝手に共和国に決めるとは北京を無視した遣り方であると論ずるのである。之に対して南方派の説明は、唐との協定の内に、各省四分の三以上の代表者を集めて、国民会議を作り、之れに国体決定の全権を与ふるといふことになつて居るが、今現に南京には四分の三以上の省の代表が集まつて居る。故に之等の者の承認の許に共和政府を作つても差支はないといふのである。伍廷芳も亦同様の理窟を公言し、且つ談判最中であるから、政府を作つても、大統領を選んでも、皆正式でなく、「臨時」といふ事にしてあると弁解して居る。併し之等は何れも表面の理窟で、両方共に其奥に夫れ〴〵魂胆があるのである。そは南方の腹は、今度の問題の主人公は無論南方であらねばならぬ。然るに大統領の地位は勢ひ袁に帰しさうなのであるから、今の中早く南方に政府を作り、妥協の結果は南方の政府に袁世凱が這入つて来るといふ事にせなければならぬといふに在る。処が袁世凱の腹では、自分を主人公として、それに南方派を引つ込まうとするのである。清朝に退位させて共和国を作るといふ点は、彼の南方と全く意見を一にする所なれども、清朝退位の際に清朝自ら跡の始末を袁に頼むといふ形式を取り、其結果共和政府を作つてそれに南方を包容しやうとするのであつて、つまり何処までも北京を主にし南方の共和政府は全然之を無視せんとするのである。是れ南方の到底承知する能はざる所である。されば此点は孫逸仙と袁世凱との直接電報談判に於ても最も激しく争はれた。此談判の長い曲折の跡を見ると、一段々々孫は袁に譲つて居るが、孫がいよ〳〵袁に政府を明け渡すといふことになつても、南京に来て我が政府を受取れといふ主張だけは譲らなかつた。之に対して袁は、飽くまで清朝の委托を楯として北京政府を主とするの主義を撤しない。最後に孫は北京政府を主とするに譲歩しても、大統領就任の大典だけは南京に於て之を挙ぐべきことを主張し、漸く袁の認諾を得て妥協の成立を見たのである。此時清朝満人優遇条件なども無論議論の題目になつたが、併し之は比較的に重大な問題では無かつた。

孫の譲歩并に其原因　尚ほ此時孫逸仙が遂に袁世凱に屈したといふので、在留日本人などの間では非常に八釜しい問題になつた。支那人の間でも勿論不満の念が強かつた。而して之等の不満は、孫が黄興其他二三子の外あまり多くの人に諮《はか》らず独断専決した丈けそれ丈け盛であつた様である。然し乍ら、当時の実際の状況を考へて見れば、孫が袁に屈せねばならなかつたのも無理はないと思はるゝ。一つには休戦が長く続いた結果人心は余程だれ気味になつて来た。もう一つには、革命党中にもそろ〳〵内訌《ないこう》が始まつた。実は此頃から宋教仁が余りに跋扈し出したので、之に対する反対が起るといふのを切つ掛けに、其他色々な理由から内部に反目排擠《はいせい》が始まつたのである。其の虚に乗じて、袁探は例の買収の奥の手を出して巧みに運動した。当時某々は三万円で買収せられたなど、いふ話が諸所方々にあつたのである。現に当時南方にやつて来た「モリソン」は、袁の密旨を帯び、三十万円を振り撒いて南方を攪乱したと云はれたのであつた。更に之にも増して大きな理由となるのは、日本の態度の動揺であらう。初め日本側は、外務省系統は主として北方に同情し、陸軍系統は専ら南方に同情したのであつた。斯く同一政府の態度が二分するのも困る話であるが、南北妥協の談判の最中に及んで、東京の中央政府は、改めて手厳しく、南方に在つて革命党に助勢しつゝあつた日本人を牽制するの態度に出でた。現に此時革命派の委嘱を受けて、南方に同情を傾ける様元老側に運動すべく帰京した某名士は、アベコベに在留日本人に急電を発して南方援助の断念を戒告して来たといふ事実がある。松井慶四郎氏が外務省の命を奉じて北京より上海方面へ急行したのも此等のためであるといはれた。その為にや急に帰国した日本人も尠《すくな》くは無かつた。少くも在留日本人に対する官憲の取締は、俄に厳重になつた。この日本の態度の変調が支那人を失望せしめたこと亦決して尠少《せんしょう》ではない。それにもう一つは、対外関係の切迫といふことがある。そは当時日本が露西亜と結托して異図を満蒙に抱くといふ様な噂があつた。殊更に其噂を八釜しくしたのは袁であるといふ説もある。後ち桂公が後藤・若槻の諸氏を随へて愈々露西亜に向つたので、成程と合点したと云ふ訳であるが、兎に角日露両国の満蒙分割といふ説は、由来愛国的熱情に燃ゆる青年革命家の心胸を刺戟したことは著しいものがある。此考が更に一転して、兄弟内に鬩《せめ》ぐべき場合ではないと云ふ様な考を起さしむるに至り、遂に涙を揮つて残念ながら屈辱的妥協に同意することになつたのである。終りに猶ほ南方側には当時更に金が無かつたといふ事も妥協の一原因になつて居る。漢冶萍《かんやひょう》を担保にして日本から借款する訳であつたが、之が色々の理由で不結果に了つた為め南方は殆んど一文の金も無いといふ有様に陥つたのである。極端の例ではあるが、孫逸仙が上海の宿屋に居つて、大統領に選挙せられた結果いよ〳〵明日南京に行つて就任式をやるといふ切迫の際に、金が一文も無いので大に困つたといふ事実がある。故に此時胡瑛の如きは、武力解決派の急先鋒として三千の兵を擁して芝罘《チーフー》に虎視眈々たる有様であつたが、何分肝腎の金が無いので動けない。武力解決どころか南方の本拠そのものが立ち行かない。そこで已むなく袁世凱に譲るの外に致方が無いといふことになつたのである。袁世凱の従来の経歴から観て如何にも危険であるとは誰しも思はぬではないが、如何とも致し難かつたのである。

清朝の退位　斯くて孫逸仙と袁世凱との関係は解決が附いた。残る所は如何にして清朝を退位せしむべきかの問題のみである。元来清朝の処分に就いては、革命党の方面でも予め慎重に考ふる所があつた。今日見るが如き優遇方法を講ずるに至つたのは、当時南京に居られた寺尾先生等の意見に出づると聞いて居るが、黄興や宋教仁などは初め清朝を満蒙に封じやうとも考へたさうである。要するに此点に関して袁は先づ全然南方の提案に賛成したのである。只事の茲に到着する迄には、袁は例によつて盛んに悪辣の手段を施したやうである。彼は何処までも北方を支持せんとする外国使臣の手前、最後まで「予は飽まで君主立憲主義を以て終始するものなり」と宣明せざるを得なかつた。而して此宣明を翻して清朝を押し除ける新形勢を作り出すに利用されたのは日本である。蓋し当時日本は、一部の偏狭なる意見に動されて、北方清朝を支持するの方針を取つて深入りし過ぎた。袁が最後に君主主義の支持の為めに実際的の援助を与へられんことを乞ふに及び、日本は流石に躊躇して確答に窮した。袁乃ち之に乗じて予は何処までも君主立憲で行く積りであつたが、日本が兼ての約束に従つて必要なる助力を与へて呉れぬと宣明し、如何にも日本に売られた結果、已むなく共和に賛成せざるを得ないといふ様な風に取り繕つた。之で外国人に対する手前は訳もなく取り繕はれた。是れは十二月末から一月にかけての出来事である。斯くして彼は更に清朝を内外両面から圧迫して、遂にどうしても退位せねばならぬ破目に落した。斯くて愈々清朝が隆裕《りゆうゆう》皇太后の名を以て退位の上諭を発表したのは、四十五年二月十二日である。此上諭には明白に清朝は退位すると同時に後事を袁世凱に托するものなりといふ意味のことが書いてある。其の結果、孫逸仙は辞職して、二月十五日別に臨時大総統の改選が行はれた。袁世凱即ち満場一致を以て其選に当り、茲に南北一致の共和国は出現し、第一革命の事業は一段落を告げたのである。

第七章　袁世凱の武断的専制政治

一　総統専制主義の漸進的確立

袁に対する民党の警戒　前述の如く、南北妥協は南方が袁世凱に譲歩した形に於て成立した。此際独り孫逸仙は或点まで袁世凱を信用したさうであるが、多くの他の革命党員は、皆彼の従来の人と為りより推して、其結局共和主義に忠実ならざるべきを疑つたといふ事である。故に勢ひ已むを得ず袁世凱に譲るには譲つたが、共和主義の擁護の為には余程用心しなければならぬといふのが一般の考であつた。中には好辞を設けて袁を南京に招き、機を見之を殺して仕舞へとか、又は袁とは犬猿も啻ならざる岑春煊を起して討袁の別働隊を作れとかいふやうな意見も出たさうである。何れにしても袁に対しては余程用心しなければならぬといふので、色々苦心したことは疑を容れない。而して彼等はこの苦心の結果、相続いて色々の策を取つたのである。

南京就任説の中止　第一に取つた策は、新臨時大統領の袁世凱に、中華民国発祥の地たる南京に来て就任式を挙げて貰はうといふ要求である。尤も之は必しも、南京を首府にしやうと主張するのではない。南京政府説も曾つて唱へられぬではなかつたが、国会の決議の結果、此時は既に北京説に定まつて居つたのである。只目下中華民国の中央政府は南京に在るから、大統領の就任式は南京で挙げ、其上で政府を北に移すべしといふのである。之は実は袁も承知なのである。処が彼はどうしてもやつて来ない。南方では体面上無理にも引つ張つて来やうといふので、二月二十一日に歓迎使なるものを出した。それが北京に二十七日に着いた。其時袁世凱は非常に之を歓迎して鄭重の限りを尽した。然るに着いた翌々晩の二十九日の夜に北京天津の各地で、三十日には保定にもあつたが、突如乱民の大掠奪といふことが起つた。之れが実は袁が部下の兵隊を使嗾してやらせたものなることは後に至つて分つたのであるが、其時には無論分らない。されば袁が自分が居つてさへ此通り北方の形勢が不穏であると説明するや、歓迎使は一も二もなく尤もだと賛同して、遂に袁の南行は其儘沙汰やみとなつた。蓋し北方の不穏は即ち外国の干渉を誘致するの惧《おそれ》ありといふ点が、特に歓迎使の心を動かしたのである。斯くて袁は三月十日を以て北京に於て堂々と就任式を挙行した。南方派の第一の策は見事に袁世凱の破る所となつたのである。

臨時約法　第二に南方派の取つた策は、新憲法の制定に依つて袁を牽制せんとするの方法である。愈々中華民国が正式に出来ると、臨時約法即ち仮憲法を作らなければならぬが、袁世凱は専制主義でやるに極つて居るから、新に作らるべき憲法に於ては、議会に十分の権力を持たせ、以て袁の横暴を押へつけやうと云ふ魂胆である。一体中華民国の仮憲法に付ては、かねて宋教仁の起草せる案がある。武昌で革命運動の起つた時、直ちに其処に中央政府を作らうといふので、宋の懐にして長江を遡つたのが即ち此案である。此草案を今度また宋教仁が非常に訂正して、議会に十分の権力を持たせ、内閣各大臣の任命は一々議会の承認を経なければならぬといふやうなことを書き加へて、袁世凱に取つて余程やりにくい憲法を作つたのである。臨時参議院も亦大多数で之を通過した。之が即ち今度の第三革命で復活した所謂旧約法なるものにして、実に現行の憲法である。然るに彼等は此方法によりて果してよく袁を押へ得たかといふに、事実は丸で反対に進行した。此事は次の唐紹儀と袁世凱との確執并に国会と袁との衝突に現れて居る。

袁世凱が大統領になつてからの第一次の内閣は唐紹儀内閣である。唐紹儀は元と袁世凱の引立によつて立身した人で、云はゞ親分子分の関係にあるが、併し此頃唐は既に南方の革命党に這入つて、席を同盟会に置いて居つた。同盟会は即ち秘密結社たりし中国同盟会が革命の成功と共に、仮面を去つて政界の表面に乗り出して以後の党名である。

唐袁の衝突并に責任内閣主義の失敗　唐紹儀が同盟会に這入つたのは何時頃であるかといふに、内閣組織の相談の為めに南方に来た時ださうである。けれども南方の革命党と大に黙契するやうになつたのは、南北妥協の使命を帯び、北京政府の代表者として、南下した当時であることは疑がない。彼を説得したのは、一所に南下した汪兆銘ではあるまいかと思はるゝ。汪は明治四十二年摂政王の暗殺を企てゝ終身禁錮の刑に処せられて居つたが、革命の勃発に会して袁より救ひ出され、唐に附して南方に送られたのである。

どの道唐紹儀は既に南方派の人である。さらでも内閣を組織するに付ては南方の重立つた人々と相談しなければならぬ。況んや彼自身南方派であるので、彼は今や同盟会内閣でやつて行かうといふ意気込みであつた。事実また同盟会内閣が出来た。唯一の弱点は、袁の寵児趙秉鈞が内務総長の椅子に拠つた位のものである。而して此時同盟会出身の大臣中最も重きを為せるは宋教仁であらう。彼に代表せらるゝ当時の同盟会側の方針は、一言にして云へば責任内閣主義の遂行である。大統領は仏蘭西《フランス》のやうに実際政治の外に祭り上げて、一切の政務は総て内閣の責任でやつて行かうといふのである。さうすれば大統領は袁であらうが誰であらうが妨《さまたげ》はない。斯くて唐内閣は此方針でやつて往かうとすると、袁は果して之を妨碍し始めた。彼は先づ内閣の施設につき、何事にも干渉する。又色々のことを提案して来る。時として命令的に其の提案の実行を迫つて来る。之に対して唐紹儀は殆んど事々に反抗した。そこで袁世凱と唐紹儀との衝突の幕が開かれたのである。一面より云へば唐一派の責任内閣主義と袁の大統領専制主義との衝突である。此時内務大臣の趙秉鈞などは、袁の旨を承けて殆んど一回も内閣会議に出席しない。毎々袁世凱の私邸に参候して一々其の指図を受けて居る。是れ閣員の会議を以て万機を決するの主義に正面から反対するの処置である。斯く袁と唐とは互に反目して居つたのであるが、之が遂に其年の四月になつて、王芝祥《おうししよう》を直隷都督に任するといふ問題で破裂した。王芝祥を直隷の都督にするといふことは、曾て袁世凱の一旦承諾を与へたる事項である。然し王はもと革命党出身の軍人であるから、之をお膝元の直隷都督にして置いては袁世凱自身が不安を感ずることになる。革命派の策士が王を此地位に挙げたのも、実は袁を牽制する魂胆に出でたものであらう。そこで袁は一旦承諾を与へた事だけれども、愈々といふ間際に臨んで、任命の批准を拒んだ。唐は総理大臣としてかたく之を争つた。袁は頑として聴かない。唐は非常に憤慨した。恰かも借款問題等の失敗もあつて、唐は憤懣懊悩の極、遂に一片の辞表を大総統に提出し、其認許の辞令に接するを待たずして、飄然として天津に去つた。而して頭領の唐が去つたので、宋教仁を始め革命派の諸大臣は皆袂を連ねて辞職した。その跡に出来たのは即ち純然たる袁世凱の御用内閣で、つまり南方派の主張たる責任内閣主義は、まんまと敗北して、袁世凱の総統専制主義が勝利を占めたことになるのである。

議会に対する圧迫　内閣の勢力で袁世凱を抑へ附けるに失敗した南方派は、次ぎに一歩退いて議会の力で抑へ附けて見やうといふことに方策を改めた。斯くて次に議会と袁世凱との軋轢《あつれき》になる。之が露骨に現はれたのは、唐紹儀辞職後の内閣の閣員承認問題についてゞある。唐についで袁が総理大臣に擬した人は陸徴祥《りくちようしよう》である。余り有能でない年少の陸が内閣を組織するのでは、其内閣の必ずや袁の傀儡《かいらい》に過ぎざるべきは論を俟たない。議会では陸徴祥の総理大臣たることだけは異議なく承認したけれども、彼の許に内閣を組織すべき他の国務大臣に付ては、全部反対の態度を取つた。かくして第一回の内閣組織は不成立に終つた。そこで袁世凱は、約一ケ月余りの日数を隔てゝ、更にもう一度大臣承認案を提出せしめたのであるが、彼は此一ケ月あまりの間に於て、或は議員を招待して盛んに御馳走をしたり、又或は金銭を以て買収を試み、又は警察を使嗾して威嚇して見たりして、寛厳両種の方法で以て烈しく議員に圧迫を加へたのである。それに堪へ兼ねてや、議会は遂に已むを得ずこの二度目の案をば、袁の指定する儘に承認したのである。かくして袁の威力はまた、議会の力を以て袁を牽制せんとする方策をも、見事水泡に帰せしめたのである。

民国元年九月の三頭会同　右の如く、袁世凱は乱暴にも先づ唐紹儀を片付け、次に議会を抑へ付けたが、然し之は畢竟彼の素望たる大総統専制主義を確認せしめんが為めであつて、それ以上何も高圧手段を以て南方派を苛めるといふ程の考はなかつたやうである。只南方派が亦実に執拗に袁に反抗するので、彼も後には段々南方派に対して激烈の態度を取らざるを得ない事になつたらしい。一説によると、袁は一時、面倒臭いからいつそ孫逸仙と黄興とを殺して仕舞はうかと考へたこともあるといふことである。以て彼が如何に南方派の処置に窮したかゞ分る。而して彼は後に逆しまに孫黄両人を抱き込んで南方派を操縦するの策を案出し、即ち孫逸仙には支那の鉄道の全権を任せる、黄興には支那の鉱山のことを一切任せるといふ事をやり出した。黄興は辞して受けなかつたが、孫逸仙は之を受けた。其外彼は辞を低うして黄と孫とに北上を求め、一堂に交歓会談して共に国事を語らんと提議した。其結果八月より九月にかけて孫と黄とは相続いて入京し、かくて九月十五日といふに、孫・黄・袁の所謂三頭会同なるものが、北京に於て行はれたのである。其時黎元洪は武昌に居つて会同には出席しなかつたけれども、電報によつて意見を交換し、結局四人の署名を以て、我々四人が協力一致してやる以上は、国家の事は憂ふるに足らぬといふやうな意味の宣言書を発表した。此日の会合に於ける孫逸仙の演説といふのが又中々振《ふる》つたものであつた。政治の事は袁君に一切任せる。予は即ち鉄道を司り、今まで道路も何も無い所に縦横に鉄道を敷設し、遠からずして支那を世界第一の富強国にして見せるといふのであつた。さて之れ丈けの外形のみを見れば、袁と革命派との関係は頗る円満に行つた様であるが、実は両方とも之で安心して居るのではないので、両者の間に流るゝ暗流は、依然として混濁の色を呈して居つたのである。

二　袁の高圧政策と第二革命の勃発

宋教仁の暗殺　内閣に失敗し議会に失敗した南方派が、次に袁世凱を抑ふる為めに採つた手段は、来るべき議会の選挙に味方を以て多数を占め、その新鋭の勢威を以て再び大総統に当るといふ方法である。今までのは実は臨時参議院で、正式の議会ではなかつた。所が中華民国臨時約法並に之に基いて新に作られたる国会組織法によつて、今度新に上下両院より成る所の議会が出来る訳であつて、その為の総選挙は民国二年三月に行はるゝことになつて居る。そこで革命派は味方の多数を制せんとして熱心に選挙運動をやつたのである。而してこの時自己の為め又人の為めに最も熱心に運動したのは宋教仁であるが、彼は外交上並に内政上の失態を抉剔《けつてき》して盛に袁世凱を攻撃した。之を袁が非常に気にした結果であらう、三月二十日彼は上海停車場の前で袁の放つた刺客の為めに胸を刺されて殺された。彼は新選議員として丁度北京に発程する所であつたのである。其刺客の袁の放ちしものなることは、直に下手人の家宅捜索の結果判明した。何となれば内務大臣趙秉鈞との往復電報が沢山現はれたからである。此暗殺事件の結果、革命派の袁に対する憎悪の念の、非常に激しくなつたことは云ふ迄もない。此の頃から革命派の人々は袁を以て不倶戴天の仇と目し、窃かに思を武力解決の方途に向けたのである。後日第二革命の起るのは、実に其端をこゝに発するのである。

総選挙の結果并に袁の議員攪乱策　総選挙の結果は、革命派の中堅たる国民党の大成功となつて現はれた。同盟会が解党して国民党の発生を見た始末は管々《くだくだ》しいから茲に説かぬ。上院たる参議院では議員二百七十四名の内、殆んど全部が国民党員である。衆議院の方は、議員全数五百九十六名であるが、其の中の約三百六十人が、矢張り国民党員である。国民党は両院に於て絶対多数を占めたのである。袁世凱は選挙当時自分の味方たるべき共和党に多額の運動費を送り、又干渉もし買収もしたけれども、予期が外づれて御用党は大失敗に了つた。そこで袁世凱はこゝに始めて非常の決心を堅めたものらしい。大正二年春夏にかけての恐怖時代は即ち斯くして始つた。尤も始めは議会に於ても表て立つて革命派と袁と激しく衝突したのではなかつた。けれども内部に於ての両者の反目は非常なものであつた。革命派の方では南方の根拠を堅めて早晩武力解決に訴へやうと計劃して居る。之に対して袁は又北京に於て随分悪辣な手段を施して、反対派を陰に陽に迫害して居る。彼の旨を承けた内務大臣趙秉鈞と憲兵隊長の陸建章《りくけんしょう》とが、密偵を放つて幾人の生命を暗《や》みから暗みに葬つたか分らない。当時北京で夜外出した限り突然行衛の分らなくなつたといふ者が非常に多かつた。相当に有力な議員連中には流石に手を附けなかつたけれども、何れにしても彼等革命派はいつ何時殺されるか分らないといふ危険状態にあつたことは、当時北京に居られた日本人の某々名士が、同情のあまり万一の場合の救済策を日本官憲に諮り、官憲側も亦個人の資格に於て出来る丈けの援助を与ふることを約したといふ事実によつても明白である。

袁世凱の此際採つた方法は、右いふ様な高圧手段ばかりでない。主としてやつたのは寧ろ買収である。又目指す議員の郷里へ人を派し、其親に向つて「お前の息子は危険思想を懐いて居るので、目下政府から非常に睨まれて居る。迂《う》つかりして居ると殺されるかも知れぬから、急いで呼び戻しては如何か」など、説かしむるといふ方法もやつた。買収の方では、先づ一日の欠席料が二百五十円と伝へられた。新聞なども巨万の金で盛んに買収されたので、後には始めから買収されるのを目的にして新聞社を新設したものも沢山あつた。

民党に対する袁の急追　此の際北京に居る国民党議員の幹部の中には、袁世凱の圧迫甚しくなり勝るに苦しむのあまり、寧ろ同志を結束して北京を去り、上海にでも往つて独立の議会を作らうかといふ意見を真面目に説く者もあつたさうである。併し之が為には国民党の殆んど全部が行動を共にするのでなければ駄目だ。否《しか》らざれば現在の議会の大多数が其開催地を換へたといふことにならぬからである。然るに愈々此最後の手段に出づるとなれば、果して総ての国民党員の足並みが揃うだらうか。是れ亦実に甚だ覚束ない。かくて此意見も沙汰止みになり、依然北京に踏み止まつて奮闘を続くる事にした。けれども袁の態度は益々辛辣を極める。とても堪へ切れない。遂に始め比較的に軟論であつた張継までが、自棄気味になつて来たと云ふことである。彼は憤然として参議院議長の職を辞し、北京を跡にして上海に走つた。南方に居る黄興などの軍人派と打合せをする為であつたらう。伝ふる所に依れば、張は武力解決の方法に依る外、他に自ら衛《まも》るの途すらなしとて、頻りに黄を動かさんと試みたとの事である。併し黄興の意見では、残念ながら今は其手段に出づべき時機ではない、急いでやつても迚《とて》も勝算は無いといふのであつた。そこで此計劃も亦其儘沙汰止みになつたのである。それでも、いつ何時、やる事になるかも知れぬから、兎に角も用意だけはして置かうといふので、多少の連絡を取るの仕組みを立て、又日本にも特に人を派して求援の策を講じたりなどした。尤も当時の山本内閣は、金の点でも武器の点でも、厳正中立を守りて全然交渉に応じなかつたといふ。四囲の形勢が斯《かく》の如くであるから、如何に焦つても、革命派に取つては当時誠に不便であつた。従つて彼等は姑《しばら》く恨を呑んで時機の到るを待つの外なかつたのである。

所謂第二革命の勃発　然るに袁世凱は、斯くても未だ圧迫の手を少しも弛《ゆる》めない。どこまでも彼等を追窮する。無数の探偵を放ち、絶へず革命党の機密を探知して居るのだから、彼の少しも警戒を怠らなかつたことは亦尤もの次第である。加之《しかのみならず》、彼は夫れ〲各省に自分の部下を配置し、順次に革命党の連中を押し除けることも怠らなかつた。斯くして革命主義者は、段々各地の重要なる地位から追ひ落されたのであるが、最後に袁の一寸手を触れ兼ねた者が三人残ることになつた。一人は江西都督の李烈鈞で、次は広東《カントン》都督胡《こ》漢民《かんみん》、第三は安徽《あんき》都督の柏《はく》文蔚《ぶんい》である。袁は遂に此等をも押し除けやうといふので、六月九日には先づ李烈鈞を、同じく十四日には胡漢民を免職した。七月一日に至つては柏文蔚の現職を剝ぎ、之に代へて川漢籌辺使《ちゆうべんし》といふ左遷的辞令を交附した。事茲に至つてはもう堪へられないといふので、李烈鈞が先づ憤り出し、戦備の有無を顧慮する暇もなく、七月十二日遂に九江《きゆうこう》に旗挙げをした。所謂討袁軍宣言書なるものを発表したのは超へて月の十四日である。李烈鈞の旗挙げを聞いて、同じ境遇に在るものは、勝算の有無を問はず、皆之に響応して起つた。黄興も遂に起つて南京に討袁旗を翻した。之は十五日の事である。十七日には岑春煊を担ぎ上げて討袁軍大元帥に戴いた。岑は本来官僚出身で革命運動には何の関係も無いのであるが、夙《つと》に袁世凱とは極めて仲が悪いので、討袁運動に加担したのである。併し此戦争は前述の如く、袁の圧迫に堪へ切れずして余儀なく起したものであつて、固より勝算があつての仕事ではない。第一には革命運動に欠くことを許さゞる日本の来援といふものが此度は全くない。それのみならず、支那人の間にもまた同情が無い。上海の商務総会の如きは却つて之に反対する旨の決議を公にして居る。世人は陰微なる袁の悪辣手段を知らないから、李烈鈞等の行動を以て徒らに乱を好む者と看做したのであらう。之に反して袁は新たに六国財団の借款を得て、軍資は極めて豊富である。馮国璋、段芝貴《だんしき》は袁の命を受け、大軍を率ゐて討伐に来る。其上上海・南京方面の外国人も挙つて北軍に便を与ふる。斯くて革命軍は丁度内外から見離された孤立無援の状態に陥つた。されば接戦数次の後、一と溜りもなく敗走して、九月二日南京の陥落を以て局を結んだ。是より先き七月二十九日黄は南京を逃れて八月九日門司に着き、岑は八月二日広東を落ち延びて十八日新嘉坡に行き、孫逸仙も亦九月五日台湾に逃れて九日神戸に来た。第二革命の結末は斯の如く実に惨澹たるものであつた。

三　正式大総統の選挙とクーデターの断行

第二革命後に於ける議会の形勢　第二革命の失敗に因つて、南方にあつた革命主義軍人連の根拠は、物の見事に覆へされた。けれども同派の議員連の方はまだ平然として北京に留つて居る。彼等は今次南方の動乱とは何等の関係が無いやうな顔をして居るが、袁世凱には固よりちやんと其間の消息は分つて居る。当時北京の議会には、国民党の外に進歩党といふ大政党がある。細かい事は一切略して大体のことをいふと、漸進的改革主義を表看板にする官僚臭味の集団であつて、一面に於ては袁の御用党とでもいふべきものであつた。併し此中には、真実改革主義者なるも従来の行き掛り上国民党に入るを欲せざる者が、少からず加入して居つて、必ずしも先天的の御用議員のみではない。されば、始めは袁世凱の操縦に乗つて国民党と争つて居つたけれども、第二革命の後、袁の武断的専制主義の漸く露骨になるや、進歩党中之を憤慨して私《ひそか》に国民党に同情を寄する者を生ずるに至つた。今日旧国民党系の過激分子と深く結托して居る孫洪伊の一派が即ち是である。故に第二革命後の議会の形勢は、其の前よりも、有力なる分子にして袁に反対する者が幾らか多くなつた。

正式憲法制定の議弁に大総統選挙問題　扨《さ》て第二革命の勃発と前後して、政府と議会との間に憲法制定といふ問題が起つた。従来の憲法は所謂臨時約法である。今度は正式の憲法を作らうといふのである。而して間もなく憲法起草委員会なるものが組織せられた。此起草委員の選挙に当つても、袁は自分に都合の好い者を挙げしめんとの考から大分金を撒いたけれども更に其効が無い。金を貰つた者はあるが、彼等は此金を自分の当選のために使ひながら、当選後挙つて袁世凱反対の態度を取つたからである。之には流石の袁も呆然為す所を知らなかつたとの事である。

憲法制定事業の進行中、図らずも茲に正式大総統選挙といふ問題が起つて、袁と議会との反目が外部に曝け出された。袁世凱は今や武力を以て反対派を掃蕩し、天下統一の業も略《ほ》ぼ其緒についた。そこで臨時大総統たる地位を変じて正式のものとし、速《すみやか》に外国の承認を得て内外の人心を帰服せんと欲するの念頗る切なるものがある。其為めには一刻も早く正式憲法の成立を必要とするが、議会の方では中々に此事業を捗取《はかど》らない。是に於て袁は、正式憲法は一朝一夕に出来まいから、正式大総統の選挙を先きにしようではないかと言ひ出した。これには非常に議論があつたけれども、結局袁の意に従ふことになつた。それには大総統選挙法を先づ作らなければならぬ。即ち憲法の一部として大総統選挙法だけを離して先づ急ぎ制定することにした。此事に就て議会の策士はいろ〳〵皮肉の小策を弄した。それは袁の希望としては十月十日といふ武昌起義の紀念日に正式大総統として就任式を挙げたいといふ考なることが明白であるから、十月六日を選挙日といふことに前以て極めて仕舞ひ、而かも肝腎の大総統選挙法は十月に這入つても故《ことさ》らに議定を了らない。実は起草委員の間にはちやんと極めてあるのだが、わざと公表を遅れさしたのである。袁は気が気でなく頻りと催促をする。議会では漸く四日に至りて急速之を議定した。而かも袁には予め何等の通告を与ふることなくして、大総統選挙法を議会の名を以て発布した為に、彼が心中大に憤慨したるべきは想像するに難くない。只選挙の妨碍になるを恐れて暫く我慢して居つたのであつた。

大総統選挙の小波瀾　さて此の新選挙法に依つて十月六日いよ〳〵大総統の選挙に取掛る段取になる。議会では内外の形勢に鑑みて不本意ながら袁を選挙せねばならぬことを承知して居るが、併し彼をすら〳〵と選挙することは虫が承知しない。斯くて国民党や進歩党やの幹部の間に、袁の当選は決して国民多数の輿望に出づるに非るの外観を明ならしむる為めに、故らに紆余曲折を附けやうといふ相談が成立した。其結果彼等は予め計画を立て、、必要なる票数が一挙に袁に集らない様にした。新選挙法に拠ると、全体の出席者の四分の三以上の投票を得なければ、当選することが出来ない。一回の選挙が無結果に了ればもう一遍やり直す。それでも四分の三にならなければ、三度目には比較的多数のもの二人を取つて、其の中から決選投票をするといふ規定である。愈々第一回投票の蓋を開けた。全体の出席者七百三十一人で、袁世凱の得票は、四百七十一票を以て第一位を占め、第二位の黎元洪の百五十四票に比し約三倍に当るけれども、規定の四分の三にはまだ〳〵遠い。第二回の投票をやつて見ると袁は四百九十七票、黎は百六十二票で、規定の数に達せざること第一回と変らない。そこで最後の決選投票に移ることとなる。此際袁世凱の方からは、公民団と称して部下の兵士を傍聴席に入れ、其外数千人の群集をして議会を包囲せしめ、盛に議員を威嚇した。議会ではまた袁が焦つて居るを知つてゐる丈け、故らに投票を手早くやらない。二度目の時も三度目の時も頗る緩慢にやつたのである。故に朝の八時から始まつて夜の十時までかゝつた。袁は是非とも其日の中に片を付けしめやうといふので、議院の中の食堂を閉鎖し、又外出を許さない。前の農商総長の谷鍾秀《こくしょうしゅう》君の著中華民国開国史には「忍餓終日以行選挙」と書いてある。扨ていよ〳〵最後の決選投票となつた。其結果袁は五百〇七票を得て始めて当選した。当選はしたもの丶前の投票に比して固より著しく増加しては居ない。無論四分の三には達して居ない。袁がどれ程此処置を憤慨したかは蓋し想像するに余りある。

正式憲法の制定に関する大総統と議会との衝突　大総統の選挙は兎に角も首尾よく済んだ。次に来るものは正式憲法制定の問題である。此問題でまた袁は国会と衝突して、遂に到頭クーデターを断行するに至つたのである。正式の大総統になつてから一箇月足らずの十一月四日の出来事である。元来此憲法制定といふことに就いては、袁世凱の方で既に一個の成案があつたのである。彼は此の年(大正二年)の三月に、態々《わざわざ》日本から有賀博士を聘し、現駐日支那公使章宗祥《しょうそうしょう》君の宅に数名の青年秀才を会合して憲法の研究に当らしめた。其結果として袁には既に立派な成案があるのである。その成案の大総統中心主義たるは固より云ふを待たぬが、彼は之を以て議会に強ゐ、其承服を求めんと欲するのである。処が議会の憲法起草委員の方では、袁の権勢を抑へやうといふ事ばかりを考へて居るから、固より袁の成案を顧みるべくもない。出来る丈け袁の自由を牽制し、大総統は仏蘭西のやうな空名のものにして、内閣に一切政治上の実権を有たしめやうとするのである。こゝに両者の大なる争点がある。而して憲法起草委員会では、自己の成案によつて一生懸命討議を進め、毫も袁世凱の意志を顧慮しない。袁は気になつて仕様がないので、八人の委員を任命して、憲法起草委員会に臨んで意見を述べさせやうとしたが、起草委員会では、傍聴は差支ないが意見の陳述は断じて許さぬと返答した。袁側の委員は再三押して行つたのであるが、委員会章程には大総統の意見を聴かねばならぬといふ規則がないからとて、決して応じない。結局袁の方の意見を全然聴かずして起草委員会では其制定せる憲法草案を議定して仕舞つた。之よりは愈々上院下院の全議員より成る所謂憲法会議を開いて、最終の決定をする計りである。此憲法会議の決定を経れば、最早之を動かすことは出来ないから、其決定を妨げんとならば、今のうちに色々の手段を講ぜなければならぬ。かくて袁は十月二十五日各省都督及び民政長に宛てゝ、憲法草案反対の電報を打つた。つまり全国各地方の政界軍界の頭領たる人々をして、国民党所定の憲法草案に対し、反対の宣明を為さんことを要求する主意なのである。されば其の電報の書き出しには、「国民党人破壊以て国家を危害するもの多し。其作る所の憲法草案亦国家を害するもの甚だ多し」とあり、而して其の最要の点として四ケ条を挙げて居る。第一は、内閣大臣の任命は議会の同意を要すとする点、第二は従来平政院が行政訴訟を掌つて居つた制を改め、普通の裁判所の権限に之を移せるの点、第三は、国会は其閉会中、両院から若干の委員を出して常設の委員会を作り、以て政府の自由行動を制せんとするの点で、第四は会計検査員は上院から之を選挙して、院長は会計検査員中から互選するとするの点である。之れ皆大統領の正当なる権限を侵すものにして、極めて不都合なる草案であるといふのである。固より予《か》ねて通牒してある事であるから、各省よりの返事は、一概に案の内容そのものゝ批議よりは寧ろ、さういふ不都合の国会は解散して仕舞へとか、又は国民党を縛り上げよとかいふの類であつた。之に勢を得て袁はまた更に多くの各種文武官を教唆して、盛んに国会に反対させたのである。国会の方でも予じめ斯くあるべしと期して居つたから、飽くまで政府の侵撃に対抗して、憲法草案を擁護すべしといふので、議会の各派から有力なる雄弁家をすぐつて新に民権党なる政社を作つた。党籍に列《つらな》るものは何れも進歩党・国民党の錚々たる有力の人物のみである。つまり之は憲法草案擁護党とでも謂ふべきものであつて、一面に於て全力を挙げて政府と闘はうといふ議会の堅き決心を示すものである。斯くては如何に袁が苦肉の策をめぐらしても、此憲法草案は結局通過確定を見るであらう。然らば寧ろ其の議定に先立つて議会そのものを破壊するに若《し》かずといふので、遂に十一月四日を期し、クーデターを断行したのである。

十一月四日のクーデター　在来の臨時約法に拠ると、大総統には議会解散の権が無い。そこで袁のクーデターは犯罪行為に基く議員資格の剝奪といふ方法でやつた。それに丁度いゝ口実になるのは其年の夏の第二革命である。之は勿論国民党に関係がある。故に袁は国民党員は皆謀叛人であると叫んで、之によつて国会議員の資格を剝奪せんとしたのである。彼は当初国民党員を斥くれば、議会は定足数を欠き、以て其成立を破り得ると考へた。処がやつて見ると、現在の国民党員だけでは十分でない。そこで次に現在の国民党員の外第二革命以来今日まで曾て同党に籍を置いた者凡てを網羅することにしたが、それでもたつた三百五十人にしかならない。それでも未だ議会の成立には妨げがないので、遂に三度命令を書き改めて、嘗つて国民党員たりし者はすべて皆議員の資格を剝奪するといふことにした。さうすると四百三十八人(全数五百九十六人の中)になるので、始めて定足数破壊の目的を達することが出来た。従つて議会も自然消滅の姿になつた。迫害された議員の多くは日本其他に亡命して、やつと袁の毒手を逃れたのである。

其後袁は各省から一人づゝの委員を北京に招き、中央政治会議なるものを開き、十一月四日の行為の是非を其議にかけた。固より之を適法なりと決議するに決まつて居る。それでクーデターは国民の代表者の公然の承認を得たといふことに取り繕ひ、翌大正三年一月には改めて国会の消滅を宣明し、こゝに始めて純然たる専制政治を確立した。五月になつて、改めて自分に勝手の好い中華民国約法を作つたのが、大正五年六月袁世凱死後の南北妥協の際、約法回復の声の下に廃止せられた憲法である。かくて袁は今や憲法による大統領といはんよりは、寧ろ憲法以上のヂクテートルとも観るべき地位を占め得たのである。

第八章　第三革命

一　民国二年の失敗後に於ける革命派の動静

革命派の結束と孫一派の除外　民国二年十一月のクーデター後進歩党系の議員連は、大概《おおむ》ね散り〴〵ばら〴〵に各省の故郷に帰臥し、国民党系の連中の主なる者は、多く袁世凱の迫害を恐れて安全の地に逃げた。其中上海辺に隠れた者もあるが、大部分は一旦日本に集つたやうである。先是《これにさきだち》此夏の第二革命に失敗した軍人系の革命主義者は、既に日本に逃げて来て居る。今や国会議員連も来ること〻なつたので、一時革命派の幹部は、殆んど全部日本に集つた形になつた。そこで此等の者の間に自ら、この跡をどうするかといふ相談が起らざるを得ない。而して色々相談の結果、此等の連中の間に一種の大同団結が出来上つたらしい。只此時孫逸仙并に其一派の連中だけが、此団結から除外されたやうである。

抑も孫逸仙が、当初より一般の革命青年と思想の傾向を異にすることは、前にも一寸述べたことがある。其上に此等の青年と孫逸仙の部下との間には、感情の阻隔もあつたやうである。其阻隔の源因の底を叩いて見れば、詰りは主義の争に帰するのかも知れない。先年日本で中国同盟会を組織した当時も、宋教仁と孫逸仙とは間もなく衝突した。人或は此衝突の原因を些末の感情問題に帰するものもあるけれども、予輩の聞く所に依れば、宋の熱烈なる愛国主義の、孫の極端なる博愛主義に対する不満が根本の点らしい。要するに愛国的革命青年は、孫の動もすれば外援に頼らんとし、又は少くとも外勢の助力を辞せざらんとする態度に慊《あきた》りない。其上に孫の周囲には如何はしき人物が多いといふ説もあつた。孫は革命思想の元勲として、えらいにはえらいが、今の所彼の一派に大事を打ち明けては、事を未前〔然〕に破るの恐れがないでもない。斯う云ふ風に考へて、自ら大勢は右の大同団結から孫の一派を除外する、少くとも敬遠することになつた。之にもう一つの原因は孫逸仙が此の時卒先して中華革命党と称する団体を作つたことである。之は彼一人の立案に成るもので、自らは大元帥を以て居り、一切の組み立ては頗る専制的なものであつた。彼以為《おもえ》らく、従来革命の失敗したのは、議論多岐に別れて統一が無かつたからである。今後の運動は自分一人の命令通りに他の諸君が動いて呉れゝば成功すること疑ないと。扨てこそ彼は自ら作る所の新党に非常に専制的な規則を設けたのである。斯くては誰も孫と事を共にせんことを喜ぶものがない。而して非常に優美な性格を有する他の半面に於て、剛愎《ごうふく》と見ゆる程に意志の強き又自信の強き彼の事とて、尋常一様の事では、説を枉《ま》げて彼から我方に来り投ずるの気遣は万々ない。そこで他の一般革命主義者は、始めから諦めて孫の一派をば除外して、別個の大同団結を作つたのである。只孫逸仙の中華革命党に対抗する形になるのを避けて特別の名称は附けなかつた。要するに孫逸仙の一派は斯くして此仲間に這入つて居ない。故に彼の一派は、先度の第三革命には初めから全然何の関係も無かつた。多少の関係を有つ様になつたのは、大正五年の三四月頃からである。

欧洲戦争勃発以前の彼等の態度　斯くして大同団結は出来たが、扨て之から何種の運動に取り掛るかといふ段になると、別に名案は無い。蓋し領袖連の考では、袁世凱の天下になつた以上、当分我々の活躍すべき機会はない。今後五年や十年は蟄伏《ちつぷく》するの外はあるまいといふのであつた。日本に居るものは、落ち著いて勉強でもしやうといふ考で色々の学校に這入つた者も少なからずある。中には研究を名として亜米利加や仏蘭西に赴いたものもある。幹部筋では黄興は亜米利加に、張継は仏蘭西に、李烈鈞は南洋にといふ風に、各方面に散在したが、之には他にも種々の原因はあるだらうが、一つには幹部の有力者が悉く日本に集つて居ては、袁世凱の警戒を避け難いといふ考に出でたとも聞いて居る。何れにしても、斯く散在しては何時事が起つても差支無いやうに、聯絡を取る必要があるので、主たる中心点を上海、香港、東京等に置き、万一の急に応ずる手段にも用意を怠らなかつた。而して其中東京に居つて此聯絡通信の任務に当つて居つたのは、張孝準、李根源、章士釗《しようししよう》等の諸君であつた。

併し乍ら之等の連中は、今度の欧洲戦争の起るまでは、実は森《しん》として少しも動き出さなかつた。欧洲戦争の起るに及んで彼等の始めて動き出したのは、此大乱に乗じて或は再挙を図るの機会あるべきを思つたからである。欧洲の戦争は固より直接には革命党に活動の機会を与ふるものではないが、只袁世凱に外資利用の途を絶つこと丈けは明である。外国の金といふものさへ無ければ、袁は何等恐るべきものではない。之れまで袁にしてやられたのも、彼が豊富なる外国の資金を擁して居つた為めである。今や欧洲諸国は支那を顧みるの遑《いとま》がない。米国は政治上の目的で支那に金を貸さぬ事になつて居る。日本さへ袁を助けなければ、我々は今度は少くとも互角の勢で袁に対抗は出来やうといふのが、彼等の考である。斯くして東京に居る幹部の連中は、其頃欧事研究会なる名に隠れて、密に集会凝議して居つたのである。

二 日支交渉

日支交渉と革命派の活躍　上述の如く第二革命後所謂革命党の重立つた者は、多く海外に亡命し、其の本国に残れる者と雖も、殆んど皆声を潜めて鎮まり返り、袁世凱の勢力独り隆々として何物と雖も之に反抗し得べくも見えなかつた。然るに茲に端し無くも彼の失脚の端緒を開き、内外に潜伏して居つた革命党をして一陽来復の希望を認めしむるに至つたものは、大正四年一月から五月に亘つて八釜しかつた夫《か》の日支交渉である。日支交渉は、我が日本の立場から観て決して成功に終つたものではないけれども、併し支那から観れば、其がまた立派な屈辱的外交であつたことは極めて明白である。此処に革命党の領袖は乗ずべき間隙のあるべきを期待し、いざといふ時の用意として、彼等の間に多少の陰〔隠〕密なる活動を見るに至つたやうである。第二革命の失敗以来、日本に蟄伏して居つた革命党同志のものが、ぼつ〳〵本国に帰り始めたのも、大正四年の三四月頃からのことである。

風雲雲南の空に動く　併し日支交渉に由つて革命党が動き始めたといふことは、唯だ此の日支両国の交渉の進行中に、或は事を起すべき適当の機会があるかも知れぬといふ空望に動いたに過ぎないので、未だ具体的の成案を以て活潑なる運動を始めたのではない。けれども彼等が運動の手始めとして、先づ雲南方面に着眼したことだけは疑を容れないやうである。尤も此の次ぎに革命運動をやる時は、場所は雲南にしやうといふことは、恐らく第二革命以後多くの領袖の頭の中に画かれて居つた所であつたらうと思ふ。何故ならば、第二革命以前、既に袁世凱の辣腕に依つて各省の実権は殆んど皆な彼の一派の掌握に帰し、纔《わずか》に残つて居つた広東江西安徽も亦第二革命の結果全然袁の経略に帰し、今となつては殆んど手も足も出ないのに、唯だ一つ残つて居る所は雲南貴州の方面のみであるからである。此の地方だけが、一には僻遠なる地理的の関係もあつたらう、又一には既に余りに深く革命党の勢力が蔓《はびこ》つて居つた為めもあらう、流石の袁世凱も此の方面には容易に其の辛辣なる手を下さなかつた。言ふまでもなく雲南貴州は、一代の英傑蔡鍔《さいがく》の主として経営した所である。彼が第三期留学生として明治三十九年我が士官学校を卒業するや、先づ南方の二三省に於て陸軍の教育に関係せるの後、遂に雲南貴州に聘せられ、茲に全力を挙げて軍隊の訓練と将校の養成とに当つた。故に此の方面に於ける将校等は、多くは彼の同僚か若《も》くは其の門下生である。第二革命の際既に該地方に於ける彼の勢力は抜くべからざるものであつて、彼が武力調停を名として中原に乗出さんとしたのも決して偶然ではない。事成らずして彼が単身北京に赴いた後は、後輩の唐継尭を雲南に据へ、貴州には劉顕世《りゅうけんせい》を置き、自分一身を犠牲にして、雲貴方面の軍隊に対しては袁をして一指をも染めしめなかつたのである。加之、第二革命後に於ても、雲南貴州は、密に李烈鈞の手を透して革命党系の軍人を沢山に入れたといふことである。炯眼なる袁世凱は流石に之に気附かないではない。故にまた密偵を放つて警戒をさ〳〵怠りなかつたといふことであるが、併し未だ他省に対するが如く、腹心の者を放ち、之をして実権を収めしむるといふ慣用手段には出で得なかつた。斯くして第二革命以降、雲南貴州は将来革命党の拠つて以て起ち得べき唯一の根拠となつて居つた。且つ又秩序も整ひ其の他一般の事比較的に充実して居る。故に若し此の次ぎに革命運動を起すものことあり〔ママ〕とせば、そは必ずや雲南方面に於てするであらうとは、敵も味方も初めより予想して居る所であつた。然るに今や日支交渉の事あり、袁の外交失敗といふ非難が起り、其結果或は革命党に供するに乗ずるの好機会を以てするかも知れないと云ふことになる。乃ち革命党の主要なる人物が其頃頻りに雲南を中心として動き初めたことは蓋し偶然ではない。

東京と雲南との交渉　日支交渉を機として先づ動いたものは、東京に於ける李根源、李烈鈞、章士釗等を中心とする一派である。彼等は既に欧事研究会なる名称の下に、欧洲戦争に関する事項の研究を口実として、密かに来るべき革命実行の為めに図る所あらんとして居つた。而して此の一派は遥に雲南に於ける羅佩金《らはいきん》、李曰垓《りえつがい》、黄毓成《こういくせい》、趙復祥《ちょうふくしょう》等と交通する所があつた。此の後者の一団はまた実に雲南に於て機を視て事を挙ぐべきをかね

〳〵図つて居つた主動者である。而して雲南先づ動いて東京に波動したものか、東京先づ動いて雲南に波動したものか、今此辺の事情を詳かにせざるも、唯だ此に疑ひ無き一事実は、此の運動に黄興が関係あるといふことである。当時彼は去つて米国にあつたが、李根源、李烈鈞等は常に黄興と電報を交換して其の指導を仰いで居つたと聞いて居る。

猶ほ茲に一言注意すべきは、此の運動に孫逸仙が全然無関係であることである。支那の革命といへば、人多く孫黄を並称する。けれども第三革命の計画には、孫逸仙並びに其の一派は殆んど何の関係も無い。蓋し孫は、第二革命失敗の翌年東京に於て中華革命党なるものを組織し、自ら其の総指揮者を以て居り、殆んど専制的規約を立てゝ、各種の革命党の勢力を結束せんと図つた。けれども、孫君が言論思想の雄にして実行の人に非ざるを知る所の多くの革命家は、彼に盲従するの愚を避けて、多く中華革命党に加入することを敢てしなかつた。随つて第二革命後、東京に於て各種革命派の間に、将来機を看て故国の為めに尽す所あらんとするの相談を纏めた際も、孫逸仙の一派に対しては、敬して遠ざくるの態度を取つた。或は此の派に事を諮《はか》るは失敗の基なりとして故らに孫等を除外したといふものもある。何れにしても、孫逸仙は今問題となつて居る運動には全然何等の関係も無い。若し孫の一派にして今次の運動と相前後して革命実行の為めに計画する所あつたとすれば、そは全く独立した運動である。此事は先にも述べたけれども世に誤解する者多きが故に、繰り返して断つて置く。

三　帝制問題

帝制問題に因る排袁思想の勃興　さて是れまでは、唯だ東京と雲南とが多少動き始めたといふ位のことで、到底まだ愈々革命をやらうなどゝいふ段取りまでは進んで居なかつた。然るに茲に更に彼等を促して、愈々実行の計画を立つるに至らしめた事件は、即ち袁世凱の帝制計画であつた。更に詳しく言へば、籌安会《ちゆうあんかい》の発生であつた。大正四年八月を以て籌安会の発生したことは、今云ふの必要は無い。之を切つ掛けとして支那に所謂帝制問題が起り、愈々袁世凱は共和制を廃して自ら皇帝たらんとするの野心を暴露した。一体袁は大総統に挙げられて以来、自ら共和主義に忠実なるべきを誓つたことは一再のみでない。清帝退位後、袁は南京の臨時政府に電して共和主義絶対賛成の政見を宣布したが、其の中に斯う云ふことを云うて居る。曰く、「共和を以て最良の国体とするは、世界の公認する所。今帝政の一朝にして崩壊せるは、実に諸公累年の心血の成果にして、又民国無窮の幸福なり。大清皇帝既に明詔を以て位を辞し、既に世凱の署名を経たる以上は、則宣布の日を以て帝政は終局を告げ、民国は基を始む。之より努力進行、努めて円満の地位に達到せしめ、永く君主政体をして中国に再行せしめず」と。併し其後の彼の行動は屢々右の誓言に裏切つて居る。民国三年の暮に至り、部下腹心の者をして清朝復辟論を唱へしめた際の如きは、人皆袁の野心の最早掩ふべからざるを疑はざるに至つた。其故は復辟論を唱へしめ、而かも裏面より盛に之が反対の声を挙げしめ、以て結局世上に、帝制を恢復するにしても清朝に依つて之を為すは時勢の要求に合せずとの感を流布せしめたからである。斯くして遂に民国四年八月に至つてまた帝制論を起さしめた。今度の帝制にして物になれば、袁を帝位に戴くものたることは言を竢《ま》たない。是に於て世人は非常に之を憤慨したのである。彼は始め腹心の楊度や孫毓筠《そんいくいん》等をして籌安会なるものを作らしめた。之は表面は近く制定せらるべき正式憲法の研究を目的とするものと云ふのである。而して此の会は将来支那の憲法は帝制で行かなければならないといふ意見を発表し、電報を以て之を各省文武の長官に問合せた。各省長官は此会と袁との関係を知つて居るから、皆帝制賛成の返電を発した。併し乍ら袁の此態度に対する不満の念は、裏面に於て国民の間に益々深くなる。されば旧進歩党系の梁啓超や孫洪伊が公然筆を執つて反対の主張をなすや、天下の操觚者《そうこしや》は翕然《きゆうぜん》として此の旗標の下に集る有様であつた。所謂純革命党とも視るべき旧国民党系の論客が、劇烈に反対せることは言ふを俟たない。否此等の政客許りではなく、在野の旧官吏連も、又本来極めて保守的なるべき老政治家連も、袁の皇帝登極には皆悉く好感を有たない。宗社党の如きも亦それ〴〵の立場から帝制に反対する。随つて表面は殆んど衆望に依り已む能はずして帝位に即くが如き外観を装うても、而かも内実彼は精神的には国内に於て全然孤立の姿になつたのである。

帝制の実行と革命党の活躍　帝制問題に対しては我が日本より再三延期の警告を発したのであるが、夫にも拘らず袁世凱が無理矢理に之を断行した事は人の知る所である。十二月十日より十一日にかけての所謂国体投票で、少くとも国家内部の関係に於ては、支那では立派に帝国の成立を見たのである。現に十二月十三日には、北京にある文武の高官二百余名期せずして袁邸に祝意を述べに行つたとあるが、此時の光景を叙して支那の官報は、皇帝竜顔和《うる》はしく云々と立派に書いて居る。袁世凱も亦之に対して、予今全国人民の推戴に由つて茲に中華帝国皇帝となる、自ら顧みて慚愧に堪へずなどと論答を与へて居る。尤も在北京の各国公使館へは、態々外務部から人を派遣して非公式的ではあるけれども、支那帝制の成立は内部関係に止まり、列国との国際関係は依然として中華民国大総統の名義を以てする旨を伝へて居るけれども、内部関係に於ては立派に帝制が出来たと謂はねばならぬ。唯だ即位式をやらないまでの事である。さういふ訳であるから、支那国民の輿論、支那一般の民心といふ者は、今や大に袁世凱に悪感を懐くといふ事になつた。以前から袁世凱に苛められた者は勿論否らざる者までも皆憤慨する。殊に清朝の遺臣などは最も熱烈に袁世凱に反対する。斯くて袁世凱反対の考は全国一般に拡がつた。是れ則ち革命党の乗ずべき好機会ではないか。先に排満思想を利用して事を挙げた彼等は、今や此排袁思想を利用して国民的大運動を起し得べしと考へた。斯くして予ね〴〵機会を覘《うかが》つて居つた革命党は好機逸すべからずとなして、愈々革命運動の実行に着手しようといふことになつたのである。而して此の運動は、或は期せずして起つたのか、或は相互に連絡があつたのか、兎に角東京と雲南と北京と此の三方面から殆んど時を同じうして起されたのである。

革命運動の策源地。一、東京　日本に於ける此運動の中心は、李根源、鈕永建《ちゆうえいけん》、章士釗等の輩である。此等の人々は籌安会の発生後、間も無く支那に帰つて上海に集まつた。即ち上海を本拠として故国の各方面の同志に謀り、中にも最も重きを雲南の同志に置き、彼等をして先づ事を発せしめんとしたのである。其の為めに彼等は、其の仲間の内から方声濤《ほうせいとう》を派遣して雲南に送つたといふことである。且つ又彼等は、此の運動の総指揮官として、第二革命の時にも討袁総司令たりし岑春煊を起すの必要を認め、態ざ〳〵使を南洋に派して彼を迎へたのである。岑春煊を南洋より迎へるといふことは、一には彼の名望を利用して、南洋方面から軍資金を得るといふ目的もあつたらうが、又一には彼を戴くことに依つて、革命運動の気勢を大に揚げようといふ考にも出でたのである。黄興も亦遥かに亜米利加から電報を寄せて、岑に蹶起を促したといふことである。

同上二、雲南　雲南に於ては、予ね〴〵東京と通ずる所あつたことゝて、籌安会の発生後天下の騒然たるを看て、夙くから独立運動の計画を立てゝ居つたらしい。此の密議に与つた重なるものを算ふれば、前にも述べた羅佩金等四人の外、鄧太中《とうたいちゆう》、楊蓁《ようしん》、呂志伊《りよしい》等の輩がある。其の中に方声濤の来りて具《つぶ》さに内外の情形を告ぐるあり、殊に上海東京方面に於ける同志の決心を語るに及んで、雲南方面の連中も亦大に志を堅ふしたといふことである。

而して初め此等の連中は、其の密謀を将軍唐継尭に告げなかつた。愈々計謀熟するに及んで、黄毓成は鄧太中、楊蓁の両氏と共に全体の代表者となつて密謀を唐に打ち明けた。而して黄毓成に客たりし方声濤も亦熱心に説く所あつたので、唐継尭は之に快諾を与へた、否進んで該運動の首動者たらん事を提議したといふことである。一説に、初め首謀者は此の密謀を唐に告げなかつたのを、唐の方から之を嗅ぎ知つて、参加を求め来たのであるともいふ。何れにしても、将軍唐継尭を初め有力なる文武高官の決心は久しからずして決定した。是れ凡そ九月から十月に掛けてのことであると聞いて居る。斯く決心が定まれば、省外の同志と連絡を取り、外部よりも声援を得るの必要があるといふので、呂志伊、劉雲峰《りゆううんぽう》等を北京上海方面に派遣し、一には外情を偵察せしめ、又一には局外人士の援助を求めしむることにした。而して此の一行は上海に於て李根源の一派に逢ひ、これより彼等は相携提して各方面との連絡を巧みに取つたのである。

同上三、北京　終りに北京に於ては梁啓超・蔡鍔の徒がまた動き出した。此の両人は初め立派な帝制論者であつた。尤も心から帝制が可いと思つて居つたのか、或は袁の膝下に居つては、帝制を謳歌せざれば一日の安きを得る能はざるが故に已むを得ず主張したのか、其辺の事情は分らない。人に依つては梁啓超は初め梁士詒《りようしい》と共に熱心なる帝制論者であり、且つ籌安会の実際の発起人であつたが、籌安会に於て梁士詒と衝突するに至つた結果、彼は天津に逃れ、一転して帝制反対の大文章を草したのだといふ。此の説果して真なりとせば其の動機に甚だ感服せざるものあるも、要するに彼が一転して袁世凱反対の張本人となつたことは疑無い。而して彼と共に其の門下生たる蔡鍔も亦一転して帝制反対論者となつた。而して蔡鍔を促して遂に決然雲南に走るに至らしめたものは実に梁啓超の勧告に出でたといふ人もある。斯くして梁啓超は一方には蔡鍔を雲南に送り——尤も蔡鍔の雲南入りは雲南からの懇請に因るといふ説もあるが——自分は更に自ら南方に走つて、大に帝制反対の説を文武高官の間に伝播して浙江の朱瑞《しゅずい》、江蘇の馮国璋も亦梁の勧説に耳を傾けたといふことである。当時この北京の反袁団を代表して大に上海方面に活躍して居つたのは湯化竜であるが、湯化竜の蔭に常に梁啓超あり、而して梁啓超と湯化竜との同心一体なることを思へば、北京方面に於ては、主としては梁啓超、之に続いては湯化竜の一派が、革命運動実行の計画に就いて大に動きつゝあつたことは、略ぼ之を想像することが出来るのである。

四　革命運動実行の準備

上海香港の活動　雲南を中心として袁世凱反対の運動の旗揚げをするといふ計画は、各方面に於て略ぼ意見の一致を見た。是れよりは愈々実行の準備に取り掛るべき順序になる。而して其の実行の準備は、雲南自身に於て計画されて居つたことは固より言ふまでもないが、猶ほ又外部に在つても之が為めに運動をするものが尠くはなかつた。蓋し雲南だけ起つても、之が孤立して居つて、外の方面が黙つて視て居るのでは、何にもならない。そこで一には外の諸省をして雲南に応じて起たしむる運動の中心を作る為めに又一つには斯くして起てる独立諸省の相互間に又之と外界の交通連絡の衝に当らしむる為めに、革命派の同志は、香港と上海とを択んで策源地とした。香港にあつて専ら之等の計画に与つたものは、李根源、林虎《りんこ》、文群《ぶんぐん》、陳烱明《ちんけいめい》、葉夏声《ようかせい》等である。上海に於けるものは、谷鍾秀、鈕永建、許崇智《きょすうち》の輩である。尤も此等の人々の間には、或は香港に往つたり或は上海に来たり、何れかの一方に定住して居ないものもある。又此等両策源地の間には、常に密接なる連絡を持続したかといふに必しもそうではない。けれども此両策源地が第三革命の実行の上に重大の関係あつた事だけは争はれない。

扨て此等の連中が、雲南の同志と通じて愈々実行に取掛るに先立つて企てたものは、第一には貴州省を、第二には広西省を、第三には広東省を、第四には江蘇の馮国璋を動かして仲間に入らしめんとせることであつた。

貴州広西内応を約す 貴州の劉顕世が、雲南の意に反して此の運動の加担を拒むが如きこと無かるべきは、初めより明かである。けれども唯だ貴州には軍隊の数からいつても、軍需品の額からいつても、又財政上の点からいつても、急に独立の旗揚げをするだけの準備が無い。随つて雲南で起つからといつても、直ちに之に響応することの出来ない状況にある。併しながら、雲南としては又貴州の同意を得るといふことが必要である。故に雲南が愈々旗揚げをするといふ決心を為すや、唐継尭は王文華《おうぶんか》、熊其勲《ゆうきくん》、呉伝声《ごでんせい》等を遣はして、劉顕世を説かしめた。其の結果兎に角も貴州は亦適当の時機を看て雲南に加担するといふ堅き約束を為したやうである。

広西の陸栄廷《りくえいてい》も亦結局此の運動に対して冷淡の態度を執らざるべきは、彼等の能く知る所である。況んや陸栄廷の許には同志の陳炳焜《ちんへいこん》が居る。けれども愈々事を挙ぐるといふに就いては、親しく陸栄廷の決心を質すの必要がある。而して此の使命を帯びて上海・香港方面の策源地から派遣せられた使者は、鈕永建及び林虎の両氏である。此の両氏は険を冒して南寧《なんねい》に到ること両度、斯くして陸栄廷の内諾を得たのである。一体陸栄廷は、袁世凱の帝制には熱烈なる反対者であつた。のみならず、其以前既に雲南とは関係なしに自ら独立して帝制反対の運動を起さんと計画した形跡がある。其の一つの証拠と見るべきは、帝制問題の起るや、間も無く参謀の曾植銘《そうしょくめい》を北京に送り、窃かに黎元洪を広西に迎へんとしたことである。これは不成功に終つたが、其の後又窃かに人を香港に派して、此地に李根源と通じた形跡もある。鈕永建・林虎が南寧に赴いたのも、恐らく其の結果であつたらうと思ふ。猶ほもう一つ証拠となるものは、少しく後の事ではあるが、岑春煊が南洋より香港に来着するや、彼は早速人を派して彼と通じた事である。斯ういふ次第で、袁世凱に対する陸栄廷の態度は、初めより頗る鮮明なるものがあつた。それだけ又袁が陸を疑つて居つたことは言ふを俟たない。袁が王祖同《おうそどう》を派して厳密に彼の行動を監視せしめたのも無理は無い。陸が五万銀の賞を懸けて李根源・鈕永建・林虎の首を求むる旨を公告したのも、畢竟袁の耳目を晦ますの策に過ぎなかつた。故に彼が三月十五日に至つて始めて独立の宣言をしたのは必要なる準備の整頓を待つた為めであつて、雲南の行動に加担すべきの意思に至つては、第三革命の勃発の以前から既に定まつて居つたのである。

広東の処分　斯くして貴州・広西の内応は最早疑ひが無い。併しながら是れだけでは、未だ安心して雲南に事を挙げることが出来ない。更に懸念に堪へざるは広東の向背である。何故ならば、広東には竜済光《りゅうせいこう》の有力なる軍隊がある。軍隊其ものも相当に整つて居るが、中にも、財政は頗る裕《ゆた》かである。又外界から必要なる物資を得るの便宜もある。広東から背後を侵されては、仮令《たとえ》広西貴州の援助ありと雖も、雲南の独立運動の成功は結局覚束無い。故に何とかして竜済光を仲間に入れるか、少くとも竜済光を牽制して独立運動の妨害を為さしめないやうにせねばならない。此の困難なる仕事は、一には陸栄廷をして竜済光を牽制せしむるといふ方案に依らうとしたのであるが、主としては岑春煊の尽力に托するといふことにした。蓋し竜済光は、袁世凱の幕下として革命運動反対の急先鋒たりしことは公知の事実であるけれども、他の一面に於て彼はまた岑春煊に多大の恩義を負ふて居る。此の関係を利用して、岑或は竜を抑うることを得べしといふのが、革命派の万一の期待であつた。斯ういふ考からして、革命運動計画の当初彼等は当時南洋にあつた岑春煊に電報を発して帰国を促がしたのである。然るに岑は、籌安会発生以来頻りに帰国して大に袁と争つて見たいといふ希望に動き、正に腕鳴り足躍るの情に在つたから、電請の到るや直ちに発途した。実は此の時、上海・香港の幹部よりは、一旦電報を発したものゝ準備未だ十分に成らずとの故を以て敢て急行する勿《なか》らんことを再電したのであつたが、性急なる彼は之を聴かずして、一月初旬に既に香港に着いたのである。斯くて彼は暫く香港に在りて雲南・広西方面と連絡を取つたのであるが、之と同時に彼はまた書を竜済光・張鳴岐《ちょうめいき》に与へて切に響応を勧めたのであつた。けれども竜の一派は断じて之に従はない。結局岑に依つて広東の処分をつけやうといふ計画は遂に見事に失敗に終らなければならなかつた。而して竜済光は、啻に岑春煊の誘に応ぜざるのみならず、却つて激烈なる探偵政策を取つて革命党の行動を検束した。同時に香港政庁も亦所謂扶竜抑岑の政策を執り、革命派に対する迫害頗る急なるものがある。流石の岑も居《い》た溜《たま》らずして、遂に一月末章士釗・張耀曾《ちようようそう》・周善培《しゆうぜんばい》等を率ゐて遠く我が日本に来たのであつた。日本に於ける岑春煊の行動に就いては今茲には述べない。要するに広東を始末し得なかつたといふことは、実に第三革命をして十分なる成功を得せしめなかつた最も主要なる理由であつた。

馮国璋の内応　広東の向背も大切であるが、それよりも最も大切なのは、南京に於ける馮国璋の向背である。抑も南京に於ける馮国璋の勢力は、同時に揚子江沿岸全部を圧する所の一大勢力である。何となれば、南昌の李《り》純《じゆん》も武昌の王占元《おうせんげん》も、南京に於て咽喉を扼《やく》せらるゝ以上、馮の意に反して行動することが殆んど出来ないからである。随つて馮は南方の革命派と北方の袁世凱派との中間に位し、其の一挙一動は自ら優に両派の死命を制するに足るの概《おもむき》がある。若し彼にして袁世凱の為めに起たんか、如何に南方派が各省を聯合するに成功しても、到底北方の圧迫に対抗することは出来ない。故に南方の運動に取つて何よりも大切なことは、馮国璋を仲間に入れる事である。少くとも馮国璋をして厳正中立の態度を執らしめねばならぬ事である。馮国璋が幸にして中立の態度を執れば――殊に南方に好意を表する意味の中立を守るならば――上海に於ける楊善徳《ようぜんとく》・盧永祥《ろえいしよう》の軍隊は動けない。倪嗣冲《げいしちゆう》・張勲の軍隊も亦容易に動くことが出来ない。然らば北京政府の南方討伐の為めに送り得る軍隊は、殆んど云ふに足りないものとなる。現に袁世凱は岳州より曹錕《そうこん》を派遣せるを手始めとして、河南・直隷方面より極めて少数の兵を送つたに過ぎなかつた。是れ皆馮の態度が南方に対して好意的中立を守つた結果である。仮りに反対の場合を想像して彼が全然袁の命を奉じたと仮定せんか、即ち上海の軍も南京の軍も、南昌・武昌の軍も、果ては倪嗣冲・張勲の軍までも、悉く大挙して南方に殺到することが出来る。斯くては南方の運命も亦容易に之を測り知ることが出来やう。斯ういふ訳で、革命派は馮国璋の態度に非常に重きを置いたのである。然るに丁度都合の宜いことは、馮国璋が最近袁世凱と仲の悪いことであつた。之に乗じて帝制反対派は、頻りに馮を動かさんとしたのである。尤も実際に馮国璋を動かさんと試みた人の何人なるかは、今日まで判然と断言することが出来ない。けれども梁啓超・湯化竜の徒が、頻りに彼を説いたといふことは事実である。陸栄廷が雲南起義に先立ち、馮国璋に打電して復辟実行の為め提携するの意無きやを問ひしは、恐らく彼の意中を探らんが為めのものであつたらう。現に陸はやがて唐紹慧《とうしようけい》を派して親しく馮の帝制反対運動に関する意見を求めしめた事実もある。李根源・谷鍾秀等の一派よりも亦馮に説く所ありしや否やは判然と分らないが、唯だ馮が屢々密使を上海に派して、李根源等を南京に迎へんとした事実はある。要するに当時馮は頻りに各方面の帝制反対運動者と交渉のあつたことだけは疑ひない。又馮国璋としても、既に帝制反対の宣言を発表して居り、最近袁世凱とも仲が好くないとすれば、自己一身の自衛の為めから云つても、此の際何等か工夫する所無かるべからざる境遇にあつたのだから、此等の排袁運動者の誘に応じたのも亦怪むに足りないのである。要するに、斯くして馮国璋は南方の運動に対して少くとも好意的中立を守るといふことが明かになつた。現に蔡鍔の北京を脱して日本に逃れ来るや、馮は自分の部下にして其の女婿たる陳之驥《ちんしき》を派して別府に追従せしめ、更に又蔡を追ふて香港まで同行せしめた事実に徴するも、馮が南方の行動を妨害せず、場合に依つては之に援助するの意を示したことは明かである。少くとも彼の態度が南方の人々をして非常に心強く感ぜしめたことだけは疑を容れない。

五　革命の旗揚げ

当初の計劃　斯くして実行の準備が略ぼ成つた。唯だ一つ懸念に堪へざるは広東のみであるけれども、これは竜済光の居る以上は如何とも致し方が無い。随つて革命派は、広東の向背如何に拘はらず、適当の時機を見て愈々事を挙ぐるといふことに決心した。而して事を挙ぐるの機会としては、当初明くる年の一月下旬即ち袁世凱が即位式を挙行する際を択ぶといふ訳であつた。其の理由はそれまでには準備も尚一層整ふといふことゝ、もう一つは即位式も済めば袁は最早帝制実行の意思を翻す能はざる地位に立つといふ点に在つた。蓋し彼等の本来の目的は袁世凱其人の排斥である。否な、袁世凱に依つて代表せらるゝ官僚的専制政治の打破である。帝制の実行と否とは実は末の問題である。けれども大声は俚〔里〕耳に入らず、袁の帝制実行の否認といふことに名義を借りなければ、彼等の運動に天下の同情を集めることが出来ない。乃ち帝制反対に口実を仮りて、袁排斥の素志を達せんとするものであるから、袁が形勢を非なりとして帝制の意を翻し、依然大総統の地位に留まられては何にもならない。故に即位式も済んで袁が愈々延《の》つ引《ぴ》きならぬ境遇に立つを待つて始めて事を挙げんとしたのである。上海・香港の幹部が岑春煊に急行する勿れといつてやつたのも、一は此の為めであつた。又我が日本が袁世凱に向つて帝制延期の警告をなせるを彼等の始め甚だ喜ばなかつたのも、亦此の為めであつた。尤も帝制延期の警告は、著しく袁の面目を損じ、依つて以て革命派の気勢を高むるの効はあつたけれども、併し革命派自身は、当初決して我が日本の態度を喜ばなかつたのである。蓋し之が為めに袁が帝制を延期し若しくは中止するあらんことは、彼等の最も恐るゝ所であつたからである。

予定の期に先ちて発せる所以　然るに彼等が此の予定を変じて十二月の下旬急に旗揚げをした所以は如何といふに、是れには色々の原因があるやうに思ふ。最も重なる原因は、北京政府が密謀を知つて早くそれぐ〵対応策を取り始めた結果として、どうしても急に旗揚げをしなければならなくなつたことであらう。雲南では実は十月の末頃から若干の兵を動かして四川省界方面に派遣して居つた。袁世凱の密偵も十分雲南方面に這入つて居るから、全く之を知らずに居るといふ訳はない。且つ又英国領事は頻りに唐継尭に忠告して、徒らに軽挙妄動するなからんことを警告したといふことであるから、彼の報告に依つて北京の英国公使が之を知らない筈が無い。随つて其方面からも袁政府は色々聞知する所あつたらう。さればにや、袁の方でも又密かに兵を派し物資を送つて、重慶方面の備へを堅くした。斯くして一日後るれば一日だけ袁政府の準備が出来上るので、多少予定に先立つても、早く堂々と兵を挙ぐるの必要に迫られたのであらう。袁政府が窃かに事情を知つて之に備ふる所ありしの証拠には、雲南軍が咄嗟の間に叙州・重慶を取つて遥かに成都を脅かし、以て一挙して四川を徇《したが》へんとした当初の計画が、結局見事に失敗したのに依つても分かる。

尚ほ又雲南の立場からいへば、既に李烈鈞や熊克武も応援の為めに這入つて来た。十二月二十日には同地方に重望ある蔡鍔が戴戡《たいかん》・殷承瓛《いんしようけん》を率ゐて省城に到着した。幹部たるべき人々の顔が揃ふたといふことも、亦旗揚げを急ぐに躊躇せしめなかつた原因であらう。其の外此の頃丁度特使問題が日支両国の間に交渉せられ、事に依ると袁世凱政府は、帝制承認を求むる為めに日本に重大の利権を提供するらしいといふ噂があつたので、利権を永遠に外国に失ふは国家の為めに極力之を沮止《そし》せざるべからずとして、急に運動を開始したといふ説もある。尚ほもう一つの説明としては、馮国璋の電促を挙げる人もある。此れより先き馮国璋は、参謀総長に栄転するといふ名目の下に、袁世凱から北京に呼ばれて居つた。併し彼が南京を去つて北京に行くといふことは畢竟黎元洪と運命を共にする所以である。されば馮は実力の地位たる南京を去ることを欲しなかつた。恰も好し南方雲南に於ては袁世凱反対の軍事行動を取らんとして居る。若し速かに之を促がして事を挙げしめたならば、彼は即ち留まつて南京に居据はるの口実を得る。さういふ考から、彼は密かに雲南に電報を発して、速かに事を挙ぐべきことを慫慂《しょうよう》した。彼の魂胆の何であつたかは且《しば》らく別問題として、馮が飛電を以て速かに事を挙ぐべきことを勧めたことだけは、事実疑ひは無い。果して然らば、是れ亦雲南をして急に旗揚げを為すの決心をなさしめた一因たるを失はぬと思ふ。猶ほ旗揚げについて唯だ一つ障礙となつたものは、軍資の欠乏であつた。金も足りなければ軍器弾薬も亦決して豊富ではない。之にも拘はらず彼が断然実行の歩を進めたことは、其の後革命軍の屢々蹉躓《さち》するの因縁をなして居る。

要するに以上の如き経過を歴《へ》て、遂に十二月二十六日所謂第三革命の序幕が切り落された。此の運動を天下に宣明せる所謂中華民国雲南貴州討逆軍檄文には、雲南将軍唐継尭・雲南巡按使任可澄《にんかちょう》・貴州護軍使劉顕世の三名の署名がある事は人の知る所である。

附録　最近支那政界の二大勢力(大正六年六月十日)

一　二大勢力の対立

黎大総統の段総理革職、之に対する督軍連の反抗幷びに其独立といふ事に依つて現はれたる支那政界最近の紛糾は、要するに軍閥と国会との衝突である。併しながら、之を単純に督軍連と国会議員との争に過ぎずと観るのは、徹底したる観察ではない。予輩は之を支那近世史上の一現象として、第一革命以来儼然として存立する而して絶えず繰り返さるゝ二大勢力抗争の一形式に外ならぬと観るものである。

何をか二大勢力と謂ふか。曰く政治上の根本主義として現状の維持を主張するもの、及び之に反して現状の破壊を主張するもの、即ち是れである。元来斯かる二大派別は清朝の時にも固より存在して居つた。清朝其者、幷に清朝に依つて衣食する多くの官僚紳商は、取りも直さず現状維持派であつて、孫逸仙や、黄興の如き革命主義者は即ち現状打破派であつた。中華民国成立後に於ては、袁世凱を中心とする官僚軍閥の徒は即ち現状維持派となり、革命成功の直接の功労者たる旧国民党系の青年輩は、南北妥協の結果として生出せる総統政治に慊《あきた》らずして即ち現状打破派となつたことは今更言ふを須《もち》ゐぬ。大正四年の暮を以て勃発せる第三革命も畢竟は此二大勢力の衝突に外ならぬのである。

尤も現状打破派と云ひ、現状維持派と云ふも、固より其範囲の常に不変なるものではなく、又其現状の打破若くは維持を主張する各自の動機に就いても決して同一なのではない。例へば現状の打破を主張する者の中には、心から旧来の弊風を打破して茲に健全なる新支那を造らんとする愛国的動機に出づる者もあれば、又元来は同じく官僚であつたけれども、現に勢力を握れる者から蹴落された不平の余り自ら現政府に反抗するに至つた者もある。而して此の後者の如きは其境遇の変化と共に又一転して現状維持派にならぬとも限らないものである。是れ革命党中往々にして官僚の買収に屈して節を変ずる者ある所以である。次に又現状の維持を主張する者の動機に就いて観るも、或は心から現状の急激なる変化を以て国家の健全なる発達に害ありとするの見地に立つ者もあるが、併し最も多きは現に有して居る自己の地位の覆されんことを虞《おそ》るゝの念に出づる者であらう。此の後者の如きは絶対的現状維持派と云つて宜しい。けれども第一種の主張者の如きは、大体に於て或程度の改革の必要をば否認する者でないから、彼等が真に国家の為めを思へば思ふだけ、時としてまた現状打破派の比較的穏健なる分子と提携するを厭はない。殊に此派は頑冥なる現状維持派が更に極端なる行動を試みんとするが如き場合には、一転して現状打破派に賛成するに至ることも珍しくない。旧進歩党系の連中が、旧国民党系の連中と手を携へて、袁世凱の帝制計画に反対したるが如きは、即ち此の例である。斯くて現状維持派幷に現状打破派は、その之に属する者の動機に種々あるだけ、常に其範囲を一定しないのであるが、併しながら大体に於て此の二つの勢力が対立して、其時々の事情に伴ひ、一盛一衰交々《こもごも》争ひ来れることは事実の上に明白である。尤も此二大党派の内部に於ては其各自の動機が異るだけ、必ずしも常に充分の調和を保つて居るとは云へない。例へば、現状維持派に在つても、段祺瑞等の如き専制的共和主義者と張勲等の如き帝制復辟論者との間には、大なる径庭があらう。現状打破派に在つても、孫逸仙等の如き理論派と、南方の督軍連の如き実際派との間も亦同様である。けれども今日当面の根本的政治問題、即ち中央に於ける政治組織幷に其運用を如何に定むるや、換言すれば憲法の制定幷に之に基く各機関の実際的活動を如何に導くやの問題に就いては、支那政界の国論は大体二つに分れて居る。即ち一は清朝以来執り来つた従来の遣り方に著しき変更を加へず、又従来の官僚軍閥の勢力に著しき紛更を来さない程度に於て、茲に民国の新憲法を造り、其運用をも之に調和せしめて行かうと云ふのである。是れ即ち今日の官僚軍閥の執らんとする所の主義である。之に反して他の所謂民党は、従来の遣り方、従来の勢力関係に顧慮せず、全然新しき思想と新しき主義との上に憲法幷に其運用方法を打ち立てゝ行かうと主張するのである。その之を主張するの動機が真に之を以て支那の将来の為めに必要なりと考ふるにあるか又は之に依つて従来の官僚軍閥の勢力を覆し、己れ取つて以て之に代らんとする野心に出づるかは姑く別問題として、何れにせよ所謂民党と称する連中は、其根本義に於ては、旧来の慣習を打破し茲に一新天地を拓かんことを要求して止まないのである。支那に於ては今日の所、国民一般は先づ政治問題には深き興味を有たないと云つて宜しい。民党と云つても必ずしも国民一般の代表者といふ資格を実際に有して居るものでもなければ、又政権争奪の競争者としては官僚閥に比し特別の意義を有する者とも思はれないけれども、唯彼等が官僚軍閥の徒よりは比較的に民主的であることだけは疑を容れない。従つて支那に於ける立憲政治の端緒は、之を大観するに、官僚軍閥よりは寧ろ民党の諸士に依つて比較的に能く開かるゝものと見て誤りはなからうと思ふ。然らば更に一歩を進めて憲政の端緒の開かるゝことが支那に取つて果して利益なりや否やと云ふ問題も起るけれども、併し実際問題としては如何に支那でも、今日最早昔の専制政体に引返すことは不可能であらう。従つて問題は憲政創設の是否得失の点に在らずして、寧ろ之より建設せんとする憲政を、清朝以来固まり来つた旧制旧習の保存の上に打ち立てるか否かと云ふ点に集中して居る。而して此点に関する支那政界の輿論は、今や二つに分れ、茲に自ら二大勢力の対立抗争を見る訳になつて居るのである。

此の二大勢力の対立抗争は、是迄色々の形を取つて現はれた。最近は督軍と国会との衝突となつて現はれて居るが、つひ先頃までは国務総理と国会との争となつて現はれ、又その前には大総統府と国務院との争と云ふ形を取つたこともある。是等の争は、各々其蔭に匿《かく》れて居る大なる勢力を代表する者の争であつて、其根本は即ち前記二大勢力の対立と云ふことに帰する。支那最近の政局の変動は固より、今後に於ける幾多の曲折変遷も、皆此の着眼点から説明し解釈せらるべきものであると思ふ。予は今茲に此の説明解釈の参考として、袁世凱の死後に於ける前記二大勢力の消長を歴史的に略述して見やうと思ふ。

二　袁世凱の死後に於ける両勢力関係の変調

袁の病死当時の形勢　前にも述べた如く、第三革命は、袁世凱の代表する官僚軍閥に対する現状打破派の大反抗であるが、袁世凱の死するまでは、現状打破を主義とする諸派の大同団結が兎に角も相当に維持せられ、袁世凱派の勢は月に日に蹙《ちぢ》まるのみであつた。然るに此関係は、不思議にも官僚軍閥の頭領たる袁世凱の死に依つて大に其趣を異にすることになつた。その故は袁世凱の死後一時勝ち誇つたる革命派は幾《いく》ばくもなく其の中に内訌を生じ、比較的に保守的傾向に富みし分子は暫くにして袁を継いで官僚軍閥の統率者となつた段祺瑞と款を通ずるに至つたからである。此は即ち湯化竜、梁啓超の所謂旧進歩党系に属する一派にして、その官僚と通ずるに至つた動機は、或は袁世凱と云ふ眼前の大敵の消滅に依つて其本来の保守的態度に復《かえ》つたと云ふのもあらうし、又此儘官僚軍閥を押へ付けて革命派の跋扈を許せば、之に因つて利する者は主として旧国民党系の者であると云ふ嫉妬心に出づるのもあつたであらう。何れにしても、此等の一派と官僚との意思の疏通は、少からず現状維持派の頽勢を盛返すの効があつた。斯くして現状維持派並に現状打破派の対立反目は袁世凱の生前程に露骨ではないが、其死後に於ても引続き、解き難い難問として残る事となつたのである。これ南方革命派の識者をして、袁世凱をして今少し長命せしめたならばと歎ぜしむる所以である。

袁世凱の死後北京政界の中心勢力として現はれた者は、当初、前の副総統にして新に袁の地位を継任したる黎元洪と、四月二十二日以来袁の懇請に依つて時局収拾の任に当り来れる国務総理段祺瑞とである。袁世凱在世中黎は殆んど俘虜同様の境遇に置かれた丈け、今や彼が俄かに大総統の地位を継いでも、クーデターを敢行して内閣を改造せざる限り、彼の周囲に実権を収むることは容易に出来ない状態に在つた。而かも此際平地に波瀾を起すが如きは成る可く避くべきことでもあり、且諸外国からも此趣旨を以て勧説する所あつたとかいふので、段は其儘内閣の首班たる地位を継続して実権の衝に当つたのである。従つて当時北京に於ける中心勢力、即ち官僚軍閥の依つて以て恃《たの》みとせる所は、黎大総統に非ずして寧ろ段国務総理であつた。されば南北妥協の端緒を開かんとして六月中旬上海より湯化竜の北上入京するや、専ら之と折衝せる者は段其人であつたのである。湯化竜は此時迄は非公式ではあるが仍《な》ほ南方派の使者たる資格を失はなかつた。而して此交渉に於て段は官僚派の意見を代表して大に争ふ所があつたが、結局南方派の主張を容れて、六月末には袁世凱の造つた民国三年五月の憲法を廃して、民国元年三月の旧約法を復活せしむること丶なり、次いで内閣を改造して閣員の席の半ば以上を南方派の人士に割くことにした。最近迄続いた内閣は即ち略々《ほぼ》此時に出来たのである。

官僚と旧進歩党系との提携　最も早く南方派を代表して交渉の任に当つた者が湯化竜であることは、又湯の一派が軈《やが》て段と款を通ずるに至るの因縁をなしたと見ることが出来る。併しながら湯の一派、委しく言へば旧進歩党系の一派をして、段に通ぜしめた最も直接の原因は、旧国民党系の跳梁であることは亦疑ひ無い。始め袁の死に依つて南北妥協の幕の開かる丶や、南方に於て最も声高く主張せられた妥協条件は、革命派中の多数を占むる旧国民党系の主張する議論であつた。元来旧国民党系の政論は、本来概して旧進歩党の喜ぶ所ではない。一体旧国民党系と旧進歩党系との反目乖離は、もと一朝一夕のことではない。今之を絮々《くだくだ》しく論ずべき場合でないから略する。唯彼等は袁世凱と云ふ共同の大敵を目前に控へて居つたから、之を倒さんが為めに一時提携したのであるけれども、共同の敵が無くなれば、彼等の間に再び反目の関係を生ずべきは当然の道筋であつた。果せるかな此の当然の反撥的関係は、先づ第一着に妥協条件に関する意見の不一致に現はれたのである。蓋し旧進歩党系は、本来漸進主義者であるが故に、現在少くとも北方に於て儼然たる一勢力を為す所の官僚軍閥の立場をば相当に認めてやり、之と妥協して一刻も早く紛乱せる時局を収め、殊に此上紛乱を続けて外国等の乗ずる所となつてはいけないと云ふ考に充ちて居る。然るに旧国民党系の一派は、此等の実際的情実に拘はるを姑息とし、純然たる理論に依り、一には旧約法の復活、二には旧国会の復活、三には帝制元兇の厳罰を要求し、其結果正に官僚軍閥の牙営を覆すことになるのを厭はない。つまり後者は一切妥協を避け、徹底的に革命の目的を達せんとするのである。其理論に於ては甚だ徹底して居るが、併し実際の立場から見れば、一面過激なる空論たる趣が無いでもない。これを純革命党の主義に忠実なるの証拠と賞むる者もあるが、又実力を量らず図に乗り過ぎた暴論と罵る者もある。而して旧進歩党系は右の態度に顰蹙《ひんしゅく》すると共に、自然旧来の反感を呼び起し、遂に漸く彼等を離れて官僚軍閥に款を通ずるやうになつたものであらう。

軍閥の加入　斯くして旧進歩党系と官僚派との意思の疏通は出来た。併しこれだけでは未だ現状維持派の陣容は充分に整つたのではない。更に之に一段の勢威を加へたものは民党の跋扈と全然利害関係を異にせる保守的督軍連の運動である。抑々此種の督軍が革命派と相容れず、早晩段祺瑞を擁護して自家の地位の安全を計るに至るべきは始めより明白なことである。けれども彼等は未だ一致して民党排斥乃至中央政府擁護を叫ぶの機会には到達しなかつた。然るに彼等に此機会を与へたものは七月より八月にかけて広東方面に喧《かまびす》しかつた竜済光と李烈鈞との抗争である。此の事も委しい説明は略するが、要するに革命派は、広東をも其勢力圏内に入れて、雲貴両広湖南四川浙江等を連ねて確実なる根拠〔地〕を此方面に建設せんと欲し、さてこそ李烈鈞をして竜済光を逐はしめんと企てたのである。然るに他省の督軍連から見れば、竜済光の運命は即ち或意味に於ては彼等自身の運命である。尤も他の一面に於て、竜済光の腹心の者が私に北京及び徐州方面に運動して同情を求めたと云ふ説もあるが、兎に角、此の広東問題に就いて、其利害を同うする所の督軍連は、やがて連合して竜済光の擁護、換言すれば李烈鈞の排斥を公然叫ぶに至つた。八月五日張勲、倪嗣冲等が七省同盟の名を以て、猛然として政界の表面に表はれ来つたのは即ち此結果である。斯くして段祺瑞一派の勢力は、更に公然有力なる督軍連の後援を得ること丶なり、其勢力今や容易に動かすべからざるものとなつた。これより民党は、従来の如き勢を以て進むことが出来ず、彼等の本城たる国会の内部に於てすら、段々官僚の走狗となる団体の発生を見るに至つたのである。

国会に於ける党派の発生　六月の末、旧約法復活の宣言に続いて内閣の改造を見たことは既に述べた。やがて又、旧国会の復活となり、民国二年十一月のクーデターに依つて消滅させられた国会が、再び北京に甦つたのは七月末である。これより国会は形式上中華民国の主権者として活動すること丶なつたが、此議員連中の間にまたやがて予の所謂二大勢力を夫れ夫れ代表すべき政党の樹立を見るに至つた。

元来袁世凱の死んだ当初は、所謂南北妥協で、全然隔意無き提契の下に挙国一致で時局の後始末をしやうと云ふ議論が流行して、誰云ふと無く不党主義と云ふ言葉が行はれた。即ち第一革命以後の場合の如く、色々政党を設けて小天地に割拠論争を逞《たくまし》うすることは避けやうと云ふ訳であつた。併し此の考は決して永く遵奉されなかつた。既に前述べたやうな理由で、国会議員の間にも本来素《もと》より明確な意見の相違がある。彼等が各々其所見の異同に依つて相分立するは已むを得ないことである。斯くして湯化竜と梁啓超とは最先《まつさき》に不党主義の看板に背いて、それ〴〵に憲法研究同志会及び憲法法案研究会を作つた。八月央《なか》ば此両者は合併して憲法研究会と云ふ名称を取るに至つたが、これ即ち今日政府党として活動して居る研究会其者である。不党主義の宣言に拘泥して殊更に政党といふ名は避けて居るけれども、研究会の旧進歩党の復活に外ならぬのは言を俟たない。斯うなると旧国民党系も亦黙つて居る訳には行かぬ。やがて之が研究会に対抗する為めに憲法商権会を作つたのは九月初旬のことである。つまり旧国民党の復活に外ならぬ。これは其後官僚軍閥の方が次第に勢力を増すに連れて、其攪乱する所となり、色々に分裂して遂に影を今日に止めて居ないことになつた。けれども此中の益友社、丙辰倶楽部《へいしんクラブ》等が、常に所謂純民党の中堅として、節を屈せず活動して居ることは、後に追ひ追ひ之を説明しやう。尚此外に憲法討論会と云ふものがある。これは少数の第三党で、両大政党の調和を図り両者をして無用極端の争を為さしめずなどゝ云つて居る。丁度我が国民党が政友、憲政両大政党の間に介在してキアスチング・ヴオートを握つて居るなどゝ云ふのと趣を同じくして居る。併しながら其実研究会以外に政府御用議員を網羅する為めの官僚党たることは疑を要せない。以上皆憲法の研究討論を目的とする団体の如き名称を取つて居るけれども、要するに皆昔からあつた政治的勢力が、其時々の事情に応じてそれぞれ適当なる名称の下に作られたる政党に外ならぬのである。

斯の如くにして、革命派の本城たる国会に於て、既に有力なる官僚党は成立した。国会の以外に於ては、七省同盟などゝ云ふ軍閥の威嚇がある。斯の実力の後援の下に段の一派は中央の政界に於て次第に辣腕を揮うたので、革命派の足並は大いに動揺し始めた。八月末より九月にかけての国務員[院]承認案の波瀾も、何うやら官僚の勝利に帰した形になつて居る。尤も革命派中の頑強分子は、色々劃策して大いに奮闘する所あつたけれども、大勢の上より之を観察すれば彼等は一歩一歩官僚軍閥の圧迫にたじろぐの外なき有様であつた。

三　九月に於ける民党の盛り返し運動

官僚軍閥の辣腕　斯くして去年夏頃の形勢は、官僚軍閥の勢力は中央地方を通じて頗る盛にして、所謂民党は内閣内部に於ては時の内相孫洪伊の一派に依つて、又国会に於ては益友社、丙辰倶楽部の一派に依つて、辛うじて其面目を保つに過ぎざる有様であつた。是より先、段の政策乃至態度に慊らずして入閣を拒んで居つた孫洪伊、張耀曾は八月の十九日を以て夫れ〳〵内務総長、司法総長の就任を承諾し、数日を隔て、范源濂《はんげんれん》も亦教育総長として来り加はり、更にまた之に続いて谷鍾秀も農商総長張国淦《ちようこくこん》の後任として這入つて来た。一見すると政府部内に於ては大に民党の勢力が張つたやうに見ゆる。けれども、范源濂はもと湯、梁の一派に属して純然たる民党ではなく、張、谷は又其率ゆる所の政学会を提げて早く既に軟化したと云はれて居る。官僚派がだん〳〵勢力を得れば、民党の分裂して弱腰連中の漸次款を官僚に通ずるに至るのは止むを得ない。独り孫洪伊は毅然として孤軍奮闘したけれども、彼の人物技倆を以てしては、未だ頽《すた》れ掛かつた勢を盛返すには十分でなかつた。而して国会内部の民党議員に対しても、誘拐の手は絶えず加はつて居る。当時憲法商権会《しようかくかい》が分裂して之より各種の小党派の分立を見たのも、多くは皆官僚派の指金に依つたものである。斯くの如く中央の政界に於ける民党の地盤は、日に日に荒されて居つたのであるが、之は実は単《ひと》り中央に限つたことではない、地方に於ても亦同様の現象がある。或は広東に朱慶瀾《しゆけいらん》を送つて陸栄廷を牽制せしむるとか、或は呉光新《ごこうしん》を岳州に置き、長沙を牽制して湖南を我物にする計画を立てしむるとか、又或は劉存厚《りゆうそんこう》と羅佩金とを離反せしめて四川省を紊《み》だし、此間に策を以て之を官僚派の地盤にせんとするとか、著々南方派の地盤の蹂躙に頗る巧妙なる手段を施して居る。浙江省の如きはうま〳〵其策に乗せられて、今や即ち純北方派の楊善徳が督軍として控へて居るではないか、斯ういふ形勢であるから、此の儘にして放任しては、民党は遠からずして手も足も出ないことになる懸念がある。茲に於て純民党の頭目連中は、非常に苦心して勢力恢復の為めに計る所があつた。此の苦心の結果として現はれたものは九月央ばに於ける唐紹儀北京迎立の運動である。

南方派の対抗策——唐紹儀迎立の運動　元来南方派の振はないのは、中央の政界に於て実力の後援が無いからである。彼等が南方に於て動かすべからざる実力を有することは云ふ迄もない、けれども、彼等の実力たるや、到底長江以北に及ぶことは出来ない。長江以北一帯は先づ大体に於て官僚派の地盤であるが、唯幸に長江沿岸の馮国璋、李純、王占元等が、南北両派の対立に対して旗幟鮮明を欠くの態度を執つて居るが故に、官僚派の跋扈は北方に於ても極端に辛辣を極むるに多少憚る所ある次第である。それでも民党が著々彼の圧迫を蒙るのは、実力が無いから止むを得ないのである。故に若し南方派にして根本的に其窮境を脱せんとすれば、必ずや実力を北方に扶植する所なければならない。茲に於て民党の重立つた連中は、又私かに北方に於て自分等と提携し得べき実力階級の物色に腐心する所があつた。斯くして九月から十月にかけては一方には唐紹儀を迎へて、押し詰められた民党の陣容の立て直しを図り、他面に於ては大いに暗中飛躍を為して、所謂直隷派軍閥との提携を策したのである。唐紹儀の迎立は、民党の実力を増すと云ふ点から見れば、殆んど何の用にもならぬことであるけれども、併し意気銷沈して居る中央民党諸士に取つては尚ほ一服の清涼剤たるを失はず、又天下に散在して居る民党の同志をしては、彼の手腕声望の能く民党の前途に光明を齎らすべきを期待せしむる所以にもなる。少くとも北京に於ける去就の曖昧なる民党の各分子を結束して、茲に確固たる勢力を作るの楔子《せつし》にはなる。そこで唐紹儀の北京に来ると云ふ事は、官民両党の争の上に決して無意義のことではなかつた。それだけ又之は官僚派に取つては由々しき大事であつた。そこで彼等は極力之を妨害し、其結果遂に此の運動を見事失敗に帰せしめた。今そのいきさつを簡単に述ぶれば次の如くである。

一体唐紹儀は、南北妥協の結果として出来た六月末の改造内閣には、外交総長に擬せられ、八月既に国会多数の承認を得て居つたけれども、彼は段の下風に立つを潔しとせざりし為めにや、又は彼の政見が段の政策と相容れざることを始めから見越して居つた為めにや、永らくの間何うしても就任を肯ぜなかつた。然るに九月になつてから、彼は北京に於ける民党派の強請黙止し難きを名として北上に決心した。十四日上海を出発し、海路天津に到着したのは九月十七日である。而して此次彼が意を翻して北京に乗り込むのは、段と妥協し調和的に彼の内閣に入ると云ふよりは、彼の声望を利用して民党を結束し、一には政府の実権を外務省に収め、一には斯くして段と官僚派とを牽制せんとするに在つたことは、彼が入京に先《さきだ》ちて天下に宣言した所謂入閣条件に依つて観ても明かである。謂はゞ彼は和せんが為めに来れるに非ずして、戦はんが為めに来れるものである。されば民党の連中は、彼の入京に多大の希望を属し、其の天津に到着するや、彼等は大挙して之を其地に迎へ、盛大なる歓迎会を開き、遥かに北京に対して一大示威運動を試みたのである。此際に於ける民党の意気は、一見実に天下を呑むの概《おもむき》があつた。併しながら官僚派は決して之を黙つて見て居るものではない。此方の間にも亦著々対抗運動の歩が進められた。先づ第一に現はれたものは天津に於て公民大会の名の下に開かれたる反対の示威運動であつた。唐紹儀の十大罪悪を数へて彼の入京を極力阻止せんとしたのであるが、此の催しには明白に官憲が関係して居つたと云ふことである。第二に現はれたものは所謂十三省同盟の名を以て発表せられたる唐紹儀排斥の声であつた。

民党の跋扈を不利とする各督軍連の団結は此頃より更に拡張せられ又益々鞏固になり、前《さ》きの七省同盟は茲に十三省同盟となつて、中央の官僚派と相呼応して、唐紹儀の入京を妨げんとしたのである。南方五省の革命党系の督軍連は九月下旬、武装護法会なるものを作つて唐紹儀派の擁護を企てたけれども、所謂長鞭馬腹に及ぶ能はずして、北方派の進勢を喰ひ止めるには何等の効もなかつた。而して遂に唐紹儀は北京に入る能はずして、空しく上海に帰り去つたのである。民党の劃策もつまりかくして竜頭蛇尾に終らされた訳である。これ実に、少くとも北京に於ては如何に藻掻《もが》いても民党は官僚に当るに足らずといふことを明白に証するものである。而して之はずつと後の事であるが、内閣に於ける唯一の南方派代表者たる孫洪伊が平政院問題のために排斥せらるゝに及んで(十一月二十日)、政府部内に於ける民党の勢力は殆んど地を払ふに至つた。張耀曾、谷鍾秀等の既に早くより軟化して居つたことは云ふまでもない。范源濂に至つては既に立派な段派である。

官僚派の態度　さて斯うなると、南方派の勢力の根拠は大総統府と国会とのみであるが、此の両者も亦絶えず官僚軍閥の圧迫を蒙つて居る。唯現行の憲法たる臨時約法が、充分政府を牽制し得たるの地位を国会に与へて居り、而して大総統と国会内部の主なる勢力たる民主党派とは其間気脈の相通ずるものありしが故に、辛うじて国務院を通して来る所の官僚軍閥の圧迫に対抗し得たのである。かの所謂府院権限問題なるものは此争の一の形式に過ぎない。これも段政府に取つては随分厄介な問題であつたが、夫にも増して国会が憲法上与へられたる権限を利用して若くは濫用して、一から十まで政府に反抗するに至つては、段は最も手古摺《てこず》つたのである。局外から観れば、国会が斯く自暴《やけ》になるのも無理はないと思はるゝが、併し段政府に取つてはこれ程政務の妨げになるものはない。そこで一方には極力民党の攪乱を唱ふる者があると共に、他方には国家急迫の必要には代へ難いと云ふ理由で、武力に訴へて一挙に大総統と国会とに打撃を与ふべしと論ずる者もあつた。其頃世間には段政府が十月十日の国慶日を期して一大クーデターを決行すると云ふ風説が伝はつたのであるが、之れ強ち《あながち》根拠の無い話でもなかつたらうと思ふ。此時にはクーデターの話は遂に実行を見ずして止んだけれども、今度の督軍連の中央反抗運動は、畢竟その種子既に此時に播かれて居つたものと云つて差支へなからう。

四　民党直隷系軍人と結ぶ

北洋軍閥の離間　唐紹儀迎立に失敗した民党の策士が第二に企てた苦肉の計は、直隷派軍閥との接近であつた。元来北洋軍閥が全体として民党と相好からざるは云ふまでも無いが、併しながら其北洋軍閥其者が其間全然融和して居るのでもない。民党と云ふ共同の敵に当る場合に於てこそ結束もすれ提携もするが、然らざる場合に於ては――支那に於て珍しくない現象であるが――互に党を樹《た》て丶反目暗闘する。斯う云ふ見地から北洋軍閥を観察すると、其中に先づ安徽派と直隷派との対立と云ふものが眼に着くのである。尤も安徽派といつた所が、必ずしも総て安徽出身の者ばかりではなく、所謂直隷派とても亦必ずしも直隷出身の者のみに限らざるは、恰も我国に於て長州派、薩州派と云ふが如き場合と同様である。唯、一方は安徽出身の段祺瑞を戴く所の一派と、一方は直隷出身の王士珍、曹錕、馮国璋等を網羅する一派とが、自然に対立の関係に立つといふまでの事である。又此両派は、初めから非常に反目暗闘して居つたといふ訳では無論ない。寧ろ民党の跳梁に対し、彼等は当初一致して之に当つて居たのであるが、併し国務総理段祺瑞の下に、何れかと云へば安徽派の方が時めいて居たが為めに、自ら幾分直隷派に不平の念が無いでもなかつた。故に適当の機会に適当の策略を以てすれば、直隷派をそ丶のかして安徽派に対抗せしめ、以て一には北洋軍閥の勢力を二分し、更にあはよくば之を民党の勢力恢復の為めに利用することが出来ないものでもない。此点を看破して民党の策士は、九月の末より十月にかけて大いに暗中飛躍を為したものと見える。

直隷派と民党との接近　併しながら民党と直隷派軍閥との接近は、本来容易の事ではない。何故なれば、両者の反感は従来の行掛り上から観て、北洋軍閥其者の内部に於ける両派の反目よりも、遥に大なるものがあるからである。故に直隷派が、安徽派を袖にして款を民党に通ずることの有り得るには、茲に何等か特別の因縁がなければならない。然るに此因縁は、倖《さいわ》ひにも民党中の有力者たる孫洪伊が、同じく直隷出身の故を以て、かねてより永く王士珍、曹錕の徒と親交があつたと云ふ事に依つて作り出された。孫と王、曹の両人とが、私交以外に政治上如何なる交渉があつたか分らないが、唯聞く所に拠れば、九月の央ば過ぎ頃、特に孫と王との間に頻繁なる往来があつた。而して、之は主として王が政治上の意見を孫に尋ねた所から起つて居ると云ふことである。此両者の間に如何なる意見の交換が行はれたかは分らないが、兎に角、之を端緒として、更に多くの民党の策士が更に多くの直隷派軍人と接近するの機会を発生したことは、疑を容れない。而して予の所謂民党と直隷派との接近、即ち之に依つて安徽派を抑へて民党の勢力を恢復すると云ふ魂胆は、此辺の事情から段々発芽したやうである。

民党と直隷派との接近と云つても、どれだけの人がどれだけの程度に結んだものかは、今よく分らない。就中《なかんずく》、軍人連の如きは、一方に於て此の陰〔隠〕密の結束に加はりながら、他方に於ては又依然として所謂北洋軍閥の大団結の中に包まれて居るを常とする。であるから、彼等が時と勢とに動かされて、或は民党と行動を共にするを利とし、或は北洋軍閥の一員として行動するを便とすることあるべきは、之を想見するに難くない。現に今度の政変でも、王士《おうし》珍《ちん》、曹錕の徒は始め国会と結んで黎総統を助くるが如き態度に出でながら、督軍連の勢力抗し難きを見るや、忽ち看板を裏返しにして、大総統と民党とを逆襲して居るではないか。要するに彼等は、時の勢に依つて何方にも動く輩である。けれども兎に角、勢さへ宜《よ》ければ、彼に背いて我に附き来ると云ふ所まで、彼等を羅致し得たのは、民党策士の一成功と云つて宜しい。去就の曖昧なる彼等を味方として、辛うじて勢力の恢復を図るのは、疑も無く民党の弱点であり、従て又これが今日の失敗の素因を為すものであるが、併し当時彼等に取つては、この方法を外にしては、勢力恢復の途は無かつたのであらう。何故なれば、北方に於て実力の後援を欠くと云ふことが、彼等の唯一の短所であつたからである。

副総統選挙問題　民党と直隷派との接近を具体的に外部に表はすものは、十月の末に起つた副総統の選挙問題である。此問題に依り南京の馮国璋は民党の推す所となつて副総統の栄位に昇り、暗に儼然として段祺瑞を牽制するの地歩を占めた。而して民党は又、彼に此栄位を与ふることに由つて彼を味方とし、又彼を通して多くの直隷系軍人を我が味方とすることを得たものである。これ予輩が副総統問題を以て両者接近の徴証なりと云ふ所以である。

元来副総統選挙問題の十月初旬国会の議に上つたのは、突然のことである。曩《さき》に黎元洪が、袁の死に因つて欠位となれる大総統の地位を継任するや、副総統の地位は暫く欠員の儘とし、将来正式の憲法が出来上るまでは之を選まないと云ふことにしたのであつた。蓋し、当時密かに此地位に望を懸くる者少からず、今急いで之が選挙を行へば、為めに、更でも紛乱せる政局を一層紛糾せしむるの虞《おそれ》があつたからである。然るに十月十二日突然副総統を選挙すべしと云ふ議案が国会の日程に上つたのは、全く段政府を出し抜いた民党の劃策に出づるものであつた。而かも民党側は此問題を突然提出したのみならず、大急ぎで選挙を実行せよと要求してやまない。為めに段政府を狼狽せしめたことは実に想像の外である。蓋し民党の策士は、直隷派軍人をうまく〳〵味方にするには、第一に南京の馮国璋を手に入れることを必要と認めた。其の為め九月下旬より張継始め彭允彝《ほういんい》、李肇甫《りちようほ》等は特に南方に使して、親しく馮に説く所あつたのである。斯くて副総統の地位は取りも直さず馮を誘はんが為めに民党の提供した好餌であつた。而して此好餌は馮を誘ふには最も適当なものであつたに相違無い。これ彼の為人《ひととなり》を知る者の多く疑はざる所である。且又当時彼を外にして副総統の地位を心密かに望んで居つた者ありとせば、それは段祺瑞であり、段は既に中央枢要の地位を占めて居るが故に、若し副総統問題を尋常に進行せしむれば、其選に当る者の段なるべきは殆んど疑を容れない。然らば馮にして、段に先んじて其地位を自己の掌裡に収めんとせば、必ずや国会に多数を制する民党の助力を求めねばならぬ。これ彼と民党との間に忽にして落花流水の相互関係を生じたる所以であらう。張継等は首尾能く其使命を果して十月十日前後北京に帰つた。急遽同士〔志〕に諮つて劃策を定め、斯くて突如副総統選挙問題を国会に提出したのである。此際彼等は一挙に此問題を解決せんと欲し、其即決を要求したのであるが、官僚派は或は正式憲法制定の後にすべしといひ、或は三箇月後にすべしと主張し、色々の口実を設けて、出来るだけ選挙の施行を遠き将来に延期すべく極力狂奔した。其間段と馮との間に亦暗闘の行はれたことも云ふを俟たない。従つて此計劃は、一時直隷派を民党に接近せしむるに成功したのみならず、又直隷派と安徽派との反目を甚くし、以て更に一層直隷派を民党に接近せしむるの因縁となつたのである。此問題は結局民党の勝利に帰し、十月三十日の選挙で首尾克《よ》く馮国璋は副総統の地位に上つた。尤も此時民党中の過激派が、陸栄廷を挙ぐべきを主張して譲歩を肯ぜず、折角結束の成り立ちしが如くして而かも尚内部に足並の揃はぬものあるの弱点を暴露したのは、民党の為めに甚だ遺憾とする所であつた。併し孰れにしても、副総統問題に成功した後暫くの間は、民党の意気一時大に昂《あが》るものがあつたのである。

五　十一月頃に於ける両勢力の均衡

民党の大政党組織の計劃　民党の策士は、此勢に乗じて、更に大に内部の結束を固め、茲に非官僚主義の一大政党を組織せんことを企てた。民党系の国会議員は、曩に憲法商権会と云ふ団体に纏まつたのであつたが、間も無く官僚政府の蹂躪する所となつて、幾多の曖昧なる小党に分裂したことは、既に述べた所である。今や民党の気勢再び昂ること丶なつたので、これ等の小党を再び結束して一致の行動を執らしむることが必要である。且民党の内情も亦斯の計劃を実行するに適当なる状況になつたと云つても宜い。且又馮国璋を始め一部の軍人の如きは、本来主義や政見で合して来た者でないから、此儘では何時其去就を曖昧にするか判らない。之等の者は今の中に秩序整然たる政党の中に包擁して、早く其旗幟を鮮明ならしむる必要がある。これ大政党の組織を急要とした所以であらう。この為めに最も尽力したのは張継の一派である。彼は十一月央ば南方に走つて非官僚主義の四大頭目孫逸仙、唐紹儀、岑春煊、馮国璋の連携を計つた。民党系の諸小派紛々として分立するも、此の四大頭目にして連携する以上は、皆勢に押されて之に馳せ参ずることは疑がない。故に四大頭目の提携は、民党結束の成功の根本要件である。然るにこれがなか〳〵容易な仕事ではなかつた。政治上の意見も勿論だが、従来の行懸りやら感情の上で、容易に一致協働に同意せしむることは出来なかつた。張継等の熱心なる運動も殆んど何等の光明を示さゞる間に、時は次第に移つて十二月となり、遂に時勢一変して此計劃も俄然として水泡に帰すること丶なつた。

官僚派の大政党組織の計企　是より先、民党の再び勢力を恢復し、結束の力を以て殺到し来らんとするを見るや、官僚軍閥の連中も亦苦心して之が対抗の策を講じた。当時彼等は民党の結束を以て余程由々しき大事と認めたものと見え、各派の間に容易に民党対抗の大同盟を見ることを得た。当時北京政界の一部には、官僚軍閥の徒が徐世昌を中心として、統一党なる名称の下に民党対抗を目的とする一大政党を組織すべしとの風説があつたが、この政党組織の談は、遂に一片の流言に了つたけれども、官僚軍閥の徒の間に、民党排斥の旗印の下に大団結を成すの陰謀のあつたことだけは疑を容れない。之に加担せる人々の範囲、并に其結束の程度等に至つては、例に依つて今之を詳かに知り難い。只若し斯う云ふ団体が出来ると、前きに民党に秋波を寄せた直隷派の軍人の如きも、自然の勢として此方にも亦参加せる者の多かるべきことだけは之を想像するに難くない。斯くして十一月の末頃には、官僚軍閥の間にも略《ほぼ》一致団結が出来上つたと見て宜しい。して見れば、当時支那の政界には、自から官僚軍閥の系統に属する者と民党の系統に属する者との二大勢力が、互角の勢を以て対立するの形勢にあつたと謂ふことが出来る。唯其範囲の聊か鮮明を欠くと、其結束の充分に鞏固ならざる点はあつたが、それでも従来の例に比較すると、余程色彩は鮮明になつて来た。而して此両勢力の中間に在つて、所謂キヤスチング・ヴオートを握るものは直隷派軍人であつた。多くの他の場合に於てキヤスチング・ヴオートを持つて居るものは独立の第三党たるを常とするが、唯此の直隷派軍人に至つては両勢力の双方に加入して居るのを特色とする。甚だ不思議な現象であるが、併し斯くの如きは支那昨今の政界に於ては敢て珍らしいことではない。

両勢力均衡の激変　十一月末までは、兎も角も両勢力は均衡を保つて対立して居た。然るに此平均は十二月初旬を以て世間に現はれた所謂特使派遣問題に依つて破られた。袁世凱在世中一度問題となりて日本から拒絶された特派大使の派遣を、今度は改めて日本が歓迎すると云ふ問題である。寺内内閣の標榜せる日支親善主義の産出せる第一の問題は、即ち特使として曹汝霖《そうじょりん》の来朝を歓迎すると云ふ此の問題であつた。而して表面の目的は兎に角、特使授受の実際的効果は、日支両国政府の交驩《こうかん》であり、従つて段祺瑞政府は日本政府より精神上幷に物質上相当の後援を期待し得べきことであらねばならぬ。茲に於て官僚派の勢力は為めに俄然として復興した。従つて馮国璋始め直隷〔派〕軍人の態度も復響日《またきょうじつ》の如くならず、斯くして折角築き上げられた民党の土台は、之が為めに一朝にして崩壊し、官僚派の勢単《ひと》り隆々の盛を極めることになつた。民党は纔かに大総統府と国会とに於て余喘《よぜん》を保つに過ぎざること、なつた。

六　参戦問題に因る民党勢力の恢復

参戦問題　此の隆々たる段政府の盛運は、本年春に至つて、図らずも参戦問題で一頓挫を来した。事の起りは二月初旬北米合衆国より協同動作を勧められたるに始まる。米国が潜航艇戦の不法を鳴らして独逸に抗議を提出したのは一月の末である。此の時米国は其行動に景気を附けやうとて、他の多くの中立国を誘つたのであるが、支那も亦其勧誘を受けた。時恰かも英仏の側からも内々戦争参加の勧誘があつたので、米国と事を共にすべしとするもの、英仏の誘に応じて支那将来の立場を作るべしとするもの、其他種々の分子が集まつて、支那も亦米国に倣《なら》つて対独抗議を提出すべしとの説が、わけも無く成り立つた。斯くして対独抗議と云ふ所謂第一歩の措置を執つたのが二月九日である。こゝまでは無難であつたが、さて次に第二歩の国交断絶の宣言をすると云ふ段取りになると、始め訳も無く第一歩を踏み出すに賛成した連中も稍《やや》反省したものと見えて、前のやうな勢では話は捗《はかど》らない。却つて反対論が耳傾けられるやうになつて来た。併しながら政府としては、既に第一歩を執つた以上は、第二歩を取るのは当然の順序である。米国は即ち此措置に出でたのである。面目上から云つても段政府は抗議の提出に次いで国交断絶の宣言を発せねばならぬ。そこで色々困難があつたけれども、三月十四日に至つて所謂第二歩を踏み込んだ。此時は既に国内の異論が相当に高かつたが、果せるかな政府が愈々第三歩を踏み出さうとして戦争参加を主張するに及んで、国内の輿論が猛然として政府に反抗すること、なつた。民党は云ふまでも無く此参戦反対運動の中堅であつた。

民党の態度　民党の領袖は、這般《しやはん》の問題に就いては当初から絶対的平和論を取る者であつた。蓋し、日本政府の後援を恃んで、官僚軍閥の意気軒昂たる今日此際、民党の為めに計るに絶対的平和の主張の裡に静かに他日形勢の変化を待つの外良策がないからである。此点から観て、戦争参加の如きは民党に取つて百害あつて一利無い。何故なれば、官僚軍閥は之に依つて更に多くの外来的援助を得て、以て益々其地歩を固むべく、而して又恐らくは勢に乗じて民党に一層の圧迫を加ふべきを以てゞある。故に重立つたる民党の領袖連は、第一歩を踏み出す時既に熱心なる反対論者であつた。それでもあの時は、新たに仏国から帰つた汪兆銘の勧説などもあつたので、民党中にもうつかり政府の提案に賛成した者もあつたのであるが、第二歩を執る頃から是等の賛成論者もだん〳〵首を傾けるやうになり、而して愈々第三歩の措置に出づると云ふことになると、民党連の反対同盟は愈々結束を固うしたのである。

段政府の困憊　併しながら、段内閣としては、如何に激烈なる反対ありとは云へ、何《ど》うしても之を遂行せねばならぬ立場にある。何故なれば、彼は之を以て既に我が日本を始め英仏等の諸国に約束する所あつたからである。否、参戦問題は協商国を代表して我が日本が熱心に支那に勧めたのであるとさへ云はれて居る。否、更に一歩を進めて我が政府は、支那をして此勧告に聴かしむる為めに、いろ〳〵の利益条件を提供して居ると云ふ者もある。現に段祺瑞自身も嘗て一部の国会議員の面前に於て、戦争参加の利益を説き、所謂日本政府提出の条件なるものを挙示したと云ふことである。日本政府が果して何れだけの交換条件を持ち出したか、又支那の政府が日本政府の提示せる所謂交換条件なるものに就いて、果して、其趣意を誤解する所無かりしやは、今之を論じないが、兎に角、段政府が戦争参加の公約を外国に与へたことは疑ないらしい。従つて之を実行せずしては、段政府の面目が立たないのである。然るに愈〻参戦の実行となれば、現行約法上先づ之を国会に諮つて其同意を得なければならぬ。然るに国会内の多数を占むる民党は既に結束して反対を標榜して居る。斯くして、さしもに隆々たりし段政府は、此問題のために一転して非常な窮境に陥ることになつた。

民党の反対は、参戦問題に成功すると否とが、実に段政府の死命に関する大問題たるを看取して、更に其勢を強うした。何故なれば、此問題に依つて或は段政府を瓦解せしめ、こゝに官僚軍閥に一泡吹かすことが出来るかも知れぬからである。否、あはよくば民党が代つて天下を取ることが出来ないとも限らない。元来民党連中があれ程熱心に参戦問題に反対するのは、政敵たる段祺瑞一派が之を利用して自分達を圧迫するのを虞れるからのことである。彼等が又絶対的平和を主張する所以のものも、畢竟段の一派が要路に当つて居るの事実を前提としての話である。戦争の参加其事に、彼等が深く重きを置くのではない。要は段祺瑞に依つて代表せらるゝ官僚軍閥の、此上跋扈する鋒先《ほこさき》をへし折り、更に出来得るならば彼等の勢力を顚覆し得んことを希望するのである。此考で、彼等は当初参戦問題に反対し、次に参戦問題を利用して段政府の顚覆を計つた。彼等の本来の趣意が段政府を苦むるにあることは、参戦問題に飽くまで反対することが結局聯合国の反感を誘導するに過ぎざるを見るや、一転して彼等が参戦其事には反対ではない、唯段政府が参戦を決行することに反対である、畢竟我々は段政府を信任せざるものであると云ふやうに、理由を一変したことに依つてもわかる。即ち四月央ば過ぎ此問題のます〳〵紛糾するや、彼等は参戦問題を転じて、段政府不信任問題に形を変ぜしめたのである。

民党の勢力復興　右の如く民党の根本の趣意が段政府の排斥にあつたから、如何に政府が熱心に利害を説いても、参戦問題に就いて国会の同意を得難きは、始めから明白である。けれども段祺瑞は、如何にかして此問題を首尾よく解決せんと欲し、三月中旬より五月初旬に亘り、此の為めに殆んどあらゆる方法を尽して余す所がなかつた。段としては能くもあれ程陰〔隠〕忍したと敬服の外は無い。始めから反対せんが為めに反対して居る者を相手として、能くあれ程迄に手を換へ品を替へ勧説に骨折つたものである。相手が頑強に反対する以上、尋常一様の手段では、到底目的は達せられぬ。併し段祺瑞は飽くまでも非常手段に出づることを避けて、此問題を平和に解決せんと力めたことは、吾人も之を諒とせねばならぬ。けれども、斯く段が苦めば苦む程、民党の連中は図に乗る一方である。斯くして非常な苦心にも拘らず、国会の形勢は益々険悪になり、愈々之を正式の討議に掛ければ忽ちにして否決し去られんとする事態になつた。そこで四月の末頃には、段にして非常手段に出でざる限り、彼の内閣は到底倒壊を免れざる勢となつた。従つて民党の連中は、一時甚だ得意の色を示し、従来官僚派に蹂躪せられてばら〳〵になつて居た彼等の間に、次第に結束の傾向が現はれて来た。丙辰倶楽部と韜園《とうえん》とが合して民友社となり、又同じく丙辰倶楽部と益友社、政学会の重立つた者が集まつて政余倶楽部を作り、此民友社と政余倶楽部とが他の従来からあり来つた民党諸小派を率ゐ、自ら陣頭に立つて官僚政府に肉薄したのも此頃のことである。段祺瑞にして非常手段に出づるの勇無き限り、官僚政府の命運は実に旦夕に迫るの概があつた。而して国会に於ける民党の此立場は、大総統黎元洪が民党と気脈を通じて居ると云ふことに由つて、一層形勝の地位を占めて居つたことは云ふを俟たない。

七　五月下旬の政変

官僚派の最後の蹶起　斯う云ふ形勢になると、官僚軍閥は黙つては居られない。段祺瑞自身には、恐らく此際非常手段に訴へて民党を圧倒し去るの考は無かつたであらう。併しながら、段政府の蹉跌は、決して段祺瑞及び其周囲の二三者のみの磋跌ではない。所謂官僚軍閥の徒は之を以て彼等階級全体に取つての由々しき大事なりとし、極力狂奔して対応策を廻らしたと認むべき理由がある。前にも述べた通り、彼等は斯かる事あるべきを予想して、已に昨年の十一月一大団結を造らんと計劃せしことがある。彼等には又かね〴〵実力の自覚がある。民党の連中が徒らに口舌を以て反抗し来るの態度をば、平素軽蔑の念を以て迎へて居る。何等の経歴無く、何等の実力無くして、一知半解の翻訳的議論を振り廻はすのをかね〴〵生意気千万と思つて居る。彼等は既に去年の八月に之等の生意気な連中に一撃を加へんとした。十月にも亦彼等に最後の止めを刺さんとしたことがある。故に今度愈〻民党が段祺瑞を窮地に陥れて、以て官僚軍閥の本塁に迫らんとする色あるを見るや、彼等が遂に堪忍袋の緒を切つて猛然として蹶起し来つたのは、固より怪むに足らない。況んや段祺瑞其人が、既に最後の窮策として此派の代表者たる督軍を利用せんとして中央に招致し来れるに於てをや。

段政府の行き詰り　参戦問題に対する国会の反対愈々抑ふべからざるものあるを見るや、段政府は督軍連の勢力を利用して国会議員を威嚇せんと欲したものか、北京に督軍会議を開いて此問題を討議せしめんとした。五月初旬からは、督軍中最も反民党の色彩に富む倪嗣冲等は、早くも北京に乗り入つて種々段の為めに劃策する所があつた。併し彼等の寛厳両面の斡旋も遂に効を奏せず、段政府は何等の光明をも前途に認むる能はずして、愈々国会に於ける参戦問題の正式なる審議を傍観せねばならぬことになつた。而して此際官僚軍閥の末派の者の試みたる最も拙劣なる苦肉の策略は、かの五月十日の騒擾であつた。即ち彼等は、此日下層の苦力《クーリー》の如き者を数千人雇ひ込んで、軍警と結托し、参戦決行の請願と云ふ様な名目で多数の勢を示して議員に対する圧迫を試みた。併〔而〕して此は誠に浅墓な愚挙であつて、却つて之が為めに段政府の立場を尚一層困難ならしめた。何故なれば、国会は此の騒擾に関する当局の責任を明かにするまでは本問題に入らずと称して参戦問題の討議を拒み、又内閣の全員は軍閥の暴挙に憤慨し、段一人を残して悉く辞表を提出したからである。そこで、普通の順序から云へば、愈々段は其責を引いて辞職せねばならぬ破目に陥つたのである。

最後の爆発　茲に於てか遂に官僚軍閥の徒は其最後の手段を試みねばならぬことになつた。彼等は今や、尋常の方法では段祺瑞の勢力を、従つて又官僚軍閥の地位を擁護することの出来ないことを覚つた。斯くして場合に依つては彼等の有する実力を以て事に当るべきの意見を定め、無理に段に迫つて其辞職を思ひ止らしめた。斯うなれば自から民党の方でも一生懸命にならざるを得ない。民党から云へば、今の中に早く段をして負けたと言はさなければ、間もなく段派が勢力を盛り返して自分達を圧倒するに至る惧《おそ》れがある。官僚軍閥の方では、今段に去られては、所謂九仞の功を一簣に欠〔虧〕くものである。されば此際の一進一退が実に両者相互の死命の岐るゝ瀬戸際である。そこで此両勢力は五月二十日前後数日に亘り、互に虚々実々の秘策を尽して大に暗闘した様である。その結果として現はれたものは、第一に黎大総統が突如段総理を革職するの命令を発したことである。而して第二には、督軍連が予ての通謀に従ひ各々其省に帰つて独立を宣言し、武力を以て北京を圧倒せんと、試みたことである。今度の政変は即ち斯くの如くにして起つたものである。

結論　以上の如く観察すると、今度の政変は其の由て来る所遠く、且其根柢たる所の二大勢力の抗争も亦一朝一夕のことではない。従つて今度の政変の結果、孰れの党派が勝つにしても、之を以て支那の政界が根本的に安定したものとは決して観ることが出来ない。官僚軍閥は兎に角現在に於て優に他を圧するに足る大なる実力を備へて居る。此勢力に全然反抗しては、政局の始末が付かない。民党の勢力は現在に於ては甚だ微弱の観を呈して居る。けれども之は又幾度圧せられても将来に於て益々発展すべき運命を有するものである。故に之を無視する の時局収拾策も亦決して当を得たものではない。予輩一個の見解を以てすれば、支那の将来は結局民党の天下になるであらう。そこに落ち着くまでには、今後も尚幾多の同じやうな政変が繰り返されるに相違無いと思ふ。斯く政変を繰り返すことは自然の勢として到底避くることが出来ない。けれども唯支那の開発の為めに此際予輩の切望に堪へざるは、是等の政治的勢力の抗争即ち政権の争奪は、出来るだけ立憲的に若くは合法的に行はるべく、非常手段即ち実力の威嚇に依つて行はるゝを避くべきことである。此点より観て、今度の政変の如きは支那の政治的進化の上に決して喜ぶべき効果を残すものではない。官僚軍閥の徒をして、今度のやうな形で勝利を収めしむることは、断じて新支那の誇ではない。

追記　復辟の実行に就いて（七月十日）

前項論文は六月初めの起草に係り、当時予輩は復辟の実現を予想して居なかつた。官僚軍閥が団結して黎元洪幷に国会議員連に大圧迫を加へ、其結果支那の政界に立憲主義が一時蹤《あと》を絶つべきを説いて筆を擱《お》いたのであつたが、其後の政局は更に急転直下して、七月一日遂に張勲に依つて復辟の実行を見るに至つたのは、意外と云へば意外の現象である。是等の点に就いては、更に詳細の註解を必要とするが、予輩は今茲に一々之を述ぶるの遑を有たないから、唯復辟の問題に関聯して二三注意すべき項目を揚げて右の小論文の補足としたい。

復辟実行の因縁　張勲の復辟実現は予定の行動なりや、若くは突発の事実なりやと云ふに、或意味に於ては予定の行動と見られないこともない。と云ふ訳は、彼はかねがね熱心なる清朝恢復論者であるから、恐らく好個の機会だにあらば、宣統帝を復位せしめんと平素心掛けて居つたらうと思はるゝからである。併しながら、彼は又一方に於て、今度調停者として北京に乗り込むに際し、斯くも早く復辟実行の機会が到達すべしとは予期しなかつたに相違ない。此意味に於て突発の出来事とも云へる。然らば何が彼をして突然此急変を敢行するに至らしめたかといふに、之は恐らく所謂天津組等の彼に対する反対が其の主たる原因であらうと思ふ。予輩の想像する所に拠れば、六月末の政変は主として段祺瑞、徐世昌一派の仕組む所であり、張勲は初め之に追随して居た形である。然るに一旦調停者として北京に乗り込むや、彼は一挙にして中央政界の主人公となつた。のみならず、手兵を擁して相当に我儘を働いた。是れ彼が初めの同志たりし者から後に至つて嫉視せらるゝに至りし所以である。李《り》経義《けいぎ》内閣の組織が行き悩んで、折角彼の苦心せる統一の事業も捗らない。茲に於て本来清朝恢復主義者たりし彼は、寧ろ此際宣統帝を擁立して、否応なしに徐、段の輩を屈従せしむるの捷径《しょうけい》なるに若かずとせるものであらう。故に此度の復辟は、仮令最近五六年間に於ける共和政治失敗の跡を承けて、昨今立憲君主論のぼつぼつ行はるゝ、時勢に乗ぜるの気味なきに非ずとは云へ、未だ以て之を機運の熟成に伴ふ自然の順行と云ふことは出来ない。是れ復辟の前途に対して世人が斉しく危惧の念を抱く所以であらう。

大勢は復辟に非なり　復辟実行の急報に接して、一時天下は啞然たる有様であつた。けれども、間も無く之が全く張勲の専恣《せんし》擅行《せんこう》に基するものなることが分り、従つて彼が幼帝を擁して威権を恣にせんとすと云ふことに攻撃の口実を見出すに及んで、復辟反対張勲討伐の声は俄かに四方に囂《やかま》しくなつた。而して今や張勲は北京に在つて徐州との連絡を遮断され、方《まさ》に四面楚歌の裡に陥つて居る。南方の純革命主義者は、如何に張勲に反対の声を高くしても、所謂長鞭馬腹に及ばざるの憾《うらみ》あるが、併し北方の旧進歩党系の政治家、幷に北洋系の軍人連も亦合体して張勲に反対して居るから、張勲今日の境遇は、去年の晩春に於ける袁世凱の境遇よりも、尚一層孤立無援である。而して彼の斯くの如き境遇に陥つたのは、固より彼の専横と無策とにも因るけれども、他の一面に於て復辟と云ふことが如何に支那現今の人気に投ぜざるかを証明するものである。彼等支那国民の大多数は、理窟は分らないが、唯何となしに清朝の再び天下に君臨することを悦ばない。少くとも之に何等の熱情を有たないことは疑を容れないのである。

我国の有力なる政治家の間には、支那の国民に取つては君主国体と共和国体との区別は何うでも宜い、租税でも免じて所謂善政を布けば、民衆はそれで満足するので、共和とか復辟とかは問ふ所ではないと云ふ人がある。成程これは或点までは真理であらう。何故なれば、国民の大部分は固より国体問題に就いては何等の定見をも有せざるべきを以てである。けれども我々の常に忘れてならぬことは、是等多数の国民は元来それ自身の思想に依つて動く者でなくして、時勢に乗じて又は時勢を率ゐて表面に現はるゝ、少数の先覚者の思想に依つて動かさるゝものなることである。而して今や支那に於ては是等政体国体の問題を痛切に攷究して居る少壮先覚者は決して尠《すくな》くない。彼等は云ふ迄も無く善政を施くを以て終局の目的として居るが、唯此所謂善政は結局に於て、従来の如き悪習弊風に附き纏《まと》はれて居る帝制の形態の下に於て可能なりや否やに大なる疑問を置いて居る。斯くして彼等は革命主義者となつて居るのである。無論此等の革命主義者の精神が、実際の政治運動となつて現はる丶ときには、また種々の要素がこれに加はつて或は其本来の精神を枉げ、或は其徹底的遂行を妨ぐるに至ることはあるけれども、兎に角一旦少数ながら先覚者の頭の裡に播かれたる種子は、悲風惨雨の妨害あるに拘らず、日に日に広く国民の地盤の上に成長発展して已まないのである。我々は革命主義者の現状に対して決して満足する者ではないけれども、之を一箇の生命の発露の一階段として見るときに、其活力の旺盛なるに驚かざるを得ない。此点に於て予輩は、支那の人民は共和でも復辟でも宜いと云ふやうな見縊《みくび》つた議論には左袒《さたん》することが出来ない。況して支那に於て結局復辟が成功すべしとするの説には全然反対である。

復辟の前途永からず　尤も近来一部の論客の間に帝制謳歌の思想が盛になりつ丶あつたことは認める。併しながらこれは最近五六年間の共和制の失敗に対する一反動たるに過ぎないことは、恰も我国に於て大隈内閣の失敗の後を承け継いだる寺内内閣が、時勢後れの超然内閣なるに拘らず、深く国民から咎められざると同様である。支那に於ける此五六年間の共和政は実際失敗だらけであつた。其失敗の跡に鑒《かんが》みて、共和制は遂に支那に適せずなど丶云ふ説の起るのも亦已むを得ないことである。併しながら今日迄の支那に於ける共和制の失敗は、能く考へて見ると、第一には未だ機運の熟成せざるに因り、次には官僚軍閥の迫害に因り、又第三には共和主義者諸領袖の狭量にして相和せざるに因る。一部は従来の国民性の結果とも見ることが出来るが、併し主としては故らに共和制の遂行が妨げられた為めである。故に支那に於て果して共和政体は成功するものなりや否やの試験は、此五六年間の成績で済んだものと云ふことは出来ない。況んや共和制が不可なりとて、直ちに清朝の復辟に移ることは、尚一層困難なる事情あるに於てをや。故に我々局外の地位に立つ者から観れば、支那最近の政界并に思想界に於ては、共和制の現状を快しとせず、時に誇張の言を以て之を呪ふ者も少からざれど、大勢は常に共和国体の維持擁護と云ふ方向に流れ行きつゝあることは、疑を容れないのである。故に予輩は復辟の前途は決して長くはないと確信する者である。唯、復辟が遠からず敗滅に帰したからと云つて、直ちに其後に健全なる共和政治が施かれると言ふのではない。予輩の所謂二大勢力の対立抗争は、其後に於ても依然として種々の形に於て現はれ来り、支那の政界は今後なほ久しくは安定を得ないだらうと思ふ。

著者更に追記す　本論予言の如く、復辟は果して七月十二日を以て事実上絶滅に帰した。其後は政界が依然として不安定の状態に在る事も亦矢張り茲に説ける通りである。

第三革命後の支那

「政治研究」は、初め東京帝国大学の予の研究室に於ける研究の成果を発表する積りのものであつたが、其後範囲を之に限らず、広く予の知己友人並に学生諸君の研究にして政治に関する学問の進歩に多少の貢献を為すべきものは、遍ねく之を収録するといふことに改めた。只拙速を主とし、大成を後世の人に待つといふ趣意で、欠点の多いにも拘らず敢て公表するといふ態度は元の通りである。

本叢書の公刊に就ては、隠れたる二三篤志家の好意にも依るのだが、特に内外出版会社の伊庭六郎君が損益の打算以外に公刊一切の経営を引き受けられたのは、予の大に感謝する所である。本叢書がもし幾分でも世を益することあらば、其功労の一半は前記の諸氏に帰せなければならぬ。

東京帝国大学法学部政治学研究室に於て
吉野作造

序

一、予の先きに『支那革命小史』を公にするや、之《これ》に引続き『第三革命後の支那』を世に問ふべきを約せるも、多忙のため久しく之を果し得ざるを遺憾として居つたが、近時小閑を得たるを幸ひ、旧稿を整理訂正し、第三革命の発端より袁世凱の逝去に至るまでの約半年の政変を一纏《まと》めとして、本書を公刊するに至つた。第三革命の勃発に筆をとゞめた革命小史の続編として読まれんことを希望する。

二、本書は一の史書として、少くとも後世史家の一資料として多少の価値を要求し得べしと自信するも、併し特に予の本書に於て読者の了解を得たいと思ふ点は、史実の評論の裡《うち》に自ら表はるゝ所の対支政策上の見識である。支那と日本との特別なる関係に鑑み、予は平素我が同胞が支那の事物に関してはもつと正しいもつと確かな態度を持《じ》せなければならぬと考へて居る。故《ことさ》らに史実を曲げざる限りに於て、予の這《こ》の独特の立場は可なり濃厚に打ち込まれてあると考へる。

三、予は本書に引続き「政治研究」の一編として『段祺瑞の支那と寺内の日本』、『参戦より復辟《ふくへき》の失敗まで』、『支那統一問題』、『日支親善の新曙光』、『支那と日本と米国』を公刊せんと準備しつゝある。之を更に近く改訂公刊するの予定なる『支那革命小史』と併せ『近代支那研究』を大成せんとするが予の希望である。

大正九年十一月上旬

著者識

目　次

第一章　帝制問題

(一)　帝制延期の警告

清朝顚覆後の支那は、一旦袁世凱《えんせいがい》の辣腕に依つて一時的統一を見たけれども、第三革命の波瀾に押し流され袁家の失脚を見てよりは、形勢混沌として今に其帰着する所の見定めが付かない。兎に角第三革命は今日の支那を現出する一大転機を為すものであつた。而して此第三革命は袁の勢力の案外薄弱なものであり、且つ彼が功を急いで辛辣の手腕を弄した事情などを考へて見れば、早晩来ねばならぬものに相違ないのだけれども、其直接の動因を為すものは帝業の野望に依りて著しく民心を失した事に帰せねばならぬ。而して袁の帝制計劃に対する我が日本の抗議的警告は、外交上亦著しく彼を窮地に陥らしめたので、袁はつまり帝制問題のため内外共に動きの取れぬ窮地に陥つて没落を早めたのであつた。但し帝制延期の警告は、我国の対策として適当なものであつたかどうかは、自ら別問題である。

予輩は曾つて「支那帝政論」一篇を草し（拙著『現代の政治』二七八—二九五頁参照）、支那に帝制問題の起れる所以、帝制延期を警告するの不可なる所以、若し止むことを得ずして警告を発するならば、関係列国と熟議を遂げた上、共同の歩調を取つて之を為すべき所以を説いた。而して帝国政府は十月二十八日（大正四年）いよ〳〵支那政府に警告を発したのである。警告の趣旨は、二十九日外務省の公表し、三十日の各新聞に現れた所謂帝国対支勧告公文なるものに示されて居るが、之に依れば、欧洲大乱の今日世界何れの地たるを問はず、新なる不安状態の発生は極力之を避けねばならぬ事、支那に於ては国体変更の計劃に対しては、表面は左迄では無いけれども、其実反対の気勢が各地に著しい事、又袁総統の過去四年間の施政は、大に支那の平和的開発を進捗し、此儘《このまま》にて進めば支那の安寧幸福の上に此上もないのに、今俄かに国体を変更して帝制を樹《た》つるのは、是れ福を転じて禍と為すものであつて、支那の為めに甚だ取らざる事、而して為めに支那に擾乱《じょうらん》の起ることは、独り支那の為めのみならず、関係列国、殊に我国の損害を蒙る甚だしきものある事などを懇切に支那政府に説明して、国体変更の計画を延期せんことを友誼的に勧告したといふ次第である。而して駐支小幡代理公使は、二十八日の午後五時支那外務省を訪問して此趣旨を述べ、同時に英露両国の公使も亦同席して同様の勧告を述べたといふ事であるから、此勧告が協同熟議の結果である事は疑ない様である。仏国は本国よりの訓令が後れたとかにて、十一月三日に至つて初めて勧告を申し出た。其後伊太利も亦同様の勧告を支那に発したのであるが、少くとも此警告を発するといふ事に就ては、我国と英・仏・露(或は伊も之に加はつて居るかも知れぬが)との間に篤《とく》と相談を纏めたるべきは疑ない。現に其頃の我国の新聞紙上にも、此問題の初めて閣議に上つたのは十月十四日で、此席上で大体の閣議の方針が決定し、而して外は英・仏・露等の諸国に、内は元老其他の有力者に交渉する等の為めに十日余りの時日を要し、いよ〳〵最後の決定を見たのは二十六日であると云ふ様な報道があつたのを見ても、今度の勧告は日本単独の発意のみに出でたもので無いと云ふ事は明白である。

只茲《ここ》に問題となるのは、此対支勧告と云ふ事は、元来日本の発意に出でたものか、或は又英や露の発意に誘はれたものか、此問題の最初の提案者は抑《そもそ》も何人であるかといふ事である。尤も日本に於ける前々からの新聞などの論調のみを見て居ると、日本が発意者である様にも思はるゝ。元来我国の操觚《そうこ》界《かい》は、袁世凱に対して一般に甚だ同情がない。彼を隣邦の皇帝として仰ぎたく無いと云ふ感情は、多くの人の何となしに懐いて居る所である。

従つて帝制の実現を希望しないと云ふ傾向は初めより我国の言論界に普《あま》ねかつた。此点から見れば、警告の発意者が我国である様にも見えるのであるが、然し支那の事情にも相当に通じて居るべき筈の我政府当局者迄が、世間の感情論に動かされて、警告提出の発頭人となつたとは、吾人のどうも考へ能はざる所である。第一にさう云ふ意味で警告を発するならば、もつと早く之を実行すべきであつた。支那で万端の用意が調つて、今更手を引く訳に行かないやうな破目に進んだ後に至つて、警告を発するといふのは如何にも時機の選択が悪い。尤も人によつては、日本では真逆《まさか》袁世凱が本気に皇帝になる積りではあるまいと考へて居つたといふ。聞く所によれば、帝制運動の起るや、某々大官は再三念を押して支那公使に向ひ、果して帝制の実現すべきや否やを尋ねたるに、陸《りく》(宗輿《そうよ》)公使は断じて此事なかるべきを明言したと云ふ事である。此説の果して事実なりや否やは予の確言する能はざる所なれども、仮りに此風説を事実なりとしても、然し是等の説を信じて袁政府に国体変更の決心なしと信じたりとせば、予輩は我が当局者の迂闊千万なるに驚かざるを得ない。少しく支那の事情に通ずるものに取つては、帝制実現の避く可からざる勢ひに立ち到つたことは極めて明白である。斯く帝制実現の避け難き事が明白なるに、何故に愈々刀の鞘を払ふまで我国は傍観の態度を取つて居つたのか。而して最早動きの取れない場合に為つてから警告を発すると云ふのは、皮肉といへば余りに皮肉に過ぎると思ふ。さればこそ支那でも、そんなに押詰まつてから警告をされたので、我国の真意の如何を測り兼ねたといふことである。或は新利権要求の手段として斯《こ》んな事を云ふのだらうと観たり、又は日本は斯くして支那の人心を撹乱して火事場泥棒を働くのではなからうかと観たり、稍穏かな見解を立つるものも、日本は初め帝制計劃の打ち合せをされなかつたといふ事にムカ腹を立て、殊更にいよ〳〵の間際になつて我々を窮境に陥れんとするのであるなど丶観たといふ事である。要するに支那では、少くとも初めは、警告の真意を測り知るに苦しんだやうである。故に仮りに一歩を譲つて警告を発するに相当の理由があつたとしても、警告を発する時期の選択が極めて宜しきを得なかつた。警告を発する以上は、発するものにも相当の覚悟があらう。元来列国の同情好意を無視する事の出来ない地位に在る袁世凱に取つては、此警告に対しても亦相当の敬意を表せない訳には行かない。然ればと云つて、彼処《かしこ》まで進んだのを今更めく／＼と手を引いては、大総統の威信に関する。且つ又列強が国体変更に反対の決意をなしたとあつては、現政府反対派に乗ずるの機会を与へないとも限らない。斯《か》くては却つて反政府熱を煽るの結果となる懸念もある。斯くして支那政府は、進退維《こ》れ谷《きわ》まる窮境に陥るものと云はざるを得ない。斯くの如き、どの点から考へても失当と云はねばならぬ警告の発し方を、日本の発意で以て行つたとは我々はどうしても思へないのである。併し兎に角我国は率先して十月二十八日を以て延期の警告を発したのである。（大正四年十二月稿）

(二) 袁家帝業の実行

支那に於ける帝制運動は、其後着々進行して、我国を始め聯合諸国の警告――十月二十八日の第一次警告及び十一月四日の質問――に頓着なく、予定の如くドン／＼発展した。遂に十二月十日の中央国民代表大会の国体投票及び同十一日の全国各地方大会の国体投票総開票に依つて、愈々君主立憲の制度を採用すると云ふ事に決定した。今支那の新聞の報ずる所に拠るに、十二月十日には午後一時を期し、内務部総長朱啓鈐《しゆけいきん》の監督の下に、中央国民代表大会の国体投票あり。参会代表者百三十四名。全部挙《こぞ》りて君主制に投票した。斯くて代表者は首席として溥倫《ふりん》を推して頌祝の辞を致さしめ、尋《つい》で現大総統袁世凱を推戴して中華帝国大皇帝となすを議決した。更に引続き倫貝子《りんベイセ》以下六名を起草委員となし、二十五分間を限つて推戴書を作らしめ、起草終るや衆に諮《はか》り満場一致の大賛成を得て直に之を代行立法院に送つたのである。扨《さ》て翌十一日には、朝九時を期し、立法院は全国各地方大会より集まつた国体投票の総開票を行つた。全数千九百九十三票、全票一致して君主制を主張すると云ふ結果になつた。次で立法院は袁世凱を皇帝に推戴する旨の議決をなし、直に之を政府に伝達したのである。之に対して袁世凱は即日直に覆文を送つて「抑モ民国ノ主権ハ国民全体ニ在リ。国民代表大会ノ全体票決ヲ経テ君主立憲ヲ主張スルニ対シテハ、本大総統ニ於テ固ヨリ一言討論ノ余地ナシ。唯推戴ノ一事ハ不徳菲才予豈容易ニ之ヲ受クル事ヲ得ンヤ」と云ふやうな事を述べて、予定の如く一応は辞退したが、立法院が同日午後四時更に特別会議を開き、第二次の推戴書を呈して切に辞退する勿らん事を乞ふに及び、袁世凱は遂に申令を発して「……国民ノ責備愈々厳、期望愈々切ナリ。竟《つい》ニ予ヲシテ自ラ解クナカラシメ並ニ諉避《いひ》ナカラシム。第《た》ダ弘基ヲ創造スルハ事態繁重、洵《まこと》ニ急遽挙行疏卒ニ渉ルヲ致スベカラズ。応《まさ》ニ各部院ニ飭《ちょく》シテ本管事務ニ就テ会同シ、詳細籌備《ちゅうび》セシメ、一ニ籌備完竣ヲ俟《ま》ツテ再呈請ヲ行ヒ施行スベシ……」と云ふ様な事を述べた。即ち国民の輿望に従ふの口実の下に、敢て君位に即《つ》くと云ふ最後の決心を明かにしたのである。

斯くして袁世凱を皇帝とするといふ帝制建設の内部の手続は、芽出度終了を告げた訳になる。そこで十二月十三日には在京の高級官吏二百余人入て祝辞を述べたのであるが、最近袁世凱派の機関雑誌として現はれた『東華評論』は其光景を叙して次の如く云つて居る。

十三日在京特任簡任官及府中各機関人員合計二百余人、入宮朝賀ス。一同列ヲ正シタル後内史長阮忠枢《げんちゅうすう》及大礼官黄開文《こうかいぶん》先行入奏ス。皇帝此次ノ朝賀百官臨時ノ集議ニテ事前預《あらかじ》メ奉聞ナカリシカバ、阮黄二氏列ヲ出デ入内シ、大皇帝ニ謁見シ奏スラク、今日京内文武百官既ニ一同伺候セリ。請フ皇帝外殿受賀セヨト。皇帝此ヲ聆《き》イテ竜顔極メテ和ニ、仍《な》ホ謙徳ヲ秉《と》ツテ発語極メテ遜抑、時ヲ移シテ皇帝昇殿シ……皇帝甫《はじ》メテ堂中ニ至ルヤ、国楽大ニ作《おこ》ル。殿上ニ宝座ヲ設ケアルモ、惟《た》ダ皇帝初次ノ受賀ナルヲ以テ、仍ホ中立シテ之ヲ受ケ、並ニ御座セズ。……皇帝御座ノ前ニ立チ百官ニ鞠躬《きくきゆう》ノ礼ヲ行ヒ……皇帝受賀畢《おわ》リ、百官ニ面諭ス……皇帝諭シテ曰ク……予全国人民ニ推戴セラレテ中華帝国皇帝ト為ル。自ラ顧ルニ実ニ慚悚《ざんしよう》ニ堪ヘズ。我国々務積弱険象四伏、振興ヲ求ムルガ如キハ殊《こと》ニ易事ニ非ズ……皇帝ハ実ニ一憂勤惕厲《てきれい》ノ地位タリ。決シテ安尊富栄ヲ以テ之ヲ視ルベカラズ。且歴代皇帝子孫良善ノ結果アルナシ。……予今救国救民ノ計ノ為ニ、一身ヲ犠牲ニシ、子孫ヲ犠牲ニス。亦義敢テ避ケ難シ……望ムラクハ、大衆同心協力一切ヲ犠牲ニシ、以テ国家ヲ救ハヾ、庶幾《こいねがわ》クハ予ノ逮《およ》バザルヲ匡《すく》ウニ足ラン……。

是れより十二月二十日過迄の間は、或は大典籌備処を設くるとか、参政院に命じて憲法起草委員を推薦せしむるとか、黎元洪《れいげんこう》を武義親王《ぶぎしんのう》に封じ次で旧同僚及び耆碩《きせき》古人優待の意を明かにし、並びに幕僚二百余人を封爵するとか、新年より年号を改めて洪憲と称すべきを令するとか、総て帝制実施の準備事業を以て満たされて居る。但し政府は、列国の警告あるにも拘らず、斯くの如き無遠慮なる手段に出でたので、多少外国の思惑を遠慮したものと見え、外務部をして態々《わざわざ》人を派し在北京各国公使館を歴訪して、非公式に「支那帝制の成立は単に内部関係に止まり、列国との国際関係は依然として中華民国大総統の名義を以てすべし」と通告せしめた。即ち対外関係に於ては依然として中華民国であると云ふのである。けれども国内の関係に於ては既に立派な帝国であることは、一点の疑ひを容れないことになつた。されば前記東華評論の新年号は、元旦百官朝賀の情形を次の如く報じて居る。曰く「洪憲元年元旦、京師百僚懐仁堂ニ於テ元首ニ朝賀セリ。先ヅ承宣官ヨリ元首ニ奏明シ、文武班ヲ分チテ粛列駕臨ヲ俟ツ。午前十時元首親《みずか》ラ懐仁堂ニ蒞《のぞ》ミ賀ヲ受ク。殿中宝座ノ設アルモ、謙遜シテ未ダ就カズ。賀員均シク元首ニ向ツテ三鞠躬ノ礼ヲ行ヒ済々蹌々一朝ノ盛ヲ極ム……云々」。斯くて支那に於ては、帝制は既に大正四年の末を以て、少くとも国内関係に於ては確立したのである。余す所は只之を即位式に依つて中外に宣布し、而して諸外国の承認を得る事のみとなつて居つた。然るにこゝに不幸にも突如南支那の動乱が勃発した。其結果帝制の実現はいよ〳〵といふ間際に一頓挫を見ねばならぬ事になつたのである。（大正五年一月稿）

第二章　雲南の蹶起

(一)　十二月二十六日の討袁宣言

大正四年十二月の末、雲南を中心とする南支那は、袁政府に対していよ〳〵独立の旗を挙げた。雲南将軍唐継《とうけい》堯《ぎょう》、雲南巡按史〔使〕任可澄《にんかちょう》及び貴州護軍使劉顕世《りゅうけんせい》三名の名を以て発表せる独立宣言は「中華民国雲南貴州討逆軍檄文」とあるから、雲南と貴州とは十二月二十六日同時に起つたものと思はる丶。

中華民国雲南貴州討逆軍檄文

中華民国討逆軍為檄告事。慨自晩清失政。国命阽危。我国民念競存之孔艱。痛淪胥之無日。共倡義挙。爰建共和。統一需人。乃推袁氏。当元二年之交。挙国喁喁望治。愛国之士。不惜犠牲一切。与袁氏相戮力。豈其有所私於一人。冀藉手以拯此垂亡之国而已。袁氏受国民付託之重。於茲四年。在政治上未嘗示吾儕以一綫之光明。而汲汲為一人一家怙権固位之私計。以陰柔之方略操縦党派。以狼鷙之権術蹂躙国会。以卑劣之手段誅鋤異己。以誘脅之作用淆箝輿論。以朋比之利益駆策宵小。以虚憍之名義劫制正人。受事以来。新募外債。逾二万万。其用途無一能相公布。欧戦発生。外債路絶。則専謀捜括於内。増設悪税。強迫内債。逼勒苛捐。更懸重賞。以奨励掊克之吏。不恤民力。竭沢而漁。以致四海困窮。無所控愬。問其聚斂所入。則惟以供籠絡人士警防家賊之用。而於国務糸毫無与。対外曾不聞為国防之計画。為国際経済競争之設備。徒弄小智小術以取侮於友邦。致外交着着失敗。対内則全不顧地方之利害。不恤人民之疾苦。盗賊充斥。未或能治。冤獄塡塞。

未或能理。摧残教育。昌言復古。壟断実業。私為官営。師嬴政愚弱黔首之謀。尊弘羊利出一孔之教。法令条教。紛如牛毛。朝令夕更。自出自犯。使人民無所適従。而守法観念。馴至澌滅以尽。用人則以便辟巧佞為賢。以苛酷険戻為才。忠讜見疏。英俊召嫉。遵妾婦之道則立躋高明。抱耿介之志或危及生命。以致正気銷沈。廉恥掃地。国家元気。斫喪無余。凡此政象。万目倶胆。以較前清。黒黯泯棼。奚啻什倍。我国民既懲破壊之不祥。復諒建設之匪易。含辛忍痛。冀観後効。掬誠側望。亦既数年。方謂当今内難已平。大権独攬。列強多事。辺患稍紓。正宜奮臥薪嘗胆之精神。拯一髪千鈞之国命。何図彼昏。百事弗恤。惟思覬覦神器。帝号自娯。背棄口宣之誓言。干犯公約之憲典。内罔吾民。外欺列国。授意鷹犬。徧布爪牙。劫持国人。使相附和。良士忠告。充耳弗聞。輿論持正。翻成罪状。以致怨毒沸騰。物情惶駭。農輟於隴。商閉於廛。旅梗於塗。士歎於校。在朝節士。相率引退。伏莽群戎。伺機思逞。馴至列強干渉。警告再三。有厳密監視之宣言。作自由行動之準備。夫以一国之内政乃至労友邦之容喙。奇恥大辱。寧復堪忍。誰実為之。乃使我至於此極也。今猶不悛。包羞怙悪。彼将遂此大欲。饜其禍心。苟非効石晋割地称児之故技。必且襲亡清奨拳排外之覆車。二者有一於此。則吾国永沈九淵。万劫寧復。先聖不云乎。乱賊之罪。尽人得而誅之。況乃受命於民。為国元首。叛国之事実既已昭然。売国之陰謀行且暴露。此而不討。則中国其為無人也已。嗚呼。国之不存。身将焉託。而立国於今。抑何容易。人方合兆衆為一体。日新月異。以改良其政治。稍一凝滞不進。已岌岌焉為人魚肉是懼。況乃逆流回棹。欲襲中世紀東方式奸雄之伎倆。弋取権位。而謂可以奠国家安社稷。稍有常識者。当知其無幸也。袁氏対於国家。既瞯然不自知其職責。対於世界。復懵然不審潮流事会之所趨。其政治上之効績。受試験於我国民之前者。亦既有年。所余者惟纍纍罪悪。汚我史乗。他復何有。就令怵於名分。不敢明叛国体。然由彼之道。無変彼之術。亦惟有取国家元気。旦旦而伐之。終亦醞醸大乱以底於亡耳。況当此禍至無日之時。乃更有帝制自為之挙。譬猶熟視父母宛転属纊。而復引刀以誅之。別有肺腸。是孰可忍。数月以来。淫威所煽。勧進之辞。所在多有。彼方仮借。指為民意。冀以窃誉当時。掩罪後史。実則群公之権宜承旨。或出於顧全大局。投鼠忌器之苦心。或懐抱沈機観変。待時而動之遠識。豈其心悦誠服。甘作弐臣。狂走中風。殉茲戎首。某等或任職中枢。或濫竽専閫。為私計則尊顕逾分。更何所求。与袁氏亦共事有年。豈好違異。徒以勢迫危亡。間不容髪。邦之杌隉。実由一人。亦既屢進痛苦〔哭〕之忠言。力図最後之補救。奈独夫更無悔禍之心。即兆衆日在倒懸之域。是用率由国憲。声罪致討。剪彼叛逆。還我太平。義師之興。誓以四事。

㈠曰与全国民戮力擁護共和国体使帝制永不発生
㈡曰劃定中央地方権限図各省民力之自由発展
㈢曰建設名実相副之立憲政治以適応世界大勢
㈣曰以誠意鞏固邦交増進国際団体上之資格

此四義者。奉以周旋。以儌福於国民。以祈鑒於天日。至於成敗利鈍。非所逆睹。惟行乎心之所安。由乎義之所在。天相中国。其克有功。敢布腹心。告諸天下。唐継尭(雲南将軍)任可澄(雲南巡按使)劉顕世(貴州護軍使)

右の檄文発表と同時に次の様な通電をも各方面に発して居る。

雲南貴州保障共和同挙義師之通電

各省将軍巡按使護軍使都統師長公鑒。天禍中国。元首謀叛。蔑棄約法。背食誓言。払逆輿情。自為帝制。卒召外侮。警告迭来。干渉之形既成。保護之局将定。某等忝列司存。与国休戚。不忍艱難締造之邦。従此淪胥。更懼縄継神明之冑。夷為皁圉。連日致電袁氏。勧戢野心。更要求懲治罪魁。以謝天下。所有原電。迭経通告。

想承鑒察。何図彼昏。曾不悔禍。狡拒忠告。益煽逆謀。夫総統者民国之総統也。凡百官守皆民国之官守也。既為背叛民国之罪人。当然喪失総統之資格。某等深受国恩。義不従賊。今已厳拒偽命。奠定滇黔諸地。為国嬰守。並檄四方。声罪致討。露布之文。別電塵鑒。更有数言。涕泣以陳諸麾下者。鬩牆之禍。在家庭為大変。革命之挙。在国家為不祥。某等夙愛平和。豈有楽於茲役。徒以袁氏。内罔吾民。外欺列国。召茲干渉。既瀕危亡。苟非自今永除帝制。確保共和。則内安外攘。両窮於術。某等今与軍民守此信仰。舎命不渝。所望凡食民国之禄。事民国之事者。咸激発天良。申茲大義。若猶観望。或持異同。則事勢所趨。亦略可預測。某等志同塡海。仇不戴天。力征経営。固非始願所在。以一敵八。実視衆志何如。麾下若忍於旁観。某等亦何能相強。然使彼此相持。稍亙歳月。則鷸蚌之利真帰於漁人。而箕豆之煎空悲於鑠釜。言念及此。痛哭何云。而某等則与民国共死生。麾下則猶対岐途而観望。坐此徘徊。至於亡国。科其罪責。必有所帰矣。今若同申義憤。相応鼓桴。所擁護者為固有之民国也。所驅除者為叛国之一夫也。匕鬯不驚。天人同慶。造福作孽在一念之危微。保国覆宗待挙足之軽重。敢布腹心。惟麾下実図利之。唐継尭任可澄劉顕世等叩

北京政府の方面より来る電報は、動乱は主として雲南に限り、貴州は初め之に加つて居ないとか、或は後に至つて貴州も多少動揺して来たとか、又は貴州は今仍《な》ほ中立の態度を執らんとして居るとか報じて居るけれども、之は恐らく中央政府が此動乱の形勢を過少に報道して勉めて諸方に之に響応するものなからしめんとするの魂胆に出づるものではあるまいか。

本論起草後接受したる各方面の情報に依れば、貴州の明白に独立を宣言したるは一月二十七日である様にも見ゆる。一月七日附貴陽通信として上海新聞の掲載する所によれば、其頃約百名の雲南人貴陽府に来りて連携運動を勧めたが、一般の官民は雲南に対し多大の同情を示したるも、一所に事を挙げるまでの決心は付かなかつた。去れば彼等は雲南と北京政

府との両方に対して、兵を貴州に入るゝなからん事を希望したとの事であつた。併し軍隊の幹部には、雲南人や又は雲南系の将校が少からずあるので、風気自ら独立加担に傾き、北軍にして足一歩貴州に入らん乎、吾々は乃ち雲南に与して戦はざる可からずなどいふものが多かつたとの事であるから、ドーセ早晩独立する運命にあつたものといはねばならぬ。上記の独立宣言に劉顕世の署名あるは多少解し難き節もあるが、兎に角、貴州は雲南と一所に起つたのでないにしても、一月末には既に独立を立派に宣言して居たのである。一説に貴州の二十七日を期して起つたのは戴戡《たいかん》の来りて勧説せるが為めであると云ふ者もある。

尤も結束の一番に堅きは雲南にして、貴州は或は雲南程纏つて居ないかも知れない。然しながら貴州の劉顕世は唐継尭と好く、且つ又今度の運動の中心たる蔡鍔《さいがく》の旧部下であつたといふことから推して考へれば、雲南・貴州相携へて起つたといふことは決して不可思議なことではない。加之《しかのみならず》此運動に密接の関係ある或る有力なる支那亡命の一友人の許に達せる確実なる電報によれば、広西省も早晩此運動に参加するものらしい。新聞にあらはる、電報には、或は広西を以て形勢観望中なりとなす者あり、其態度について明確なる判断をなし得ない点もあるが、将軍陸栄廷《りくえいてい》の出身並びに革命党に対する従来の関係等を考ふるに、広西省も亦雲貴二省に策応すべきは恐らく間違のない事であらうと思ふ。上海で出る中華新報には、広西省は一月七日を以て独立の宣言を発したと明確に書いてあつた。日本に居る革命派の諸氏は皆広西の独立を信じて居る。去れば一月中旬の電報に、広西の軍容易に起たざるをもどかしがり、岑春煊《しんしゆんけん》遊説の為めに広西に赴けりと報ずるものもあつたけれども、之れ恐らくは事実ではあるまい。

広西の愈《いよいよ》独立を宣言したのは三月十五日である。併し陸栄廷は鈕永建《ちゆうえいけん》・林虎《りんこ》諸氏の険を冒して来り勧説するに感激して、早く既に前年中に策応の意を決して居つた、只準備成らざりしが故に宣言の発表に手間取つたのであるとの説もある。

かくて南支那の動乱は、今日のところ雲南・貴州の二省を根拠として居ると見てよろしい。固《もと》より動乱の火の手は僅かに之れに限つたのではない。広西は既に起てりと見るべき理由に富む様であり、且広東《カントン》も動揺の徴を示し、四川に至つては已に、少くとも雲南・貴州と境を接する地方に於ては、大に動揺を初めて居る。而して広東・四川が動くといふことは実に独立軍の前途に対して重大の意味を有するものである。

元来雲南、貴州、広西の如き偏僻にして容易に他の討伐を免れ得る地方を根拠として起つたのは、極めて地の利を得たものである。けれども此の三省に拠るだけでは、固より消極的の安全は之を期し得べけんも、積極的に天下の中心に向つて進出することは出来ない。之が為めには差当り四川と広東とを得るの必要がある。蓋し広東を得ずんば外海に出づる事が出来ず、又四川を得ずんば天下の中心を流るゝ長江に接することが出来ないからである。是れ独立軍が先づ以て四川、広東の両省を味方とせん事を努むる所以である。故に南支那の動乱は、孰《いず》れ早晩根拠地たる前記三省の外、更に広東、四川の両省にも伝播するものと見なければならぬ。而して四川・広東の加担によりて独立軍が南方の五省を列《つら》ぬるといふことになれば、其勢容は最早北方に対抗して抜くべからざるものとなる。左すれば裡に反袁感情を抱きつゝ形勢観望中なりし幾多の諸省は、翕然《きゅうぜん》として独立軍に来り投ずるであらう。即ち湖南、江西、浙江を始めとして、湖北、江蘇に及び、更に僻遠の地ではあるが、反袁熱の相当に強き陝西《せんせい》・甘粛方面まで動乱は拡がるかも知れぬ。斯くなれば天下は最早袁氏のものではない。故に今度の動乱は見様によつては、支那の将来の運命に関して決して軽々に看過するを許さないのである。

尤も斯くの如くなるまでには、独立軍が独り其の根拠地の民心を繋ぐことのみならず、又外界より軍器物資並びに資金の供給を受け、其上に天下所在の反袁者流を糾合し且つ連絡するに成功するといふことがなければならぬ。此等の条件が備らざれば、南方の独立軍如何に反袁熱旺盛の機運に乗じて奮励しても終局の勝利を得ることは決して容易のことではない。況んや一方には恫喝買収に依て巧に反対党の内部を離間攪乱するに絶妙の手腕を有する袁世凱あるに於てをや。而して支那の多くの有力なる階級は、一身の利害安危を見るに余りに明敏にして、主義の為めに献身的奮闘を為すの意思に乏しく、多くは形勢を観望して、勢の強きに附くの例なるが故に、袁政府にして若し精鋭なる兵と多額の金とを以て巧に南方に対するならば、彼亦必ずしも成功しないとも限らない。故に南支那の動乱の将来は他の一面の見様によつては又大した事がなくして済むかとも思はる丶。

只此運動は、何れの着眼点を取るとしても、十二月五日(大正四年)上海で起つた軍艦乗取事件の如く、突如として起り突如として消滅するが如きものでないこと丈けは明白である。兎に角今後暫くは此動乱は支那政府を困却せしむる問題として継続するであらうと思ふ。只結局の運命がどうなるかは、容易に断言することは出来ない。

(二) 独立軍の実力如何

袁世凱政府は、前にも述べた通り、此の動乱はもともと大したものではない、早晩自滅するだらうと宣明して居る。何故自滅するかといへば、一つには此動乱は孤立無援である。も一つには一部軍人の圧迫に押されて独立の宣言はしたもの丶、内部に決して完全な統一があるのではない。故に早晩内輪の軋轢《あつれき》から敗る丶だらうといふのである。予の観る所では、此の考は必ずしも当つては居ないと思ふ。第一に南方の独立軍は現在の形勢こそ孤立無援ではあるけれども、もと袁世凱反対といふ思想若くは感情そのものは精神的に決して孤立無援ではない。若し夫れ雲南省城が南境の一市河口を経、其対岸の仏領老開より河内に通ずる鉄道の便を思ふとき、地形上全く孤立無援ともいへない。只此方面は仏領によつて海より隔てられ居るが故に、独立軍としては一に此通路に頼り難い事情もある。茲に於て彼等は早くも四川広東に着眼したのであるが、幸か不幸か此の方面に於ても、実際上已に之に加担せんとして居る運動が起つて居るらしい。若し四川、広東にして手に入らんか、前にも述べた通り、即ち外海と長江とに連絡することを得て、独立軍は最早や事実上孤立無援の域を脱する。仮りに四川、広東が手に入らずとするも、独立の三省はもと生活の程度の低き地方にして、外界との交通によつて始めて生活上の物資を得て居つた処ではない。即ち土地が開けて居ない丈けに、外部の供給を頼まずして生活を続け得る地方である。故に孤立無援でも実際上余り困らない。独立を何時までも続け得る土地柄である。少くとも四川、広東の地方が此三省に好意を持つて呉れるならば、彼等は極めて安全である。仮りに四川・広東が袁政府の命を奉じて此独立運動に対抗するとしても、軍を進めて独立軍を討伐するといふことはまた極めて困難である。地理上から言つても、雲南・貴州より出づるは易くして、之に入るは極めて難いからである。

又内部の軋轢で自滅するだらうといふ説の如き、之も運動の中心人物が夫《か》の蔡鍔、唐継尭等であるといふ点から見て容易に肯《うべな》はれない。彼等は日本留学当時から才識徳望に於て衆の重ずるところであつた。雲南に於ては軍政の整理及び軍事教育の振興の為めに尽して最も功労があり、従つてまた最も人望を収めた。将校の大部分は彼等の養成するところである。且つ雲南の軍隊と彼等との関係を考ふるに見逃すべからざる点は、雲南の軍隊は支那の他の一般の軍隊に比して、初め造られた時のまゝに、最も純正に其の組織を維持せられて居るといふ事である。といふ訳は、一体各省の軍隊は、其初め何人かによつて造り上げられたとすると、袁世凱は其人の其地方に過大の勢力を占むるを忌み、多くは其の人を厚く聘用するの名義の下に之を北京に招致するか又は他に移して、其人の造つた軍隊には新たに彼れ直属の部下を送つて、従来の勢力関係を攪乱するといふ慣用手段に出で、居つた。黎元洪は斯くして羽翼を殺がれた最も著しき適例である。又若し其目指す人を他に移す能はずんば袁は必ず直属腹心の者を送つて隊の幹部に据え、以て頭首を牽制するを怠らなかつた。張勲《ちょうくん》は即ち其術中に陥りし適例である。蔡鍔は第二次革命の時、南方の諸省を糾合し、其兵力を擁して革命政府と袁世凱との間に仲裁を試みんとめたのである。そこで袁世凱は南方の軍隊に攪乱の手を加ふることを急がなかつた。其後袁は南方の軍隊に二三提議してより、袁世凱の忌む所となつたが、後《の》ち単身北京に入つて他意なきを示し、以て大に袁世凱を安心せし密使を放つて警戒せしめたのであるが、蔡鍔は雲南に於ける同志の諸将と巧みに結托して、表に袁政府に忠誠を装ひ以て最後まで袁の攪乱の手を避け得たのである。大正四年の夏頃、袁世凱が多少南方の軍隊に手を着けんとするの勢を見るや、蔡鍔は唐継尭をして逸早くも袁世凱に帝制を決行すべきの密電を発せしめたと伝へられて居る。時未だ籌安会《ちゆうあんかい》の成立しなかつた以前のことである。

蔡鍔は籌安会の成立後も帝制賛成の態を装うて巧に袁世凱を欺いて居つた。例へば彼は籌安会の起れるより十二日の後即ち八月二十五日に於て在京軍官と共に、中国国体の君主制たらざるべからざるを主張し、親《みずか》ら筆を執つて「主張中国国体宜用君主制者署名於後」と記し、而して「昭威将軍蔡鍔」と簽署《せんしよ》した。之を予輩は同氏の北京在留中の細心なる用意の致す所と見るが、北京政府側の一派は寧ろ之を以て蔡氏の初め熱心なる帝制論者たりしの証となさんとする。而して彼が俄《にわか》に豹変して革命運動の首動者となりしは、五国連合帝制延期勧告の結果なりといふて居るが(東華評論第一年第四号)、之は聊か日本其他の諸強を誣《し》うるものである。

独り蔡鍔ばかりではない。雲南文武の長官唐継尭・任可澄の二人亦極めて細心の注意を以て袁に対する忠勤を最後の瞬間迄装うて居つた。此事は雲南将軍唐継尭及び巡按使任可澄の名を以て国民代表大会の国体投票の際北京政府に向けて発した電報にも明である。就中《なかんずく》十二月十三日の電報には「……全体一致君主立憲ニ賛成ノ後、即日宣示セルニ、全省ノ軍政紳商各界同声歓慶シ抃舞《べんぶ》名クベキナシ。伏シテ願フ。我ガ大総統輿情ニ俯順シ、早ク帝位ニ即キ、兆姓無彊ノ福ヲ錫《あた》へ、万年有道ノ基ヲ開カレンコトヲ。闕庭ヲ瞻望シテ何ゾ推戴ニ勝《た》ヘン。雲南全体軍界唐継尭、政界任可澄、商界周忻《しゆうきん》等同叩」とある。次で蔡鍔南方に走るの報伝るや、唐氏は十二月十八日並に二十一日の両度、中央の軍事官憲に秘電を発し、各級長官と同心合力鞏《かた》く国家を衛るべきを上申した。之等の例を挙げて北京側は、唐・任の両人に初め犯意なく、唯蔡鍔の脅迫に遇ひ已むなく中央に弓をひくに至つたと報じて居るけれども(東華評論第一年第四号)、之れは恐らく事の真相を説くものでは無からう。何となれば唐・任にして心から帝制に賛成であるものとすれば、蔡鍔・戴戡の徒如何に心易けれ

ばとて単身雲南に入りて大勢を転回し得る筈はないからである。（大正五年四月追記）

斯くして袁は多少の疑惧を抱きつゝ、遂に攪乱の毒手を延ばすの機会を捉へ得ずして、雲南の軍隊は今日迄蔡鍔等の扶植した勢力が其儘攪乱せられずに残つて居つたのである。従つて蔡鍔等が運動の中心たる以上は、少くとも雲南は結束が堅いものと見て間違はなからう。只貴州・広西の両省に至つては、雲南程は堅くないかも知れないが、広西の将軍陸栄廷が岑春煊の部下たりし事、並びに其部下の諸将間には唐継尭と日本留学時代より同窓たりし革命党の有力者陳炳焜《ちんへいこん》の勢力が少からずある事等を思ひ合せ、又貴州の将軍劉顕世は嘗て唐継尭の部下たり、且つ蔡鍔、唐継尭両人と早くから連絡があつたといふやうなことを思ひ合はすれば此等三省の同志の者の間に於ても、容易に結束の破れるといふことはあるまい。他の軍隊の如くに、各種の分子が雑然と集つて居るものであれば、買収恫喝の離間手段も容易に行はれ得るだらうけれども、今述べたやうな次第であれば、南方の軍隊には、オイソレとは手を下しやうがあるまいかと思はるゝ。斯く考ふれば、袁世凱は如何に巧妙なる手段を弄しても、赤手空拳を以てしては容易に南方を自滅せしむることは出来ないだらうと思ふ。

啻《ただ》にそればかりではない。実は今度の独立運動は余程前より計画して居つたものらしい。どれ丈けの範囲にどんな人が中心となつて計画したかといふことはよく解らない。けれども最近袁世凱の専制主義益々跋扈するに憤慨して、従来の民主々義の諸派並びに其他各般の反袁者流の間に、自ら一種の脈絡が通ずる様に進んだといふ噂は数ケ月前からあつたから、此等の人々の間に慎重なる熟議が凝らされて、其上で今度の動乱が起つたものと思はるゝ。左すれば其根柢は可なり鞏固なものと見なければならない。伝ふるところによれば、蔡鍔の北京を脱したのは十一月十九日であるといふ。一体蔡鍔は梁啓超《りょうけいちょう》や湯化竜《とうかりゅう》等と共に袁世凱の為めに北京に抑留された連中の一人である。多少有力なる反対党ありと見るや、其領袖を手近に招いて之を優待し、以て一方に於ては其団体の鋒鋩《ほうぼう》を緩和し、他方其領袖を懐柔するといふのは、従来袁世凱の慣用手段であつた。彼の専制をなすに妨げとなる者は、彼れ必ず之を北京に招ぐ。招に応ぜざれば即ち刺客を放つて之に酬ゆる。而して招に応ずれば、北京に於て高位高禄を以て外観之を厚遇するけれども、固より何等の実権をも与へざることはいふを俟《ま》たない。梁啓超は司法大臣であつた。湯化竜は文部大臣であつた。けれども彼等は事実に於ては高位高禄を以て封ぜられたる憫《あわれ》むべき捕虜に過ぎなかつた。蔡鍔も亦袁世凱の厚遇を受けて居つた一人であるけれども、彼は如何にかして警戒の網をくゞつて北京の外に逃れんとして隙を狙つて居つたのである。即ち十一月十九日事に托して天津に来り、天津より密かに日本船に乗じ、病を別府温泉に養ふを名として袁世凱に若干日の暇を乞ふたのである。日本には只数日滞在したのみであるが、十数通の手紙を書き残して同志の友をして毎日之を北京に送らしめ、以て恰かも現に日本に滞在するかの如く装ひ、密かに上海を経て香港に赴き、茲に戴戡等と相会し、雲南の師団長張子偵《ちようしてい》の迎を受け、仏領安南《アンナン》を経て十二月十九日雲南省城に入つたのである。それ迄ウツカリして居つた袁世凱にも手ぬかりはあるが、あれほど探偵政略に秀でた袁世凱の眼をば一ケ月の長きに亙つて欺いた丈け、蔡鍔一派の惨憺たる苦心は之を察するに難くない。それ丈け我々は又畢竟今度の動揺は、各種の方面から多大の保護と後援とを受けつゝ、此等の人々の慎重なる熟慮の結果に出でたるものなることを看取せざるを得ないのである。蔡鍔が雲南に入つてから同志の人と協議し、二十二日大会を開いて袁世凱に対し「速に帝政を取消し且つ籌安会の発起者十三名を殺して以て罪を天下に謝すべし」との電報を打ち、二十六日正午に至り満都歓呼の中に独立の宣言を発したといふ事の詳報は、一月十二日の我国の諸新聞にもあらはれて居つたから茲には略して述べぬ。

独立運動は当初袁の登極と同時に勃発する予定なりしも、袁氏が外国の承認を求むるに急にして利権を外に喪ふを厭はざるの風見はるゝに及び、未だ多く国利を外国に売らざるに先《さき》だつて事を起すの必要を感じ、偶々《たまたま》同志の首謀蔡鍔等の来り会するに遇ひ、さてこそ二十六日を以て反旗を翻せしなりといふ（一月二十一日中華新報）。

猶雲南起義の真相に就ては拙著『支那革命小史』第八章を参照せよ。

㈢　四川広東の向背

此等の形勢を見て、予は此動乱の容易に自滅せず、場合によつては段々諸方に拡がるものではあるまいかと思ふのであるが、若し他の方面に拡がるものとすれば、先づ第一着に問題に上るものは広東・四川の両省なること言を俟たない。広東の将軍竜済光は以前岑春煊の部下であつたけれども、今は袁世凱派として知られて居る。彼の部下たる幹部の約三分の二は雲南人で、他は広西・広東の人であるから、広東の軍隊は大体に於て今度の動乱に同情あるを想はしむる。猶また一月早々もと此地に都督たりし革命派の一飛将陳烱明《ちんけいめい》が既に来りて勧説に力《つと》めて居るといふ。けれども竜に迫りて独立に加担せしむることは実は余程困難であらうかと思ふ。四川省に至つては、将軍陳宧は平凡なる官僚系統の出身で純然たる日和見党である。けれども四川省は南方の諸省の中で最も開明したる地方で、従つて改革の思想は民間に相当に普及して居る。湖南・湖北に次いでは革命党の最も望みを嘱して居るところの地方である。さればにや雲貴両省の独立の声を挙ぐるや、四川省中此両省と境を接する地方では、忽ち之に響応して動揺が初つたのである。已に瀘州《ろしゆう》、叙州の如きは南軍に降つたといふことである。一月半ばの電報によれば、重慶亦已に危しとあつたが、之は新聞の報ずるが如く、南方の軍隊が攻め入つた為めに危いのではなくして、其土地の軍隊が南方に応ぜんとしたが為めに危いのであらう。南軍が遥かにこゝまで北上するといふことは、後にも述ぶるが如く、一寸想像することが出来ない。孰れにしても四川は、恐らく広東よりも南軍に取つては見込がある。現に革命党の名士熊克武、龔振鵬の二人は蔡鍔と相前後して雲南に入つたとあるが、彼等はもと四川省の産にして、同省に相当な勢力を有《も》つて居る人である。想ふに此両人は、蔡鍔等の旨を受けて四川省に運動に入つて来るのではあるまいか。

之を要するに四川と広東との向背は今後余程我々の注目を要するのである。南方軍にして此両省を手に入る、ことに成功せずば、或は今度の動乱は、袁政府の声言するが如く、大した事にならずして済むかも知れない。けれども此両省にして手に入るならば、動乱の火の手は決して今日の儘にして熄《や》むものではない。四川・広東は今や正に南北両勢力の暗闘的争奪の巷である。但し仮りに此争奪に於て結局南方が勝つと仮定しても、南方が先づ此両省を手に入れて後、漸次他の諸省をも風靡するといふ順序で進むか、或は目下諸処方々に派遣して居る秘密運動員の計画功を奏して所在に反袁的動乱が起り、北京政府の奔命に疲れて居る有様を見た上で、後始めて四川・広東の起つを見るに至るかは、今日のところ未だ予測は出来ない。

㈣　北軍の討伐は可能なりや

最近の北京電報に依れば、政府は中央支那屯在の将軍に令して盛に軍容を整へしめ、更に北方より多数の軍隊を南下せしめて、一大鉄槌を南軍の頭上に加へんと擬して居る様である。北支那の精鋭なる軍隊が若干南方に移動したことは事実である。然しながら如何に北方よりの増援が来たからといふて、長江方面の軍隊が討伐の為めに更に南下することが出来るかどうかは蓋し一大疑問である。

此事を明かにするに第一着に考へねばならぬことは、目下中部支那に屯在する総ての軍隊は、必ずしも皆袁政府に忠勤を擢《ぬき》んずるものとは限らないことである。武昌に於ける王占元の軍隊、岳州に於ける曹錕の軍隊、上海に於ける楊善徳・盧永祥の軍隊が、袁政府の命令を忠実に奉ずるものたるべきは疑はない。けれども南京の馮国璋と徐州の張勲とは最早決して袁世凱の頤使《いし》に甘んぜざるものなることは公知の事実である。張勲が早くより袁世凱に対して一敵国をなして居つたことは、彼がもと清朝の遺臣であるといふ事ばかりに基くのではない。彼が幼時岑春煊より至大の恩義に与つたといふ事も考の中に入れておく必要がある。馮国璋《ふうこくしょう》は初め袁世凱の四天王の一人を以て目せられて居つたけれども帝制問題以来、袁世凱の嫉視を買ひ、最近は著しく相反目して居る。此有力なる二将軍が隠然として一敵国を作つて居る以上は、長江沿岸の兵隊をウツカリ南方に送る訳には行くまい。去年六月日支交渉の談判纏らずして、日本より最後通牒の発送を受けた時、張・馮両将軍は管内の土民を安心せしむるため「日支交戦するも我は厳正中立を守りて管内を戦乱の禍害より救はん」と布告したるが如きは、理義をあやまれる所置には相違なきも、以て彼等が早くより必しも袁家の走狗たるに甘んぜざるの気概を見るべきである。されば先達南方革命軍の動くや、袁は乃《すなわ》ち阮忠枢を派して張・馮の北上を説かしめたる如きも、皆袁が二人を憚るの意を付度せしむるものである。斯ういふ訳であれば、張・馮両将軍に討伐の大任を托し能はざるは固より言を待たない。加之此両者は何時南方に策応せぬとも限らないから、他の軍隊をもウツカリ南へは動かせぬといふ事情もある。次に上海の軍は如何といふに、之は去年の十一月暗殺された鄭汝成の率ゐて居つた支那には珍らしい強い軍隊ではあるが、然し上海が香港と共に支那に於ける革命党のあらゆる運動の策源地なるを思ふとき、是亦容易に此地より撤して他に向けることは出来ない。現に去年十二月初めには軍艦肇和号《ちょうわごう》の乗取り、南洋機器局の攻撃などゝいふ事件があつて、上海の警戒決して之を緩《ゆる》ふすべからざることを示して居る。只武昌・岳州の軍隊丈けは、或は南方に出動せしむることが出来るかも知れない。なぜなれば張勲と馮国璋とに対しては用意周到なる袁世凱は直参の倪嗣冲を安徽に配し、蚌埠《ぼうふ》に在つて暗に張・馮を牽制せしめて居る、従つて曹錕《そうこん》、王《おう》占元《せんげん》の軍を南方に送つても後方に多少の備があるからである。斯くして袁政府は一月初旬曹錕を討伐総司令官に任じ、其精鋭なる陸軍を以て雲南・貴州を席捲せしめんと声明して居つた。

更に最近の電報によれば北京政府は討伐軍を三隊に分ち、三道より南方を圧せんとするの策を立てたといふことである。即ち一は長江を遡つて宜昌より四川に入る。第二は洞庭湖より阮江《げんこう》を遡り、銅仁府より貴州に入る。第三は長沙より湘江《しょうこう》を遡りて広西省に入るといふのである。地図を開いて此等の地勢地形を見れば、此策略は一応尤のやうである。又事実兵力を以て南方を圧せんとすれば、此三道による外他に途はないやうである。けれども、詳《つまびら》かに地理を按ずる時は之等の策は何れも共に言ふべくして行ふべからざるものなることを看るのである。第一の途に付ては先づ宜昌までは汽船の便が開けて居る。宜昌以西は水勢俄に変じ、幾多の危険を冒さずしては大船を遡航するの困難なることは洽《あまね》く人の知るところである。況んや冬期減水の候は如何にしてよく大兵を之に依りて送ることが出来るか。仮りに一歩を譲つて北軍四川の重慶を手に入れたりとしても、之より雲南省城に進むは更に困難である。普通の旅客ですら今日此間は約四十日の旅程である。況んや大軍の進入となれば何日掛るか分らない。否何日掛つても完全に軍隊を送り得るか如何か六つかしい。若し夫れ第二途の洞庭湖の西岸常徳より阮江を遡行するといふが如きは畢竟空論である。湖江共に今や減水の極端にある。阮江は夏期と雖《いえど》も曳船を以て交通する所であつて、固より大軍を送るの公道ではない。陸上は所謂武陵桃源の幽境にして、山岳多く之れ亦極めて交通不便である。第三の長沙より湘江を遡るの道は比較的に交通に便なるも、然し低きより高きに上る地勢に在るの難は免れない。広西より湖南に出づるには此途は極めて便利である。第一革命の際、王芝祥《おうししょう》は此途を取りて広西の健児を提《ひっさ》げて中原に乗り込んだ。併し中原より南方に攻め上るとなると、談決して容易ではない。

猶《なお》其の外に一部の人の間には江西の兵を以て広西を圧すべしとの論もある様だが、之は一層困難である。江西に在ては贛江《かんこう》を遡りて贛州辺までは兎も角も行けるけれども之より南安を経、広東・湖南の境を縫うて広西に到るの辺は非常な高山ではないけれども、所謂峰巒重畳《ほうらんじゆうじよう》、出づるに易くして入るに難い処である。南安より南昌に到るのみですら上り一ケ月を要し、下りは僅かに一週間を以て足るといはれて居る。故に広西より攻め降るならば格別、広西に攻め上るといふことは決して容易の談ではない。

此等の点を考へて見れば北軍の南下といふことは只声を高くして虚勢を張るものたるに止り、其実行は甚だ覚束ないものと謂《い》はねばならぬ。現に一月十三日の電報によれば、曹錕は僅かに軍を進めて長沙に着いたといふに過ぎない。それ以上を何処まで進み得るか甚だ心細い。斯く考ふれば兵力を以てする討伐は、恐らくは全然不可能ではあるまいか。

(五)　南軍の北上は可能なりや

政府軍の討伐が不可能として、然らば南軍が北上して政府軍を屈することが出来るかといふに、実は之も甚だ覚束ない。一体袁世凱反対の声は今日殆んど全天下に漲《みなぎ》つて居る。殊に帝制問題の起つてから以来は此形勢は一層甚しいといふから、袁世凱反対の運動は本来ならば燎原の火の如く忽ちにして四方に拡がるべき筈である。然し乍ら此処が又支那と日本などとの異るところである。いかに対袁の反感が強くとも、支那民族は多年悪政に悩める結果、大体に於ては極端な個人主義である。大部分は官吏といはず人民といはず、矢張り一身の安危が先になつて、利害の打算の定らない中は容易には起たない。即ち大体としては事大主義である。故にどんなに現在の政府が憎くとも、政府の旗色が著しく傾かない間は、決して進んで南軍に味方はしないであらう。且つ南軍はいはゞ原告である。北軍は則ち被告である。被告には概して三分の強味があるから、支那の官民をして南軍の為めに起たしむるには、南軍に於て余程優勢を示さなければならない。而して予輩の想像するところによれば、南方三省は已に結束して起つたとはいへ、雲南省を除いては内部の纏りが未だ十分ではあるまいと思ふ。加ふるに雲南、貴州、広西の三省は土地も開けず金も少ない。岑春煊が八百万両を懐にして香港にありとか李烈鈞《りれつきん》も二百万両を懐にして雲南に入れりとかいつても、北軍と争ふの軍資としては高が知れたものであり、且斯の話も多くは虚勢の言に過ぎぬだらう。加之軍器弾薬も北軍に比しては極めて不完全であらう。又外界との交通が開けない間は、新たな供給を得るといふことも易くは出来まい。幸に地勢上南北相接戦するの機会は少いからよいが、若し戦場に於て見《まみ》ゆることゝなつたならば、恐らく南方は一溜りもなく負けるであらう。故に南方の運動は精神的には全天下の同情を得て居るけれども、物質的勢力の比較の上からは、今日容易に北軍の敵と許すことは出来ない。是れ広東・四川の容易に起たず、江西の李純、浙江の朱瑞の如き、已に革命党に同情ありと称せられながら仍ほ容易に起たず、馮国璋、張勲の徒亦満を持して放たざる所以であらう。革命派の人は、雲南の軍は蔡・唐の多年訓練せるところ、広西の健児は嘗て王芝祥が革命当時之を提げて勇名を輝かせしところ、以て北軍をおそれしむるに足るといふけれども、今日の戦争は、個人的勇気のみを以ては勝敗を決することは出来ない。武器弾薬乃至各般物資の供給に於て南軍は遥かに北軍に劣る以上、戦場に於ける勝利は覚束ないと見なければならぬ。此等の点より考ふれば南軍がいよ〳〵軍容を整へて北上するといふ事も亦極めて六《むつ》かしい。故に予輩は元来かね〴〵反袁熱が如何に全天下に漲つて居つても、政府反対の有力なる動乱は目下のところ容易に起るまじといふ見解をとつて居つた。即ち斯種動揺の起るべきを理由として我国が帝制延期の警告を発した時も、動揺の起るべしといふ観測を非なりとして警告に反対したのであつた。今となつては予輩の見解の必ずしも当らなかつたことを恥ぢるものであるが、然しながら仮令《たとえ》一旦動乱の火蓋が切り放たれても、支那官民一般に通ずる事大思想の、容易に此運動をして大ならしめざるものあることは、之を断言するに憚らない。只今度の運動が多年計画の結果であり、且つ其人と其処とを得て居るといふ点からして、或は本物になるかとも考へらるゝ。

(六)　動乱の真体及其将来

尤も今度の運動を帝制問題の直接の結果と観るのは誤りである。袁世凱が皇帝になることを決心したが為めに、之に激せられて初めて起つた運動と観るべきものではない。即ち今次の運動は、袁世凱の専制主義に反対するものであつて、彼の皇帝となると否とには拘らない。偶々帝制運動の為めに上下の反袁熱は極めて旺盛を極むるに至つたから、好機乗ずべしとなして起つたまでの事である。現に南軍の発したる檄文の中にも、最後に四大綱領を掲げて、(一)に曰く「全国民と力を戮《あわ》せ、共和国体を擁護し、帝政をして永く発生せざらしむ」る事、(二)に曰く「中央地方の権限を劃定し、各省民力の自由発展を図る」事、(三)に曰く「名実相副ふの立憲政治を建設し、以て世界の大勢に適応せしむ」る事、(四)に曰く「誠意を以て邦交を鞏固にし、国際団体上の資格を増進す」る事を列挙して、第一に帝制反対の意思を表明して居るけれども、主としては大総統就任以来の袁世凱の失政を数へて彼を斥けずんば四億の蒼生を奈何《いかん》せんと慨して居る。故に今次の動乱は、袁世凱の隠退を見ずんば根本的には治らない。我国の論者の中には、袁世凱が帝制を断念さへすれば忽《たちま》ち動乱が収まるかの如くに説くものもあるけれども、之は断じて誤であらう。皇帝たると否とに拘らず、袁世凱を斥けんとするのが彼等の目的である。只帝制問題による民間の反情を利用して彼等が此運動を起した迄の事である。帝制問題の為めに革命派が絶好の機会を得たりとなして最近大に焦つたことは、去年十二月五日の上海暴動事件にもあらはれて居る。あれは末派の革命派が軽卒に挙げた事であるといふことは、今日已に明白になつた。慎重の用意を欠きしが故に、直ちに鎮圧されて了つたが、今度のは上海事件の如く容易に討伐せられ了るものではないやうである。

以上述ぶるが如く、南軍は今や天下の精神的同情を得て居りながら、実力を以てしては未だ政府を圧することが出来ず、而して政府軍は実力に於て稍優るところありと雖も、精神的反感天下に漲つて居るが為めに、容易に兵を動かすことが出来ず、仮令反感の憂ふべきなしとするも、地理上討伐の軍を進むることが出来ないとすれば、こゝ、暫らくは睨合《にらみあい》の姿を持続するの外はない。而して此間両軍の策戦計画は、自ら陰〔隠〕密の手段によつて敵を苦しめる方策をとるに至るであらう。南軍の恃《たの》むところは第一には四川・広東の響応である。第二には天下到るところに反袁団体が勃興して中央政府をして奔命に疲れしむることである。其為めには革命党の志士は密かに全天下に遊説に行つて居ることゝ思ふ。予輩の知人にして日本に亡命して居つた者の中、今次の動乱が起つてから、蹶然《けつぜん》本国に還つた者は少くない。此等は多く中部以北の同志を動かす為めに運動して居るやうである。斯くして所々方々に同志の蹶起を見るを得んことが、南軍の唯一の恃みであらう。然らば北方政府の之に対応するの策略も亦略《ほぼ》察知するに難くない。即ち主として力を注ぐところは、動乱の蔓莚を極力防ぐといふことである。一方には厳罰を以て威嚇し、一方には贈賄を以て懐柔し、努めて事勿からしめんとすることである。されば動乱地方の景況の如きも、電報の検閲などを厳重にして、出来る丈け其形勢を小さいものに発表して居るやうである。今にも南方は一溜りもなく蹴散らされるかのやうに吹聴して居るのである。更に進んで動乱地方の内部に、例の密偵を放ち、反間苦肉の計を廻らして内部より擾乱するの手段を講ずるであらう。勿論之には多額の金を要する。是れ袁政府が速かに諸国の帝制承認を求めて外資を利用するの策に苦心しつゝある所以であらう。袁政府の恫喝買収政策勝を占むるか。南軍有志の秘密勧誘運動功を奏するか。両者の暗闘は之を今後の成行に判断するの外はない。（大正五年二月稿）

第三章　帝制問題に対する我国対支政策の動揺

(一)　帝国政府の対支態度の変調

我国の帝制問題に対する態度は、第一次警告以来、其後兎も角も終始一貫して居つた。十二月に這入《はい》つて支那が我国等の警告を無視し、着々帝制を促進するの形勢あるを見るや、帝国政府は更に第二次の警告を送らんと欲し、十二月初旬以来東京に於て聯合諸国の使臣と協議を凝らしつゝあつたらしい。議纏まつて後、他関係諸国公使をして各々其本国政府の承認を求めしめ、其到着を待つた上、愈々帝国公使日置《へき》氏に訓電し、各聯合国公使と連袂《れんぺい》支那の外務省を訪ひ、第二次の警告を発せしめたのは十二月十五日である。斯くて少くとも此頃迄の我国政府の此問題に対する態度は、終始一貫して毫も変る所はなかつたのである。

然るに十二月の末に至つて、我国の此態度は少しく変調を呈して来た、少くとも変調を呈したと見らるべき事実が起つた。その事実といふのは、十二月二十九日の北京電報を以て突如として吾々の耳朶《じだ》を打つたる特使派遣の報である。即ち支那政府は一月央《なかば》を期し、農商部総長周自斉氏を慶祝特派大使として日本に派遣し、我　天皇陛下に謁を請うて親しく大典挙行の祝辞を上《たてまつ》り、併せて宝光嘉禾《ほうこうかか》一等章を捧呈せしめんとすとの報道である。何故に此事は我国の対支態度の変調を意味するかと云ふに、我国は嚮《さ》きに、支那政府が徐世昌を代表者として過般の御大典に参列せしめんと申し出たのを菅《すげ》なく拒んだのに、今更改めて慶祝特派大使を接受するを諾したと云ふのは、聊《いささか》辻褄が合はぬからである。而かも其後の日本諸新聞に現はれた報道に依ると、我国政府では、此特使を待つに国賓の礼遇を以てすると云ふ事である。斯くてはいよ〳〵変である。尤も政府としては、此事につきての表向きの弁明は如何様にも付け得るであらう。又特使を受くるといふ事は、必しも一転して袁家の帝業を承認せんとするの準備と見ねばならぬものでもない。従つて特使を受けたからとて、従来の方針が茲に全く一変したと断ずる訳には行かぬともいへる。けれども従来の行き掛りから見て、此一事はどうも我国の対支態度の一変調と認めざるを得ぬ様に思はるゝ。少くとも我国政府は従来の喧嘩腰の身構へをやめて、温顔談笑の間に問題を纏めやうと、茲処《ここ》に気を換へたものと見るべきものゝ様に思はるゝ。孰れにしても一つの変調である。

然らば茲に問題が起る。帝国政府は何が故に又何に動かされて急に態度を改むるに至りしや。此疑問に対しては言ふまでもなく、当時実に種々の説明が与へられたのであつた。その中でも次の様な解釈は一時洽ねく民間に拡がりて相当に信ぜられた様である。曰く「袁世凱の顧問として多年支那政府に雇はれて居る坂西大佐は、去秋帰朝の際、山県公を始め陸軍部内の要路に説き、袁世凱の為に大に弁ずる所あり、為に陸軍側は漸く袁政府支持に傾き外務省とは正反対の態度を取らんとする様になつた。而して陸軍側の主張は遂に外務省を圧迫して、さてこそ此処に袁政府の為に其特使を受くると云ふ事になつたのである」と。即ち此説は帝国政府の態度の変調を以て、大体陸軍側の袁家支持論が、元老を通じて外務省を圧迫したといふ事に帰するのであるが、外務省が全然陸軍側に屈して袁家支持といふ所まで来たのか、又は陸軍側の主張の一部を容れて、兎も角も特使だけは受くるといふ事に譲歩した丈《だ》けの話か、其細かい点は明に説かれて居ない。然し兎に角外務省の軟弱遂に軍閥の圧迫に屈せりとて、当時所謂支那浪人等の中には憤慨するもの尠《すくな》く無かつた。支那浪人の外に於ても、事の善悪は別として、或は元老の横暴を説き、又は帝国外交の動揺不統一を罵るものゝあつたことは確である。予輩は固より此説明の当否如何を知らぬ。併し乍ら、対支問題に就いて其頃陸軍側と外務省側との間に多少意見の阻隔があつたといふ事は、屢々《しばしば》耳にした所である。頑強なる陸軍側が、平素軟弱勝なる外務省側を圧迫したといふ話も、強ち《あながち》無稽の妄誕《もうたん》ともいへぬかと思はるゝ。而も十二月二十八日の夕刊が、支那問題に関して山県公大隈伯の間に重要なる意見の交換ありしを報じた丁度其翌日、早くも北京より特使派遣の飛電に接せしの事実は、前記の推測をして益々尤もらしきものとするのである。啻に夫《それ》ばかりではない。本年一月に入り、六七日頃の上海の諸新聞は、更に一歩を進めて、一方には坂西大佐の東京に於ける運動、他方には小田切万寿之助氏の北京に於ける梁士詒《りょうしい》との相談、此両方面の尽力の結果、日本は支那側より重大なる利権の提供を受くるを条件として、遂に遣日特使の接受を諾したのであると報じたのであつた。之も事実の真否如何は判らぬのであるが、少くとも支那では、是れ即ち国利を日本に売りて帝制の承認を強要せんとするものなりとて、周自斉《しゅうじせい》氏を呼ぶに売国特使の名を以てし、盛に怒罵の声を放つものがあつたのである。周氏が一体何《ど》れ丈けの使命を有つて来るのであつたかは予輩の今明にせざる所なるも、私《ひそ》かに察するに、氏は最高勲章捧呈といふ表面上の用向きの他に、猶ほ各種の利権を提げて我国当局並に実業家と各般の交渉を為すの役目をも有つて居つたものである事は疑ひが無い様に思はるゝ。故に支那側が周氏を以て売国特使なりと罵る点には多少の根拠ありと思ふのであるが、只帝国政府が其辺の魂胆を十分承知の上で、換言すれば利権次第では帝制を承認してもいゝと云ふ腹で、特使接受を諾したりや否やは頗る疑はしい。予輩一個の私見としては、其処までの考が定まつた上の事とは思はないが、併し何れにしても、好意を以て特使を迎へ、其言ひ分をも丁寧に聞かうといふ事になつたことだけは争はれない。是れ即ち支那政府に対する我国態度の一変調を示すものではあるまいか。少くとも内外の人をして日本政府の対支態度の変調を信ぜしむるに十分な出来事でなかつたらうか。現に支那では此事の発表あるや、北京側が欣喜措《お》く所を知らざりしに反し、上海辺の革命派の連中は、其結果の重大なるべきを憂ひ、如何にもして特使派遣を妨害せんと試むるに腐心したのであつた。日本内地に在つては一般新聞の論調は、殆ど異口同音に、仮令特使を受ける事になつても、従来執り来つた態度には変改あるべからざることを内外に警告するといふ風ではあつたが、南方革命派に同情を寄する一部の同胞中には、雲南独立軍の旗上げをしたばかりの今日、帝国政府の態度に急変ありては由々しき大事なりとし、暗中に飛躍して大々的に活動するものもあつた様である。

(二) 帝国政府の対支態度の再変

然るに帝国政府の対支態度の変調は、斯く一時内外の耳目を聳動《しょうどう》せしに拘らず、余り永く続かなかつた。支那では特使受諾に味を占めて日本与《く》みし易しと見て取つたか、一月十二日には大典籌備処《だいてんちゅうびしょ》をして二月六日又は九日を期して即位式を挙行すべき旨を宣布せしめて得意になつて居る間に、日本政府は何かまた見る所があつたと見へ、再び評議の縒《より》を戻し、遂に十五日の閣議に於て本来の態度に還るの決定を為し、之れが十六日の特使辞退の通告となつて現はれた。即ち支那では万端の用意を整へ、先発の一隊は既に朝鮮に渡り、特使の一行もいよ〳〵十九日を以て発程せんとして居る矢先き、十六日日置公使は支那政府を訪ひ、特使接受の儀は日本宮中の御都合に依り、一時之を見合はされたき旨を伝へたのである。斯くて帝国政府の態度は再転して元の様に喧嘩腰で支那に対することになつたのである。

尤も日本の表面上の口実は、宮中の御都合といふのであるから、支那に対する政治関係には何等の係はりも無いと、強《しい》て言へぬ事もない。けれども実際上の拒絶理由の他に在るべきことは、其他の事情に照して見て争はれぬ。之は北京の新聞などでも書いてある所であるが、先きには露国の太公を迎へ、後にはまた法王使節を迎へたる日本の宮中は、何故に其間に於て独り支那の使臣を迎ふるに障害があるのか。之は一の疑問である。支那の政府側の機関紙では、何れ御都合が付けば御招待下さる事だらうなど〻嫌味を述べて居るが、他の新聞抔《など》では、日本の新聞界と同様に、特使拒絶の真因をば他に求めて居るのである。或は日本政府の袁世凱に対する考への変更を説くものあり、或は南支動乱の結果として支那に於ける政治的中心の近く一転すべきの説が政府部内に信ぜられつ〻ありと云ふものもあり、又或は大義名分を誤れる袁世凱の特使を宮中に迎ふるは帝国々体の神聖を損ずとの、頑迷なる保守思想の圧迫を援《ひ》き来るものがある。甚だしきは露国太公の渡来に依つて、日本は満洲蒙古の処分に関し、極めて支那に不利益なる協約を露国と結びしが故に、支那との平和的交渉を避けざる可らざるに至りしなりなど〻、途方もなき説明をする者も亦中々支那人中に少からずあつた様に見ゆる。要するに其の本当の原因は何れであるか分らぬにしても、其真因の政治的たるべきの一点に至つては各種の見解の殆んど一致した所であつた。

特使拒絶の一事が政治上の理由に基くものなるの推測は、当時仄《ほのか》に伝はつた陸軍外務両者の対支意見の合致の説に依つて猶強められた。陸軍と外務との意見が十分一致して居なかつた事は先にも説いた。此両者の不一致は従来或は帝国政府全体としての行動を鈍らした事もあらう。或は一方が他方を掣肘して対支政策を動揺せしめた事もあらう。然るに陸軍側は一月の初旬以来漸く反省し、段々と其意見が外務省側の夫に接近して来た。元老側の意見も為めに余程動いたとの事である。而して此の陸軍外務両省の意見の合致が、新に帝国の対支政策に一展進の機会を与へた事は疑ひを容れぬ。而して所謂特使拒絶の一事は此機会に乗じて現出したものなる以上、其理由の政治的たるは明々白々であると思ふのである。猶此事は後にも述ぶる事であるが、一月二十四日の第三次警告に依つて最も露骨に証明されたと謂はねばならぬ。

以上述ぶる所に依つて観れば、支那に対する我国近時の外交政策は、僅か半月の間に二度変つた。即ち再転して元の通りに納まつたのである。然るに此見解に対して「否、我国の態度はサウ度々変つたのでは無い」と弁護する人がある。其の説に曰く、日本政府の態度は今日に至るまで終始一貫である。十二月の末に於て、政府が特に袁世凱の使節を受くる事に決定したのは、唯袁政府の切なる懇求があつたからである。何故袁世凱は斯かる懇求を我に向つて発したかといふに、一体彼は此次の帝制問題に就ては、素より余り日本の意嚮に重きを置かなかつたので、他の欧洲諸強国をさへ動かせば、日本はどうにでもなるものと思つて居つたのである。彼は英国公使ジヨルダンの殊に自分に厚き同情を有つて居ることを知つて居る。大国英吉利《イギリス》の与国たる日本の事は英国さへ手に入れて置けばどうにでもなると考へて居つた。其上彼は本来一種の排日主義者である。彼は最近大陸侵害者として日本を忌むこと甚だしきのみならず、国内の不平党の耳目を外に転じて自家の天下の安穏を贏《か》ち得るの策としても、時に応じて日本の禍心を誇張するを便なりとする策士である。斯くして彼は屢々成功した経験を有つて居る。そこで彼は今度の問題については、啻に日本に遠慮するの必要を感ぜざりしのみならず、仮りに必要ありとしても、余り日本に追従する事は欲しなかつたのである。然し段々事を運んで見ると、欧洲大乱の今日、東洋に於ける日本の地位は、案外に強大なる事を発見した。日本が動かないでは、他の欧洲諸強国は今日の場合如何ともする事が出来ないと云ふ事に気が付いた。是に於て彼は俄に日本に媚《こ》び、日本に縋《すが》つて其宿望を達するの外途が無いと悟るに至つた。是れ即ち十二月の終りに至り特に利権を以て日本政府を誘ひ、特使を派遣して我国朝野の同情を買はんと試みた所以である。我国政府の態度は、固より終始一貫之に依つて何の変る所はなかつたのだけれども、此際何も強ひて彼の申出を拒絶するにも当らぬといふので其要求をば兎も角も一応承諾したまでの事であると。

併し今日となつては、或ひは帝国政府の態度が終始一貫であつたといひ、又は再度変転したりといひて論難するのは最早無用の争ひである。何れの解釈を取つても、帝国政府の現在の態度に関する見解に至つては一致して居るのである。只今日となつて吾人が帝国政府の対支外交につき問題として見たいのは、特使接受並に拒否の外交的当否の論である。予輩の観る所では、帝国政府の対支根本策に変改ありしや否やは姑く論外に置いて、只特使を受くるとか受けぬとか、僅々半ケ月の間に、言を左右に使ひ分けて支那政府を翻弄したのは、甚だしき失策であつたと信ずる。今更特使を受くると承諾したのが抑も間違つて居ると思ふのであるが、夫を間もなく断るといふのが尚一層間違つて居ると思ふ。凡そ外交上の事は、一旦言出した事を間違つたからとて直ぐ引き戻せるものではない。間違ひは間違ひなりに跡の始末を綺麗に附けて往かなければならぬ。猫の眼のやうにクル〳〵変るのは、無策を証明するものに非ずんば最も嗤《わら》ふべき小策である。殊に拒絶の仕方が極めて拙《まず》かつたと思ふ。支那新聞の報ずる所に依れば、何にも知らぬ帝国公使日置《へき》益氏は、十五日夜特使の一行を公使館に招いて送別の盛宴を張り、其乾杯の辞は実に熱誠をこめた者であつたといふ。然るに其舌の根の乾く間もなき十六日には拒絶の通告を伝へねばならぬ羽目となつた。斯くては氏の不面目は勿論の事、帝国の威信の上から云つても、言ひ様のなき不始末である。是れ皆本国外務省の過誤に出づるものといはねばならぬ。支那が斯んな不始末をするのなら、従来とても珍らしい事ではないから、まだ恕《ゆる》すべき理由もあるが、堂々たる帝国の外務省がコンナ愚劣な小策に出でたとあつては、大国の面目にも拘はるではないか。而して之が為めに支那官民の怨みを深うし、さらでも険悪に赴きつゝある日支両国の精神的交通を一層暗澹たらしめしの罪に至つては、何の辞を以て当局者は国民に謝せんとするのであるか。予輩は日支両国の親善の為めに甚だ之を憂ふるものである。

㈢　我が対支政策動揺の根本原因

何故に帝国政府は斯の如き明白なる失敗を重ねたか。之を一概に外務当局者の無能に帰するのは余りに浅薄の議論である。我々は外交問題を批評するに当つては、常に如何に無能の評ある当局者と雖も、素人たる我々よりは数層外交の情偽に通じて居るものであるといふことを忘れてはならぬ。故に今度の如き外交上の失態を論ずるに方《あた》つても、只当局者の不見識を罵るばかりでなく、斯の如き判り切つた失態を何故に当局者は識つて之を犯さねばならなかつたかといふことを研究して見ねばならぬ。斯くの如き態度を以て研究の歩を進めざれば、我々は往々にして問題の真相に触るゝことが出来ない。然らば問ふ。我が聡明なる当局者は何故に短日月の間に斯くも政策を転々せねばならなかつたか。予輩は固より此事に関し十分適確なる真相を聞いて居るのではないが、世上の風説する所によれば、外務当局者と陸軍側乃至元老とが、当初支那問題に関して各々意見を異にしたといふことが根本の原因であるといふことである。帝制延期の警告を発するといふことの発頭人が外務省であつたことは今更ら言ふを俟たない。外務省が此警告を発するについて、どれ丈け陸軍側や元老に渡りをつけたかは、今日我々の未だ知り得ざるところであるけれども、然し陸軍並びに元老側は、此の事に関し一時外務省の態度に慊焉《けんえん》たるものがあつたといふことは、第一次警告発送の当時から噂されて居つた所であつた。蓋し陸軍側は、袁世凱を以て今日支那を背負つて立つべき唯一の中心人物と為し、此中心人物と擦《す》れ合ふことは帝国の将来の為めに決して得策でないと考へたのであらう。此思想は実は有力なる一部の政治社会に中々勢力があつて、為めに外務省の態度も従来幾分鈍らざるを得なかつた事情もあつたらうと察せらるゝ。而して此思想が遂に十二月の末に至つて、進んで外務省を圧迫し、其一部の意見を容れしめたのが、帝国政府の特使接受の承諾となつてあらはれたのであらう。然しながら其後南支那の動乱が起つて支那の形勢も変り、且つ袁世凱の到底日本と提携せざるべきの説も段々に了解されて、再び外務省の当初からの態度がいゝといふことになり、陸軍乃至元老の側も之に追々賛成するやうになつたといふことが、後ち一月十六日の特使拒絶といふことの上にあらはれたものであらう。以上の説明は固より一個の想像に過ぎないが、然し全く根拠のない説でもないやうである。仮りに此事実に多少の誤ありとしても、少くとも此観察は日本当今の最高政客の間に、支那問題に関して二つの全く異つた思想の系統があるといふことを我々に暗示するものである。即ち一つは袁世凱を以て支那の中心人物となし、如何にかして之と提携せざる可からずとするの考であつて、他は袁世凱の到底日本と提携すべからざる所以を断じ、袁に頼る日支親善の結局諦めねばならぬことを信ずるの主張である。此二つの思想が日本の政客を支那問題に付いて二つの種類に分けて居ると見てもよい。例へば陸軍側は前者に属し、外務省側は後者に属するといふ風に見ることが出来る。又は此二つの思想は相並んで支那問題に志ある日本最高政客の頭脳を支配し、時として甲説によらしめ、時として乙説を執らしめ、以て其対支外交の根本的決定に〔を〕昏迷せしめて居ると見ることも出来る。要するに此二つの思想が、共に相当の勢力を以て日本の政界を支配して居るといふことが禍因となつて、帝国の対支政策を動揺せしめて居ることは疑を容れない。最近の外交的失態の如きも、畢竟其の根本的原因をこゝに有するものであつて強ち当局者の無能無識にのみ之を帰することは出来ないと思ふ。且つ又此の二つの思想が対立して政界の有力者を昏迷せしめて居るのは、実は或る意味に於ては尤もの次第と観るべき理由もある。其故如何といふに、元来日支の親善を計つて東洋平和の実を挙げんとする立場からいふても、又日本自身の将来に於ける経済的発展の必要からいふても、我国は最も密接に支那と結ばねばならぬ。而して支那と結ぶには必ずや先づ其中心勢力を手に入るゝに成功せねばならぬが、その中心勢力は今日のところ袁世凱を措いて外にはない。斯ういふ事情であるのに、他方に於て袁世凱は生来非常な日本嫌であつて、殊に最近は殆んど日本と事実非常に反目して居る。斯くて日本から進んで最も提携するを要する人が日本に反撥するのだから茲に我々は大に煩悶せざるを得ないといふ訳なのである。而して此煩悶、此昏迷は、実は我々国民全体の前に横《よこたわ》るところの難問にして、決して当局者や二三政客のみの問題ではない。我々は只当局者のみに対し此難問に遭遇して昏迷為すなきを責むるのは実は余りに酷である。

抑も日支両国の親善ならざる可からざるは今更言ふを俟たない。比隣相背くは個人の交際に於て忌むべきが如く、殊に外勢の圧迫を共同の憂とする東洋諸国間に於ては、最も慎むべく又最も恐るべき事に属する。中にも支那は李鴻章《りこうしょう》の外勢誘致政策が禍因を為して以来、欧米諸国の政治的幷に経済的圧迫の為めに今日非常に苦んで居る。之れが為めに一時支那の分割さへ論ぜられた程である。此の外勢の圧迫を脱して真の自由独立の面目を回復するといふ事は、支那に取つて決して容易の事ではない。少くとも日支提携して、即ち陰に陽に日本の同情援助するものあるにあらずんば、支那は恐らく此目的を達する事は出来まい。此点に於て日支の親善は支那の為に必要であるが、支那の強くなるといふ事は又日本それ自身の安全の為にも極めて必要である。何故なれば、支那が弱ければ外国の勢力は乃ち四百余洲の到る処に跳梁すべきを以てゞある。支那に外国の勢力のはびこるは決して日本の為めに利益ではない。故に日本は出来る丈け支那を援けて、彼の真の自由独立を完うせしむるに努むべきである。且又支那は日本の経済的発達の将来にとつては欠くべからざる市場である。日本が経済的に支那と提携和親することが出来なければ、日本の経済的発達は全然将来に見込はない。故に日本の商工業の発達といふところから見ても、支那を外勢の圧迫から救ひ、進んで日本と提携せしむるといふことは絶対的に必要である。これ程提携の必要があるのに、何事ぞ、従来両国の関係は甚だ疎隔を極めて居るとは。尤も此事は、一つには日本の国力発展に伴つて、朝鮮や其他の問題で支那と余儀なく衝突したといふやうな事情にも原因して居るに相違ない。何れにしても近年は年毎に、否、月毎に日支両国の親善なる関係は傷けらるゝ一方である。それに日本に於ては支那に対する一般の言論が頗る穏当を欠いて居り、又支那に居る日本人といふものも随分種の悪いのが多い。之に加ふるに日本の外交も亦事毎に失態を重ねて居るので、近頃の日支両国の疎隔といふものは実に手の附け様が無くなつた。斯くては到底提携の実は挙るものではない。如何に両国の政治家が提携の必要を感じても、一般国民の感情が常に之に裏切るといふ形勢になつて居る。そこで心ある日本の先輩の政治家は深く之を憂へて、何とかして又如何なる犠牲を払つても、出来る丈けの力を尽して、日支親善の端緒をつけたいものだと日夜頭を悩して居る。それにはどうすればよいかといふに、他なし、其中心的勢力に結ぶに在るのみである。支那はまだ民智開けず所謂民間の輿論といふものはない。時の勢力あるもの丶考次第では相当に社会の風潮を導くことも出来る。故に支那では中心たる勢力を動かせば比較的容易に事を運ぶことが出来るのである。斯ういふ考から我国の先輩政治家の中には、真に将来を憂ふるの精神からして、場合に依つては自ら支那に行つて彼の地の中心勢力と面接し、何とかして提携親善の端緒を得んと考ふるものさへあるに至つた。而して当今支那で中心勢力といへば、言ふまでもなく袁世凱である。そこで我国の政治家中には、此袁世凱に倚《よ》るにあらずんば、日支親善の端緒を開くことが出来ないと確信して居る者が少くは無い。然るに不幸にして袁世凱は、今日已に英国殊にモリソンの薬籠中のものである。支那の中心勢力を見出し、之と結托せんとするの方策に於て、生来の日本嫌ひなるモリソンは日本に先立つて已に首尾よく成功して了つた。そこで最近の袁世凱は其行動自ら排日主義たるを免れない。然しながら我国の政治家中には斯くても尚袁世凱に未練を残し、出来る丈け彼の感情を害せず何とかして彼れの態度を緩和して和親の道を回復したいと考ふるのである。否な今日の元老の中には、多少袁世凱を買ひ冠《かぶ》り、如何に排日主義に固まつて居る袁世凱でも、直接彼と面談して共に東洋の時事を諮《はか》れば、キツト日本の真意を了解するに相違ないとまで考へて居る人もある。さればにや、四年の五月日支交渉問題について、いよ〳〵最後通牒を発するとか発せないとかいふことから元老と当局との会合があつた時に、山県公が頻りに加藤外相の自ら北京に出馬せんことを慫慂《しようよう》したといふことであるが、之は強ちに難問をもちかけて時の外相を困らしたと観るべき者ではないと思ふ。山県公なども恐らく、我より責任ある大官が彼地に渡りて面のあたり彼に赤誠を吐露すれば、我が意必ず袁に通ずるに相違ないと信じて居つたのであらう。即ち機会あらば袁に接近し、斯くして日支提携の実を挙げたいといふことは、此等の最高政治家の間に於て、当時少くとも一個の動かすべからざる信条であつたやうに思ふ。

然るに右の考と併行してもう一つ袁世凱に対しては、反対の系統に属する考が同時に行はれて居る。それは袁は如何に此方から手を出しても、到底日本とは快く提携せまいといふ考である。何故に斯く考ふるかといふに、第一彼は実に三十年以来の排日本主義者である。彼の名が日本人の目に初めて触れたのは、明治十七年の京城変の時であるが、此時彼は二十四歳の青年を以て、一方の隊長として馬建忠《ばけんちゆう》と共に朝鮮の我が公使館を囲み、竹添公使をして辛うじて仁川に逃れ去ることを得しめたのである。之より彼は朝鮮に在つて日本人排斥の張本となり、日清戦争の前後には屢々大鳥公使と折衝して日本を翻弄したのである。日露戦争の前後より彼は一時日本に好意を表し、多数の日本人を傭聘して庶政の改善に当らしめたが、此変態も永く続かず、一つには日本の満洲に於ける大陸経営に怖れを抱き、又一つには日本の不謹慎なる言論に憤慨したといふやうな事も原因であつたらうが、兎に角彼は明治四十年の頃から漸く元の排日主義に復《かえ》り、遂に欧米諸国の勢力をかりて、日本の跳梁を抑へんとするに至つた。四十一年の秋、唐紹儀《とうしようぎ》を海外に派遣して米清同盟を結ばしめんとしたるが如きは即ち其証拠である。四十二年一月彼は不幸にして其職を奪はれ暫く故郷にかくれて隠忍して居つたが、端なくも第一次革命の際、再び北京に呼び出され、やがて大統領〔大総統〕に選ばれた。而して大統領としての袁世凱は、再び排日主義を踏襲した。のみならず、彼と英国との関係はまた彼をして益々日本と離れしむるやうになつた。彼と英国との関係殊にモリソンとの関係は今日は、到底離るべからざるものがある。モリソンは袁世凱の没落以前はそれ程袁と親しくなかつた。けれども革命以後は袁世凱は事毎にモリソンの説に聞き、モリソンの説は一つとして袁世凱に用ゐられずといふことはない。なぜ斯くまでにモリソンと袁世凱と近いのかといふについては、茲に一種の想像説がある。其云ふところによれば、袁世凱をして今日の地位を占めしめたものは、実にモリソンであるといふ事である。そは第一次革命の爆発して北京政府の大に困憊《こんぱい》するや、年少無経験の摂政醇親王《じゅんしんのう》は、変に処して策の出づるを知らず、窮余乃ち暫く遠ざけて居つた慶親王《けいしんのう》を召して相談せられた。然るに慶親王は此時此難局を収むるものは袁世凱の外に人あるを見ず、旧怨を忘れて彼を挙用し、以て国家の急を救へと告げた。そこで袁世凱を俄かに河南の草廬から呼び起して、革命軍討伐総司令官に任ずることにした。さて其際私かに慶親王に対し袁世凱を推薦すべきを勧説した者がある。夫れが即ちモリソンであるといふ説がある。併し此辺のことは真否よく解らないが、少くとも袁世凱挙用の説あるや否や直ちにモリソンが走つて河南に赴いたこと丈けは事実である。斯くして、モリソンは、最も早く袁世凱に会見し、且つ相当の助言を与へたものと見える。察するところ彼は袁世凱の為めに計り、只管《ひたすら》一軍の将たらんよりは寧ろ四百余州の天下を志すべき旨を勧めたものと見ゆる。袁は果してモリソンの献策(?)の如く遂に天下を取つた。斯くして袁とモリソンの関係は、今日実に水魚の交りである。而してモリソンと袁と極めて接近して居るといふことは、我国に取つて何を意味するかといふに、取りも直さず排日政策を意味する。モリソンの排日主義者たることは天下に隠れなきところ、而して英邁の使臣ジヨルダン亦日本と利害関係を異にする在留英人の後押に乗つて、盛んに排日的行動をなすのであるから英国と落花流水の関係にある袁世凱は、是非共排日主義者にならねばならぬことになつたのである。単にそれ計《ばか》りではない。更に袁世凱は、今日幾多の反対派を懐柔する政策上、是非共日本の禍心を説くの必要に迫られて居る。彼は曾て第一革命の際、先づ北上して北京を乗つ取るや、更に天下を併呑するの志あり、只南に南京の政府あつて、所謂南北相対峙して譲らざるものあるを見るや、彼は唐紹儀等を遣はして南北の妥協を講ぜしめたのであるが、此際南方の容易に袁世凱に屈せざるを見、彼は遂に兄弟斯く内輪に争ふて居つては、我々の知らぬ間に日本と露西亜《ロシア》とが満洲の分割を計るの恐がある。現に日本の桂は此問題の為めに露国当局と相談をするさうだと云ふ様な風説を流布し、以て愛国的青年の幼稚なる敵愾心《てきがいしん》をそゝり、斯くて耳目を一時日本禍心の警戒に転じて以て内部の統一を計らんとした。当時南方の志士の間には此誘に対して議論百出容易に決するところなかつたが、故宋教仁《そうきようじん》等の、国家邦土の保全の為めに、涙を揮《ふる》つて主義の争を捨て、暫く袁氏に大政の統理を託せんと主張するに及び、他の人々も残念ながら、皆大統領たる袁世凱の言分を通すことに一致したのであつた。之に味をしめてから、袁世凱は常に日本の禍心を説いて、各方面の反対を懐柔するの策略を繰り返して居る。斯ういふ様な訳で、袁世凱は今日では最早悛《あらた》むべからざる排日主義者になつて居る。彼が陰に陽に日本の勢力の排除に腐心してをる事は、所謂通恵公司の最近の活動に徴しても解る。二月一日の東京の諸新聞にあらはれた上海電報によれば、通恵公司は漢口水力電気会社借款金百六拾万円を東亜興業会社に返して、日本の財政的勢力の一掃を企てたといふ事であるが、之は実は数ある中のホンの一例に過ぎない。同じやうな圧迫は去年の秋漢冶萍《かんやひよう》にも、江西鉄道にも加へられた。之れ皆日本の経済的勢力の排除を意味するものである。而して通恵公司は表面袁世凱の総秘書官梁士詒の計画するところであつて、其資本は黒幕なる諸外国の出資にかゝることいふを俟たぬ。即ち通恵公司は、袁世凱が日本の勢力の排除を目的として建てさせたものといふてよい。而して其背後にある外国とは恐らく英国などを謂ふのではあるまいか。其証拠には、通恵公司が邪魔をして日本の勢力を排除しようといふ方面は、主として夙《つと》に英国が最も力を入れて居る揚子江《ようすこう》沿岸の方面に限つて居るからである。

㈣　我が対支政策の改善

斯く英国と袁世凱と結托して居る以上は、日本の利害は到底袁世凱と一致することが出来ない。そこで袁は当今支那の中心的勢力たるには相違ないけれども、又彼と結ぶにあらずんば日支提携の実を挙ぐることは困難であるけれども、然し結局に於て果して彼と結ぶことが出来るかどうかは、亦極めて疑はしい。何んとかして彼と結ぶことにするか、又は寧ろ諦めて彼と離れることにするか。日本の政治家は其去就に惑はざるを得ない、政策の決定に昏迷せざるを得ないのである。この二つの考へは現今最も真面目に東洋の問題、殊に支那問題を考へて居る人々の頭を悩して居る所であつて、支那の事情に通じて居る丈け、又支那と日本との関係を忠実に考へる丈け、それだけ其人の煩悶は大なるものがある。去年の暮から今年の一月にかけての帝国政府の対支政策の動揺の如きは、一面に於て恐らく我国に於ける最高政客間に於ける対支根本策の動揺を意味するものであつて、予輩は固より一方に於て其動揺の余りに軽卒なるを遺憾とする者であるけれども、又他方に於ては如何に此等の政客が此問題の為めに苦悶したかを推察して其情を諒とする者である。何れにしても、支那の状態が現在の如くなる以上は、我国は到底この苦しい立場を脱することは出来ない。是に於て一部の人は支那に於ける局面の展開を計らうとするのであるが、然し之とても旨く行けばよし、一朝失敗すれば我国は益々窮地に陥るのであるから、政府としては固より表立つて此権道に出づることも出来ない。此処に帝国の対支外交の困難がある。何人が其局に当つても此困難は常に存在して居るのであるが、又斯かる困難がある丈け、其局に当るものに最も有為の人物を要するのである。

然らば我国は今後、如何なる態度を以て又如何なる方針を決めて、支那に対すべきであるか。此問題に対して予輩は実に今日未だ不幸にして明白適切なる答弁をなし得ないのである。其故は支那其物が今日のところ、未だハッキリ固まつてゐないからである。蓋し支那に於て今日何者が中心的勢力であるかと尋ぬるに実は能く分らない。成程目前の皮相的観察によれば、袁世凱が即ち支那の中心的勢力であるやうに見える。然しながら少しく事物の奥に観察の眼を放てば、袁世凱は今や殆んど支那幾億の人心を失ふて居る。少くとも今後の「若き支那」は決して袁世凱を宗とするものではない。斯く云ふて見れば、支那の将来の永遠の中心的勢力となるものは、今日袁世凱の一派に非ずして恐らくは現に祖国の改革を唱へて居るところの幾百の青年であると見るべきではあるまいか。此等の連中は別に固まつて一つの組合を作つて居るのではない。けれども、曽て土耳古《トルコ》に青年土耳古党ありしと同じ意味に於て、之を青年支那党と云ふことが出来やう。青年土耳古党は少壮の人才西欧の文明諸国に留学して、此等諸国の興隆に比較して転《うた》た祖国の不振を慨歎し、一度は無量の感慨に沈んだが、更に大に発憤して祖国の改革に熱中するに至つた青年の愛国者である。而して之と同じ系統の青年は今日支那に頗る多い。主として其中堅を為す者は外国に留学したるところの青年であるが、之を中心として此類の青年愛国者は全国に瀰漫《びまん》して居る。彼等の間には別に必ずしも組織的の連絡があるのではないけれども、期せずして皆旧来の弊習に反抗し、一大革命によつて祖国を衰亡の禍より救はんと欲して、肉を躍らし血を湧かしつゝあるのである。其一部分の発現は現に今度の南支那の動乱に之を見るのである。南支那の動乱其物は、未だ天下の青年全体の後援を得て居るのではないとしても、同じ思想は動乱に関係あると否とに論なく、天下の青年の通有するところたるが故に、仮令今度の動乱が不幸にして敗亡に帰しても、青年支那的思想其物は決して之と共に滅亡し去るものではない。革命はたゞに武力の戦争ではない。また実に思想の戦争である。此思想の廃れざる限り、支那は結局に於て青年支那党の手に帰すべきものである。而して今や青年支那党の一部は旧思想の代表者たる袁世凱に対して大に気焔を挙げつゝある。最近に至り我国の政客も漸く此点に留意するやうになつたけれども、従来はどうも此方面を閑却した気味がなかつたらうか。殊に高等政客の間にあつては、此等の青年の勢力を無視すると云ふ傾きはなかつたらうか。真に支那に対して永遠の計を為さんとするものは、支那の将来が青年党の手に帰すべきものであると云ふことを忘れてはならないと思ふ。

然しながら又他の一方から考へて見るに、政治は余りに眼前の事実に遠ざかることを許さない。如何に将来の支那が青年支那党の手に帰すべきことが明白であつても、今日事実上の実権を握つて居るものが袁世凱であり、而かも袁世凱は其兵力其金力に於て少くとも当分のところ、青年支那党などの革命的運動を厳しく制圧して行く丈けの実力を有つて居る以上、我々は全然彼を無視して政策を立つることは出来ない。加之青年支那党の結局に於て支那の主人公となるべきことは道理上疑なしとするも、彼等の成功が何の日にあるかは、今日のところ茫漠として分らない。且つ又青年支那党は其破壊的方面に於ては相当の力ありとしても、其建設的方面に至つては案外に弱きこと、恰度その青年土耳古党等と其趣を一にして居るだらう。彼等は等しく熱烈なる愛国者である。祖国の急を救はんがためには、命を鴻毛の軽きに比して悔ゐない。旧思想を打破し、旧習を覆す為めには如何なる犠牲をも辞せない。之れ丈けの覚悟があるのであるから、彼等の一度革命の旗を翻すや、旧制打破に成功するだけには左までの困難を見まい。よしんば二度三度失敗しても決して悔ゐ且つ挫折するものではない。其意気誠に旺《さかん》なるものがある。けれども彼等は其旧制打破の運動に成功した後、果して如何にして新国家を組織し之を経営すべきやの問題に至れば、概して殆んど深く慮《おもんぱか》るところがない。破壊に急にして建設を思ふに遑あらざることは、蓋し凡ての改革家の通弊である。之れ彼等が一旦旧制打破に成功して、而かも往々再び陰険狡智なる旧人物の乗ずるところとなる所以である。斯くして第一革命当時の青年愛国家は、袁世凱の乗ずるところとなつて、マンマと漁夫の利を占められた。して見れば実際の問題としては、青年党が愈々確実に実権を収め、国家の中心的勢力となるまでには、ナカ〳〵時がかゝるものと見なければならない。是れ実際政治の問題として、我々が尚更袁世凱の如き旧勢力を容易に無視し得ざる所以である。其上今日の如き列国競争の激甚なる支那に於ては、之と利害関係の尤も密接なる国として、我が日本は一刻も油断することは出来ない。専ら青年党に望をよせて、呆然として其成功の日を俟つて居るやうなことでは、其間に他の国はドン〳〵日本を置き去りにし、袁世凱によつて其の勢力の拡張を計るであらう。されば我々は対支外交の舞台に於ては、右に於ては青年党と何等かの交渉を保ちつゝ、左に於ては袁世凱と事を共にするといふ巧妙なる措置に出でなければならぬのである。

もう一つ之に関聯して対支政策の根本方針を定むるについて見逃すべからざるは、支那国民の頗る妥協的精神に富んで居ると云ふことである。例へば今日の所では、蔡鍔などの一派は袁世凱と全く両立せざる主義の下に対立抗争して居るのであるが、我々から見れば、此両者は一見到底相和すべからざるものと思ふのであるけれども、彼等は何日何時妥協するか分らない。之れ一つには人民の戦乱を忌むの情の強きにもよるが、一つには徒らに内紛を重ねて居ては為めに外国の乗ずるところとなりはしまいかと云ふ所謂外勢圧迫に対する過敏性からも来て居る。尤も今度の争は、よく〳〵袁世凱の頼み難きに懲りた上の事のやうであるから、容易に妥協はしないだらうと思ふけれども、曾ては革命派が妥協の道によつて袁世凱に一度最高の地位を譲つたと云ふ歴史もある。元来袁世凱にして若し当初より実権を一身に集むるの野心を去り、其専制主義を捨てゝ自分は大統領として大体の方針を定むるに止め、青年有為の人才を挙げて直接政治の衝に当らしめ、又国家の元勲の如きは之を遠ざけることなくして、却つて中央に集合せしめ、斯くして一定の任期間忠実に国家統一の為めに計り、任期終らば其地位を後進に譲つて、自分は国家最高の元老として道徳的声望を一身に集むるといふ態度に出でたりしならば、彼は事実上支那の中心勢力として、青年党の反抗を受くることなく、永く其名声を維持することが出来たであつたらうと思ふ。然るに事茲に出でず、遂に今日の動乱を見たのであるが、是れ畢竟彼が一身の野心の為めに、或は短見なる専制主義の為めに、青年政治家の妥協的精神を蹂躪したからである。故に袁世凱に対しては、或は軽々しく妥協するを肯んじないだらう。然し本来の性として、彼等は一体大に妥協的精神に富む者なるが故に、今日の如く、袁が大に妥協によつて局を結ばんとするの熱心あり、それに英吉利までも後援して居るといふことであれば、妥協の話が何時となしに持上らないとも限らない。斯ういふ立場から考ふれば、支那に於ては如何に新勢力の勃興する際と雖も、旧勢力が他国に於て見る場合よりも尚比較的長き生命を持つと云ふ現象を見ることがある。斯ういふことを考へ合はして観れば、我国の外交は、結局に於ては将来の支那の中堅たるべき青年支那党の怨みを買はざることに周到の注意を払はねばならぬと共に、又現在に於て袁政府との関係を紛更せざることに多大の注意を払はねばならぬと思ふ。一見矛盾の政策を同時に取れといふが如くであるが、茲が即ち専ら外交家の手腕に俟たねばならぬところである。

尚之に附け加へて一言したきは、支那に於ける日英の関係である。支那に於て日英両国の利害の相反せるもの多きは勿論のこと、在支両国人民の感情の疎隔に至つては更に極めて甚だしきものがある。就中在支英人の排日思想に至つては、実に名状すべからざるものがある。此事が日英同盟によつて達せんとするところの両国の利害の一致、感情の融和をどれ丈け妨げて居るか解らない。近時我国に於て日英同盟に多少の疑ひを挟むの議論の頻々としてあらはるゝのも、主として之が為めである。日英同盟にして之を継続せしむるの要なくんば即ち止む。之を維持することを以て我国の必要事とする以上は、同盟の親誼を妨げる原因は一々之を除去しなければならぬ。中にも其最大因なる日英人の反目疎隔の如きは最先《まつさき》に之を解決しなければならぬ。されば支那に於ける日英両国の関係は、今日の儘に之を放任すべからずと思ふのであるが、更に此問題の適当なる解決は、袁世凱政府と我国との関係の上から見ても必要である。何となれば袁世凱の排日的態度の一面の理由は、彼と英国との関係にあるからである。袁世凱彼自身の排日的思想感情は今となりては容易に之を翻へし難きものがあるだらう。然しながら茲に若し彼をして此考を翻へさしめ、又は少くとも之を緩和せしむるを得る何等かの方法ありとせば、それは英国をして袁の心を動かさしむることである。斯く観れば支那に於ける日英両国人民の融和といふ問題は極めて必要なことである。政府も茲に見るところありてにや、過般英国をして一方には極東に於ける日本の優越権を認めしめ、他方に於ては極東に於ける英国の利益圏を劃定するの目的を以て協約を締結せんとしつゝあるといふことである。尤も之は二月八日の新聞に上海電報としてあらはれたのであつて、其真否如何は今断言することは出来ない。けれども斯くの如きは夙に起るべくして永く起らなかつたところのことである。実は従来は斯の如き協定を纏める事は事実極めて困難であつたらう。英国が支那に於ける利権の擁護獲得に極めて熱心であつたといふことは言ふを俟たず、又日本から見てこそ英国は支那で傍若無人に振舞ふとは言ふて居るもの、、実は英国人から見れば後れ馳せに来た日本の方が、着々として彼等の縄張りを犯すので、余程侵略的に見えたに相違ない。彼等は日本人の立場に立つて、対支外交の発展が如何に日本国民の生活の上に必要であるかといふことを、同情を以て観て呉れることが出来なかつた。只漫然として日本の侵略的態度に憤慨したのである。其上に支那に居る英人は、国が近い丈けに支那と日本とを混同し、従つて又支那人と日本人とを同一視するの傾がある。普通一般の支那人が外国人の前に在つて意気地がないのに慣れて、彼等は日本人も亦さうあるべきものと心得るに至つた。従つて支那人に対してはどんな乱暴をし、どんな侮辱を与へても構はないと同じ筆鋒を以て、時々在支日本人に接して来る。彼等がすぐ隣りの支那まで来て居りながら、其の日本人を解せざるの甚だしきは実に驚くの外はない。之れ畢竟彼等は支那人を以て日本人を想像するからである。故に我々の個人的交際上の経験よりいふも、日本に居る英人よりは我々は極めて懇篤なる待遇を受くるけれども、支那に居る英人よりは時にとんでもなき侮辱を加へられることがある。西比利亜《シベリア》鉄道なぞを旅行する際に、支那に関係ある英人から日本人の侮辱されたといふ話は屢々聞くところである。支那では外国人は相当の我儘を許されて居るので、下等な外国人なぞの中には、例へば三等の切符を買つて二等の車に乗つて平気で居ると云ふやうな者が随分あるが、此種の輩に限つて、日本に来ても同じ事をやり、偶々車掌の小言に会へば支那に於けると同じく一喝して事が済むものと心得、為めに却つて時々面倒を起すことがあると聞いて居る。斯ういふ風で一般に支那に居る英人は日本人の如何なるものなるかを解して居ない。而して日本人は事実支那人とは違つて、かゝる侮辱を受けて決して甘んずるものではないから必ず彼に反抗する。又何等かの形に於て復讐を敢てすることもある。そこで英人は一転して日本人は生意気だといふ感情を持つに至つた。彼等は日本人と支那人とをもと〳〵同一のものと見て居るのに日本人丈けが独り一人前の顔をして出しやばるのを、小面《こづら》憎しと思つて居るのであらう。さういふ所にも、在支英人の排日思想の根柢が潜んで居る。甚だしきは日本人を小憎らしく思ふの余り、日本人は道徳的にも社会的にも支那人よりも数等劣つて居るなどゝ極言するものがある。此事は去年十一月号の英国『十九世紀及其後』の誌上に載せたる「支那に於ける日本の政策」と題する論文に於てブランド氏も説いて居る所である。要するに斯くして支那に於ける日英両国の交綏《こうすい》は、従来頗る困難であつたのである。然るに今日は欧洲戦争の結果、全体として日本の英国に対する地位が頗る良好に向いて来た。殊に東洋に於て我国は著しく優越の地位を占むることになつた。今日は正に日英間に其関係の改善に関する交渉を進むべき最好の機会である。従来は支那に於ける利害問題について、我国は余りに英国に譲歩し過ぎて居つたと思ふ。抑も支那に於ける日本の発展は日本存立の必要に淵源する。遠慮することの出来ない問題である。従来英国は少くとも在支英人は、日本のこの大陸的要求の真相を理解しなかつた。徒《いたずら》に日本の発展をば猜疑の眼を以て見て居たのである。之に遠慮したのは本来の誤である。今や我々は此上譲歩すべきではない。万一英国で強ひて故障を云ふならば、喧嘩しても飽くまでやるといふ位の態度を示しても差支ないと思ふ。外の方面は兎も角も、支那に於ては否が応でも我国に譲歩して貰はねばならない。勿論従来とても此位の勢ひを以て英国に交渉すべきであつたと思ふのであるが、今や我国は此種の交渉をなすに最もよき機会に立つて居るのであるから、政府は正に速かに此方面に一歩を進むべきであると思ふ。此点よりして予輩は前記上海電報の一片の風説に止らざらんことを希望するものである。若し日英両国間に支那に於ける利害の限界が定まり、斯くして衝突の端を避けることが出来るか、或は少くとも衝突の機会を減ずることが出来るとすれば、日英同盟の大に其効力を発揮するを得べきは勿論、又袁政府をして英国を恃んで、我国を蔑《ないがし》ろにすると云ふ方針をも改めしむることが出来やうと思ふ。

(五) 再変後の帝国の態度並に袁政府の困迫

特使拒絶の一事に依つて支那政府の蒙る不便は如何。想ふに袁世凱は、十二月以来帝制の実現には是非共日本の同情を購《あがな》はざる可からざる事を悟つたのみならず、十二月末勃発した南支動乱の為めに、更に一層日本の同情助力をば熱望せざる可らざる境遇に置かれたものと察せらる〻。何となれば南支動乱の事たる、袁政府に取りては実に容易ならぬ大事件であるからである。尤も政府では之を大したものではないと声言して居るけれども、実は心中大いにこの為には苦心して居るのである。そは南支那の動乱は、地勢上から云ふても容易に討伐し能はざるのみならず、袁世凱が四年間の政治に於て作つた所の各方面の政敵は、今や全国各地に亙つて反袁運動を企み、且つ帝政促進の野望は更に汪然《おうぜん》として反袁感情を全国に嗾《あお》つたからである。南支那動乱の真相に就いては此処には詳しく述べぬ。唯此動乱は、袁政府の声言するが如く、容易に討伐し得るものではない。場合に依つては袁政府の方があべこべにやられるかも知れないと云ふ程の重大なる事件である。されば袁政府に取つては、乗り掛けた船を中途で引戻し帝制の断念を宣言し難き今日となつては、局面転回の為めに採るべき唯一の手段は、寧ろ進んで一日も早く帝政の実施を完成し、以て列国の承認を求め、やがて又其同情に訴へて討伐の便宜を得ることのみである。而して夫には先づ日本の同情を買ふの必要あること前述の通りである。何を云ふても先立つものは金である。さればにや当時早くも袁政府は三井との間に弐千万円の借款の談判が進んで居ると云ふ噂があつた。後早川千吉郎氏は此風説を取消したが、是れ偶々《たまたま》袁世凱が如何に金を得るに急なるかを語るものである。要するに袁政府は今や大に日本の同情に訴へ、是れに依つて一挙して局面を展開するの必要に迫られて居たのである。然るに我国政府は前述の如く十六日を以て彼の取り縋る手を振り放した。此処に於て袁政府は内外共に非常なる窮境に陥る事となつたのである。

特使拒絶後の帝国政府の態度は極めて鮮明となつて、最早一点遅疑の色を示さなかつた。のみならず、日を経るに従つて益々峻厳の度を加ふるやうな傾向を呈した。拒絶の通告と同時に、帝国政府は、帝制運動の無遠慮なる進行に対して更に第三次の警告を発送するの決心を立てたらしい。然るに之に先《さき》だつて、却つて北京の方より一月二十一日突如帝制延期の通告が来た。伝ふる所に依れば、最後の警告を発する案が我国に於て十八九日頃廟議の討論に上り、関係諸国とも協議が済んで、今や将《まさ》に北京駐在の使臣に訓令を発するばかりの段取に進んだ時、駐日支那公使は不図之を耳にし、急遽之を北京に電報した。北京では此報に接し、寧ろ我より機先を制して帝制延期を声明するの優れるに如かずとなし、さてこそ二十一日我に対して「二月上旬愈々即位式挙行の筈なりしも、雲南事件起り、討伐軍未だ省城に達せざるに鑑み、こゝに暫く其の実施を延期するに決せり」と通告し来る事となつたとの事である。這間《このかん》の消息は何れにもあれ、兎に角支那の帝政運動は此処に於て明白に一大頓挫を見る事となつたのである。

然るに我政府は此通告を以て満足せず、更に一歩を進め、一月二十四日を以て、日置公使をして改めて支那政府を急追する所あらしめた。如何なる言葉を以て急追の辞柄《じへい》としたかは、今日未だ明かでないが、道途伝ふる所に依れば、先きに最後の警告として発送すべく用意した内容に、其後先方からの延期声明の通告に接して必要なれる多少の訂正を加へたものらしい。即ち其趣旨は思ふに次の如きものであつたらしい。曰く従来屢々吾々の貴国に呈したる警告の趣旨は、支那に擾乱の起る憂ひ全然無きに至る迄帝政の実施を延期せられたしと云ふに外ならぬ。然るに今や貴国政府は、雲南討伐の事未だ終らざるが故に、二月初旬を以て挙ぐべかりし即位式を一時延期すと云はるゝのであるが、併し我々は仮令雲南討伐の事業が効を奏しても、尚天下が物騒であれば、帝制は実行して貰ひたくない希望なのであると。果して然らば是れ即ち帝制延期の勧告に非ずして実は帝制中止の勧告と観るべきものではあるまいか。モ一歩想像を逞《たくま》しうして考へて見れば、断然帝政を思ひ切れといふ事を婉曲な辞を以て要求したものではあるまいか。何れにしても我国の袁政府に対する態度の峻厳なるは、之を以て極めて明白となり、為に袁世凱は非常の窮状に陥る事となつたのである。

斯くの如くにして支那政府は今日内外共に極めて多事である。即ち内に在ては南支那の動乱あり。外に在ては日本其他よりの帝制中止の勧告がある。流石多策の袁世凱も今となつては殆ど絶体絶命の窮状に立つて居る。然らば彼は果して如何なる方策を以て此難局に処せんとするのであらうか。或は一身一家の破滅を意とせず、何処までも我意を通さんとするであらうか。又は余儀なく涙を呑んで帝政を断念するであらうか。

然し此最後の手段たる帝政の放棄でも、今となつては果して時局の急を救ふことが出来るか如何か。是れ以て頗る疑はしい。何故なれば、帝政の放棄は成る程日本其他の勧告を容るゝものであつて、従つて外交上の難関はかくして切り抜ける事は出来るだらう。けれども南支那の動乱は是れ丈けでは十分始末を付ける事が出来なからうと思ふからである。思ふに南支那の動乱は、如何に袁氏の智謀を以てするも恐らく兵力を以ては急に之を鎮定すると云ふ事は出来まい。曠日《こうじつ》持久は今日の所必ずしも南に不利にして北に利益なりとは云へない。何故なれば殆ど支那全国に亙りて袁氏に対する精神的反感は漲つて居るからである。そこで袁氏に取つては此次の動乱を一日も早く片付ける事は非常に必要である。而かも兵力を以ては容易に之を鎮定すること能はずとすれば、適当の時機に於て南と妥協するより外に解決の道は無い。然らば南方の独立軍は、容易に此妥協の要求に応ずるだらうかと言ふに、予輩の考へでは、帝制の中止位ではオイソレとは承知しまいと思ふ。何故ならば彼等独立運動者はもと袁家の帝業を機会として起つたとは云ふものゝ、単純なる帝制其者のみに反対したのではなくして、主としては袁氏多年の専制主義に反対して起つたのであるから。故に袁氏にして其専制的態度を棄てざる限り、彼に対する反感は、仮令帝政を中止しても、依然として残るのである。所謂独立軍は偶々帝政問題起りて袁氏の人望著しく失墜せるに乗じて起つたのではあるけれども、革命派の本来の主意は、帝政共和の制度上の争ひではなくして、実は袁世凱の専制主義に対する反抗を目的とするものである。而して袁氏に迫りて帝制を断念せしむることは比較的易けれども、彼に専制主義の放擲を迫ることは、実に非常の難事である。彼にして専制主義をすてざる限り、妥協は始めから問題とならない。固より支那人一般は最近殊に平和を熱愛して居るから、民論の要求が盛に起れば、南方は大抵の事に譲歩して、出来るだけ妥協の交渉に応ずるだらうと見られぬ事もない。然し乍ら第一革命以来幾多の苦き経験の結果袁氏の誠意を信ぜざるに至りし南方の志士は、決してウツカリ袁世凱の提議を信ずる者では無からうと思ふ。一月二十五日北京発の電報は、雲南領事より英国公使に発したる電報の要領なりとして「袁氏にして若し共和維持に忠誠なるを誓ふならば、唐継尭は必ずしも戦争を継続するを欲する者に非ず」と報じ来れるが、是は恐らくは事実ではあるまい。袁氏如何に内心何とか自家の体面を維持して南方と妥協せん事を熱望して居つても、先年メキシコの老雄ポルフイリオ・ヂアスが為せし如く、一族を率いて海外に亡命すると云ふやうな事にでもならない以上今の儘では到底妥協の成立は覚束《おぼつか》ないと思はるゝ。要するに帝制の中止を以て時局の急を解決せんとするには、時既に余りに遅くなつたのである。

今日の場合若し茲処《ここ》に無理に南北両方に迫りて宜い加減の所で妥協せしめ得る者ありとせば、そは必ず優勝なる外国の勢力であらねばならぬ。然らば支那今次の難局は、事実上外勢の干渉に依つて終結を見るべき機会ありやと云ふに、之れ亦甚だ覚束ない。今日の所斯んな役目を進んで取り得る者としては先づ指を我日本に屈せねばならぬのであるが、之を外にしては直接の利害関係国としては只英吉利と仏蘭西《フランス》を算するのみである。仏蘭西は其領地が雲南省と堺を接すると云ふ点より、南軍の意に反して此問題に干入する事は絶対に避くるであらう。英吉利は、少くとも公使ジヨルダン、顧問モリソンに依つて代表せらるゝ英吉利は、袁世凱に対して多大の同情を有するが故に、心中或は妥協仲介の衝に当らんことを希《ねが》ふであらう。現に一月下旬の電報には、雲南領事は其の独自の発意に出づるのか、又は在京公使の訓令に出でたのかは判らないが、頻りに雲南政府に向つて調停の議を勧めたと伝へられて居る。甚だしきは一月三十日上海発の電報の如く、英吉利側の調停の手は遠く日本にまで及び、其強硬なる態度を緩和すべく働きつゝありとさへ報ぜらるゝに至つた。然し是れも実は恐らくは道途の風説に過ぎずして、事の真相を捉へたものでは無からう。何となれば彼等はよし之を希望したとても、決して今日日本の意に反して此問題に対する最初の発言者たることを敢てせざるべきを以てゞある。然らば日本は此問題に対して如何なる態度を執るべきであるかといふに、之は最も簡単なる一言に尽く。曰く厳正中立。即ち決して一方の利益の為に他方の便益を蔑にする様な形に於て動く可からざることである。（大正五年三月稿）

第四章　南北両軍の対峙

甲　一月二月頃の形勢

(一)　征南軍の形勢

雲南起義の宣言以来一両月の間のところ、南支の形勢に異常の変化はない。北京政府が声言した如く、動乱は忽《たちま》ち鎮定するだらうといふ形勢のあらはれざるは論を俟たないが、独立軍の景気も亦此派の声言するが如く盛な発展を見るに至らない。只今日までのところ、大体に於て南方の軍容は些か北軍に比して優勢を示して居る。只彼等は此優勢を何時まで継続し得るか、又此上更にどれ丈け発展することが出来るかは、将来の成行に徴するの外はない。

北京政府の派遣せる討伐軍は、今日何処まで進んで居るか。北京政府は先に長沙より湘江を遡つて広西に入るとか、又は江西の軍隊を広西へ進むるとか声言したのであつたけれども、此方面には今日までのところ更に兵を動かして居ないやうだ。之は湖南軍を広西に分つことが出来なかつた為めか、或は江西の李純《りじゅん》を動かして政府の用をなさしめ得なかつた為めか、よく判らない。事によれば、広西軍未だ起たざるが故に別に討伐軍を差し向くるの必要がない為であるかも知れない。孰れにしても、此方面には政府軍は何等の発展を示して居ないが、只之が為めに吾々は、広西の向背は北京政府にとつて毫も心配はないと見る訳には行かない。予輩をして想像を逞うせしむれば、広西に兵を入れないのは、入る丶丈けの兵がない為めであるかも知れぬ。広西は大丈夫起たないといふ見込の定まつた為めであるか如何か。ウツカリ兵を入れては却つて広西を駆つて敵に就かしむる怖れある為めではなからうかとも考へらる丶。

次に洞庭湖の西岸常徳から阮江を遡つて貴州を衝くといふ北京政府の声言は、幾分実現されて居る。一月二十七日の漢口電報は、大兵巳に常徳を出発すと報じて居る。けれども阮江を遡航して大兵を送ることの不可能なるは、第二章に於て委しく説いた通りである。果して政府は大した兵数を送つて居ないらしい。為めに却つて湖南省の西境は貴州軍の侵入を蒙り、二月十日頃の電報によれば、湖南の晃州、阮州の二市は、早くも其の占領するところとなつた。気早の上海電報の如きは、湖南も亦日ならずして独立を宣言すべしとさへ伝へて居る。二月上旬北京政府は南軍の全力を四川方面に傾注して居る間に、貴州方面より其虚を衝き、一挙にして独立軍の根拠を粉砕せんと声言して居つたが、実のところ、此方面に派遣せる兵数は割合に少く、其目的も敵を衝くにあらずして、精々境上の警備を整へて湖南省内部の動乱を防がんとするにあつたらしい。然し此目的すら今や段々破られて居るやうに見える。只南軍とても其勢に乗じてドン〳〵進出し能はざる事情にあることは、之を見逃してはならぬ。

之に反して四川の方面には、北軍は余程力を入れて居るやうである。揚子江を遡つて兵を四川省に入る丶ことの困難は、之れ亦前々章に之を説いた。それにも拘はらず、北京政府は重慶に討伐軍の本拠を置いて南軍の進入を邀撃《ようげき》するの方針を立て、あらゆる困難を凌いで大兵を此方面に送つたらしい。一月十八日の電報には、曹錕軍の先発隊百余名十五日夜を以て重慶に入るを報じ、次いで二月五日の電報は、張敬尭《ちようけいぎよう》兵三千五百を率ゐて二月一日重慶に着すとあつた。二月十四五日瀘州附近に於て南北の激戦があつたといふことであるから、北軍は重慶を本拠として瀘州の辺まで出張つて居るものと見える。此戦争にて南軍は敗れて納渓《のうけい》に退却したとあるから、南北軍は川を隔てゝ瀘州と納渓とに相対して居るものと見える。過般重慶の陥落を報ずるものがあつたけれども、此地丈けはまだ安全なものと見える。要するに北軍は全力を四川に注ぎ、重慶を固守して四川の死命を敵に制せられざらんと努めて居るやうであるが、いかに防備には勝利を博しても、五千や一万の兵隊では、更に進んで雲貴軍の本拠に進撃するといふことは不可能であると思ふ。故に北軍は勝つた所で大したことは無い。

(二) 南軍の形勢

然らば北軍に対する南軍の形勢は如何。之れも実は予期の如く振つては居ない。当初独立軍の宣言によれば、今頃は南方の五省を連ねて両湖方面までを席捲して居るべき筈であつた。貴州は一月十七日を以ていよ〳〵雲南と事を共にすることになつたといふが、広西の去就は今尚明白でない。広東の如きは態度最も曖昧である。只僅かに意を強うするに足るものは、貴州軍の一部が湖南に進出して全省の人心を幾分動揺せしめ得たことゝ、四川省に於ては緩慢ながら着々成功して遥かに重慶と成都とを圧するの地位を占めて居ること、である。四川に於ける独立軍は、一方は重慶を目標とし、他方は成都を目標として居るやうである。重慶に向へる一隊は、一月三十一日に途中永寧府の師団長劉存厚《りゅうそんこう》の内応するに会して更に勢を増し、以て瀘州に迫つたのである。一説には已に瀘州を占領したといふけれども、少くとも対岸の納渓までは進んで居るやうである。又成都に向へる一隊は、一月二十日江上の要都叙州を占領し、二十三日には塩の産地として天下の富を集めたりと称せらるゝ自流井《じりゅうせい》を占領し、更に岷江《びんこう》を遡つて二月八日頃嘉定《かてい》附近を占領したとのことである。此上何処まで進むかは容易に断言し得ざるも、第一次革命当時重慶にあつて四川省内に可なり勢力を扶殖せる熊克武《ゆうこくぶ》の、南軍一方の将として来れる為め、四川軍の旗を翻して之に内応するもの頗る多しとのことであるから、此方面に於ける南軍の勢力は、蓋し侮り難きものがあるだらうと想像さるゝ。若し重慶にして南軍の手に帰せんか、四川は即ち北京政府のものではない。成都にして南軍の手に帰せんか、其武器工廠は南軍の軍備に大に加ふるところがあるだらう。只然しながら今日までのところ、南軍の成功して居るのは北軍の実力の及ばざる方面に限つて居る。北軍の守備厳としてある地方にあつては、南軍は殆んど一指をも染むる事が出来ないのではあるまいか。なぜなれば南軍は将卒如何に勇猛なりとしても、武器と弾薬とに著しく欠乏して居るからである。南軍の武器弾薬に欠乏して居ることは、始めより解つて居ることであるが、更に彼等が独立以後に於て全然武器輸入の便を欠くことを思ふ時に、如何に此事が彼等を苦しめて居るかゞ想像せらるゝ。仮りに雲南軍が外部より武器の供給を受くるを得べしとして、扨て輸入の道はと云へば南の仏領よりするか、又は北の揚子江よりするかである。而して此両道共に武器の密輸入に対する警視厳重を極むとすれば、残る唯一つの道は広東よりする外はない。然るに広東の態度や実に甚だ曖昧である。故に南軍は独り四川に於て着々成功を見ることの外、更に広東を手に入れずんば、容易に予期の如き一大躍進を見る事が出来ないのである。尤も最近の報道は頻々として独立軍の成功を伝ふる。曰く貴州軍の進出の為めに、湖南が動揺し始めたと。真に湖南が動揺し始めたとすれば由々しき大事であるが、然し之は実際は左ほどではあるまい。曰く山東陝西に反袁運動起り、殊に後者の動揺は大に北京政府を苦しむと。二月十七日の新聞にあらはれた電報によれば、所謂鉄血救国団なるものが全国の各方面に人を派して反袁運動を煽つて居るといふが、山東陝西の動揺は其結果であるかも分らない。此種の動乱は南軍の勢力と共に日を経るに従つて加はることであらう。けれども当分のところでは、此等の運動と雖も、南軍其ものがもつと声容を盛ならしめ得るにあらずんば、十分纏つた勢力とはなり得まい。而して南軍が此上大に振ふといふことの為めには、どうしても広東の策応を必要とするのである。広東起たずんば広西も亦之に制せられて容易に起つことは出来まい。従つて南方に対する物資供給の道も杜絶さるゝのであるから、要するに広東の去就は南北対峙の形勢の上に極めて重大なる関係を有するのである。

㈢　広東の去就如何

然らば結局広東の去就如何。広東将軍竜済光《りゅうせいこう》は今後果して如何なる態度をとるであらうか。之れ今日我々の大に刮目して見るを要するところである。今日までのところでは、彼は極めて曖昧なる所謂観望的態度をとつて動かない。けれども表面彼は未だ忠実なる袁の部下と見られて居る。是に於て或人はいふ。彼は本来岑春煊にも恩義があるが、又袁世凱にも恩義がある。故に革命軍に対してどれ丈けの決心を以て対抗するかは解らないが、然しまた袁世凱に対しても反噬《はんぜい》せざること丈けは疑ない。現に彼は新たに袁世凱より雲南査弁使に任ぜられたる兄の竜観光《りゅうきんこう》に、手兵二千を授けて一月二十五日を以て広東を発し雲南の境に近き百色(広西省)方面に向はしめた。之れ固より必ずしも雲南討伐の決心を語るものなりと見るべからざるも、少くとも彼が革命運動の飛沫広東に侵入し来るを防がんとするに意ある事は、之によつて明であると。此説は二月十一日の本邦新聞にあらはれたる電報「竜観光は貴州の南寗《なんねい》に於て陸栄廷と会見し、雲南軍の侵入を防ぎ、以て協力して省内の秩序を維持することに一致し、更に北京に向つては公納金の中止を求むることに相談せり」との報道に照応する。南北両軍の間に立つて中立を守り、自家の領域を兵燹《へいせん》の災から免れしめやうといふのが多分彼の本音であらうと思ふ。けれども一方には又彼を以て極端な袁派となし、南軍の勢力を挫き其一致を攪乱せんが為めに彼は現に極力運動してゐるといふものもある。曰く、彼は雲南軍の一方の将張子貞と姻戚の関係あり、之を手蔓として盛に辛辣なる苦肉の計を弄して独立軍内部の攪乱に余力を残さない。陸栄廷の如きも確かに彼の買収するところとなつて居る。故に若し仮りに雲南軍にして不幸にして内訌《ないこう》の為めに自滅するが如きことあらんか。そは必ずや竜済光の隠謀の結果であらねばならぬと。而して此説は二月十一日の上海中華新報にあらはれたる「李烈鈞の軍南方百色方面の広東軍に向ふ」といふ報道と相照応するやうに見える。予一個として竜済光の態度は恐らく北方袁の方に多分に傾いて居るものと思ふ。

之に反して又竜済光を次の如く見るものもある。曰く彼は暫く袁の命に従ひ、百色まで兵を出したが、固より闘志あるにあらず。彼の暫らく北方政府の命を奉じたのは、爾《し》かせざれば上海の楊善徳《ようぜんとく》の軍の来攻を蒙るの恐あるが故である。若し夫れ陸栄廷に至つては、南軍討伐を名として公然広東を経て兵器弾薬の輸入を受け、時機を見て鋒《ほこ》を逆まにして雲南軍に応ずるものであらうと。此説は広東・広西の態度を以て、少くとも南方に対する好意的中立と見るものである。二月十日広東発として新聞にあらはれた電報によれば、竜、陸の二氏は中立を守るに決し、連署して南方討伐の命に応じ難きを北京政府に電報し、若し厭くまで出征の命に服するを迫らるゝに於ては、態度を一変して独立を宣言すべき模様なりと報じて居る。之は前の報道と矛盾するやうであるけれども、強ち無根拠の説とのみ断ずることも出来なからう。若し夫れ二月十五日上海電報として時事新報にあらはれたる「劉顕世が陸栄廷の招きに応じ、相談の為め南寧に急行した」といふ報道の如きは、真否頗る疑はしきも、斯くの如き報道の現はるゝを以て見ても、竜済光と共に表面中立を声言した陸栄廷が、他方に於て貴州の劉将軍と気脈相通じて居るといふやうな想像は、最早已に世人の絶対に排斥せざるところであるといふことが解る。斯くして予一個の考としては、広東は形勢観望の態度をこゝ暫くは改めまい。而して其去就の明白にならざる以上は、南軍にとつては確かに一つの心懸りであるに相違ない。

(四) 時局の解決は如何

斯の如き形勢なるが故に、今日のところでは、袁政府にしても、南方軍にしても、急に捗々《はかばか》しき進捗を見ることは出来まい。若し持久の状態が永く続けば、一方に於ては益々天下の動揺が拡がつて、北京政府は困るだらうが、又他方に於ては南方も漸次戦に疲れて困憊するだらう。恰度欧洲戦争が敵味方を段々疲らすが如く、支那の土俵に於ても南北の両闘士は日に〳〵共疲れとなることであらう。而かも袁世凱にしても、南方にしても、我から進んで譲歩することは出来まい。是に於て自ら所謂妥協の説がある。尤も今日のところでは心中真に妥協を希望するものは袁政府であらう。新聞の伝ふるところによれば、彼は先に熊希齢《ゆうきれい》を招いで南方に対して調停の言葉を発せしめた。彼は曾て梁啓超と共に時務学堂に教鞭をとり、従つて蔡鍔とは師弟の関係がある。此関係を利用して調停を計らしめたとのことである。而して彼の仲介の功を奏せざるを見るや、袁世凱は転じて英国公使に縋つた。即ち英国公使の肝煎《きもいり》に頼み、南方の首謀者を説いて袁の体面を傷けざる範囲内に於て円満に事を収めんとしたものらしい。此等の運動は総て日本の態度が厳として動かざるが為めに皆画餅に帰したやうである。是に於て袁世凱は得意の奥の手を出し、日本の圧迫を説いて以て南方青年の愛国的感情を釣らんとして居る。一月二十六日亜米利加《アメリカ》を経由して伝はつた報道には日本は復《ま》た支那に対して其独立を危うすべき要求を提出せりと報じ、又二月十三日北京発として伝へられた電報は、日本政府は新たに支那に対し満洲蒙古及び福建省に於て土地の割譲を要求せりと報じた。之れ恐らくは袁政府の言ひ触らしたものではあるまいか。上海辺の新聞では現に袁政府の発せる中日離間策なりと明言して居るものもある。袁世凱は曾て第一次革命の時、日本禍を説いてマンマと南方革命主義者を籠絡した。今度も亦此種の流言を放つて彼は巧みに妥協に成功せんと夢想して居るのではあるまいか。

此際我々の甚だ懸念に堪へぬ事柄は、二月十六日に本邦諸新聞にあらはれた対支出兵説である。十五日朝大隈首相は石井外相と田中参謀次長とを随ひて葉山に至り、親しく天顔に咫尺《しせき》して外交上の重要案件を奏上した。其中には露西亜の要求にかゝる軍器売却の件などもあつたが、主としては南方支那動揺の状況と、之に対する前後の措置が主題であつたといふ。南支動乱の発展につれて、帝国政府の取るべき適宜の措置については、十四日の閣議に於て決定する所あり、山県公辺の同意をも得て十五日陛下に奏上し奉つたと、新聞紙は註解をつけて居る。而して其所謂適当の措置とは、即ち居留民の保護を目的とする若干兵員の派遣であるといふことであるが、果して然らば予輩は政府に向つて最も慎重なる態度を以て此の事に当らんことを希望せざるを得ぬ。なぜなれば軽卒に出兵のことを断行せんか、即ち神経過敏なる支那の民心を刺戟し、袁政府に好個の口実を与へ、青年支那党の素志をして水泡に帰せしむるの恐あるからである。予は必ずしも絶対に出兵を不可とせぬ。只之が断行には非常に周密なる注意を要するといふのである。若し夫れ二三新聞の論ずるが如く、動乱の長江沿岸に蔓延すると共に、我国は当然出兵せざるべからずなどゝ主張するに至つては、其不謹慎も亦極まれりといふべきである。

二月十一日北京発の電報は、唐紹儀、伍廷芳《ごていほう》、趙爾巽《ちょうじそん》、張勲、梁啓超、湯化竜等は、上海に国民の代表者を招集して南方動乱の始末をつけんとするを報じたが、此のことは頗る注目に値するものである。勿論国民の代表者と云ふても、如何にして之を選むか、又今日の場合如何にして全国から之を集めることが出来るか。細かいことを云へば、殆んど空論に属するやうであるけれども、然し以上の支那に於ける元老とも見るべき大政治家が国民代表の名の下に多数団結する時は、之れ確かに内外に対して一大勢力たることを失はぬ。此勢力は今の儘では何等具体的に物を言ふ地位に立つのではないけれども、若し南北対峙すること久しく、双方共に疲弊困憊を招き、之に加ふるに多少でも日本などの圧迫もあつたとすれば、差当り此難局を切り開いて支那の局面を展開するの任務は、期せずして此等の団体に帰するのではあるまいか。即ち袁世凱は勢窮り、自ら国民の代表者に譲るの名の下に大統領の位を退き、南軍も亦上海元老の集会に全権を托すと称して戈《ほこ》を戢《おさ》むることになりはしまいか。予は南北対峙の大勢は今後如何なる出来事により如何様に変化するかを計り知らざれども、若し今の儘にして進むものとすれば、最後に上海の元老が飛び出して局を結ぶのではあるまいかとも想像するのである。只斯くして為し得たる解決は、表面は双方の面目を立てる訳ではあるけれども、事実袁世凱の勢力の覆滅であることは素《もと》より云ふを俟たない。何となれば是等の政治家は皆悉く袁世凱の専制を最も不快に感じて居る連中であるからである。

(大正五年三月稿)

乙　二月三月頃の形勢

(一)　南北両軍対峙の形勢

南北対陣の形勢は昨今段々明白となつて来た。先づ南軍の陣立から見ると、目下兵を二道に分ち、一方は四川の南部を侵し、他の一方は貴州から出て湖南の虚を衝いて居る。何れも兵力も多くなし、軍器弾薬も乏しいと見えて、捗々しい発展はして居ない。只湖南方面は政府軍の大部分の四川の討伐に出払つた虚に乗じたので比較的成功して居る。其中の一軍は阮江を降つて常徳を脅かさんとし途中の辰州《しんしゅう》は二月二十九日を以て占領したといふことである。又他の一軍は衡州より湘江を降つて長沙に出でんとする勢を示し、已に宝慶は三月四日占領を終つたと云ふ。何れも下るに易い道筋であるのに、政府軍側には殆んど何等の堅めがないから、日に〳〵進む一方である。然し其割合に捗々しい発展を見ないのは、一つには目下雨期に際して戦争に不便なる点もあらうが、又一つには兵数軍資の甚だ少きが為めであらう。若しまた三月十日前後の新聞電報に見えたるが如く、袁政府が果して張勲の兵隊を借りて湖南に送ることが出来るとすれば、此貴州軍の運命も何うなるか判らない。若し夫れ四川の方面に至つては、昨今の電報の示すが如く、其発展意の如くならざるのみならず、却つて北軍より切《しき》りに圧迫されて居る。元来政府軍の四川に入るには非常な困難があること已に述べた通りである。けれども政府軍に其軍容を整ふるの余裕を与ふれば、軍器弾薬の貯《たくわえ》なき革命軍は到底之に抵抗する能はざるは解り切つたことであるから、南軍の計略としては、政府軍の準備未だ整はざるに先つて速かに四川省を席捲し、之を確実なる味方とするに急ぐべきであつた。此点について南軍に手ぬかりがあつたとは言はないが、要するに兵数軍器の欠乏は意の如く其軍勢を発展進捗するを得せしめず、遂に北軍に勢容を整ふるの余裕を与へたのは、南軍に取つては返すぐも遺憾である。而して今や南軍は北軍の圧迫を蒙り、河を隔て丶守勢を取ることすら困難なるが如き有様となつた。

以上の南軍の形勢は、同時にまた北軍の形勢を語るものである。四川に於ける北軍の形勢は、目下極めて有利に発展して居るやうだ。北京政府は目下のところ四川に其全力を傾注するの方針を取つて居るのであらう。之れ蓋し四川を失へば南方独立の形勢が茲に略ぼ完成するからである。二月二十六日北軍は瀘州を占領し、三月二日には叙州を略し、更に三月四日には納渓まで其手に帰したといふことである。更に先に嘉定を略して遥かに成都を脅かした他の一方の南軍の運命については、まだ明白に知るところなしと雖も、之も或は悉《ことごと》く揚子江の南岸に追ひ込まれたのではあるまいか。兎に角目下の形勢では、南軍は到底再び河を越えて四川省の中原に乗り出す見込みはなくなつたやうである。それ丈け四川に於ける政府軍は、先づ成功を収めたものと見なければならぬ。然し政府側は之れ丈けを以て未だ討伐完成の期近きにありと安心する訳には行かぬ。なぜなれば四川討伐の為めに空になつた湖南は、貴州軍の侵入を蒙つて目下大に動揺して居るからである。尤も政府は之に対して茫然傍観してゐる訳ではない。即ち張勲の兵若干を借りて湖南の急に赴かしむるといふ差当りの手段を講ずるの外、政府は一方広東軍を広西省の百色方面に派して後方から雲南を脅かさしめ、他方広西省の陸将軍に令して貴州の横を衝かしめんとして居るからである。竜観光が兵五百を率ゐて百色に向つたといふことは先に述べた。最近彼は二千の増援を得、三月五日の電報によれば、其将李文富《りぶんぷ》をして州境を越えて剝隘《はくあい》を占領し、更に広南に迫らしめて居るといふことである。広西の陸栄廷は或は広東の竜済光と去就を共にすべしと言はれ、又或は密かに革命党に内応すべしと言はれたが、三月六七日頃の電報によれば、北京政府に向つて忠勤を誓ひ、特派貴州宣撫使の任を受け、今や兵を柳州に集めて貴州に進軍せんとする勢を示して居るといふことである。然し彼が果して刃《やいば》を貴州に向けるものなりや否やは、実は今日のところ甚だ怪しいのである。場合によつては戈を逆まにして革命党に加担するに至らざるべきやを疑ふの余地も大に在る。然し一歩を譲つて仮りに貴州に攻め入ること丶しても、地勢上攻め上ることは容易なことではない。啻に此方面許《ばか》りではない。百色より雲南に攻め入る方面も、四川の叙州、瀘州方面から段々雲南に攻め入る方面も、孰れも共に下るには易くして攻め上るには非常に困難な処だから、如何に政府軍の形勢が有利に発展しても雲南貴州の本拠までが蹂躪され顚覆さる丶といふことは容易に無からうと思ふ。

南北対峙の形勢は将来何う落ち付くであらうか。目下のところ全体としては政府軍の形勢は比較的によい。加之《しかのみならず》雲南貴州の革命の突発に続いて諸所方々に起るべく予期されし幾多の反袁主義者は革命党の人々の期待に反して今尚手を拱《こまね》いて観望的態度を続けて居る。予期した擾乱が案外に起らないといふのが、之れ亦政府軍の一つの強味と言つてよからう。然しながら他の一方から考へれば、南軍に取つても亦その強味と認むべき幾多の点がないでもない。中支に於ける馮、張の態度の煮え切らざるも亦南軍の一つの強味である。張勲は一部の兵隊を袁世凱の用に供したと言はれるけれども、彼が三月初旬袁の懇願を受けながら而かも断乎として上京を肯んじなかつたといふ以上、袁に取つて彼は今尚一敵国たるを失はない。馮国璋に至つては、先に南軍討伐総司令官の任を受けたるも、病と称して再三之を固辞した。是れ自己の軍隊より決して離れざらんとする彼の決意を語るものである。馮、張の斯くてある間は、政府は到底倪嗣冲《げいしちゅう》の兵を多数南方に送るといふことは出来ない。此二人の態度の煮え切らない為めに、政府はどれ丈け南方の派兵に困難を感じて居るか解らない。次に各地に於て小規模ではあるが諸方に動揺の起つて居るといふのも亦南軍に取つての一つの強味である。先きに二月十八日には武昌に動乱が起つた。同二十一日には長沙にも起つた。何れも急いで事を起した為めに不成功に終つたけれども、此種の動乱は其外各地に起り相当に当局者に迷惑をかけて居る。此事は二月二十日北京発電として、日本の新聞に現はれた次の報道によつても推察する事が出来る。曰く革命党員各地に入り、軍隊を動かして兵乱を起さんとする者あるに鑑み、政府は其予防策として、事前に之を密告する者には一万元の賞を与へ、又直に其位階を上進すべしとの布令を発したと。第三に反袁各派の大同団結の成立も亦革命派にとつての非常な強味である。袁世凱討伐の為めには何事をも差措いて一致すべしとの議は上海に於て纏まり、孫逸仙《そんいっせん》の一派を除いての大同団結は殆んど出来て居るといふことである。孫逸仙とても固より今度の革命運動に全く賛成しないのではない。虚心坦懐なる彼には、固より今度の運動の当初の計画に参与せしめられざりしの理由を以て拗《す》ねるといふやうな狭い考へは毛頭あるまい。けれども彼は一面熱烈なる空想的理論家である丈け、容易に節を枉《ま》げて他に迎合しない。即ち彼は強て大同団結の中に入らんが為に従来の理想を捨つるに忍びずとなし、其作るところの中華革命党を提げて単独に運動しようといふて居るさうだ。故に彼は今度の南方革命運動の主動的幹部の中には這入つて居ない。けれども袁世凱を討伐して共和政治の回復を見る為めには此際矢張り積極的の運動に熱中して居るのである。斯くして天下挙つて袁世凱に反対だ。して見れば目下差当りの形勢は成る程政府軍の景気がよいやうではあるけれども、更にもう一枚上皮を剥いで観れば、今日の袁政府は正に累卵《るいらん》の危きにあるものと言はなければならない。

(二)　袁の妥協希望並に日本の態度

斯くて袁世凱及び袁世凱の政府は、固より内外に対して強いことを言うては居るが、内心全く自家の地位の極めて不安なることに気が付かないではない。如何にかして多少体面を損じても其地位を維持せんことが目下の彼等の苦心であらう。さればにや二月二十三日には遂に帝制延期の宣言を国民に発した。一月の下旬には即位式の延期を特に諸外国に向つて宣言したのであつたが、今度は自国の国民に向つて帝制の延期を宣言したのである。更に二月の二十六日には外国の忠言並びに国民の輿望に従ふの口実の下に、政治の刷新を企つると称して内外の名士を集めて政治研究会なるものを起した。何れは此会の研究の結果に待つといふことになるだらうが、責任内閣の制を布き民選の立法議会を速開すべしとの説は、逸早くも北京の政界に言ひふらされた。斯くして帝制の実行に伴ふ内外の不平異論の口実を除き、三月の一日には大典籌備処に事務の停止を命じて暗に帝制断念の意をさへ示した。斯くては表向き南方の革命軍に、強ひて袁政府に反対するの口実がなくなる訳になる。是に於て自ら妥協論が起らざるを得ない。三月初め以来北京電報は屢々妥協可能説が専ら在留外国人間に行はれて居るといふ報道を齎らして居るが、それは恐らくは袁政府の内心の希望であり、又袁政府の有力なる擁護者たる英国人間の切なる希望であらう。過般モリソンが南方に赴いたのは、畢竟南北調停の運動の為めであることは公然の秘密である。然し彼の折角の南方巡遊も上海に於ける諸星例へば伍廷芳、湯化竜、梁啓超等が悉く南方同情者なること、又馮国璋、張勲等が南軍の同情者でない迄も、決して袁を援くるものではないといふことを看得して帰るに止つたとの事である。そこで世人は一時英国の態度或は茲に一変するかも知れぬと予期したのであつたが、今日までのところ未だ何等著しき変化を見ないやうである。して見れば出来る丈け袁政府に譲歩せしめて争の口実を去り、以て南北を妥協せしめ、こゝ暫くは袁世凱をして兎も角も引続き支那の主権者たらしめんとするのが、英国側の希望であらう。只之に対して我が国は抑々《そもそも》如何なる態度を取るであらうか。之れ支那の問題を解決するに最も重大なる関鍵である。

今日の形勢では、日本を差措いては諸外国何れも支那に一指をも染むることは出来ない。如何に英国が南北の妥協を希望しても、日本が動かない以上は、其実現を見ることは出来ない。従つて妥協が出来るも出来ぬも日本の態度如何によるとは、北京より来る電報にも屢々あらはれて居る。即ち妥協の成否を専ら日本の意嚮に繫るとなし、日本をして独り支那の治乱の責任者たらしめんとし、斯くて婉曲に日本を動かさんとして居る。伝ふるところによれば、三月七日我が政府は特に閣議を開いて支那に対する態度を協定したといふことである(此三月七日の閣議の決定に就ては、大正五年より六年に亙る解散前の議会に於て、特に秘密会を開き、寺内首相より之を暴露して大に政界の物議を醸し、且つ其内容の意外なるに一驚を喫せしめた事がある)。如何なる協定をしたのか、外間には何等明確なる事項の伝はるものなきも、主なる問題は支那各地に居留する帝国臣民の保護方法如何といふにあり、而して動乱の範囲今日以上に拡がらざる限りは、内外の疑惑を招くが如き積極的行動に出づるは特に之を避け、袁政府の利用するところとならざるの注意を用ふべきことを決めたといふことである。果して然らば、帝国政府の方針としては此際妥協調停の為めに積極的に尽力することを避け、当分儼正中立の態度を維持するといふ決心をしたものと観なければならない。

斯く観れば大勢は革命派の成功に終るものと見て差支はあるまい。

仮りに今度の南軍が散々政府軍に敗けたとしても、鬱勃たる反袁熱は決して之を以て屛息《へいそく》するものでない。況んや政府軍が四川辺で多少の勝利を占めても、更に深く雲南の本拠を衝くといふことは、頗る困難なるに於てをや。革命諸派の画策幸に功を奏し、機熟して長江沿岸にも盛に動乱の勃発するを見ん乎、南軍の勢ひの更に大に振ふべきは言を待たぬが、よし然らずとも、南軍は雲、貴二州に拠つて暫く機会の到来例へば袁世凱の死を待つの策に出づるであらう。南方の有志の中には早く已に如斯《かくのごとき》形勢の来るべきを予期して雲、貴二州の内治問題に研究を転じて居るものもある。持久対峙となれば、内治を整頓して内は民心を繫ぎ、外は外国の信用を博すると いふことは、彼等に取つて最も必要である。元来革命諸士は袁政府討伐といふ消極的目的には合致して居るけれども、更に進んで将来の支那を如何に統治すべきやの積極的手段については殆んど一致を欠いて居ると云てもよい。且つ彼等は一般に破壊に急にして深く建設を念とせざるもの多きが故に、内治整頓の問題の如きは其最も弱点とするところである。されば戦争に勝つても後をどうするだらうかは隣邦憂国の士に代つて我々の最も憂慮して居るところであつた。然るに彼等の中、業半ばにして已に内治問題に思ひを潜むる者あるを見るのは、革命有志の思想の最近大に進歩せるものあるを認めざるを得ざると共に、吾人はまた之に依つて成功後の革命派に多大の希望を繫いで可なりと考ふるものである。（大正五年四月稿）

丙　雲南軍の活動

第三革命の全体を了解せんとせば、主としては、雲南並に上海より、之に次いでは独立の宣言をなせる各方面より、詳細なる材料を集めて之に精密なる研究を加ふるの必要がある。が、併し、事が新しいだけに、今日の処未だ十分に此等各方面の正確なる材料を集め難いのは、我輩の甚だ遺憾とする所である。第三革命の全体の了解の為めに、各方面の材料を遍《あま》ねく蒐集することが出来ないとすれば、差し当り上海と雲南との両方面の材料だけは最も肝要とするが、之も亦実は中々困難である。上海方面の材料は、余りに多く且つ複雑を極むるに過ぎ、雲南方面のは之に反して今日まで余り外部に発表されて居ないからである。然るに此頃予は北京の友人から元雲南護国第一軍の総司令部秘書長であった李《り》曰垓《えつがい》君の雲南軍の活動に関する談話なるものを送られた。何れ丈け真相に触れて居るかは暫く別問題として是れ亦雲南軍の直接関係者の談として有力なる研究材料の一たるを失はないと思ふから、次に其大要を紹介し、以て第三革命研究の参考に供しようと思ふ。

尚ほ予は曾て雲南官憲の命を帯びて日本に派遣せられて居つた某君よりも、此の同じ題目に就いて直接聞く所があつた。之と李君の談話とを比較するに大概一致するが又符合せざる点もある。李君の談話中に洩れたる者にして大事な点も亦少く無い。之等は皆夫れ夫れ補充して本篇を作つたことを一言して置く。

も一つ注意すべきは、李曰垓君の談話は雲南以外に於ける同志と雲南に於ける革命派との関係に就いては余り言及して居ない事である。雲南に於ける独立運動の発頭人と上海、香港若くは日本其の他海外に於ける革命主義者との間には、従来何等精神上の連絡が無かつたか、又今度の独立運動に就いて彼と此との間に直接に相通謀する所が無かつたか、更に一歩を進めて雲南起義の挙は外部から促がされて起つたものと見ることが出来ないか、又雲南軍は其の独立宣言以来或は軍資の供給に於て、或は軍器弾薬の供給に於て外部の同志より大に助けらるゝ所が無かつたか。此等の点も皆非常に肝要の事柄であるが、李君の談話は殆んど此等の点に触れて居ない。之等の点に就いて予輩に多少聞く所あるけれども本篇には総べて之を省略することにする。

(一)　革命運動の決行に至るまで

李曰垓君の説く所に拠れば、雲南起義の議の発端は籌安会の発生に在る。尤も籌安会の設立に依り愈々袁世凱の帝位を欲するの意思が明かになつたのに激して、始めて独立の議を唱へたと云ふのではない。雲南に於ては、初めより革命主義者が文武官衙《かんが》の主要部を占め、表面は出来るだけ中央政府に対して恭順を装ひつゝ、実は機会を俟つて革命の大旆《たいはい》を翻へさうとして居つたのである。之が会々《たまたま》籌安会の発生に由つて、旗揚げ実行の好機会を見出したといふ訳なのである。

扨て籌安会の設立で火蓋を切つた帝制運動が、著々歩を進め、為めに袁世凱に対する国論の反抗が段々高まるに従つて、かねて機会を覘《うかが》つて居つた革命主義者の幹部連中は、愈々動き始めた。そろ〳〵独立の密議が凝らされる様になつたのは十月の末つ方からである。而して専ら之に与つたものは雲南将軍府部内の要職に居つた羅佩《らはい》金《きん》、黄毓成《こういくせい》、趙又新《ちょうゆうしん》、鄧太中《とうたいちゅう》、楊秦《ようしん》、呂志伊《りょしい》、李曰垓等の諸氏である。屢々会合を重ねて密謀を進めて居つたが、当初の間は之を将軍唐継尭に秘して居つた。議熟して後、黄毓成、鄧太中、楊秦の三氏が同志者全体の代表者となつて、一夕唐継尭に面謁し其の密謀を告げたといふことである。幸にして唐氏の大に之に賛成するに会つて、茲に始めて雲南独立の計画が急転直下の勢ひを以て発展した。

此事に関して或人はいふ。曰く、黄毓成等は初め唐将軍の果して此密謀に賛成するや否やを明かにせなかつたので、一旦之を打ち明けても若し賛成せざるに於ては、已むなく将軍を殺して大事を決行する決心であつた。が幸に唐氏も之に賛成したので、独立派は大に意を強ふしたと。唐氏も本来革命主義者の一人であつた関係から観れば、黄氏等が始め密謀を彼に秘したといふも如何かと思はれるが、兎に角此密謀の抑々の発頭人が唐氏其人でなかつたことだけは疑ないらしい。併し唐氏が此密謀を耳にするや一も二もなく賛同した事も亦事実である。

斯くて雲南独立の議は、十一月の初めにもう既に立派に決定して居つたのである。けれども其の決行には準備が要る。準備を完了するまでは出来るだけ北京政府の眼を眩ますの必要がある。そこで当初唐継尭は袁世凱に対して極めて恭順の態を装ふに努めた。けれども斯かる事は何時までも秘密では了らない。段々外部に分つて来る。

第一に雲南駐在の英国領事が之に感附いた。而して彼自らの発意に出でたのか、又は密電を北京に発し其の結果北京駐在の本国公使からの訓電に依つたものか、孰れにしても彼は頻りに唐将軍に向つて徒らに事を起して袁世凱に反対するの軽挙を誡《いまし》め、其の中止を勧告して熄《や》まなかつたさうである。余りに執拗に忠告に来るので、遂に温厚なる唐氏も堪り兼ね、やがて面会を拒絶するに至つたといふ事である。此等の事情より――其外北京側の密探も居つた事であつたらう――雲南の不穏といふことは段々北京にも分るやうになつた。夫れ丈け唐将軍は一層袁世凱に対して恭順の態度を装ふの必要があつたのである。例へば第一章にも掲げた十二月十日国民代表大会の国体投票開票の際、彼が北京に向つて打つた電報の如きは此意味から出て居る。斯くして袁世凱に安心させて、密に著々準備を整へて居つた。当初の計画では羅佩金を総司令官に任じ、軍を率ゐて会理より四川に侵入し、長駆して成都を屠《ほふ》るといふのであつた。其計画の一部の実行として楊秦、鄧太中に一小部隊を与へて省城より北方に出征せしめたのは十一月の始めであつた。其後外部とも連絡を取り、軍器物資の輸入をも企て、居つたのであるが、何分僻遠の地とて準備が急速に整はない。為めに容易に計画全部の実行に著手するまでには至らなかつたのである。

　然るに茲に図らずも二つの出来事が起つて、夫の当初の出征計画が改められ、更に別の方法で一層大規模にやるといふ事に取り極められた。其の一は当時上海、香港方面に根拠を据へて是亦同じ目的で陰謀を目論見て居つた李《り》根源《こんげん》、鈕永建《ちゆうえいけん》、谷鍾秀《こくしようしゆう》、張栄廷《ちようえいてい》等の同志より、電報を以て広西、江蘇亦斉しく頼むべきを報じ来つたことである。先是《これにさきだち》雲南が愈々起義の議を決するや、密使を上海、香港等に派遣して、大事を挙ぐべき旨を諸同志に告げた。その結果李根源等の一派は外部より之を声援するといふ訳になつて居つたのである。而して広西、江蘇の頼むべきを報じたのは恐らく彼等の尽力の結果であらう。広西の陸栄廷、江蘇の馮国璋の我が味方として現はる、ことは、彼等に取りて百万の援軍に値するものたることは、言ふを俟たないのである。其の二は方声濤《ほうせいとう》が新に海外より帰り、潜かに雲南に這入つて来たことである。彼れは専ら海外の形勢を説き、事を挙ぐるの絶好の機会は今日を措いて復《ま》た来らざるべきを主張した。暫く黄毓成の家に客となつて居つたが、唐継尭は親しく黄の宅に往つて方声濤の主張を傾聴したといふことである。此の結果として、方声濤は唐将軍の代理として雲南を出て、上海、香港の間に往来して李烈鈞、李根源等と連絡を取る事となつた。加之唐継尭はまた其の親近の者を仏領海防にも遣して、此処にまた海外と雲南との連絡を仲介せしめた。斯くして雲南の政府は外部の同志と巧みに連絡を保ちつゝ、頻りに内部に於て独立の準備を整へて居つたのである。而して十二月の初旬より下旬に掛けては、雲南独立運動の為めに一臂《いっぴ》の力を致すべく、革命派の頭目連は各方面から踵《きびす》を接して這入つて来る。十二月中旬には李烈鈞・熊克武《ゆうこくぶ》等約《およ》そ十余人微服して雲南省城に這入つて来た。蔡鍔も亦同じく二十日を以て、戴戡《たいかん》・殷承《いんしょう》瓛《けん》等と共に到著した。於是《ここにおいて》二十一、二十二の両日を期し此等の領袖株は大集会を催して相談を進め、二十二日夜愈々独立の旗揚げをする事に決した。即ち二十三日には袁世凱に向つて帝制取消の要求を電報し、期限を定めて其の返事を求めた。返事が無かつたので即ち月の二十五日、愈々袁の罪状を数へ独立の宣言を発表した。

(二) 出征計劃

当初の出征計劃に依れば、蔡鍔を以て総司令に宛て、羅佩金は其の参謀長となつて居つた。実は初め総司令の任には依然として羅佩金を挙げる訳であつたけれども、雲南に於ける蔡鍔の名望が比較的盛大なりしと又雲南に於ける軍人連中の間では蔡鍔が最も先輩であつたので、遂に彼を挙げて総司令の任に就かしむること、したのである。一説に曰く、当時蔡鍔自身の希望は、自らは雲南省城に留まりて全軍を統轄するの任に当り、四川討伐軍

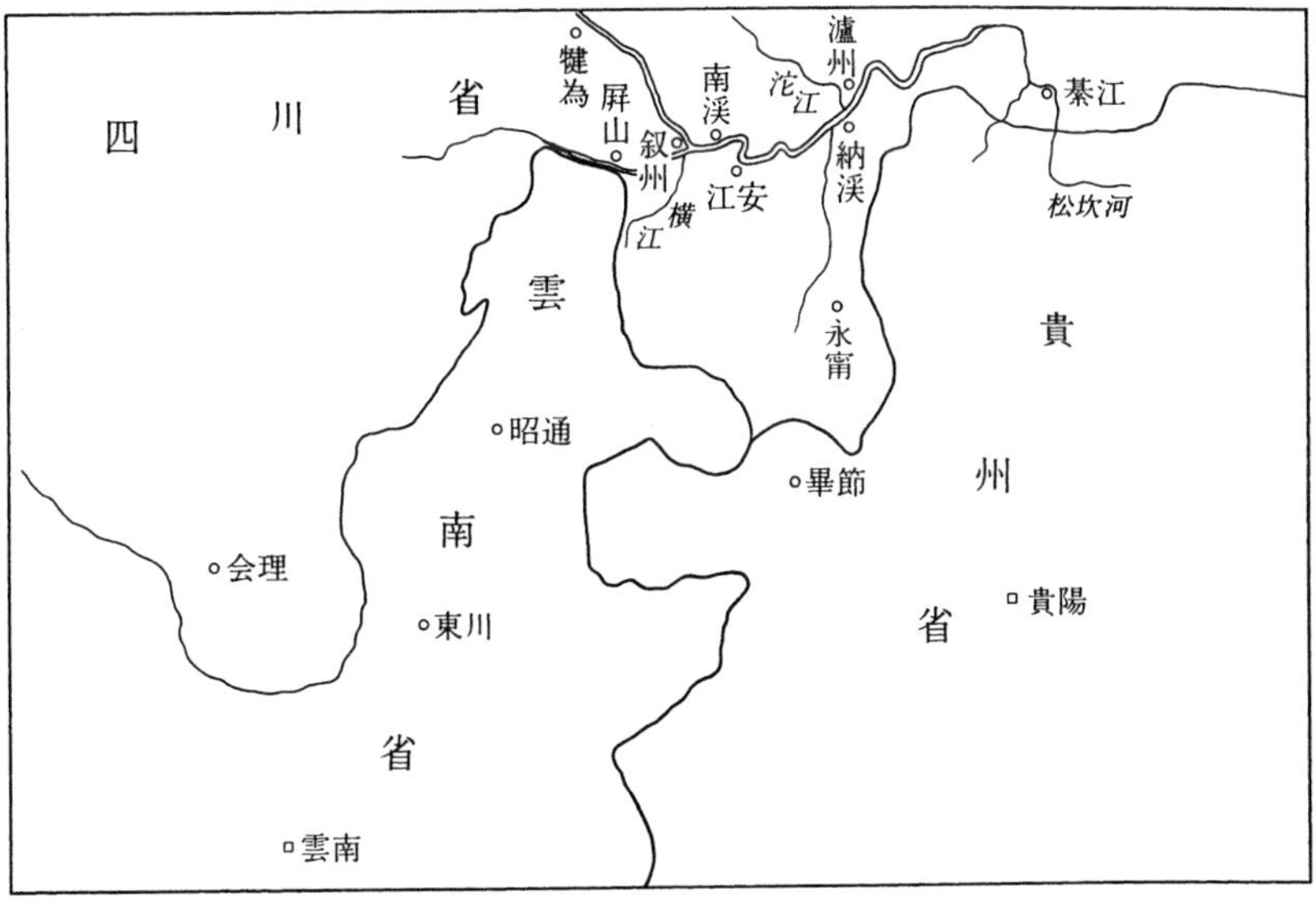

の総司令には後輩の唐継尭を充てやうといふのであつた。然るに唐の部下中、是れ蔡が難局を唐に譲り、自分は雲南に留まつて全運動を指揮するの好地位を占めんと欲するの野心に出づるとなし、一時非常に不平の声が高かつた。蔡鍔が遂に自ら総司令の任を受けたのも、此の不平の声に脅かされた結果であると。事実ありさうに思はるゝから、異説としてこゝに掲げて置く。

扨て当時の出征計画を更に細目に亙つて説かんに、四川討伐軍は之を三部隊に分ち、蔡鍔は自ら親しく趙又新の第二梯団、顧《こ》品珍《ひんちん》の第三梯団を統轄して、中央の主軍に長とし、劉雲峰《りゆううんぽう》の第一梯団は楊秦及び鄧太中の両支隊を率ゐて左翼軍となし、而して貴州の軍隊は、雲南より遥に応援の為め彼地に赴ける徐進《じよしん》並びに戴戡の助力を借りて之を右翼軍とするといふのであつた。而して蔡鍔の自ら統率せる中央主軍は、途を永寧に取つて瀘州を取るべく、左翼軍は叙州を取り、右翼軍は松坎《しようかん》を渡つて綦《き》江《こう》に出づるといふ予定であつた。詳言すれば兵を三道に分けて並び進み、左翼は叙州より遥かに嘉定を経て成都に迫り、中軍は瀘州から是れ亦長駆して成都に迫り、右翼軍は綦江より北に進んで重慶を陥れ、斯くして竟《つい》に四川全省を手に入れやうといふ計画であつた。

右の中、貴州の軍隊に就いては少しく説明を要する。貴州省に於ても王文華《おうぶんか》、熊其勲《ゆうきくん》、呉伝声《ごでんせい》等の熱心なる主張に依つて大分独立の風潮が盛んであつたが、軍器弾薬の欠乏の為めに、容易に全体をして最後の決心を為さしめ兼ねて居つた。そこで雲南政府は態々徐進を特派して若干の軍器弾薬を貴州に贈り、やがてまた戴戡を急遽貴陽に向はしめ、大に独立決行の急要を説いた。斯くして貴州軍が遂に独立運動に参加し、其軍隊も戴戡、徐進の助力に依つて大に強められた。それでも尚未だ有力なる右翼軍としては勢力稍々弱きに過ぐるといふので、唐将軍は更に殷承瓛の率ゐる一混成団を送つて之を助けしめたのであつた。

(三) 討袁軍の活動

斯くして陣容は略《ほ》ぼ整つたやうであるけれども、而かも全体の兵数は僅に二箇師団位に過ぎなかつた。其上兵糧も軍資金も極めて乏しいので、到底十分なる活動を恣にすることは出来なかつた。況んや北方袁世凱の方では、夙に変を聞いて既に重慶方面の防備に力を入れて居るに於てをや。たゞ袁世凱側の軍隊其ものが幸に不規律で闘志も乏しかつたので、雲南軍は辛うじて寡を以て能く敵の大衆を支へ得たのであつた。今雲南軍の活動の有様を左翼軍より順を逐ふて簡単に説いて行かう。

左翼軍は一番早く四川省に這入つた部隊である。即ち第一梯団に附属する楊秦並に鄧太中の両支隊は、十一月の初めから既に兵を省境に進めて居つたのである。而して其の統帥の劉雲峰が四川、雲南の省境に到つたのは一月の始めであるが、彼は先づ政府軍の将伍祥禎《ごしようてい》と遭遇した。茲に始めて戦争の火蓋は切られた。而して劉は著々敵軍を破つて、正月二十一日には立派に叙州を陥れ、伍祥禎の軍隊をして退いて自流井を守るに至らしめた。是れ南軍第一の成功であつた。

叙州陥落の後、四川将軍陳宧《ちんい》は、袁世凱の命令に迫られて、所謂四路進攻の計画を立てた。四路進攻といふのは、第一に伍祥禎をして其の率ゆる所の部隊を以て、自流井から叙州の北を攻めしめ、第二に馮玉璋〔祥〕をして瀘州方面より叙州の東を攻めしめ、第三に朱登五《しゅとうご》をして犍為《けんい》、北山の方面から叙州の西を攻めしめ、第四にまた馮玉《ふうぎょく》璋《しょう》の別働隊をして長寧より叙州の南を攻めしめ、以て確実に叙州を奪還しやうといふのであつた。併しながら此の計画は会々攻戦期日に齟齬を来して予定通りに運ばない。先づ動いたのは伍祥禎であるが、南軍は直に之を撃退した。而して馮玉璋が襲ひ来つたのは伍の敗退後であつたので、南軍は其撃退に全力を集中し、巧みに成功したのである。且又別に一支隊を派遣して朱登五の部隊をも追払つたので、敵の計画は見事に敗れ、彼等は這々《ほうほう》の体で瀘州に引き揚げたのであつた。

時に中央主軍に在つては、総司令の蔡鍔に先つて董鴻勛《とうこうくん》が先発隊として既に永寧に迫つて居る。蔡鍔は貴州省の畢節に留つて居つた。而して此両人は密に謀《しめ》し合せて永寧駐在の第二師長劉存厚と八百長の相談を進めて居つた。蓋し劉存厚は元と蔡鍔の部下にして、早く既に革命主義に賛同し、雲南の義挙に対しては機を見て加担するの約を為せるものである。従つて彼の内通は唯時と方法との問題に過ぎぬ。之に付ては董は直接に劉と交渉し、電話を以て更に蔡に諮つて居つたのである。而して相談の結果、取り極められたる事は、先づ董鴻勛が一隊を率ゐて星夜劉存厚に戦を挑み、劉は佯《いつわ》つて敗退し、瀘州に到つて後始めて独立を宣言して雲南軍に応ずるといふ次第であつた。然るに此の謀は洩れ、劉が漸く納渓に到つたばかりの頃瀘州守備隊は、不意に起つて劉存厚の進城を極力阻止した。そこで彼は已むなく納渓に於て正式に独立を宣言したのである。是れ中央主軍の第一の蹉跌である。併し兎に角劉の内応があつたので、中央主軍の先発隊としては、今や劉の軍と董の軍と二つある訳になつたのである。さて瀘州は北には沱江《だこう》、西には竜透関を控へ、南は藍田壩《らんでんは》に対して横に金沙江を隔て、地勢険要、固守するに便なれども極めて攻略に難い所である。殊に納渓より瀘州を攻めるには、上游より江を渡り、先づ仰いで竜透関を攻むるの必要がある。是れ最も難しとする所。そこで劉と董とは先づ下游より江を渡つて進攻し、第一に藍田壩を争はうといふことに相談を極めた。斯くて劉は独立宣布後連日敵を攻め、董も亦来りて之を援け、遂に藍田壩占領の目的を達した。之がまた非常の成功であつた。そは其の東に月亮岩といふ処あり、地形甚だ高く、俯して瀘州を砲撃するに便であつたからである。けれども劉は瀘州人民の生命財産を毀《こほ》つに忍びず、唯の一度砲門を開いて威脅したのみで、実際の砲撃はやらなかつたといふて居る。或は砲撃を敢行するだけの準備が無かつたといふのが事の真相かも知れない。

斯くて南軍は瀘州を遠巻きにして只管《ひたすら》其攻略の方法を講じて居つたが、之が昔の三国志にでもある様な面白いと云はゞ面白い方法で撃退されたのは、南軍に取つての一大失態であつた。その次第は斯うである。董鴻勛は暫く納渓、藍田壩、月亮岩等に屯《たむろ》して、敵軍に対峙して居つたが、やがて他の部隊と協同して道を繞《めぐ》り、下流から江を渡つて以て瀘州城を東北の方から攻めようとした。為めに瀘州城は一時大に苦しんだのであつたが、或日瀘州守備軍人の一部隊が、偽つて形を婦女の姿に変へ、偸《ひそ》かに金沙江を渡りて一直線に走つて来た。其の月亮岩、藍田壩等に到るや、彼等は始めて偽装を解き銃槍を以て南軍に殺到した。不意のことゝて最初に攻撃の標的となつた劉軍は大に狼狽し、遂に他の味方と相率ゐて潰走し遂に遠く納渓から江安に退かねばならぬことゝなつた。軍器弾薬等の敵の分捕る所となつたものも少くなかつた。その結果董の軍隊は四面に敵を受け、全く孤立無援の窮地に陥り乃ち江を渡つて南し、道を繞つて納渓に還るの已むを得ざるに至つた。

董軍の退却後、勝ち誇つた政府軍は益々南軍を圧倒して来る。それに張敬尭《ちょうけいぎょう》の率ゐる大部隊が新に瀘州に到著して、北軍の勢容大に振ひ、至つて手薄の納渓革命軍は非常に危険となつた。その時北軍は少くとも五箇師団あり、南軍に比して二倍半以上に当るのであつた。去れば南軍の根拠地たる納渓は三面より敵を受け、容易に頽勢を翻すことが出来ない。唯幸にして第二梯団長顧品珍、及び支隊長何海清《かかいせい》、王秉鈞《おうへいきん》、朱徳《しゅとく》等の前後して来り援くるものあるに遭うて、辛じて敵の攻撃に相拮抗することを得たのである。併し衝突は絶えずあり、彼此互に若干の死傷もある。此戦争中、中軍の戦が一番激烈であつたといはるゝのも無理ではない。

尚此時余りに苦戦であつたので、窃かに叙州方面の左翼軍から一部隊の来援を求め、之と力を協《あわ》せて一挙に敵の中堅を破らんとしたのであるが、是れ亦事前に敵の探知する所となり、却つて馮玉璋から大挙左翼軍の虚を衝かれたので、為めに折角取つた叙州の守りを失ふことゝなつたのは、亦南軍の一大失態であつた。是れ三月一日のことである。之より左翼軍は叙州を退き、横江を扼守して僅に敵の南進に当るといふことになつた。而して之より南軍には漸く弾薬の貯が尽き、而かも其の補充をなすの道が立たないのに、敵の勢は段々加はる一方なので、南軍の兵気は大に挫けたといふことである。漸く三月の中旬に至り、幾分弾薬の補充を見、士気亦聊か回復した。之より先き二月の末には袁に帝制取消の意あるの報あり、三月六日又広西独立の来電あるに及んで、士気漸く幾分の振張を見た。斯くて其後大きな戦争もなくて、以て五月初旬軍務院の成立を見る頃まで大体同じ様な形勢を続けたのである。

最後に右翼軍の形勢は如何といふに、之は主として戴戡が統帥の任に当り、松坎より進んで綦江を占領せんとする訳であつた。けれども綦江の占領は、中央主軍の瀘州占領と相待たなければならない。綦江を得るも瀘州を得ずんば、遂に能く之を守ることは出来ない。而して瀘州は到頭南方の手に入らなかつたので、右翼軍も亦一挙して綦江を抜くの態度に出で得なかつた。其の中に重慶方面に北京政府の手が益々加はり、為めに綦江方面に於ける南方の軍隊も、亦漸く其圧迫を受け、遂に其の目的を達せずして退いたのである。其の外に大した変動は無かつた。

出征計画並に開戦当初の戦闘の経過は、右述べた如くである。戦争は三月初め頃まで戦はれて、其以後は、戦争といふべき程の戦争は無かつたやうである。是れ一には南方に軍資、軍器の欠乏せるが為めにして、又一には段々北方軍隊の陣容が整つて、南方からは容易に手が出せなくなつた為めである。而して北方側に在つても、実は兵士に色々不平があつたので、是亦思ひ切つた積極的行動は取り得なかつたらしい。北軍が大兵を擁して而かも十分に南方を圧倒し得ざりし所以も思ふに之が為めであつたらう。

此外南方軍隊の最も困つたものは、第一に金である。十二月起義の当時既に金には大に困つて居つた。総司令部が出来ても、財政庁に金の余裕が無く、又民間にも新に莫大の租税を課すべき財源が無かつた。羅佩金が私財十余万を投ずるまでは総司令部は殆んど何等の行動に出づることが出来なかつたさうである。一体雲南のものが其頃極めて財政に苦しんで居つたので、独立の当時既に兵隊の月給の未払になつて居るのが三箇月に及んで居つた。されば兵士の給養も極めて薄く、着物すら十分に与へて居ない。冬であり乍ら外套なども十分の用意が無かつたといふことである。此等の欠乏を凌いで余程無理をして兵を進めたものと見えるのである。

以上は李君の談話に多少予輩の別に聞知する所を附け加へたものである。李君の談は、主として蔡鍔の率ゆる第一軍の行動に関するもので、李烈鈞の率ゆる第二軍に就いては、殆んど言及せられて居ない。第二軍も蔡鍔と相並んで四川省に入るべき訳であつたが、後ち之れは広東将軍の命により竜覲光が百色を経て蒙自方面に侵入し来るに及び、翻つて之れに当つたので四川の討伐には直接の関係が無い。是れ李君の之に言及せざりし所以であらう。

要するに、雲南軍は其の兵数も足らず、軍器弾薬も乏しかつたのと、又もう一つには、袁世凱の方が早く之に対する用意と警戒とを整へた為めに、僅に四川省の南端一部を徇《したが》へたに止まり、更に長江を渡つて省の真中に出ることが出来なかつた。左翼軍をして叙州を取らしめ、中央主軍をして濾州を取らしめ、更に右翼軍をして重慶を取らしむるに成功せずしては、到底四川省を収めて南方の大同団結を作ることが出来なかつたのである。四川を手に入れ、南方の大同団結を立派に出来し得た〔の〕でなければ、雲南の起義は畢竟辺境の一騒動たるに過ぎないものである。されば雲南は革命の義を唱へた元勲でありながら、間もなく革命運動の中心策源地たるの地位を失ひ、革命運動の本部が全然上海方面に移つて仕舞ひ、雲南は殆んど田舎漢の扱ひを受けねばならぬことになつた。若し雲南にして当初の計画の如く四川を聯《つら》ねることに成功せば、貴州は固より其の忠実なる味方であつたから、之より更に湖南に出で、揚子江沿岸全体を号令するの地位に立つことも不可能事に非りしなるべく、斯くて更に予《か》ねて内通の約あつた馮国璋の之に応ずるあつて、以て立派に革命運動の中心点たることを得たりしならんに、事意の如くならざりしは、彼等の為めに惜むべき限りである。〔五〕（大正六年四月稿）

第五章　革命運動と日本

(一)　南支那革命戦の現状

此頃久しく戦報が来ない。尤も四川方面は四月初旬以来休戦の姿である。けれども本来斯くの如き約束は、支那の様な国では厳格に守らるべき筈のものでは無い。然らば最近戦報の杜絶《とだ》えて居るのは、休戦条約の為には非ずして、他の原因による者ではあるまいか。然らば何故に華々しい戦争が無いのかと云ふに、之れ畢竟南北両軍共に戦争する丈の準備と気力とが無いからであらう。所謂北軍に闘志無き事は云ふを俟たぬ。加之兵隊及び軍需品の輸送が意の如くにならないから仮令《たとえ》一度や二度の戦争に勝つても、その勢ひに乗じて更に進軍すると云ふ事は困難である。且今日の如く大勢が袁世凱を去つて居るのでは、ウツカリ前に進めば後方を脅かさるゝの危険があるから、大体に於て北軍は立往生の態に在るものと云つて好い。之に反して、南軍には固より闘志の無い事はない。北方政府を倒して革命の目的を達する最捷径は云ふ迄もなく武力を以て北方を圧するに在る。故に出来るならば一日も早く優勢な武力を真甲《まつこう》に振り翳《かざ》して北方に向ひたいと云ふのが、南方本来の希望であらう。けれども南方には残念乍《なが》ら第一に兵数が極めて乏しい。第二に兵器弾薬の準備が殆ど欠けて居る。南方革命軍は旗挙げの当初、兵を二分して一方は蔡鍔之を率ゐて四川に進み、他方は李烈鈞之を率ゐて貴州より湖南に進出したと云ふけれども、どれ丈の兵数にどれ丈の武器弾薬を備へたのであらうか。固より之は精密には解らないが、後に其計数を詳《つまびらか》にしたならば滑稽を感ずる程のさゝやかなるものであるに驚かさるゝだらうと思ふ。新聞紙等では如何にも大軍を動かして居る様に見え、又度々華々しい戦争をしたやうに見えるけれども、之は所謂支那流の大言壮語であつて、実は戦争と云ふ程の戦争はあまり無かつたやうである。斯の如く雲南側の遠征隊と云ふものは、御話にならぬ程の微力なものである。最近四川遠征隊の総司令蔡鍔の態度が漸次軟化して、北京政府の妥協の申込に応ずるの色ありと云ふ報があるが、予は此説の那辺迄真なりやを疑ふものであるけれども、仮りに此説にして誤りなしとせば、之れ恐らくは彼の軍隊の此上四川の政府側軍隊と対抗し得ざる事情に基くものであらうと思ふ。

要するに南方軍の戦備なるものは、極めて微弱なるものである。故に遠征隊の湖南や四川の方面に出払つた後の雲南省城は、宛然空明《からあき》で、先般省内南部の蒙自地方に土匪の暴動が起り、又広東軍に脅かされた際には、大に狼狽して手の下し様を知らなかつたと云ふ事である。此場合雲南在留の日本人なども、北清事件当時の北京在留者の二の舞を演じて、籠城の覚悟をせねばなるまいと云ひ合つた程であるさうな。幸ひにして此動乱は今日は治まつて居るけれども、然しいつ何時袁探等の土民を煽動すると云ふ様な事から動乱が復《ふたた》び起らないとも限らない。而かも之に対する準備が全く無いのだから、今日雲南省城の在留者は、尚ほ未だ充分に枕を高うして眠る事は出来ない有様である。且つ又危険なる袁探は厳密なる南方の監視を破つて、目下随分雲南方面に這入り込んで居るやうである。四月十九日の中華新報に拠れば、

「近日口に北音を操つる二婦人偽装して乞丐《こうがい》となり、何処よりともなく雲南省に到り、街上に人の憐みを乞ふ。殊に各大臣の邸宅に到つて飯食を求む。人固より其丐婦たるを知つて其の刺客たるを知らざるなり。天佑なる哉、唐督官邸の人、始めて之を疑ひ、之より注意を怠らず。跟蹤《こんしょう》数日遂に其普通の丐婦に非ざるを知り、捕へて其身体を検査するに各々紙幣数千元を所持するを査し、又其旅居に就て炸弾数枚を探し得たり。

警察官の訊問の結果、袁世凱の指使する所のものに懸り、化装して乞丐となり、都督唐継尭を刺さん事を謀れるものなり云々」

と云ふ様な記事がある。其他或は誰とも無く役所の近所に火を放つたものがあつたと云ふやうな記事も頻繁に見ゆるが、随分色々の袁探が入り込んで居るものと見ゆる。其れだけ南方は、吾々が一寸考へるやうな安全の地位に居るものでは無い。故に南方の幹部連中も、先般愈々広東が独立して革命軍が俄に景気付いた迄は、内心は随分苦心惨憺して居たらしい。中には折角事を始めても、一向に発展の希望が無かつたので、暫く雲南、貴州だけで、地の利を恃《たの》むで持久の策に出でやうかと、考へたものもあつたのである。

　南方の内情が一時実は斯の如く窮迫して居たのであるから、此際北軍はもう少し振はねばならぬ訳であると思はるゝが、実際の所、此窮迫の南軍を向ふに廻して、北軍も亦実はサツパリ振はなかつた。北軍と雖も決して武力に於ては優勢なものでは無い。然し乍ら決して南軍の様にヒドイのでは無い。兵火の間に相見へては、南軍は到底北軍の敵では無かつた。然し乍ら、其れにも係らず北軍の振はなかつたのは、一には地の利を得ざるにも依るが、主としては天下の大勢が已に北方を離れて居つたからである。即ち当時の形勢は、雲、貴軍それ自身は極めて微弱なものであるけれども、他に虎視眈々として形勢を観望し、一旦機会の乗ずべきあらば北方政府に叛いて大風雲を捲き起さんとする者が所在に少からずあつたのである。之れ即ち北方政府が稍々優勢なる軍隊を擁し乍ら徒らに無為無能にして止まらねばならなかつた所以である。果せる哉、三月末の広西の独立、四月に入つて広東の独立を見てより、反袁の機運は俄然として其勢ひを高め、南方の革命軍も亦之より大に息を吹き返す事になつた。

(二)　南軍に対する日本の助力の風説

日本の支那に対する態度は、昨年の十月二十八日帝制延期の警告を発して以来、袁家の帝業に対しては反対の態度を執ると云ふ方針に決まつた。此警告にも拘らず、袁世凱は着々帝制実現の方向に歩を進むるので、我国政府は屢々警告を繰返した事は人の知る所である。十二月の末一寸袁世凱に同情するが如き変つた態度を執つた事もあつたが、それも間もなく変つて本年一月の半からは再び袁世凱の帝制計画には極力反対すると云ふ、前よりも一層強い態度を執るに至つた。然しながら此の警告の趣意はもと唯袁家の帝業に反対するのであつて、必ずしも袁世凱其者に反対するのでは無い。新に皇帝となる袁世凱に反対するのであつて、大総統としての袁世凱に反対するのでは無い。大統領〔大総統〕の地位に袁世凱を置く事は東洋全局の平和の上に何の差支も無いといはねばならぬし、又今日の支那の難局を拾収するには彼を此地位に置くのは或は必要であるかも知れぬ。唯彼が一転して皇帝となると云ふ事になれば、支那全国の所在に動乱が起つて、引いて容易ならざる不安を東洋の平和の上に来たす事になる。そこで我国は東洋の平和の為に皇帝になる事だけは止めて貰ひたいと云ふ意味で警告を発したのであつた。

然るに此処に一部の者の間に、我国政府は表面袁世凱の帝制計画のみに反対するやうな顔をしながら、内実出来るだけの力を尽して南方を助けると云ふ事に腹を決めた。斯くて政府も南方を助け、民間の輿論も亦南方を助け、即ち官民一致して南方の運動を助ける事になつたので、南方は即ち此処に日本と云ふ強大国の後援を得る事になつたから、其れ自身の力は極て微弱なるにも係らず、近来大変景気がよくなつたのであると云ふ説をなすものがある。尤も此説をなす者と雖も、日本の斯の如き態度は帝制延期の警告を発した当初から決まつて居つたと云ふのでは無い。当初の方針は、進むで南方を助けると云ふまでには深入りをしてゐなかつたといふ。然らば何時から日本当局の態度が此の極端まで進むだかと云ふに、南方革命運動の統領岑春煊が日本に来た頃からだといふ。彼の来朝は二月初めであるが、我国の有力なる階級の人と懇談を遂げた事実はある。而して彼は南方革命運動の隠れたる統領であつて、又南方の運動が相当の程度に発展すれば、新たに独立した諸省を糾合して自ら其の政治上の実権を握るべき地位に在る人である。そこで我国の有力なる政治家と岑春煊との意見の交換となり、遂に我国は事実に於て極力彼の運動を助けると云ふ事になつた。即ち岑春煊の東京に在りて之等の会見に時を費して居た時期、即ち二月から三月末に懸けての一ケ月余りは一面に於て日本当局の態度を一変せしめた時期である。恁《こ》う云ふ説が今日一部の人の間に称《とな》へられて居るのである。

予輩の考ふる所に依れば、先にも述べたる如く、我国の最高政治家の間には、支那の政治的中心勢力に打つ付かつて日支両国の根本関係を解決すべしとする説が従来頗る盛であつた。而して現在支那の中心勢力たる袁世凱は、不幸にして日本とは容易に提携すべからざる地位に在る。故に我国の政治家は此処に非常に煩悶したのであつたが、若し此処に袁の勢力が漸々下火になり、之に対して新に代つて中心の勢力となるべきものが他に現出しつゝありとすれば、我が政治家が直に袁世凱を去つて此新勢力に結ばんとするの考へを起すと云ふ事は、決してあり得べからざる事では無い。故に岑春煊と我国の政治家との間に大に意見の投合を見たと云ふ説は、一応の理由はあると思ふ。けれども果して岑春煊に其れだけの勢力ありや、又我国当局者が其処迄岑を買て彼と結託するの決心をなせりや、否やは、一つの問題である。故に予は日本が政府としてどれだけ支那の革命軍に関係あるかと云ふ事は、固より之を想定する事を難しとするものであるが、唯此処に明かに断言し得る点は一つある。一は支那に於て、北京政府又は北京政府と近接の関係ある英国側は云ふに及ばず、南方の革命主義者も亦等しく、日本は南方の革命運動を極力助けるものと独り極めに信じて居る事である。第二は日本の政府は、南方の運動を進むで積極的に助けない迄も、少くとも南方に対して相当の好意を有つて居つたと観らるべき事実あること之である。

北京政府が、日本政府を以て革命党と臭いと考へて居る事は、彼国政府の機関新聞を見ればわかる。

大正五年五月一日発行せられた日文の雑誌『東華評論』第十五号に上海にて発行する独逸《ドイツ》新聞の記事なりとして次の様な事があつた。「日本は今や革命党を掩護し袁氏の政府を倒さんとしつゝある。袁氏の大総統より帝王たらんとするの計画を打破するに満足するばかりでない。北京政府が南軍と妥協して時局を収拾せんとする計画に対しても、日本は新しき奸策を回らして居る」と。甚しきは又次のやうな妄説をのせて居る。曰く「最近の東京の消息によれば、日本は既に業《すで》に驚心駭目の新政策を提出して、以て世人の眼福を飽かしめんとして居る。而して此新政策は支那が全力を尽すにあらざれば(南北一致の力を尽すと云ふ意味であらう)之れを排除する能はざる底のものである。即ち日本は北京政府が既に全国を統治すべき権力を失つたと云ふ理由の下に、茲に一代理制の政府を立て、列強及び支那人の代表者を以て之を組織し、而して日本は一総監を任命して支那統治の牛耳を取らんとするのである」と。かう云ふ様な説は吾々から見れば固より一笑にだも値しないけれども、東華評論が路上の風説として掲げて居る所から想像すれば、案外に一部北京人士の間に信ぜられて居るのかも知れない。もう一つ支那人の誤解を深くした出来事は、去る五月五日呉淞《ウースン》港外に行はれた砲艦策電《さくでん》乗取事件の失敗である。之れは孫の一派の陳其美《ちんきび》が、先づ艦長を買収し、之れを乗取つた上、呉淞砲台を攻撃しやうと手筈を定め、多数の日本海軍軍人を傭ひ、之れに支那人をも加へて、五月五日午前四時愈々決行したのである。所が艦長の裏切のため見事失敗して、多数の同志は身を水中に投じて死んだ。其中六名捕虜になつたが、それが皆日本海軍軍人であつたので、支那側から日本領事館に引渡された。此事は日本の軍人にして革命党に加担して居るもの少からざるの証拠とせられ、更に日本官民が南方革命を援助して居ると云ふ風説を益々信ぜしむるに至つた。固より此事件は日本官憲の知つた事でなく、又多数の日本人の知つた事でもない。けれども一部好事家の不謹慎なる行動のために日本全体が不利益を蒙つたことは疑ひない。

尤も人に依つては、御用新聞の斯く説くのは日本の禍心を誇張して南北妥協の便に供せんとするの小策に基くと云ふ者もある。けれども其れ許りでは無いやうだ。又北京政府の味方たる英国側も同様な考へを持つて居つたと云ふ事は、英国官憲が香港あたりで余りに日本人の監視を厳にし、時としては日本人の家宅捜索をしたと云ふ様な事が頻々として伝つた事でもわかる。英国の仮装軍艦が過般上海近海に於て天洋丸、鎌倉丸、筑前丸等を脅かし、時としては実弾を放つて之を威嚇したと云ふ報導の如きも或は此問題に関係あるのではあるまいかと説くものもある。

若し夫れ雲南共和軍に至つては、余儀ない時の神頼みと云ふ次第で、今日では殆ど盲目的に日本に倚らんとして居る。斯んな事が夫れから夫れと伝へられて行く間に、自ら話に尾鰭《おひれ》が付いて、前記の如き訛伝《かでん》が生れたものではあるまいか。

併しまた一方には、日本が南方革命軍に多大の好意を示したといふ争ふべからざる幾多の事実もある。例へば日本政府が本年二月雲南に領事館を開設したるが如き、又南方政府が法学博士今井嘉幸氏を法政顧問として招聘するに当つて、当局者が多大の好意的尽力をなしたるが如き、又三月初旬相前後して山県(初男)少佐及嘉悦(敏)大佐を派遣したる如き、孰《いずれ》も皆南方の革命軍は之を日本政府好意の表徴として感謝して居るのである。四月二十三日の中華新報の如きは、日本政府は卒先して雲南を承認して交戦団体となさんとし、今や之を以て各同盟国に諮つて居るなど〻書いて居る。又前記の嘉悦大佐に付ては、同大佐は日本政府の命を奉じて雲南に来るものであり、既に四月一日海防より河口に至り、二日河口より特別専用列車に乗つて阿迷に至り、三日を以て省城に達する筈である。都督は代表者を停車場に派して厚く之を歓迎すべしと報じて最後に「聞く此人雲南に来る。雲南の事に関して頗る関係ありと云ふ」と書いてある。頗る意味深長の言葉である。我国でも実は或る一部の人は嘉悦大佐は戦線に立つて南軍を助くべしとの使命を以て雲南に行つたのだと云ふのであるが、之等のことは固より一個の風説に過ぎないと信ずるが、兎角日本政府が南方の運動に対して相当の好意を有つて居ると云ふ事だけは疑ひがないやうである。唯此好意はどれだけの点まで進んで居るのであるか、之れ予の断言し得る処ではない。唯予の敢て此処に明言し得るのは、如何なる態度を執るにしても、我国目下の態度は、外務省も陸軍、海軍の両省も、全然一致し、元老其他の政府の有力なる政治家も亦大体に於て之を黙認して居ると云ふ事是れである。

(三)　満洲山東に於ける日本人活躍の風説

広東の独立を見る迄は南方の勢ひは頗る振はなかつた。其処で南方に志を寄する我国の諸士は大に憂慮し、他の地方に於て何とかして袁世凱を牽制し、一つには大に革命的乃至反袁的気勢を昂め、もう一つには斯くして袁世凱の没落を一日でも早めやうと計画した。此の為には日本の助力を借り、其勢力の及ぶ範囲若くは日本の勢力に近接する部分に於て反袁運動を起さうと計画したものもある。この計画には日本の有力なる政治家も関係し、否場処に依つては、日本人の方が寧ろ主動者だと見るべきところもあると、誠しやかに説く者がある。之等の人の説く所に拠れば最初宗社党を煽動して蒙古に事を起さうとしたのであるが、後に蒙古のやうな余り奥まつた処で事を挙げては、却て支那の有力なる軍隊に包囲され、其計画の失敗する虞《おそれ》がある。故に方略を改め先づ山東と満洲とで、まかり違へば直ぐ日本の勢力範囲内に逃げ込み得るやうな処で、事を挙げやうと云ふ事になつた。山東で屢々土匪《どひ》の暴動の伝はつたのは、主として之等の陰謀の結果である。又最近居正を旗頭とする山東省東部暴動の如き、皆日本の後援に依ると云ふのである。満洲でも奉天将軍に反袁的独立宣言を迫るの目的を以て動乱を起す計画を立て、日本の壮士六七十名各地に分屯して動乱を煽動するわけになつて居つたが、之は南方の景気が広東の独立と共によくなつたと云ふ事や、其他色々の事情の為に未だに当初の計画を一挙にして実行すると云ふ迄の機運には達して居ない。が、要するに満洲に於ても動乱の準備は既に出来上つて居ると説く者があるのである。

山東省に於ける革命運動に就て、此運動を日本が助けて居るのだと云ふ事は、早くから疑はれて居つた。最初に山東省で旗をあげたものは孫一派の居正《きょせい》である。彼が日本人茅〔萱〕野長知氏と共に青島《チンタオ》に乗込んだ事は公知の事実である。未だ十分の準備なくして五月四日濰県城《いけんじょう》の攻撃に火蓋を切るや、北京政府は直に日本人の援助あるを我政府に向つて責め、即ち五月六日北京政府は我に向つて日本官民の革命党を助けざることを求めて来た。之れに対し我国は同月二十三日彼の要求の根拠なき事を説き、更に彼の日本人に加へた損害を列挙して、反対抗議をなした。併し五月四日の濰県城の夜襲で、十一名の日本人が濰県の知事の役所に拘留されたと云ふ事実は、之れを掩ふ事が出来なかつた。されば表面の交渉は何とあつても、一般の支那人は日本官民の革命運動に対する態度を決して公明正大であるとは思はないやうである。五月十六日の中華新報には「山東革命党蜂起以来、中国官憲日本人の行動に対して猜疑を挟み注目を加ふ。旅館の取締り等非常の厳重にして遂に日本に関して種々の謡言を生じた。先般熊本商業学校生徒四十四名南京に来りて官場を観光したが、官憲は頗る驚懼をなし、遂に探偵を派して彼等の動静を警戒せしめた。山東事件の如きも畢竟日本人の使嗾《しそう》によりて起つたものである云々」と云ふ記事が載つて居る。又五月二十六日東京朝日新聞には、北京政府が国民の敵愾心を煽揚するために頻りに日本の禍心云々を吹聴した。為めに済南地方に於ける排日熱が意外に広まり、随分日本人に向つて露骨な侮辱を加ふるものがあると云ふ記事が出て居つた。是等は皆支那人一般の疑惑の反影であらう。

次に満洲に於ける出来事も亦支那人の誤解を深くした種になつて居る。三月下旬日本の壮士数十名、所在の官憲をして北京政府と絶縁せしむるの目的を以て兇器を携へて乱入し、満洲を騒がした。之れ或は徒に満洲を攪乱して、遂に秩序維持を名として兵力的に満洲を占領すると云ふ日本の野心に出でたものではなかつたかと云ふ様な説をなすものがあつた。為めに一時随分日本を恨む考が起りかけた。五月二十七日奉天将軍張作霖《ちようさくりん》が中村関東都督を奉天停車場に迎へての帰り、二度まで爆弾を見舞はれた事件の如きも色々の点よりして犯人の恐らく日本人たるべき事を永い間密かに疑つて居つた。こんな風に満洲に於ても日本人を危険視するの考は決しておさまつてゐない。

之等は何れも深い根拠のある説では無からうと思ふけれども、然し山東では既に動乱が起つて居るし、満洲でも日本壮士の支那的変名の下に多数入り込むで居る事実も掩ふ可らざるものがあるから、全然街頭の流言浮説なりとのみ打ち消す事も出来まい。固より此運動には、日本は国家としては何等の関係が無いと信ずる。けれども日本人がまるで無関係であると云ふ事は少くとも事実が許さないやうだ。事の善悪は別問題である。けれども兎に角国が近いだけ、色々の人が入り込んで、色々の計画を立てゝ居るのは已むを得ない。唯之等の運動が飽く迄正義と誠意とに基き、何処迄も善隣の義に背かざらん事は予輩の切望して措かざる所である。

(四)　結局に於ける袁世凱の運命

如何に雲貴軍が勢力微弱であつても、反袁運動が斯くまで全国に瀰漫《びまん》し、大勢既に全く袁家を離れて居る以上は、袁の没落は蓋し時の問題であらう。唯袁が何の時を以て没落するかは、反袁諸運動の結束如何に拘はる問題である。然し今日の袁世凱反対の諸運動の間には未だ充分なる結束がない。少くとも袁世凱を如何に処分すべきかの問題に就ては、意見が必ずしも一致して居ないやうだ。例へば雲貴軍を中心とする南方の武断派は袁世凱を目して、共和国の大統領でありながら国体の基礎を覆して自ら皇帝とならんとした所謂大逆罪を犯したものであると為し、此の立場から彼を飽く迄も厳罰に処せんとして居る。精々彼の命だけは助けてやつても、軽くも国外の放逐だけは免れぬ位に見て居る。而して雲貴両広の連繋既に成れる今日の形勢で云へば、此説は南方政府の既定の見解と見てよからう。然し乍ら、之に反して上海に集まつて居る文治派の元老連は、此処まで極端に進む事を希望して居ない。其最も過激なる者と雖も、袁の即刻退位を以て満足すべしと称し、中には袁の任期満つる迄の在位を認むると云ふ条件の下に妥協の相談に応ぜんとする者すらある。若し夫れ各省に於て兵権を擁する所の幾多の将軍の間には、今尚形勢を観望して何れとも態度を極めない者が少からずある。斯くして袁を如何に処分すべきかは、袁世凱反対運動者の間に未だ確定の意見がないのである。加之此間に在て、最も過激にして且最も有力なる意見の淵源たるべき雲貴軍の間に在てさへ、蔡鍔の如き密かに四川将軍を通じて北京政府と妥協せんことを企てた者すらあると云ふ事である。之れ実に老猾なる袁に乗ずべき絶好の機会を提供するもの。果せるかな彼は巧に此間に暗中飛躍を試みて、一方には南方の結束を紛更し、一方には北京政府の組織を改造しなどして、今日の場合出来るだけ最も自家に有利なる状態の下に妥協の道を見出さんとして居るやうだ。之れ実に彼が風前の灯火の如き険呑な地位に在り乍ら、尚未だ一道の活路を見出さんと努むる余裕ある所以である。

然し乍ら袁世凱の此の立ち場は、段祺瑞《だんきずい》、馮国璋の所謂調停派が、最近猛然として頭を擡《もた》ぐるに及んで著しく変調を示して来た。何故ならば段祺瑞は馮国璋と諜し合はせ、其偉大なる兵権を擁しつゝ、一方には袁世凱を圧し、他方には南方に対して堂々たる威風を示し、斯くして調停者と云ふ美名の下に、自ら天下の勢力を自家の掌裡に集めんとするの気勢を示して居るからである。斯くて支那目下の政局は南方志士が志を得るや、又は段・馮の調停派志を得るやの問題となつた。斯くして袁は殆ど全く政界の表面から葬り去られんとしつゝある。段・馮の出現は確に南方の志士に対して有力なる一敵国である。然し之に依つて袁世凱の勢力が宛《あた》かも春の雪の如く消え去らんとして居る事は看逃す可からざる出来事である。老猾なる袁は必ずや此際に処して窮余の策を施し何とか大勢を挽回するの工夫を廻らすであらう。然し今となつては調停派が勝つても南方が勝つても袁の再び娑婆に浮かび上る事だけは期待し得ざる事となつたやうである。

唯調停派と南方志士との交渉の結着が如何落ち就くかは今日容易に之を逆睹《げきと》し得ない。南方の志士をして志を成さしむる為には、彼等に段馮を圧するだけの実力を持たしむる事が必要である。彼等をして此実力を持たしむる為には、先決問題として雲貴両広の勢力が上海の文治派元老を圧倒するだけの優勢を持たなければならぬ。若し風説の如く、此南方の勢力を日本が充分に力を入れて助くると云ふ事であれば無論上海は云ふを竢《ま》たず、進んで段馮をも圧倒するだけの力を備ふる事が出来やう。日本は果して此処まで立ち入つて助くるのであらうか。其処まで立ち入るのが宜いか悪いかの是非の判断は暫く措くが、支那に於ける南方革命党それ自身の力だけでは、到底此大事を成就し得ない事は予の断言して憚らざる所である。（大正五年五月稿）

第六章　袁総統の逝去と最近の政局

(一)　袁総統の逝去

六月六日午前十時四十分中華民国大総統袁世凱は逝去した。発病の初めて外界に洩れたのは五月二十日である。五十八歳の壮齢を以て斯くも急に殪《たお》れたのは、尿毒症といふ重い疾患ではあつたけれども、畢竟心労の結果であらう。彼は年よりも十歳位は老けて見えた人ではあつたが、本来健康な質で、一面非常に小心ではあつたが、他の一面には所謂元気旺盛な所もあつた。而かも此の壮齢を以て殪れたのは、善く言へば国家の為め、悪く言へば野心の為めに犠牲になつたものといふべきであらう。国事多端の際、而かも四面楚歌の裡に死んだのは、寔《まこと》に気の毒ではあるが之よりいよ〳〵雪隠詰《せっちんづめ》になると言ふ間際に、戸に手を掛けた儘で殪れたのは、一方からいへば好い時に死んだとも言へる。而して彼の長子袁克定《えんこくてい》(本年二十八歳)は、或人の言ふが如き不肖の子ではないが、又或人の言ふが如き多策智謀の士でもない。聡明ではあるが畢竟世間知らずの片々たる貴公子に過ぎずして、父親に離れては一家の跡始末さへも如何かと思はれる。兄弟姉妹ばかり二十幾人、それに親の妻妾自分の妻妾並に子供や奴婢などを加へたら何十人と言ふ大家族であらうが、其の跡始末をするものは、予の知る範囲に於ては、彼にあらずして寧ろ目に一丁字ないが、然し常識の非常に発達して居る正夫人(太々《タイタイ》といふ)の外には無からう。之も毒を仰いで殉死したと言ふ報道を真なりとせば、危く九五の位を践《ふ》まんとした袁家の遺族は、今や誠に惨憺たる状態にあると言はねばならぬ。尤も袁世凱親子は、其生活に於ては汚いと見るまで金銭のことに細かかつたから、仮令一部の人のいふ如き莫大の財産を残さないとしても、必ずや相当の金を有つて居るに違ひない。徐世《じよせい》昌《しよう》などの保護の下に、河南の草廬に引つ込んで村夫子を気取る分には差支あるまい。新政府が何人《なんぴと》の手に帰するにしても、真逆《まさか》袁の罪を憎んで罰を遺族にまで及ぼすこともなからうから、中華民国の一平民として安穏なる生活を為すことは出来るだらう。一代の成金たる袁世凱の遺孤は之を野に放つても、中華民国は何等危険を感ずる事はない筈である。猶ほ袁世凱及び其家族の事に就ては当時或る雑誌に書いた事がある。重複の嫌あるけれども次に之を採録しやう。

袁世凱は決して体格の弱い人ではない。新聞には持病があつたとか中風の血統があるなど、書いてあつたけれども、多くは想像説であらう。尤も年の割合には非常に老けて見えた。彼は今年丁度五十八歳になる。予が初めて彼に逢うたのは十年前彼が四十八歳の時であるが、其時既に頭は大部分禿げて鬚も八分通り白かつた。身長は低く小肥りに太つた色の真黒な眼の鋭い、而かも笑ふ時には極めて愛嬌のある、いゝ加減なお老爺さんだと思つた。其頃既に六十に近いと思はれる程の外貌を有して居たから、十年後の今日は無論尚一層老けて見えた事であらう。けれ共精力の強い元気の盛んな点は今日も昔の通り変らないと云ふ事を耳にして居るから、先づ彼は本来身体の丈夫な人と云つてよい。而も今度俄に病死したのは、恐らく最近非常に心労した結果であらうと思ふ。此春から多少衰兆を示しては居たけれども、五月二十八日初めて床に就く迄は何人もかくも脆《もろ》く斃《たお》れやうとは思はなかつたらしい。一度床に就くや、多年の心労一時に発して僅か十日余り病床に呻吟したのみで忽焉《こつえん》として他界の人となつたのは、一面に於て又同情に堪へない。顧れば彼の一生は実に波瀾に富んだ生涯であつた。七転八起と云ふのは将に彼の生涯を語る言葉である。明治四十二年河南の草廬に逐ひ込まれた時には、枯木再び花咲く春にあふ望みはなかつたやうに見えたが、不思議なる縁は彼を再び起して、遂に彼をして自ら帝位に即《つ》かんとする野心を起さしむるまでに至つた。かくして彼は国民の怨府となり、此数年来非常な非難攻撃を蒙り、今度死んだので反対の側の新聞などは袁逆天誅に伏すなど、書いて居る。独り国内に於て許りでなく、外国からも、殊に我日本からは極めて不人望であつた。さん〴〵人の悪口に上つて遂に内外の非難攻撃の罵声の中に死んで了つたのは、気の毒と云へば実に気の毒の至りである。併し一面から云へば、彼は又丁度よい時に死んだとも云へる。支那最近の形勢では、彼は実に風前の灯の如きものであつた。彼の没落は最早時の問題たるに過ぎなかつた。これからいよ〳〵雪隠詰めになると云ふ時に、廊下でばつたり倒れたやうなもので、彼としてはまだしも慰むべき理由もある。

　毒を呑んで夫に殉した正夫人は、一つ年上の五十九歳、此人には逢つた事はないが、十年以前予の在支当時仄かに聞きし所によれば、これ亦薄禿の小肥に太つた色艶のよい元気のある婆さんであつたと云ふことである。これも年の割には非常に老けて見えたさうだ。同じ河南の人であるが、教育はもと受けなかつたものと見えて眼に一丁字もないさうだが、常識の極めて円満に発達した人で、所謂賢婦〔夫〕人の中に数へらるべき人であつたさうだ。賢婦人と云つても支那流の賢婦人の意で、即ち袁家の様な一族僕婢何十人と云ふ大家族を立派に切り廻はすと云ふ腕の婦人であつた。不断は長子克定並に其妻子の世話を専らとし、其他袁世凱自身の妾共の日常の世話まで極めて行届いたものであつたさうだ。例へば妾の一人が腹でも痛いと云ふ噂を聞くと、直ぐに飛んで行き腹を温めればよいとか、医者に見てもらへとか何と云ふ薬を呑めとか色々の世話をやき、又其所から帰る時には序に他の妾の部屋〳〵を見廻はりて愛嬌の言葉をかけ其妾の子供の頭を撫でゝやると云ふ風に、中々操縦がうまかつたさうだ。

　因に云ふ、袁世凱は其頃自分の近くに若い妾四五人を各々数個の部屋に割当てゝ置き、年をとつた妾と正妻は遠く離れた部屋に分けて住んで居たのである。妾共の操縦は袁世凱も却々《なかなか》旨《うま》かつたさうだが、兎角無教育の者の常として相互にいがみ合ひ、甲の妾の所に許り親切にして己の所は顧みないとか、又は乙の妾の子供を抱いてやつたけれども己の所の子供は構はなかつたとか、下らぬ事で蔭口を云ふ事が非常に多いのを、先づは太平無事に彼等を丸めていつたのは主としては正夫人の力であつたと云ふ事に聞いてゐる。かういふ常識の発達した人であるから袁世凱が死んだ後の家庭内の跡始末は此正夫人でなければ付かなかつたらうと思ふ。長子克定は予の知る範囲に於ては、あんな大家族の始末はつけ得ないと思ふ。然るに此正夫人は常識の発達した人だけ、支那の在来の風習に従つて遂に夫に殉して毒を呑みしは袁家の為には洵《まこと》に残念な事である。尚妻が夫の死に殉すると云ふ事は、支那では決して珍らしい事ではない。心ある者は素より自ら進んで殉するのであるが、かういふ事が社会の美風となつて居るだけ、中には社会の習慣に迫られて心ならずも自害する者もあるさうだ。甚しきに至つては其家族が自分の家から斯の如き節婦を出したと云ふ虚名を得んが為に殉死を迫るものすらある。応ぜざれば強いて毒を呑まして殺すと云ふ事もある。又複雑な家族関係のある所では、後に残して面倒の種子になる故人の妻を、無理に殉死の美名の下に殺す事も少くないと聞いて居る。かういふ様な訳で、殉死と云ふ事は支那に於ては屢々聞く話である。最も袁氏正夫人の死はこれは真の殉死であらう。

（註）　一旦伝へられた正夫人の殉死は、後に至つて嘘だと取り消された。然るに其後支那より到着した新聞の所報に依るに、大姨太太、二姨太太、五姨太太の三人が毒を仰いで殉せんとしたが、後二者は幸に蘇生したけれども、前者は其儘息絶えたとある。大姨太太とは第一の妾で、次は第二第五の妾の事である。正夫人の殉死のことは一言も書いて居ない。シテ見ると日本の新聞は第一の妾のことを正夫人と間違つたのであらう。第一第二と番号の附くのは妾のみで、正夫人は只太太とのみいふのを、第一夫人とあるから正夫人の事だらうと誤解したのであらう。

袁世凱は正妻の外沢山妾を置いた。日本の新聞等に袁世凱の妾の中には日本人もあれば西洋人もある等と云ふのは虚言である。十年前予の袁家に客たりし頃は日本人や西洋人などはなかつた。其後と雖も一般支那の家庭の事情から想像して見るに、日本人や西洋人を妾として入れると云ふ事は全然不可能のことである。又或新聞には彼は大総統となつてから妾の数を減じたと書いてあつたが、これも虚伝であらう。支那で妾と云ふのは日本の妾とは違ひ、云はゞ副妻とでも云ふべき立派に家族の一人となるのである。簡単ながらも相当の結婚式を挙げて入れる所の一種の配偶者である。従つて一生其身を夫に托するので、さう勝手に出たり入つたりするものではない。今十年前と比較して多少新らしいのを入れたと云ふのならば納得が出来るが、これを減じたと云ふ説は信ずる事は出来ない。十年前には正妻の外に妾が六人あつた。其中第四夫人と云ふのは明治三十八年に死んで、第一夫人より第七夫人迄ある。其中の第三夫人と云ふのが朝鮮人であると云ふ噂である。此夫人が一番多く子供を持つてゐるし、又一番悧巧なので一番袁世凱の気に入つてゐた。第三夫人も亦毒を仰いで袁に殉せんとしたと云ふ報道も或は事実であつたらうと思ふ。

序に申すが、日本の新聞で正妻を第一夫人と云ひ毒を呑で殉せし夫人を第三夫人と云ふは誤である。正妻は正妻で第一第二の番号のつくのは妾だけである。毒を呑まんとした第三夫人とは妾の中の三番目で正妻から数へれば四番目に当る。第一夫人は肺病で且つ阿片《あへん》中毒であつたから或は今頃は死んで居るかも知れぬ、第二夫人は子供がなくて第三夫人の子一人を貰つて自分の養ひ子としてゐるなどゝ云ふ話も聞いた事がある。長子克定は正妻の独り子で次男も三男も第三夫人の子。其他の子供の事は余り知らない。子供は全体で二十人以上もあらう。袁克定自身も正妻の外一人の妾を有し、子供が三人あつた。今は六七人にもなつてゐる事であらう。

子供の教育は自分の家に家庭教師を呼んで他に親類の子供も集め一緒に単級教授をやつてゐた。併し大体に於て袁世凱は子供の教育に就いては余り熱心でなかつた。一つには子供の身体が弱かつた為でもあらう。次男三男などは母の朝鮮人が身体が弱いので、従つて自身も非常に弱い。唯生きてさへ居ればよいと云ふので遊ばして居たやうである。四男五男を英国に留学に出して居るなどは破格の中に属する。長子克定は支那の学問は相当に行つて居るやうだが、今日の実用の科学を極めて疎略にして居る。彼は一部の人が云ふ如くもと〴〵不肖の子ではない。極めて聡明悧発の素質を有つて居るのであるけれども、正式にみつしりと教育をしなかつた為め、到底親の後を嗣《つ》いで大業を成すやうな人物には出来てゐない。他の子供に就いても大抵同じやうなことは云へやう。

して見れば、袁世凱が死んだ後の袁家の有様は、大風の後の野原のやうなもので、後には何等目につくやうなものは残らない。無論金は相当に持つて居るだらう。莫大の金があると云ふ人もあり、案外に金がないと云ふ人もある。併しながら、あれ程の大きな店を張つて居りながら非常に金に穢《きた》なかつたと云ふ内情を知つて居る予より見れば、必ずや相当に金を貯めて居たに違ひないと思ふ。食ふに困るやうな事は無論あるまいが、併し袁克定を頭にしてあれだけの大家族を安穏に引き廻はして行くには徐世昌辺りの手腕にでも頼らなければなるまい。まあ家族は引纏めて故郷河南に退隠するとし、無名の村夫子に終ると云ふ位が関の山であらう。

支那の中央政府が何人によりて組織されるかは、今日の所解らないが、仮りに袁世凱に反対して起つた南方革命派が天下を取つたにしても、袁家の遺族を何処迄も追窘《ついきん》すると云ふ事はしないだらう。仮令袁世凱に帝位を望んで国家を私するの大罪ありしとするも、其子孫には何等叱譴《しつけん》すべき事はない。袁世凱が悪いからとて何も其子孫を極端迄虐《いじ》める必要はなからう。新政府は恐らく寛仁の態度と度量を示し、袁家の安穏なる生活は無論大目に見てやるだらう。果して然らば、袁世凱の一代は所謂槿花一朝《きんかいつちよう》の栄にして、其子孫は今後中華民国の平民として平凡なる生存を続くるに止まる事であらう。

扨て袁総統の逝去は支那当今の時局に如何なる影響を及ぼすであらうか。之を明かにするには先づ彼が生前に於ける政界の形勢を一瞥《いちべつ》するの必要がある。

(二) 袁氏生前に於ける南方の形勢

袁氏生前の政局に於て、最も著るしき現象は南方革命派の勢力発展であつた。三月央《なか》ば頃までの南方の形勢の頗る振はなかつたことは既に説いた。其後に聞いた所に拠ると、南方の振はなかつたに就ては少くとも二つの大なる原因がある。一つは四川方面に於ける手違ひである。動乱勃発の当初南軍は四川省の劉存厚及び周駿《しゅうしゅん》の内応の約束を信じ周をして早く重慶を占領せしむる計画であつた。重慶が手に入れば将軍陳宧の加担は当然のことである。然るに劉は早く味方したけれども、周の方には計画に手違ひを生じて重慶はやがて北軍の拠る所となり、為めに周は予《かね》ての約束の通り、南軍に応ずることが出来なくなつた。もう一つは南京の馮国璋の違約である。彼は帝制反対の熱心なる主張者として早く蔡唐一派の注目する所となり、雲南挙兵に先つて上海及び東京の革命同志が人を南京に派して説かしめた結果、彼は雲南と前後して事を挙ぐべきを約束したのである。然るに彼は中途何かの理由で寝返りを打つたと言はれて居る。以上二つの事情は、南軍の勢が計画者の当初の予期に反し、第一革命当時の如き急速なる発展を見なかつた重大なる原因である。斯くして長江以北は南軍をして一指をも染めしめず、其上四川省へ派遣せられた北軍も却つて着々蔡鍔の軍隊に圧迫を加へて居つた。当時北方の意気込は飽くまで武力を以て南方を圧倒すべしと言ふ旺《さか》んな意気込であつた。

然し乍ら此の北方の意気込は、三月十五日広西の独立宣言に因つて鼻先をへし折られた。四川の形勢不利なりと見るや、革命派は或は山東或は満蒙方面に事を起して頻りに北方を牽制せんとしたが、之れにも増して大勢挽回の為めに最も有効な働をなしたものは、上海の同志が梁啓超を送つて陸栄廷を説かしめた一事である。陸栄廷は固より同志の士ではあつたが、広東を憚つて容易に起たなかつた。梁が仏領海防より梧州に入り、陸の部下の陳炳焜と心を合せ、熱心に彼を説くに及んで、彼が雲貴討伐の大命を拝して北京から莫大の費用の送附を受けた翌日、乃ち梁と連名で広西の独立を宣言したのである。之より南方は大に勢を盛り返す事となつた。当時岑春煊は日本に在つて或種の運動に従事して居つたが、其運動の多少の成功を収めたといふ報道も亦、広西を動かすに与つて力があつたらうと想像する。

広西の独立はやがて広東の独立を促がす事になつた。一体広東が起たなければ広西は起つことが出来ない形勢にある。強いて広西が先に起つた以上は、無理にも広東に迫つて提携を強要せなければならない。果して広西は三月二十五日陸、梁の名義を以て広東に最後通牒を送つた。然るに先にも述べたるが如く広東将軍竜済光は袁世凱の幕下であり、且つ嘗て革命党に大迫害を加へた来歴があるので容易に南方に加担することが出来ない境遇にある。北京政府も亦広東に離れられては大変だといふので、頻りに牽制運動に努めた。茲に於て広西はいよ〳〵兵を以て迫るといふことになり、三月二十八日には兵を入れて欽州を取り、更に雷州半島に旗を進めた。其上広東省の内部には陳炯明一派の暴動があり、汕頭《スワトウ》、潮陽等の独立を宣言するあるに及び、北京より袁乃煌《えんだいこう》を遣はして切に竜を説得せしめたに拘はらず、大勢に抗することを得ずして竜は四月六日を以て兎も角も広東独立を宣言した。斯くして南方の気勢は益々昂つた。

此頃恰度岑春煊は日本から帰つた。両広の有志は多年此方面に勢力ある岑を担いで両広統一の計を立てた。之は南方独立諸省聯合の前駆と見るべきものであるか、或は竜済光の態度に未だ煮え切らざるものあるが為めに、岑を担いで両広統一の名の下に竜を抑へる為であつたか、能く分らないが、兎に角「広東広西両省の軍隊を統轄し、一切の軍務を管理し、政務財務を兼籌」せしむるといふ趣意で、四月三十日両広護国軍都司令に任じ、梁啓超、李根源は各々都参謀、副都参謀に任じて参謀部を組織し、其他外交財政等の部局をも設けられたのである。尤も之に先ちて竜済光の態度が独立宣言後も曖昧であると言ふので、広西は再び討伐の決心をなしたのであるが、日本領事の調停により、四月二十四日袁世凱の派遣したる密使袁乃煌を銃殺して他意なきを示し、やつと纏つたのであるが、それでも竜の態度に十分心を許せないと言ふので、都司令部も広東に置かずして之を肇慶《ちょうけい》に置いた。

南軍の形勢は更に五月六日、両広と雲貴を合して四省を包括する軍務院の組織成るに及んで更に大に振張した。軍務院は雲南都督唐継尭を撫軍長とし、岑春煊を副撫軍長とし、更に劉顕世、陸栄廷、竜済光、岑春煊、梁啓超、蔡鍔、李烈鈞、陳炳焜の八人を撫軍とするものであり、畢竟両広雲貴の主たる当局者を以て組織する者ではあるけれども、其自ら任ずる所は一地方機関を以て居るものではない。「大総統に直隷し、全国の軍機並びに交戦の事及び其前後一切の政務を統一籌辦《ちゅうべん》」するといふ意気込である。即ち彼等は袁世凱の不規を謀れるによつて中華民国大総統の職は当然黎元洪の継任する所となれりと解し、而かも黎は所謂賊囲に陥り自由の意志を以て国務を親裁することは出来ない、畢竟目下の支那は無政府の状態に在るから、茲に暫く軍務院を設けて、正当なる政府の成立するまで軍国一切の事務を行ふと声言して居るのである。此意味を以て全国に宣言し、此意味を以て外国代表者に宣明を発した。本部を依然肇慶に置いて広東まで乗出し得なかつたのは、些《いささ》か歯痒く思はるゝのであるけれども、而かも彼等は之を以て交戦団体としての承認を諸外国に求むるの下準備と為さうとしたのである。実権の岑にあることは言ふを俟たない。撫軍長の地位を唐に譲つたのは、起義創唱の功を雲南に譲つたのと、又平素政敵の多い岑を表面に立つるを憚つた為めであらう。之より南方革命派の中心点は益々明白になつた。即ち南方に於て実際事を挙げて居る所謂軍人派とでも言ふべきもの丶中心は岑春煊であり、之が唐紹儀を中心とする在上海の所謂文治派と両々相俟つて、討袁の大旆を翳して居る訳になる。

斯く南方の旗幟鮮明になると、所謂護国軍加入の名義の下に独立の宣言をするものが段々と殖えて来る。南軍が湖南省に進出して段々北〔上〕するに従ひ、所在独立の声を挙ぐるもの少からず、五月央ば迄に湖南の南部地方は殆んど護国軍の風靡する所となつた。五月の五日浙江省も亦独立を宣言し、態度曖昧なりし朱瑞《しゆずい》は斥けられて新たに呂公望が推されて都督となつた。彼が革命派中の少壮頭目であることは人の知る所である。又四川省では三月末より南北両軍の間に休戦の約成り、其間屢々蔡鍔の軟化説などが流布されたけれども、結局陳宧を丸めて五月二十日過ぎに独立の宣言をなさしむるに成功した。二十四日北京政府の策令で、陳宧を免官し其上京を命じたのは、四川の北京に対する絶縁を明証するものである。新たに四川将軍の任命を受け成都の討伐に向つた周駿が、本来南方に款《かん》を通じて居るものたることは先にも述べた。北軍を代表して一時蔡鍔の軍を困しめた重慶の曹錕までが、大勢に推されて独立を宣言せんとして居るといふ事である。之と相前後して陝西省に於てはまた陳樹藩《ちんじゆはん》の三原県に於て独立を宣言し、将軍陸建章《りくけんしよう》を追うて遥かに四川に呼応するものがある。陳樹藩は実は四川省の独立するのを待つて居つたのである。曾て袁世凱の意を迎へて国民党員の大虐殺を行ひ、残忍の度遥かに趙秉鈞《ちようへいきん》に超ゆると称された陸建章が、其身危しと見て逸早く西安を見捨てたのは無理もない。二十五日陝西省の全部独立成り、更に動揺は山西に及ばんとして居る。五月二十日には新疆《しんきよう》の独立、二十九日には湖南の独立を報じ、江西も亦大に動揺して居ると言ふことであつた。

是より先、孫逸仙の一派は山東及び上海に於てまた事を挙ぐるの計をなして居る。上海に於ける陳其美の軍艦策電乗取事件（五月五日）は見事に失敗して之に加担せる日本の予備軍人八名捕虜となつて日本官憲に引渡されたといふ醜態を演じたが、居正を謀主とする山東の挙兵は、五月四日夜の濰県城攻撃に初まり、屢々失敗したるに拘はらず、遂に二十四日を以て北軍の守備隊長をして開城退却せしむるに成功した。済南府に於ても暴動相踵《つ》ぎ、将軍靳雲鵬は大勢に押されて危く独立を宣言せんとしたが、北京に呼返へされ途中天津で姿を隠くした。五月三十一日新に張懐芝其位を継いだが、固より革命軍を撲滅するの見込は立たない。山東の居正の運動は、陰に陽に日本人大に之を援けて居ると言ふ風説の真偽は固より之を知らないが、兎に角此運動の成功は著しく北京を脅かすものであり、仮令十分成功せずとするも、少くとも徐州の張勲を牽制するの効能は大にある。上海の方面は一敗地に塗《まみ》れたけれども久しく日本に在つた孫逸仙を五月三日此地に迎へてより、彼等の運動は又更に一新生面を開かんとして居る。孫の片腕たりし陳其美の暗殺(五月十八日)は、惜しい事ではあるが全体として大なる損失ではない。

孫派の事に就ては、茲になほ一言註解を加ふるの必要がある。此一派は旧国民党中の過激派として従来余り世間の同情が無かつた。従つて今度の討袁運動についても、国民党中の温和分子は、進歩党とは提携しても孫逸仙の一派とは事を倶《とも》にすることを欲しなかつた。固より孫逸仙は革命運動の元勲なるが故に、成功の上は厚く之を本国に迎へると言ふ考ではあつたさうであるが、然し大事の成功するまでは、寧ろ彼等を除外するを必要と認めて居つたらしいのである。孫逸仙の一派も亦自ら中華革命党なるものを組織し、自分一流の考で革命を遂行する決心を堅め敢て他人の計画に参加するといふ考を持つて居ない。故に今度の革命運動に就ても、初め孫派は全く無関係であつたが、之が三月の末に至つて両方の妥協成り、所謂大同団結茲に成立して其上で孫逸仙が上海に帰つたのである。此事は又支那に於ける各派の革命主義者を精神的に統一する上に頗る有効なものがあつたらうと思はれる。猶ほ孫は六月九日を以て中華革命党の解散を宣言し、七月二十五日を以て之を各方面に通告した。

斯くの如き形勢であつたから、最近の北京政府の状態といふものは、宛かも懸軍万里重囲の裡に陥つて居るが如きもので、袁氏の運命は言はゞ風前の灯火であつた。唯南方には一挙に敵を挫く為に必要なる金と武器とを欠いて居る。これさへあれば天下は忽ちにして袁を離れるのであつた。或人は南方諸派の折合が付かないとか、或は黄興派と唐紹儀派との間に暗闘があるとか、又は文治派と武断派との間に十分の疏通が出来て居ないとかいふのであるが、一部分斯《かく》の如き事情もあつたらうとは思ふが、然し之は討袁運動の遂行に大した邪魔になる程ではなかつた。討袁の目的を達した後新政府を如何に組織するかといふ問題を論ずべき時代になつたら、無論幾多の暗闘、幾多の反目を見るであらうが、彼等は差当り討袁といふことに余りに熱心であるので、此目的の為めの結束は頗る堅いものがあつたやうだ。故に或一部の人の言ふが如く、南北は結局妥協するであらうなどゝいふのは、当時の形勢に於ては断じて有り得ないことであつた。討袁の遂行は主として南方武断派の希望であり、上海の文治派は必ずしもそれ程極端ではなかつたといふやうな説もあつたが、然し之は事実ではないやうだ。上海に集つた二百余名の旧国会議員が三月下旬、自ら上海に於て正式の国会を召集すべきことを協定し、四月上旬には所謂国会議員通訊所なるものを設け、五月十七日にはいよ〳〵国会議員の召集を決議発表したのは彼等が全然袁政府を度外視し、肇慶に於ける軍務院と呼応して南方に於ける独立の議会と政府とを作るといふ決心であつたことが分かる。即ち彼等は両院議員を六月三十日を限つて上海に召集し(後報に依れば七月十日開院式を挙ぐべしといふ)以て曩《さき》に袁世凱の蹂躙する所となつた議会を恢復しやうとしたのである。日本の二三の新聞に此議会の召集を袁世凱の死後に決定されたやうに書いたのは誤りである。支那の新聞には五月の二十日頃から此広告が発表されてあつた。

要するに五月末より六月初にかけての形勢に依れば、北京政府は正に累卵の危きに在り、南方革命軍は遠からず一大飛躍をなして討袁の目的を貫徹すべく見えて居つた。此時に当つて我々の最も注目して居つたのは、黄興の日本に於ける運動画策である。彼は今度の運動に全然無関係ではないが、然し革命遂行の功を蔡鍔や唐継尭等に譲り、自分は暫く傍観の地位に立たうといふ当初の考であつたらしい。けれども本国並に在日本の同志の急を説いて彼の帰国を求むるものあり、遂に五月初め旅装を東京に解くことになつたのである。爾来彼は客を避けて頻りに東奔西走して居るやうであるが、彼が奔走の功を奏していよ〳〵帰国するの時は、即ち南方革命派の一大飛躍をなすべき時であつた。然し是等の計画は袁世凱の死に由つて、一大変転を見ることになつたのである。

(三) 袁氏生前に於ける北方の形勢

翻つて更に袁世凱を中心として彼の生前に於ける北方の形勢を観察しやう。前にも述べたる如く、袁世凱は初め武力討伐の可能を信じて居つた。而して此信念に冷水を注いだものは広西独立の報である。三月十七日総統府に開かれたる重要会議は、武力討伐案を断念し、法を設けて南方の鋭鋒を挫き、天下の形勢を我に有利なるやうに転ぜしむるの策を取ることに決めたらしい。是より彼は凡ゆる策略を弄して、体面と実益とを損ずる事なくして南方と妥協し、所謂名を捨てゝ実を取るの奥の手の策略を連発することになつた。第一着に取つた方法は、所謂帝制の取消によつて南方より反抗の口実を奪ふといふ方策である。此事は二十一日の重要会議で決定したので二十二日の申令で以て明白に帝制取消といふ事を宣言したのである。同時に洪憲の年号を廃し、又大典籌備処をも廃し、皇帝推戴状を代行立法院に返附し、斯くして一方には人望の恢復に資し、他方には南方をして反抗の口実なからしめんとした。同日更に徐世昌を起用して新内閣を組織せしめ、又段祺瑞を挙げて参謀総長に任じ以て南方と妥協するに意あるの態度を装ひ、更に又南京の馮国璋に頼んで南北調停の労を執らしめやうとした。之と同時に袁世凱は又南軍に向つて休戦の申込をした。南方では形勢の悪かつた四川方面に於ては、此申込に応じて一ケ月の休戦を約したけれども、景気の好い湖南方面に於てはどんどん進兵を熄めなかつた。兎に角斯くして袁世凱は南方に向つていよ〳〵妥協を申込むといふ段取りに進んだのである。即ち三月二十四日の日附で、袁は黎元洪、徐世昌、段祺瑞三名の連名を以て陸栄廷、梁啓超、蔡鍔、唐継尭等に書面を送り、帝制取消の詳細を通牒し、斯く南方の目的が達せられた上は直ちに兵を収め、速に善後策を講じやうではないかと提議せしめたのである。けれども南方は固より軽々しく此提議に乗るものではない。彼等は互に電報を以て意見を交換し、三月廿六日、（一）一定の日を限つて袁世凱其職を退き且つ国外に去る事。（二）袁世凱の子孫の参政権は永久に之を剝奪する事。（三）帝制元兇楊度《ようど》、段芝貴《だんしき》等十三人を誅戮《ちゅうりく》する事。（四）帝政籌備費及び此度の軍費は袁世凱及び前記十三名の家産を以て賠償する事。の四ケ条を承認するならば妥協の申込に応じやうといふ返事をした。其後三月二十八日、北京政府は再び雲南・貴州・広西の三省に向ひ、例の所謂某国干渉の禍害を説いて国家の為めに妥協するの急要を迫つたけれども、革命派は断然之を斥けた。そこで袁政府は然らばせめて上海派だけでも動かさうとしたのであるが、上海派も亦共和主義の維持、民国約法の復活、袁の退位及び黎の継任並に袁の処罰を条件とするにあらざれば、其提議に応ずる事が出来ないと返事したので、折角の妥協も遂に成功する事が出来なかつた。

老猾《ろうかつ》なる袁世凱は、一方休戦妥協の為めに努力して居りながら、他方討伐の用意をも決して怠らなかつた。北京政府が比較的優勢なる兵力を有しながら武力討伐に成功し得ざりし所以のものは、一般の人気を失して居るといふことの外に財政に困難して居つたといふのが最も大なる源因であつた。外国の管理の下にある塩税の収入は交附されない。各省の分担金は減じて僅かに平時の三割を得るに止まつた。日に〳〵財政が困難するので、遂に五月十六日には兌換《だかん》の停止を見るに至つた。其間政府は頻りに塩務顧問デーンを通じて塩税剰余金の交附を嘆願し、又頻りに米国方面に向つて借款の運動をした。之は単に一般政費の欠乏を充たす為め許りではない。其証拠には外国公使団が塩税剰余金の交附は即ち支那に於ける一方の勢力の助長になるからといふので、其交附を承諾しなかつたのでも分かる。此時外交団は、既に北京政府をば事実上支那に於ける一地方的勢力に過ぎずと観て居つたものらしい。要するに借款の運動は其声の大なりしに似ず殆んど一つも成功しなかつたやうである。

各種の手段に失敗して、袁は最後に段祺瑞の力を藉りて疏通の道を講じやうとした。彼が自ら国務総理にして陸軍総長を兼ね、袁の家の子郎党を集めて所謂責任内閣を組織したのは四月二十二日である。段祺瑞は素《も》と袁世凱の幕下であつたけれども、最近袁の忌諱に触れ一度は彼の暗殺の毒手に付け狙はれたこともある。帝制問題の起るや、堂々と反対の意見を発表して南方の連中をして密かに痛快を叫ばしめた。久しく北京に蟄居して一身の安全を計つて居つたが、今や時局の急を救ふべく、袁世凱の懇望辞《や》み難く廟堂に起つたのである。彼は予《かね》て時局の収拾には武力の討伐か、根本的の妥協か、二者其一を執るべく姑息の小策は却つて大局に妨げありと云ふ議論を発表して居つた。今や武力討伐不可能なりとすれば、大に南方の意見に譲歩して妥協を計ると云ふのが彼の立場であらねばならぬ。此点を利用して袁世凱は彼を起して妥協の功を遂げしめんとしたのである。然れば段祺瑞を挙げたといふ事は一面に於て袁に大なる譲歩の意思ありといふ事になる訳である。然しながら南方革命派は、仮令幾分段の意を諒とするものありとは云へ、袁の退位といふ根本点の一致を見るにあらざれば、断じて妥協に応じないと云ふ決心を固めて居る。袁は固より之を欲しない。そこで段は遂に袁に退位を迫つて時局を収拾しやうと考へたのであらう。其為めにや彼は四月二十七日袁世凱が引続き持つて居つた二十四万の軍隊の統率権を内閣に移さんことを乞ふたのである。けれども袁世凱は大元帥軍事統率弁事処を廃して全然孤立無援の地に立つことを欲せず、段の要求を斥けた。而して五月一日には総統府内に重要会議を開き、予は敢て地位に恋々たるにはあらざれども、今日を以て退位するは即ち国家の為めに計つて忠なる所以にあらずと称して明白に留任の決心を宣明した。是に於て段祺瑞の苦心も亦水泡に帰し、妥協の望は全く絶えた。唯彼は袁世凱の兵力に脅かされつゝ、責任内閣の首班たる空名を維持するに過ぎないものとなつた。

段祺瑞の妥協失敗に次いで起つた問題は南京会議である。南京の馮国璋は五月五六日の頃蚌埠《ぼうふ》に倪嗣冲を誘ひ、連れ立つて徐州の張勲を訪ひ、相談の結果、未だ独立を宣言せざる各省に打電し、各々全権代表一人を南京に派遣して、時局解決の会議を開かんことを提案した。此会議招集の魂胆は如何なる点にあるかと言ふことは、今日尚疑問である。然しながら馮国璋の人と為りを考へ、又当時北京の情勢等を考へ合はするに、之れ恐らくは段祺瑞を出し抜いて時局解決の功を全うせんとする袁世凱の策略に出づるものではあるまいか。袁は一旦段を呼出したが、彼に自家の兵権を奪つて退位を迫らんとするの腹あるを見、乃ち彼には見切りをつけ、更めて馮に依つて最後の解決を計つたものであらう。一体馮は帝制問題に対する是非の論盛なるに方《あた》つては、之に反対の意を発表し、又南方の動乱起つて後も頻りに退位勧告を繰返して、只管強硬の態度を装うて居つた。蓋し彼は前にも述べた如く其初め南方に款を通じ、而かも寝返りを打つて南方の計画を齟齬せしめた者であるから大に南方から恨まれて居る。然ればと言つて袁世凱からも喜ばれない。一度南方に通じた位だから、北では彼を以て一種の危険人物視して居る。所謂二兎を追ふ者一兎を得ずで、彼は南北両方から頼み甲斐なき人物と見らるゝ事になつた。そこで彼は一方に於ては頻りに強硬の態度を執つて居るが如くに南方に衒示し、他の一方には或は密使を袁に送つて「強硬の言論をなすはもと其本心にあらず」などゝ弁解せしめ(四月廿九日)他方は頻りに南方に打電して戢兵《しゅうへい》を勧めた。老猾なる袁世凱は馮の不忠を憎むよりも、寧ろ彼を羅致して我用を為さしめんとしたのであらう。乃ち彼に征討総司令官の大任を与へて北上を勧めた。が、彼もまたさる者、病と称して再三之を辞退した。其間に彼は切《しき》りに袁世凱から時局を調停するの業は君を措いて他に之を完うすべき人はないなどゝ煽《おだ》てられしものと見ゆる。斯くて彼は五月一日遂に所謂時局解決案八ケ条なるものを掲げて南北の間に斡旋せんと試みた。南方の之を容れざるを見るや、乃ち彼は策を転じ、自ら主盟となりて未独立の十五省の勢力を糾合し、其威力を以て解決を南方に強制しやうとしたのである。斯くして張、倪を語らつて協同連名の通電を諸方に発したのは其外貌だけで判断しても、之は馮国璋の策と言はんよりは寧ろ袁世凱の策らしい香ひがする。人によつては此策の出所はモリソンで、親しく之を馮に説いたのも亦モリソンであるといふ者もある。通電を発したるは五月六日。而して其後発表された議題なるものを見るに、馮の従来の説とは勿論、五月一日の提案八ケ条とも著しく異り、当今の主題は国家存亡にあり、袁世凱の退位と否とは第二の問題であると云ふ名目の下に、明白に袁擁護を標榜して居る。之を段祺瑞の解決案に対する袁世凱の面当と想像して見れば、其間に言ふ可からざる皮肉味がある。然し袁擁護を既定の条件としては時局の解決が容易でないけれども、甘《うま》く行けば政界の中心勢力たるの地位を占め得ると言ふので、彼はこの果敢《はか》なき空望に動かされてうま〳〵袁の策に乗つたものであらう。果して彼の空望は真に空望に終り、其結果は決して予期の如きものではなかつた。第一に馮の鼻柱は唐紹儀等の上海派が発表した痛激なる反対意見に依つてへし折られた。此反対意見は「二十二省旅滬公民唐紹儀等反対馮電之宣言」といふ名の下に、共計一万三千九百七十一人の名前を以て発表せられた。勿論此中には田舎に居り、全く相談を受けない人も有るさうだ。現に日本に滞在して居る人の名前も見えて居る。けれども此宣言書の発表は著るしく馮の計画の人気を落し、未だ開会せざる先きから世間では余り多くの希望を繫《か》けないやうになつた。されば開議〔会〕の予定日(十五日)までに代表者の集まるもの少く、偶々集るものも独立の議決権なき地位の低きものが多くして、為めに数日の延期を余儀なくされた。十七日、十九日予備会議を開いたが、何の纏まる所もない。而して大勢は袁の退位を以て時局解決の為めに根本的に必要なりと言ふにあつた。二十日いよ〳〵本会議を開き、更に二十二日の会議に於て袁の退位は既定の方針である以上、我々は宜しく独立各省の代表者をも入れて善後策を講ずべしと云ふ、丸で当初の趣意とは違つた決議が通過することになり、為めに二十三日を以て雲貴両広浙の五省にも代表者の派遣を電請すること丶なつた。然しながら独立五省は此請求に応じない。却つて肇慶の一派は馮国璋の主張の一顧に値せざることを明言し、且つ袁退位するの後にあらずんば、絶対に調停を問題とすべからざる旨を宣言した。そこで折角の南京会議も目的を達することが出来ないと言ふ事になり、二十七日更に正式の会議を開くべき筈であつたにも拘はらず、代表者にそろ〳〵帰国するものを生じ、自然会議が不可能となつた。斯くて有耶無耶《うやむや》の間に終り、六月四日遂に馮をして北京政府に向ひ、南京会議已に解散せるを以て時局解決の方法は内閣自ら速に之を講ぜられんことを乞ふと打電せしむるに至つた。

尚之に関聯して一言すべきは、南京会議に対抗して段祺瑞が企てた北京会議の事である。各省の代表者を集めて時局解決の途が附くものならば馮よりも己れの方に寧ろ便宜があると言ふ考であらう、段も亦各省より代表者三名を呼んで北京会議を開くの計を立てたが、然し之は実現せらる丶に及ばずして袁世凱の逝去を見、結局立消えに終つた。

以上の如く袁世凱は苦心に苦心を重ねて時局の収拾に骨折つたが、同時に彼の陰険辛辣なる亦決して南方攪乱の手をも緩めなかつた。其結果として顕はれたものに、五月十八日の陳其美の暗殺がある。矯激に過ぎて孫逸仙も多少持て余したといはる丶陳其美、他の革命派からは却つて之と事を共にしては最後の目的の貫徹に妨げありと厄介視せられて居つた陳其美を殺したと言ふ事は、一方に於ては徒らに袁世凱に対する反感を強め、他方に於ては南方の結束を動《やや》もすれば妨げんとする障害物を除いた事になつて、結局北方の為には何の役にも立たない。梁啓超が母の喪を秘して国事に奔走して居つたのを素破抜《すっぱぬ》いたのも北方であると言はれて居る。為めに梁が喪に服して実際の活動から暫く離れても、南方は大して困る事はあるまい。人によつては比較的に保守的なる思想を有する彼の引退は、結束を鞏《かた》むる上に寧ろ都合がいゝなど、言ふものもある。斯くして袁の為す所、為さしめたる所は、結局彼に取つて大した利益にはならなかつたやうであるが、然し兎に角南方の足並を乱すことの用意を怠らなかつたことは疑が無いやうだ。

生前一両月間の袁の活動は、縦横の奇策をやるに不屈不撓の精神を以てし、其情形頗る素晴しいものがあつた。然し大勢は彼に不利にして、今や殆んど百計将に尽きんとするの有様にあつた。けれども彼は最後まで退位の決心を為さなかつた。然らば彼に最後の勝利を占むるの確信があつたかと言ふに、必ずしも然うではあるまい。聡明なる彼に大勢の見えぬ筈はない。それにも拘はらず、彼が最後の勝利を確信せるかの如き態度を以て飽まで留任の意思を翻へさなかつたのは、或は南方の運動は日本の後援に由ると誤信し、而して近き将来に於て或は来るべき日本の政変は南北対峙の勢力関係に重大の影響あるべき事を予期したのか、又は更に他の一面に於て、密かに英米の後援を便りとして居つたのではあるまいか。三月二十九日北京発電として三十一日の『東京朝日新聞』に載する所に拠れば、袁は腹心の者を派して馮に説かしめた中に「帝制を取消して日本をして干渉するの余地なからしめたのは、予て日本の野心を憂へて居つた英国公使ジヨルダンの勧告に従つたのである。日本にして此上我国に干渉するが如き事あらば、英国は米国を語らひ、協同して日本を圧迫する訳になつて居る」と言はしめたとある。此報道にどれ丈けの根拠ありやは、予の知らざる所なれ共、北京政府が英米の後援をば心密かに頼んで居つた事は疑が無いやうだ。英人自ら袁等をして斯くの如く信ぜしめたかどうかは、今の所分らない。何れにしても斯の如きは固より空望に属するものにして、局外の観察者に取ては、袁の地位の正に累卵の危きにあつた事は疑が無かつたのである。北方の勢力がさう容易《たやす》くは落ちないとしても、袁の運命だけは、慥《たしか》に風前の灯火であつた。没落に先だつて死んだのは、却つて其終りを全うしたるの感がないでもない。

(四)　袁の逝去による形勢の変動

袁の逝去が南北両方に少からぬ変動を及ぼすといふ説には何人も異議は、有るまい。唯如何なる種類の変動を及ぼすかゞ問題である。

第一に南方の態度に如何なる変動が起るだらうか。此点を考ふるには先づ南方の運動の真の目的は何かといふことを見ねばならぬ。表面の目的は言ふまでもなく討袁であるけれども、然し彼等の結局に於て目的とする所は、一つには袁世凱によつて代表せらるゝ旧式政治の根本的打破であり、も一つには自家の手に政権を獲得することである。此二つの目的が達せられるまでは、仮令直接の相手が死んでも、直ちに引込むものではない。最後の目的を達するまでは何処までも運動を続くるの必要がある。然るに袁世凱の死は此最後の目的を達する上に如何なる関係を及ぼすかと言ふに、成程一方より観れば自分達の運動に対する最も強大なる障害が無くなつた事になるから、喜ぶべき出来事のやうにも見える。然れば逝去の報道の伝はつた当初は、性急なる一部の革命主義者は袁逆遂に天誅に服すなど、云つて盛に祝盃を挙げたさうだ。が、然し他の一方から観れば、袁の死は亦彼等の運動を継続するの口実の消滅になる。其故如何といふに元来支那には弊政改革の意義が十分に民間に徹底して居ない。少くとも革命の必要を純粋に感じて居るものは極めて尠い。加之一面に彼等は乱を好まぬ人民である。此の人気に逆うては、折角事を挙げても容易に成功を見ることは難い。殊に革命派は其運動に必要な金を一部は外国から借入れるならんも、他の重なる一部分は所在の商務総会等より得るのであるが、是等の豪紳はもと国民中最も平和を欲する部類である。漫《みだ》りに乱を起せば彼等より糧道の補給を受けることが出来ない。如何に革命者が彼等の人気を顧慮して居るかは、現に彼等の後援の下に革命運動を遣つてゐる今度の連中は、一面に於て成る丈け避けられる丈は戦争を避けやうと勉めて居るの事実を以ても分る。今日の革命運動が徒らに筆舌の論戦に走つて、捗々《はかばか》しき進行を見ないのは強ち武器弾薬の不足の為ばかりではないのである。然ういふ次第であるから、単純な政治改革と云ふこと丈けで旗を挙げると云ふ事は、支那に於ては実は余程困難だ。そこで何等か他の、民間に蟠《わだかま》つて居る政府反対の不平の念を利用するの必要がある。之れ曩の第一革命が排満思想を利用して起つた所以である。今度の第三革命は又実に帝制問題の結果として起つた激烈なる袁世凱排斥の機運に乗じて起つた。之れが今次の革命運動の非常な勢を以て発展した主要なる原因であるが、同時に之れが又革命運動の中に潜在する隠れたる弱点でもある。此弱点は袁世凱の死に由つて茲に図らずも遂に曝露せざるを得ないことになつた。是等の事情は、恰度第一革命の時と其揆《き》を一にして居る。袁世凱の巧妙なる奸策によつて満洲朝廷の退くや、即ち排満の目的達せりといふことになつて、此上戦乱を続くるを許さなかつた。革命党は革命の事業漸く其緒に著いた許りで、見す〳〵漁夫の利を占められるを知りながら、袁と心ならずも妥協せねばならなかつた。今次の第三革命も亦今日、同様の難関に遭遇して居る。袁世凱死後の内外の議論は、今現に討袁の目的已に達せられた以上、須《すべか》らく兵を戢《おさ》めて妥協の途を講ずべしと説いて居るではないか。最も南方革命派の精神を理解し、之に厚き同情を有つて居ると言はるゝ我国の操觚界《そうこかい》の輿論すら、今や南方に向つて妥協を迫り、此上強硬の態度を固執するならば、徒らに乱を好むの誹《そしり》と責任とを彼等の上に嫁せんといふの態度を示して居る。して見れば、折角此処まで進んで中途にして方針を改むるのは寔《まこと》に残念ではあるが、大勢には抗し難く、彼等は茲に恨を呑んで妥協するの外はないことになる。要するに今や妥協は已に内外の輿論となつた。遣り方によつては後害を貽《のこ》さずに済むこともあるが、然し妥協では如何しても旧思想旧勢力の幾分残存するは已むを得ない。のみならず反袁運動に協同したものゝ中には実は旧思想の人も大分あるのであるから、若し最後まで運動を続けて行けば純粋の革命派丈けで以て十分の勢力を占め得る見込もないではないのに、今こゝで半途で止めては、同志中の異分子たる旧思想の人も相当なる勢力を占むると云ふことになるから、従つて後にいろ〳〵妙な事が起らぬとも限らない。斯く考へて見ると、袁世凱の死は実は少し早過ぎた。然し兎に角大勢が斯う変つた以上は、彼等の欲すると欲せざるとに拘はらず、形勢は茲に一変し、支那の時局は所謂妥協によつて終りを告げることになると観なければならぬ。唯如何なる形式に依つて妥協さるゝかは、今後の南北交渉の掛引に由つて定まるのである。

南方の頭目は、固より大勢の変化に従はざるべからざるを知らぬではないが、妥協するとしても拙《まず》い妥協はせぬと言ふ用意は、なか〳〵細かに考へてゐる様だ。即ち彼等は妥協と言ふ大勢の下に於て最善の立場を得んが為めに、又まかり間違へば之に由つて再び抗争を続け得るの口実を作らんが為めに、早く已に善後策の協定に対していろ〳〵の主張を掲げて居る。其第一は新大総統の自由と言ふ事である。彼等の大多数は、袁世凱生存の当時より已に袁の大総統としての地位は国体変更を企てた時より消滅せりと解し、法律上正当なる大総統は黎元洪であると主張し来つたから、今や袁の地位を黎が継ぐと言ふ事に就ては何等の異存はない。中には四川省・陝西省・浙江省・湖南省の如く、黎の就任に満足して独立を取消したものすらある(後に此説を否認するの報道もあつたが)。然しながら他の多数の革命主義者は、黎の就任丈けでは満足が出来ない。彼が名実共に大総統として其自由の意思を以て一切の政治を敢行し得るにあらずんば安心が出来ない、と言ふ意見であつて、中にも六月七日上海の唐紹儀邸に集まつた二十余名の一団の決議のごときは、袁派が尚残つて黎の自由意思を拘束する以上は、先づ北京に於ける袁の残党を掃蕩するの必要があると説くのであつた。然らざるも、実権を有する段祺瑞政府の態度を見てから、徐ろに自分達の態度をも定めやうと言ふ説が多かつた。此等の考は一面に於て黎元洪をして北京に於ける名実相副ふの元首たらしめん事を求むると共に、他面に於ては段祺瑞其他の北方的勢力をして政界の表面に於ける唯一の発言権者たらしめざらんと要求するものである。此考に対して北方が如何なる態度を執るかは、何れ遠からず内閣改造の問題と関聯して明かになるだらう。

次に南方は旧約法の復活、旧国会の回復といふことを要求して居る。旧約法といふのは民国元年三月十一日臨時参議院の議決を経て臨時大総統の公布したものである。之は天下の権力を全然参議院に集めたもので、大総統及び副総統は其の選挙する所に係り、国務大臣並びに大使公使の任免黜陟《ちゅっちょく》は固より、宣戦講和並びに条約の締結も斉しく参議院の同意を得ねばならぬとなつて居る。行政部の首脳が斯くの如く無力では困るといふので、袁世凱は此約法を喜ばなかつた。かくて国会と彼と屡々衝突したのであるが、二年十一月四日遂にクーデターを断行して議会を閉ぢ、翌三年の五月一日を以て非常に専制的な現行約法を公布した。南方の革命派は即ち此新約法を以て袁の私意に出づるものとなし、元年三月の約法を真に民意に基く民国の根本法として復活せしめん事を要求するのである。又旧国会の回復といふのは、民国二年十一月のクーデターによつて議会を閉ぢた際の議員を其儘招集して、民国今日の議会としようといふのである。此等の要求は、名を旧法旧制の復活に藉《か》るけれども、其実は今日の革命運動の中堅を成す国民党進歩党の掌中に全体の実権を収めようといふ魂胆なのである。北方の政府が之を喜ばざるは固より当然である。

尚此問題と牽連して、新大総統の地位に関しても、其拠るべき法規について議論があつた。即ち新大総統の地位は袁世凱の拵《こしら》へた新約法によるべきや、又は旧約法に次いで正式の憲法の一部をなすものとして民国二年十月特別に離して制定された大総統選挙法の規定によるべきやの問題である。旧約法は仮りの憲法で、正式の憲法は追々制定さるべきことになり、其為めに憲法起草委員も選ばれて居つたが、袁世凱は之を待ち切れず、少くとも臨時大総統の地位丈は急いで之を変じ、一日も早く正式の大総統となり、以て速かに列国の承認を得んとあせり、為めに取敢へず大総統選挙法丈けを先きに造つて正式の選挙を急行せしめやうとした。之が即ち民国二年十月の大総統選挙法である。扨て袁の死するや北京政府では取り敢へず新約法第二十九条によつて、副総統黎元洪を以て中華民国大総統の職権を代行せしむと宣告し、諸外国にも其旨を通知した。之れ旧法復活の精神に背くといふので、反対の声喧《かまびす》しく起つた。其為めにや北京政府は十日を以て改めて黎元洪の就任は継任である、代行でないと訂正して来た。之れ大総統選挙法第五条本任総統の残余任期を副総統の継任するといふ規定によつたのである。即ち南方の意見に此点は譲歩した訳になる。けれども旧法並びに旧国会の復活の一般問題については、今日まだ意思の合致を見ない。

なほ後に得たる報道に依れば、新約法第二十九条に拠る大総統職権の代行といふことは、袁世凱生前の告令といふ形式で宣告された。実際は死後に於て王式通《おうしきつう》といふ人の起草したものださうだけれども、正式に喪を発せずして徐世昌・段祺瑞等が自動車を駆りて黎を訪ひ、袁の命と称して代行の事を告げたのださうだ。して見れば黎の代行は袁の生前に於ける其職権の代行であつて、袁の逝去は当然此命令の効力を停止せしめ、何人が大総統の地位を嗣ぐべきかは、別に法規の定むる所によるべきことになる。故に十日黎が改めて大総統の職を継任したといふて来ても、何等不思議はない。併し此等の点を明白に意識して取扱つたか如何は予の知る限りでない。

次に新大総統の下に於ける新政府の組織についても議論がある。現在の段祺瑞内閣を袁世凱の作つた偽政府なりとして承認を拒むの態度は、諸派の革命主義者の一致するところである。而して正式の内閣は本式の国会の成立した後に相当の手続を取つて組織すべしとする議論にも異議はない。只それ迄の間無政府では居れぬから、臨時の経過的の政府の北京に発生することは之を許さないわけには行かない。此事も亦各派の間に異論はないやうだ。北京に正当の政府なしと為し、自ら臨時国政の籌辦《ちゅうべん》に当ると声言して起つた肇慶の軍務院ですら、此事を承認して居る。只流石に彼は北京に出現すべき臨時政府は予め軍務院の承認を要すると言つて居る。其他の革命派はそこまでは行〔言〕つて居ない。無条件で臨時内閣の存在を認むる考のやうだ。只現在の段祺瑞内閣をして臨時善後策の処置に当らしめるか、或は臨時内閣は別に之を組織せしむるかゞ議論の岐《わか》るゝところである。然し此事は南北両代表の会同協定の上でなければ定まるまい。それ迄の間は何と言つても段内閣の存在を認めざる訳けには行かない。それでも段内閣に許すに正当なる政府の資格を以てせざること丈けは明白である。段祺瑞を其儘国務総理にするか、或は単純な一陸軍卿に止まらしむるか、或は全然彼の引退を迫るかは予断出来ないが、兎に角内閣の近き将来に於て改造せらるゝことは疑はない。而して此改造に際して南方の意思希望が大に重きをなすべきことも亦、之を想像するに難くない。

最後に南方派は帝制元兇の処罰を要求して居る。帝制元兇として目指されて居るものは、先づ第一には雲南革命軍が挙兵に先つて其処罰を要求した梁士詒、楊度、孫毓筠《そんいくいん》等十三人、続いては袁世凱一家のもの、中、帝制に関係したもの等であらう。袁世凱の没落した今日、此等を窮追することは、革命派の必ずしも絶対に必要とするところではなからうと思ふけれども、国体の顚覆を計らんずるものゝ将来の見せしめの為めに、又新政府をして革命派の希望を容れるといふ誠意を明示せしむる手段として、此要求は或は案外に強く主張もされ、又相当の程度までは容れられるかも知れない。然し之よりも、実際に必要なるは帝制賛成者にして地方に在つて偉大なる兵力を擁するものゝ処分であらう。例へば奉天の張作霖の如き、蚌埠の倪嗣冲の如き、徐州の張勲の如き之れである。張作霖は僻遠の地に在るから暫らく之を不問に附しても可なるべきが、倪と張とは中支肝要の地を占めて居る丈け、之を如何様にか処分せねばなるまい。六月十四日の電報によれば、黎は特使を派して張、倪を慰撫し、従来通りの優遇を保障して軽挙盲動するなからんことを戒告したとあるから、北方では穏便に事を収め、出来るならば彼等にも大勢の趨《おもむ》くところに従つて貰ひたいのであらう。然しながら彼等は南方より観れば、到底事を共にするを得ざる頑迷不霊の輩である。而かも実際に強力なる兵隊を有つて居る丈け、彼等の中支に蟠居するを許すは非常に危険である。彼等自身と雖もまた到底南方の連中と事を共にし得ざるものなることはよく知つて居る。倪嗣冲は元来帝制問題の主唱者であり、而かも帝制の実現の為めには武力を用ふるも之を辞せずと熱心に主張した人であり、今度の動乱に対しても初めより絶えず武力討伐を唱へて居つた。南京会議に於て最も強硬なる説を吐いたのも彼である。六月一日彼は王占元を武昌に訪ひ、湖南の独立に対するの武力討伐の計を密議し、機先を制して長沙を攻むべきことを協議したと伝へられて居るではないか。袁世凱の死後、彼の態度についての報道は杜絶えて居るが、彼は決して馮国璋などの如く軟化するやうなことはなからう。若し夫れ張勲に至つては五月二十九日武力解決の旗幟を翻して「部下三万の兵を奉天の兵二万に合し、更に南京済南等より各一万の出兵を求めば、優に十万の兵を集むるを得べく、斯くして自ら総司令官として南方討伐の挙に従はん」との通電を北京及び各省に発した。彼はまた六月初旬、先きに南京会議に参列した北方の代表者を更に徐州に集め、前清皇室の優待、袁世凱遺族の生命財産の保護の外、更に雲貴両省其他独立各省に其独立の取消を迫り、若し応ぜざる時は武力を以て之を解決する事、及び革命を職業とし屢々秩序の紊乱を計るが如き連中には、絶対に政権に参与せしめざる事等前後十ケ条の決議をなし、これを北京及び各省の官憲に通牒した。之れ正に彼が断乎として南方革命派の主張に反対するといふ決心を示すものではないか。斯ういふ態度を執つて居る以上は、南方の革命派が彼等を目するに両立事を共にするを得ざる不霊の徒と為すは当然である。単にそればかりでない。彼等がこゝまで極端に走るのでは、北方に於ても却つて贔屓《ひいき》の引倒しの感を抱かざるを得ないのである。尤も張勲は、一方において六月十一日わざ〳〵入京して、黎に就任の祝意を述べ直ちに徐州に帰り、改まつて黎の時局解決の尽力を邪魔せざる旨を弁じたといふことである。けれども、今までのやうな頑迷なる態度を固執しては、南北両方から厄介視せらるゝことは免れない。北は兎も角、南の方から云へば、自分達の趣意の徹底の為めには、倪、張の両名を何とか処分するにあらずんば、到底安心が出来ないだらうと思ふ。此点について、南北双方は果して、如何なる点に於て意見の協定を見ることが出来やうか。

序に申すが、南京の馮国璋は、初め張、倪の相棒であつたのに、袁世凱の逝去と共に逸早く其態度を改めたものらしい。十三日上海発の電報によれば、彼は北京政府より時局収拾に関する意見を求められたるに対して、旧約法を復活すべき事、南方の党人を赦免し、北方帝制の兇首を厳罰すべき事、旧国会を招集すべき事、南北協商して責任内閣を組織すべき事を答申したとある。之では丸で南方の提灯《ちようちん》を持つやうなものだ。最近到着せる革命派の機関新聞の態度が、馮に対して急に一変したところを見ると、利に敏き彼は袁世凱の死と共に再び秋波を南方に寄せたものと見える。然し悧巧ではあるが、浮草の如く動揺定めなき彼は、将来の政府に於てもどうせ重き地位を占むることは出来まいと思ふ。

㈤　北方に於ける勢力の中心点

次に袁の死後に於ける北方の態度は如何。彼の生前に於ける北方の問題は、南方の要求に応じて袁の退位すべきや否やといふ事にあつた。而して彼が死んだ後でも、彼に便《たよ》つて南方に対抗して来た勢力の仍《な》ほ北京に残存して居る間は、而して南方が討袁の外に此北方の勢力を掃蕩すると言ふ実際的目的を有する以上は、今後に於ても、南北両方の争は残らざるを得ない。そこで袁の死後に於ても、北方に取つて南との争を続けるか或は妥協の方法に出づるかは依然として一個の重大問題たるを失はない。争ふとしても袁世凱ほど手強くは争ふまい。さりとて南方の言ひ分に一も二もなく屈することは出来なからう。斯くして所謂時局収拾といふことは、到底北方の責任として残る。唯彼等は如何様に収りを着けるか。又誰が其当面の責任者になるか。

袁世凱の死後北方の中心勢力となり得るものは、先づ黎元洪と段祺瑞の外にはない。袁の血族的後継者袁克定の其器にあらざるは已に述べた。外に一代の策士梁士詒ありと雖も、彼は表面に立つて縦横に馳駆する地位にない。手腕と声望とより言へば段であるが、その外に温厚平凡の称ある黎にも亦、袁の政治的後継者として自ら其地位に備はる所の勢力がある。そこで黎、段の二人が先づ以て注目の的になるのである。而して黎はもと南方の士と多少脈絡の通ずるものあり、又第一次革命に於ける旗頭であつた丈け、少くとも南方と意気投合する素質を持つて居るのであるが、段に至つては最近袁世凱と善くなかつたけれども、もともと袁の引立によつて立身した人であり、且又袁の部下たりし旧勢力を率ゐて起つべき直接責任の地位にある丈け、勢自ら南方の勢力に対抗せねばならぬ関係にある。故に此二人が全然心を合せて時局収拾の任に当ると云ふ事は一寸六つかしいかも分らぬ。そこで袁の死後に於ける北京の政治的中心点が此二人者の中の何れに帰するかは国内の人に取つても、外国の人に取つても、非常に大切な問題であつた。而して今日までの処では、其中心点はやゝ黎に傾き、而して中心勢力としての黎の立場が今や日に〳〵鮮かとなりつゝあるやうに思はるゝ。勿論兵馬の権を有つて居る段が傍に居る以上は、全然之を無視する事も出来ないので、一挙に中心点を自分の足元に踏みかためると言ふキビ〳〵した態度に出で得ないのは已むを得ない。

黎が段々中心勢力となつたことに就ては、袁の逝去の前後に於ける列国公使の態度がまた大に与《あずか》つて力があつたやうだ。袁の重病の事は余程秘密にして居つたものと見えて、初め外部にはよく分らなかつた。偶《たま》ま侍医の中に仏人ポッシユ氏があつたので、仏国の公使が最も早く袁の危篤を知つた。逝去の朝驚いて之を日本公使に報告し、袁の再び起たざるべきを見越して茲に日、英、仏、露、伊、白六国の公使が日本公使館に集り、万一の場合に於ける処置の申合せをすることにした。其中に逝去の報道に接した。一応段に面会を申込んだけれども、三日来大総統府に詰め切つて居ると言ふて来なかつた。そこで取敢へず外交総長に面会を求め、車を連ねて外交部を訪うたが、曹如霖《そうじょりん》と会見中段祺瑞も来合せた。其際差当り誰を後任者にする積りかと言ふ質問に対して、段は無論黎を挙げ、自分は今後の治安維持に極力尽力すると宣明した。斯くして外国に対する表向きの代表者は黎元洪であると言ふことに極つた。此言質を取つて列国公使は段を差措いて黎元洪と直接交渉することを得たのである。黎が袁の地位を継任すべきことは法規上固より初めから決つて居つたことではあるけれども、若し彼の地位を名義上のみのものとし、段が国務総理として一切直接交渉の衝に当ると言ふ態度に出でたならば、支那昨今の形勢は幾分か趣を異にしたであらうと思はるゝのに、有意か無意か六国公使の機敏なる行動に由つて之を妨げ得たのは、支那の為めにも幸福であつたと思はれる。

此際に於ける黎の行動も亦頗る機敏にして且つ機宜に適したものであつた。伝ふる所に拠れば、彼は非公式に或人を通じて我国政府の内意を叩き、誠意を以て南方と妥協するならば列国と共同して彼の時局収拾の努力に大なる便宜を与ふべしとの返事を得て、彼は或は起るべき周囲の反対を顧慮せず、堂々と其善後の方針なるものを発表した。即ち六月七日彼の大総統就任に際して発表せる所は、段内閣に信頼して政務軍務を処理する事、旧国会を召集し速かに憲法を制定して共和の実を完うする事、及び市場救済の法を講じ中央交通両銀行の兌換を復旧せしむべき事の三ケ条を掲げ、更に十日には大総統令を以て大元帥軍事統率弁事処を廃して兵権を全然政府及び参謀本部に還し、以て彼の誠意を明白にした。彼自身の発意に出づるか或は他の勧告によるか、何れにしても此処置は最も大局に通ずる名策と言はなければならない。当初段は旧国会の召集などゝいふことには反対であつたと伝へられたけれども、斯く黎が大勢に乗り出して来た以上は、段の実力を以てしても、最早如何とも為る事が出来ない。且つ黎は擅断《せんだん》で以て頻りに南方の頭目と電報を交換し、革命派の希望を容れて妥協の効を収むるに意ある旨を露骨に明言して居る。段は心中必ずや之を喜ばなかつたらうと思ふけれども、外国の手前反対も出来ず、さればと言つて此際辞職をすると言ふ無責任な態度にも出で兼ねる。此一幕は何う見ても策士の段が無能の評ある黎に一杯喰はされた形になる。

外国の態度も亦此際大に段を抑へて黎を引き立てた傾きがある。其最も明な証拠は例の塩税剰余金交附問題であらう。塩税剰余金が五国銀行団の保管に附せられ、従来袁世凱の屢々其交附を求め来れるを排斥して居つた事は已に我々の知る所である。今や袁の死によりて南北妥協の端を開かんとする。そこで政府は秩序の維持、市場の救済の二目的を限定して再び其交附を求めたのである。初め梁士詒が六月九日を以て内相談に来たのであるが、其話の出所は言ふまでもなく段内閣である。十日にいよ〳〵正式の申込が来たので銀行団は転じて公使団の意見を求むる事になつた。尚序でに申すが、此時支那政府側は市場救済の急を訴へて、塩税剰余金の外に尚数百万の別口借款をも申込んで来た。公使団は十二日英国公使館に会同して協議を遂げたが、大体要求には応ずるといふ方針を執り、唯尚二三調査すべき点ありとの口実で、即刻引渡す事はしないと言ふ事に定めた。之れ時局の収拾に誠意を示せる新総統の努力を援助せんとは欲するも、段内閣が果して黎と同一の精神で此金額を公使団の希望するが如く使用するや否やの見極めが附くまで、実際の引渡しを延期するといふ考に出でたものではあるまいか。果して然りとすれば段内閣はいやでも応でも黎の方針に服従しなければ、時局収拾の責を完うする事が出来ないことになる。斯くして段内閣の方針は当初旧国会旧約法の復活に反対だと唱へられて居つたに拘はらず、日に日に其態度が改まつて来て居る。唯全然黎の方針に屈しては自分の将来に於ける立場も怪しくなるし、然らざるも袁世凱より引継いだ部下の統御に苦しむといふ点もあると見えて、思ひ切つた勇断に出で兼ねたやうである。従つて時には黎、段の意思の阻隔などゝ言ふ報道も伝はるのである。要するに段は如何に悶掻《もが》いても、今日は黎の考に撥《ばつ》を合はして妥協の方針を進むるの外に途はない。今日までの所は彼は尚未だ南方の要求に全然屈して居ないやうであるけれども、今日までの形勢の変化丈けを見ても彼の近き将来に於て到るべき地の如何なるものかは之を想像するに難くない。

新大総統の下に於ける時局収拾に関する最初の重要政務会議は六月八日に開かれた。此会議に於て段は旧法旧制の復活に絶対に反対したと謂はれて居る。然るに次いで開かれたる十日の会議にては彼は此問題を国務院会議に附することに同意した。国務院会議に於ける多数の意見も旧法旧制の復活に賛成であつたが、只少数の反対者が極めて強硬の態度をとり辞職を以て其主張を争ひしが故に、別に八名の参議を選び其調査の結果を待つて、此問題を決しやうといふことになつた。十二日参議会調査の結果が、復活賛成論多数なるも、事甚だ重大なるが故に各省より三名づゝの代表者を招きて臨時約法会議を開き、之に最終の決定をなさしむべき旨を答申した。之れ恐らくは、大勢の趨くところを熟知しても段一派の意嚮《いこう》を憚つて明白な宣言を避け、各省会議を召集して之に責任を転嫁せんとする例の慣用手段に出づるものであらう。而して此間北京政府の態度に対する南方の批判は益々辛烈を加へる。其声に屈して大総統は袁世凱の職権の代行なりといふ先きの宣言を取消して、改めて継任なりといふ宣言を発表し、斯くして自ら新約法の非認を事実に於て明白にした。而して今問題になつて居る約法会議についても反対批難の声が多いので、遂に十五日の国務院令は之が取消を発表し、其代りに改めて各省文武の高官に旧法旧制の復活に関する賛否の意見を問合はせるといふことにした。尤も別報によれば、各省を代表する南北重要の人物を北京に召集し、所謂中央国事協議会を開いて、善後策を講ずるといふ電報もあるから、全然各省会議を止めた訳ではないやうでもあるが、然し之は単に約法問題のみを議するのではない。即ち北方政府の主宰の下に、北方側の執るべき時局収拾策を講ずるといふ狭い意味の会合ではなく、広く南北両方の重要人物を集めて、大規模の妥協会議を開くといふ広い意味のものであるのかも知れない。果して然らば、之は大に南方に譲歩したものであつて、南方も之ならば別に異議はあるまいと思ふ。段にしても黎にしても、たゞ南方二三の人物と協議を遂げたといふ丈けでは、余りに屈辱的で体面に関する。さらでも彼等の軟弱なる態度に対する憤慨の声は、已に北京政府の内部に於て聞えぬでもない。外にあつて此声を強く呼ぶ者に張、倪の輩がある。内にあつて高官の間に多少の不平あることは、内閣の動揺已に之を想像せしむる。王内務総長、周農商総長、金交通総長、章司法総長、梁税務督辦等は已に辞表を提出したといふことである。従つて結局の解決がつくまでには、今後尚多少の波瀾はあらう。如何に円満な妥協でも、多少の犠牲者なしには行はれない。列国の懇望によつて、日本は北清に多少の増兵をなし、且つ万一の場合には更に有効な手段を取る丈けの準備が出来て居るから、北京方面には大した紛乱の起ることはあるまいと思ふ。それでも多少の動揺を見ることは免れぬだらう。北京を外にしては張、倪の輩がある。其外最近の報道によれば満蒙に於て宗社党の事を起すものがあるといふ報道がある。十五日の電報には、升允《しょういん》が恭親王《きょうしんのう》を奉じて満洲に向ふといふことを伝へてゐる。結局物にはなるまいが多少の波瀾は覚悟するの必要があらう。斯く多少の波瀾は免れぬとしても、大局から観れば、支那の形勢は今日已に定まつたと言つてよい。況んや列国の此の形勢を後援するあり、現に我国の政府も十三日列国の意向を代表し、黎新総統の時局収拾の努力に好意的便宜を与ふるの決定をなしたといふに於てをや。其の結果にや、我が政府は駐支公使領事に訓令し、十四五日の頃、黎・段・岑・唐・馮等の南北諸領袖に対して徒らに感情に走り自説を固守し以て時局を紛糾せしむる勿らんことを勧告せしめ、諸領袖は何れも帝国の誠意に従ふべきの返答をなしたとの事である。然らば近き将来に於て南北の妥協は必ずや何等かの形に於て実現するの端緒を見るであらうか。

只多少問題として残るのは、旧国会の復活と新内閣の組織との二点である。旧約法を復活するとしても、民国二年当時の国会議員を其儘召集するか、或は復活せられたる旧法によつて新たに議員を選挙するか、此点はまだ協定がついてゐないやうだ。後者によれば新議会は無論北京で開かれるだらう。前者によれば六月三十日を以て自ら集会する筈になつて居る上海の会議が、其儘新政府の議会となる。議会開催地が何れに定まるやは、将来の政治に重大の関係はある。之に関聯して遷都問題もあるが、然し首府を南方に移すといふことは、差当り革命派の人々に於て必ずしも深く之を要求してゐないやうだ。次に政府の組織であるが、現在の段内閣を其儘で承認せぬことは言ふまでもない。只問題は全部作りかへるか、一部改造に止めるかである。何れにしても段祺瑞は新政府に残るに相違ないが、只彼が国務総理として留任するか、或は一陸軍卿として留任するかゞ問題である。六月十一日の電報に黎元洪は或る外人の問に答へて、我が意中の総理は唐紹儀なりと言つたとあるが、固より此報道を本当とは信じないけれども、然し今度の革命の一方の首謀者たる唐紹儀が内閣を組織すべしといふ考は、確かに多くの人の頭にあることゝ思はる。此等の点は何れ袁の葬儀の終つた後に定まるといふことであるが、之れ亦支那政府の将来の方針を知らんとするものゝ、最も注目を要する問題である。（大正五年七月稿）

第七章　南北妥協の試み

(一)　妥協に対する各派の態度

袁世凱の死去が妥協の大勢を導いた事、又大勢が妥協に在るに拘らず、妥協の功を収むる迄には幾多の波瀾あるべき事は、前章に於て既に之を予測した。其後一ケ月間の形勢の推移は、果して予測の通り、波瀾重畳を極めて居る。けれども其跡を細かく解剖して見れば、底を流るゝ大潮流の依然として妥協といふ一定の方向を改めないことは何人にも明かに看取せらるゝ所であらう。

今此事を詳説せんとするのであるが、之には先づ妥協運動の当事者となつて居る諸勢力の態度を一々調べて見るの必要がある。

第一に、無能の評を受けながらも諸外国より中華民国の表面の代表者と認められて居る黎大総統は如何と言ふに、彼は厭《あ》くまで南方の主張に対して誠意を披瀝して居るやうである。今日まで新聞に表はれたところ二三を挙ぐるに、彼は六月十二日弭《び》兵《へい》休民の急を説いて派出軍隊に一律停戦を命じた。十七日には上海、漢口の要地に従来の多数の秘密探偵を派遣しあるの事実を暴露し、改めて其弊害の甚しきを説いて、各省長官に其取締を厳重にすべき旨を訓令した。七月二十四日の電報に依れば、第二革命以来設けられし武漢総探偵処に対し、大総統令は其撤廃を命じたとのことである。同日又彼は袁世凱の幽《ゆう》屛《へい》する所たりし章《しょう》炳《へい》麟《りん》を釈放し、叮重に之を取扱ひ、更に上海より其夫人を招いて引渡すといふことを公表した。此等は皆最も明に彼が誠意を以て時局の解決を計るに志あることを語るものである。只惜むらくは、彼は今日支那の時局を解決すべき唯一最上の勢力者ではない。時局解決の鍵は寧ろ南方革命派と北方段内閣との掌裡にある。この両者の反目暗闘は、黎氏の誠意を以てするも之を如何ともする事が出来ない。只彼の誠意が両者の反目の極端に走るを避け、否少しなりとも之を緩和し、両者の主張をして幾分接近せしむるに与つて力あつたことは、之を認めざるを得ない。

次に南方革命派の態度は如何。此中にも雲南の唐継尭の一派、肇慶の岑春煊の一派、上海の唐紹儀の一派並びに国会議員等の一派等色々の派があつて、其各々の意見にも亦多少の差がある。故に一概に之を約言する事は六つかしいけれども、併し大体誤りなしと思はるゝ所の彼等全体の考といふものは、先づ北京政府に向つて旧法旧制の復活と帝制元兇の処罰とを要求し、之によつて北方がどれ丈け自分等に譲歩するの意あるかを測定し、其結果によつて徐《おもむ》ろに自派を政界の中心点たらしむるに適当なる処置を執らんとするに在るやうだ。兎に角彼等は段祺瑞を頭目に戴く北方の勢力の侮るべからざること、到底之を無視するを得ざることを熟知して居る。従つて彼等は此際一挙に北方の本塁を乗取る能はざることを覚悟して居る。そこで彼等は、差当り北方に対抗して次の三つの方法を執ることにした。第一に彼等は已に妥協の時機に入つたに拘らず、少しでも南方の根拠を固め、且つ少しでも之を拡張し以て一つには遥かに北方を威嚇し、又一つには北方に対する交渉の上に幾分でもより有力なる地盤を養はんとの策略を講じた。此目的を以て彼等は比較的抵抗力の少い方面に向つて実力の確立拡張を計つたのである。六月より七月にかけて、新聞紙上の矢釜しい問題となつた広東事件、四川事件、湖南事件及び海軍独立事件の如きは、畢竟之が為めに起つた事柄である。広東事件といふのは、竜済光を追ひ払つて広東全省に亙る実権を南方の手に収めんとする運動である。竜済光が曩《さ》きに陸栄廷の強迫に抗し得ず、心ならずも広東省の独立を宣言したことは、前篇にも説明した。然し彼はもと袁世凱の忠実なる幕下であり、且つ曩に袁の意を迎へて随分革命党員を殺した経歴があるから、仮令今南方に加担して一時北京政府に弓を引いても、革命党中の一部の者より蒙るところの個人的怨恨は之を奈何《いかん》ともすることは出来ない。之れ彼が思ひ切つて革命党側に身を投じ得ざる所以である。彼は一時勢に屈して南方に加担しても、実権を肇慶の軍務院に引渡すことを肯んぜず、却つて堅要無二の観音山に防備を堅うして、赤手空拳の岑春煊をして懊悩焦慮措《お》く能はざらしめたのであつた。斯くして南方の気早の連中の間には、竜済光の処分といふことは疾《はや》くより胸中に描かれてあつたものと見える。遂に六月初旬李烈鈞の部下張開儒《ちょうかいじゅ》の率ゐる軍隊が、韶関《しょうかん》に於て、竜の部下朱福全《しゅふくぜん》の凌辱を蒙り、月の半ば過ぎ遂に両者の衝突を見たるを機として南方の竜済光に対する積憤は暴発した。竜済光も亦六月二十一日独立の取消を宣言して其旗幟を鮮明にした。加之《しかのみならず》肇慶と外部との交通を妨げたので南方の猛将李烈鈞は遂に月の二十四日大軍を率ゐて竜済光の討伐に向ひ、茲に即ち所謂広東事件なる者が発生したのである。直接の原因は何れにありとしても、兎に角竜済光を駆逐するにあらずんば、広東は未だ実質上南方派の根拠とならないから、斯の事件が起つたのである。而して此事は南方派全体の勢力の消長に大なる関係あるが故に、上海の唐紹儀、梁啓超、温宗尭《おんそうぎょう》、王《おう》寵恵《ちょうけい》の輩までが、広東省の統一保全の為めを名として、竜済光の罷免を北京に求めて居る（六月二十六日）。七月一日に至り岑春煊も亦形勢観望の態度を改めて討伐に向つたといふ事である。十一日軍務院が新たに独立した李《り》鼎新《ていしん》に部下の三軍艦の広東派遣を要求したといふ報道の如きも、皆南方が如何に広東の向背を重大視して居るかを証言するものである。四川事件といふのは、首鼠両端の周駿を排斥して、四川全省を確実に南方派の手に収めんとするの運動である。周駿は前章にも引合に出した如く、初め蔡鍔の挙兵に内応して直に重慶を南軍に捧ぐべきを約し乍ら、寝返りを打つて甘んじて北京の制を受けた人物である。勢に附いて自己の功名をなすに急なる彼の性格は、やがてまた彼をして四川都督たらんとするの野心を起さしめて、六月二十三日彼は遂に陳宧との間に妥協の約をなすに至つた。然し両方ともさる者、いよ〳〵となると互に勢力を争つて譲らない。此時に方り、南方派の意を迎へて、統一平和の途を急ぎつゝありし北京政府は陳周両人に上京を命じ、新たに蔡鍔を四川将軍に任じて此問題を解決せんとした。けれども周は厭くまで四川に根拠を据えんとして上京を肯んじない。そこで蔡鍔は病を推して周駿排斥の兵を進め、七月上旬より着々成都に迫るの態度をとつたのである。次に湖南事件といふのは、湯薌銘《とうきようめい》を追うて、湖南の首府長沙を南方の制令の下に置かんとする運動である。湯薌銘は上海に於ける文治派の一方の旗頭湯化竜の弟であるけれども、之れ亦竜済光と同じく、先きに激しく革命党を迫害窮追した経歴があるので、仮令今日南方に加担しても満足なる地歩を其間に占め難い懸念がある。そこで彼の態度は、初めから極めて曖昧であつた。又曖昧である丈け彼に対する反感が南方の人々の間に頗る強烈となつた。彼は大勢に圧されて、一旦湖南の独立を宣言したけれども、彼に湖南を托することは、決して南方人士の安んじ得るところではない。そこで南方は遥かに広西の陸栄廷を招いで、其の兵力によつて湯を追はんとしたのであるが、陸の軍の未だ長沙に迫らざるに先つて、曹継梧《そうけいご》、程潜《ていせん》、唐蟒《とうもう》の徒が、内部より乱を起して湯薌銘を追うた。其後此等の連中が自ら都督と称して反目暗闘し、長沙は一時無政府の状態に陥つた。恰度日本から上海に帰着した黄興を差し向けて纏めようと言ふ説もあつたやうであるが、結局徳望全省に遍ねき老儒劉人熙《りゆうじんき》を推戴して、兎も角も動揺を鎮定するといふことになつた。混沌たる状態は今尚全く収まつてはゐないけれども、然しどの途《みち》湖南が南方派の手に帰したこと丈けは疑がない。終りに海軍独立事件は六月二十五日に実現した。此日第一艦隊の殆んど全部は、李鼎新を戴いて護国軍加入の旨を発表し加之其加入の原因をば新総統の下に於ける北京政府に時局収拾の誠意がないからと言ふことに帰し、暗に南方を助けて北京に当らんとするの決意を示した。此海軍の独立には莫大の金を遣ふて、唐紹儀、谷鍾秀等が熱心に尽力したといふことであるから、之れ亦彼等が北方に対抗して南方の威容を示す為めに執つたところの手段に相違ない。以上の四つが主なるもので其外陝西に於ても山東に於ても、夫れ〴〵多少の運動を試みて居るやうだ。要するに、広東、四川、湖南が雲南、貴州、広西と共に、確実に南方の勢力の下に帰するといふことになれば、如何に烏合の衆たるの嫌ありとはいへ、又如何に兵備上財政上大に欠くるところありとはいへ、南方は北方政府にとつて優に一敵国たるを失はない。妥協の時機に入つて而かも南方が巧みにこれ丈けの事功を挙げたのは、決して凡庸の手腕ではない。

第二に彼等は飽くまで旧国会の絶対的主権を主張し一歩も此点については譲らざ〔ら〕んとしてゐる。動乱勃発以来上海に集つた旧国会議員の一団が、袁世凱に味方した所謂「附逆者」を除外し、七月十日を以て自ら上海に国会を開きて国政を議せんとして居つたことは前章にも述べた。一体民国二年十一月のクーデター以来追々と袁から斥けられた議員の大多数は、国民党又は進歩党に属する人々で、其領袖連は即ち今度の革命運動に密接の関係を有するのである。故に旧国会を其儘復活し、旧国会議員をその儘集めて、之を国政論議の中心主体とすることは、即ち実権を南方に収むることである。尤も当初の予定の如く、之を政府所在地とは遠く離れた上海に開くのでは、聊か長鞭馬腹に及ばざるの憾《うらみ》なきに非ざるが、袁世凱の死んでからは、彼等は開催地を北京に移すことに改定した。されば段祺瑞が亦袁の故智を学んで兵力を以て威嚇するの態度を執らざる限り、北京に於ける国会の開催は政府にとつて確に非常な煩累でなければならぬ。故に北方派の希望としては国会などは急いで之を開きたくない。少くとも旧国会を其儘開くことは同意したくないのである。それでも兎に角、共和制擁護を標榜して起つた以上、段内閣は其宣言の体面上から言つても、嫌々ながらも早急国会を開かない訳には行かない。併し之を開くにしても旧国会議員を其儘召集するといふ考は無かつたのであるが、この点も段々南方派の勢に圧されて、遂に同じく六月二十九日、旧約法復活の命令の公布と共に、政府は旧時約法第五十三条により国会を召集し、本年八月一日より継続開会を命ずる旨を発布するに至つた。是れ既に南方派の一大勝利である。然るに之にも拘らず旧国会の重なる連中は猶之を以て満足せず、更に北方を急追して此命令に反対の意を表し、「政府が第五十三条を援用するのは誤りである。臨時約法の下に於ては政府に国会召集の権限がない。我々は国民の代表者として、自ら集会する機能がある」と言つて政府の召集命令の僭越を高調して居る。加之彼等は更に改めて全国に散在する議員に向ひ、七月三十一日までに北京に来るべきことを通牒し、参集者の定足数に充つるを待つて、適宜開会すべき旨の宣言を発した。斯くて彼等は飽くまで政府に対する自家の優勝的地位を力説してやまない。定足数に達する丈けの頭数を揃へ得るや否やについては、余程懸念されて居るやうではあるが、兎に角上海に集て居つた連中は、最近続々勢ひ込んで北上して居るやうである。日本に遊んで居つた者で急に帰国して北京に向つた者も少くない。

第三に南方派は又北京政府の誘ひに応じて代表者を派遣し、妥協交渉の折衝に於て其主張を固執せしめて居る。南方の頭目は、梁啓超の如き唐紹儀の如き、夫々《それぞれ》代理人を派遣して居るが、重立つた者で自身北京に出馬したものは湯化竜である。彼は旧進歩党の領袖として最も黎元洪と近かつた丈け、或は進んで此任に当つたのかも知れない。北京の態度に十分安心の出来ぬ際としては、此人を派遣するは最も其人を得たるものである。而して彼は黎とは容易に意見の合致を見たやうであるが、段に対しては頗る厳格な態度をとり、南方の輿論を固く執つて容易に譲歩の色を見せなかつた。六月の末には更に范源濂《はんげんれん》、谷鍾秀、殷汝驪《いんじょり》、張継等の北上するありて、陰に陽に南方主張の貫徹に努めしめて居る。南北折衝の表面上には支那流の辞令的粉飾は盛に交換されて居るけれども、然し彼等の実際の態度を注視するに、殆んど毫末も重大な点に於て北方に譲歩するといふ風は見えないやうである。それ丈け北京政府は南方との折衝に随分骨が折れるもの丶如く見ゆる。

終りに北方に於ける実際の勢力の中心たる段祺瑞の態度を見やう。彼は元来純粋なる官僚系の出身ではあるけれ共、袁世凱の帝制運動に反対したといふ点に於て、南方派の一部とは一時何等か多少の脈絡はあつたらしい。けれども今となつて彼の勢力の根拠は矢張り北方の官人に在るのだから全然南方に奔つては孤立無援の一軍人に終らざるを得ない。そこで彼が甘んじて北方派に担がるゝに至るのは已むを得ないのである。然し彼が今現に北方派の頭目と担がれてをることの意味は張勲や倪嗣冲などの如く、厭くまで南方に対抗するといふ頑固一点張りの考に出づるのか、又は大勢の已に南方に善きには気附かぬではないが勢已むを得ずして北方の連中に担がれて居るのか、此点はよく解らない。彼は決して大勢を洞察し得ぬ凡才ではない。が、しかし赤手空拳を以てして急遽南方に屈せねばならぬ程時勢も切迫してはゐないし、又死物狂ひになつて意気んで居るところの北方派を見捨てる訳にも行かぬ所からして、今の態度を執つて居るのであらう。袁世凱に縁《よ》つて功名富貴を獲んとした北方の連中は今や死ぬか活きるかの境目にある。成敗の数如何に拘らず、彼等としては最後まで南方派と戦はねばならぬ立場にある。之を無視するといふことは段にとつては、極めて困難である。それも北京に居る文官丈けならばまだしも、其外に軍人も沢山居る。更に少し南に下つては張、倪の如き猛者も居る。現に張勲の如きは六月十六日長文の密電を段に送つて、軽卒に旧法旧制を復活するの非を論じたとの事である。後に述ぶる如く段が旧法復活に関して一旦湯化竜の意見を容れながら後其言を喰むに至つたのは主としてこの張の後押しに依ると云はれてをる。倪嗣冲の如きは、南北妥協の交渉の真最中に張文烈《ちょうぶんれつ》以下十二名の革命党を銃殺し、尚多数の仲間を捕へて投獄し、最も露骨に南方に対する敵意を表示した。此事は六月二十四日安徽の旧議員管鵬《かんほう》の北京に致せる弾劾によつて明かである。斯ういふ連中に擁せられて居るのだから、段祺瑞の南方に対して容易に譲歩し得ざる所以も亦之を諒としなければならぬ。さればと言つて彼はまた全然北方の勢力を恃んで南方に武力的圧迫を加ふるといふ様の無謀な男でもない。彼は時局収拾の功を一手に収めんとしてあらはれた政治家である。而して今日の大勢に於ける所謂「時局の収拾」とは、北方のワイ〳〵連に余り厄介な不平を起さしむる事なくして巧に南方の要求を容れるといふ事に在る。露骨に南方の要求を斥けるのでは内外より時局収拾の誠意がないなど、責めらるゝ。斯かる片手落の批判は不公平であると思ふけれども勢なればまた致し方がない。茲に彼の苦心がある。又彼は此重大なる責任の地位に拠つて将来に於ける自分の地歩を固めんとする野心もあるが故に、如何に苦しいからといつて其職を抛つといふやうなこともしない。そこで彼として採るべき手段は先づ南方聴従といふ大勢に従ひつゝ、尚出来る丈け北方の地歩を擁護防衛するといふ態度の外に出で得ない。出来る丈け北方の面目を保護して、而かも大勢に押されて段々と行く可き処に落ち行くといふが今日の彼の状態で、宛もいやだ〳〵と愚痴りながら大男に引張られて行く駄々ッ子の様な姿である。駄々を捏《こ》ねるのは、単に自分の感情を卒直にあらはすといふことの外、部下に対する面目としても一応は文句をいはねば済まぬとの必要に出づるといふ点もあるのであらう。かくて彼は今日まで実にいろ〳〵苦肉の策を廻らして居るのである。今その重なるものを挙げて見やう。

第一に彼は南方派に対する北方の反抗的勢力を見せつける為めに、いろ〳〵の反対同盟を作らしめた。例へば上海で国会議員が集るといへば北京でも一つには上海派から排斥された議員を糾合する為め、又一つには態度曖昧なる議員の上海に赴くを妨げ、以て出来得べくんば上海に定足数を得せしめざる為め、別の議員団を作らしめたる如き、又他日いよ〳〵国会が開けた時有力なる政府党を作らうとの魂胆を以て、右の連中を中堅とし、更に其範囲を拡張して、時の内務総長王揖唐《おうゆうとう》の肝煎の下に、同徳会といふ一政治団体を組織せしめしが如き又や、後れて、段祺瑞の新内閣で内務総長に擬せられた許世英《きよせいえい》をして、湖北安徽出身の官吏を集めて、国家学会(表面は学会なれども実際は政治団体なりといふ)なるものを組織せしめしが如き、之れである。独り文官許りではない。

七月三日の北京発電によれば曲同豊《きょくどうほう》、劉恩源《りゅうおんげん》、張紹曾、趙理秦、薩鎮氷《さっちんぴょう》、蒋作賓《しょうさくひん》、馬竜標、孫武、劉之傑《りゅうしけつ》、張鳳、程璧光《ていへきこう》、靳雲鵬《きんうんほう》、哈漢章《ごうかんしょう》、廖宇春《りょううしゅん》等の十四将軍も亦、別に軍人同徳会なるものを起したとある。之れ亦南方に対抗する為めに張つた虚勢に相違あるまい。七月十二日の北京発電には馮国璋、張勲、李純、王占元、張懐芝《ちょうかいし》、張作霖、竜済光、倪嗣冲等の将軍連は、黎元洪、段祺瑞に打電して、新政府に対する南方側の傲慢なる態度を非難したとある。之も恐らく北京政府に操られての芝居であらう。事情を知つて居るものは、斯んな事にはビクともしない。只之によつて我々は、北京政府の如何に南方を牽制せんが為めに苦心して居るかを想像するのみである。

次に北京政府はまた頻りに外国の借款によつて、北方の実力の涵養を計らんと試みた。若し之が成功したならば、南方にとつては真に恐るべきことであつたらう。なぜならば、支那に於ける勢力の競争々奪は、一面に於て其の擁するところの「金」の高によつて決まるを常とするからである。借款とは少し趣が違ふけれども、段は先づ以て列国に塩税剰余金の交附を迫つたのであつた。之はやつとのことで成功したけれども(六月三十日)、其金高は僅に三百五六十万元に過ぎない。而かも此中から軍隊の給料やら未払外国顧問の給料等を支払ふと、残額は僅かに六十万元位に過ぎない。且此中から袁世凱の国葬費などをも出さなければならぬといふのであるから、政府に残る額はどの途大したものではない。されば折角の剰余金交附問題の成功も実際に於ては何等北京政府の実力に加ふるところがなかつたやうである。そこで支那政府は頻りに借款を得んとしたのであるが、之は列国の牽制によつて出来なかつた。今日支那に金を貸し得る国としては、日本と亜米利加との外にはない。然るに日本は当初より英・仏・露と共同の歩調を取り来つて居るから、後に説くが如き理由で、単独に借款の要求に応ずるといふ事はしない。亜米利加には斯かる拘束がないので、支那は頻りに此方面に運動を試みたらしいので、従つて所謂米国借款の説は、従来頻繁に新聞にあらはれたのである。然しながら紙上の声言徒らに盛にして、実際成立したものは殆んど言ふに足らぬのである。元来支那では所謂政治借款は必ず五国銀行団によらざる可らざるの公約あり、而して米国は此団体に加はつては居ない〔ママ〕が米国の提供し得る借款は専ら経済借款に限る。然るに之とても暗に列国の牽制があるので、新たに問題を起す事は甚だ困難である。予々《かねがね》懸案となつて居つた滙河《わいが》改修工事の借款丈けが、最近やつと支那政府と米国インターナショナル・コーポレーションとの間に出来たやうだ。然し之も金高が僅かに五六百万元位に過ぎず、其使途も制限されて居るとのことである。之では何等北京政府の実力に加ふるところはない。されば借款に関する報道が近来頻繁に現はれたに拘らず、北京政府の財政困難は依然として減じない。従つて実力を以て南方を圧するといふことは、今のところ不可能である。是れ止むなく口舌を以て徒に虚勢を張つて居る所以であらう。

更に段政府はまた南方をして其主張を撤回せざるを得ざらしむるの目的を以て、南方のよつて以て口実とする所のものを取り去る手段を講じたのであつた。即ち勢窮つた上のことゝはいひ乍ら、六月二十九日、我より進んで旧約法の復活を公布し、同日更に内閣の組織に大改革を加へて南方派数名を入れたるが如き之れである。此事は尚次に詳しく述ぶるが、要するに敵の言ひ分を我れより進んで実行し、敵をして其の主張を押し立つるの口実なからしめんと計つたのである。併しながらもと〳〵南方の意見に屈してやつたとは云ひ度くないのだから、同じくやるにしてもやり工合が奇麗でない。そこで折角の処置も南方より好意を以て迎へられず、却つて誠意の存在を疑はれて、今のところ只無報酬で敵の為めに働いた形に了つて仕舞つた。今後更に段一派は如何なる工夫を廻らすか知らぬが、今までのところ、どれも之れも其功を奏せず、着々として南方派に引張られて居るやうである。

(二)　南北妥協交渉の初幕

南北妥協の交渉は湯化竜と段祺瑞との会見に初まつた。尤も湯化竜と相前後して、梁啓超の代理人も段祺瑞と会見したと云ふ事であつたが、此方は世間でも余り重きを置かなかつたし、又実際上大した結果を生じて居ない。湯化竜は六月十五日を以て北京に着いた。彼は必ずしも正式なる南方の全権代理と云ふ訳ではあるまい。然し事実上南方頭目を代表する意味に於て特に黎元洪の招きに応じて北上したものなる事は疑ない。彼は先づ十八日の朝黎元洪に敬意を表し、午後に至つて段祺瑞と会見した。それより日を隔てゝ数回の会見を重ねたのであるが、此会見に於て最初に問題となつたのは、旧約法復活の方法に関してゞあつた。此頃には大勢はもはや余程進んで、旧約法の復活といふ其事には殆んど一人も反対する者はなかつた。張勲ですら相当の手続を以てする旧約法の復活には異議がないと云ふ意見を発表して居る。尤も一部には旧約法は余りに大総統の権限を制限し、実際に之を其儘運用するは却つて国家に利あらずと云ふやうな説があり、此点よりして旧約法の復活に反対するものもないでは無かつたが、然し南方派とても、必ずしも全体が旧約法の内容そのものを悉く是なりとするものではない。袁世凱に蹂躙された共和制の面目の為めに、兎も角も旧法を復活すべしと主張するのであつて必ずしも復活した上で之を其儘永く続行すべしと云ふ訳ではないやうだ。尤も旧約法を復活した上で更に適当なる改正を之に加ふべきや否やは自ら別問題である。一般の輿論の傾向に察するに、約法改正と云ふ様な面倒な手続を採らず、直に正式の憲法制定を急がうと云ふに在るやうにも思はれる。何れにしても旧約法を復活すべしと云ふ事に就ては最早異論はない。唯如何なる方法に依つて其復活を見るべきかに就て、南北の意見が一致しないのである。段祺瑞の意見に拠れば旧約法を復活するには先づ袁世凱の作つた新約法を廃止せなければならぬ。而してこの新約法は兎も角も参議院の決議を経た正当の法律であるから、之を廃止するには其手続を鄭重にする必要があるとて、南方の要求するが如き一片の命令を以て之を廃すべしとする説に反対して居る。法律を変更するに命令を以てするを得ずなど丶云ふ効力比較論も援用されたやうだ。之に反して湯化竜の意見は旧約法は不法の法律(即ち新約法)に依つて一時其効力の停止せられて居るのであるから、其不法の法律を廃止さへすれば旧法は当然其効力を回復すべきものである。而して合法に成立したるに非ざる新約法は、所謂「法律」でないから之が廃止には大総統の一片の命令の布告を以て足ると主張するのである。斯くて段と湯とは南北を代表して大に論争したのであるが、実は此争は単に新旧両約法の効力の争に止まらず、延《ひ》いて又南北両派の中華民国の政治的主体としての正閏《せいじゅん》の争でもあるので、裏面に中々重大の意義が伏在する。従て段は容易に湯の意見に屈しなかつた。所謂「鄭重なる手続」を固く主張して、各省会議の決議を以て始めて新法の廃止を実行せんとの提議を撤回しない。六月二十日頃の電報は段遂に湯の説を容れたりと報じたのであつたが、二十二日に至り彼は俄然として其態度を変じ、白々しくも各省文武の長官に通電を発し、命令を以て約法を復活するの非なるを説き、他に良案あらば願くば教を垂れよなど丶空嘯《うそぶ》いたので、湯は大に段の食言を憤つたと伝へられて居る。斯くて段、湯の交渉は一旦破裂の姿となり、二十六日湯は北京を発して上海に還つた。然るに此日偶々上海に於ける海軍独立の警報が政府に伝はつた。此報道は著しく北京政府を驚倒し、其結果急に其態度を改めしむることになつた。実は此時まで漸次各省に独立を取消すものが殖《ふ》えて居つたのみならず、雲南貴州の火元にまで独立取消を迫らうといふ勢であつたのに、今海軍が故《ことさ》らに北京政府の態度を難じて独立の旗を挙げたとあつては、之を機会として又独立の火の手が拡がらぬとも限らない。折角晴れ掛かつた空が又曇り出したので、小心なる段政府は大に狼狽《うろた》へたものと見える。時にまた上海の議員団より更に厳重なる要求もあつたので、二十七日の夜俄かに国務院会議を開き、遂に我から進んで旧法復活の命令を発すべき事を決議し、二十九日更に案文を議定して、即夜大総統申令として之を公布したのである。其大要に曰く、共和国体は首として民意を重んずる。民意の存する所は唯それ憲法のみ。而して憲法の成るは専ら国会に待つが、我中華民国の国会は三年一月停止以後両歳を超えて未だ復た召集せられず、今や開国五年になつて憲法未だ定まらない。大本立たずんば庶政進行するに由なし。依つて速かに国会を召集し、憲法を定め、民意に協《したが》つて国本を固むべきである。唯憲法未だ定まらざる以前は、其成立までの間姑《しばら》く民国元年三月十一日公布の臨時約法を遵行せしむ。二年十月五日宣布の大総統選挙法も亦憲法の一部として有効なるべし云々といふのである。之に由つて見れば北方の意気込はどこ迄も南方の要求に従つて斯く処置するのではない、正式の憲法の出来上るまでの間、仮りに旧約法を行ふのであるといふ見解で、袁世凱の作つた新約法の合法不法に就ては何等言及してゐない。従て此命令丈けでは之を機会として南方が解決せんとした南北正閏の問題も解決せられないので、従て事実に於ては南方の要求が容れられたるに拘らず、南方側は決して北方の処置に満足はしなかつた。況んや予め何等通告することなく、出し抜けに之を公表したるに於ておや。この南方無視の態度は自ら南方をして段の誠意の存在を疑はしめ、却つて幾分時局の収拾を困難ならしめた傾がある。

(三)　内閣改造問題　附帝制元兇処罰問題

旧法復活に次で争はれた問題は、内閣の役割である。之は段、湯の交渉の際にも問題となつたらしい。元来段の腹では、政府丈けは自分の方で之を占め、南方派には閣外に立つて自分達の経営を助けて貰はふといふ客分の地位を与ふる位の積りであつたらしい。併し之には外部にも反対があつたし、又内部の北京にも反対があつた。中にも黎大総統はそんな事では時局解決の始末が着かないと云ふ考であつたやうだ。黎が南方に対して余りに腰が弱いとて段の辞表を呈したのは(六月二十日)、此等の点に基因すると云はれて居る。其辞表は固より許されなかつた。将来此地位を踏台として副総統にも大総統にもならうと云ふ野心のある段に、真実辞職の意なかりし事も亦疑はない。斯くて彼はとにかく、旧法復活問題に対して当初執つたと同じやうな強硬な態度を、此問題に対しても執つて来た。而して此態度はまた旧法復活問題の場合と同じやうに海軍独立の報に驚かされて急に一変した。六月三十日の内閣大改造が即ち之れである。即ち彼は自ら国務総理を以て陸軍総長を兼ね、南方の唐紹儀、孫洪伊《そんこうい》、張燿曾《ちょうようそう》を招いて夫れ〴〵外交、教育、司法の総長に任じ、更に之に自己並びに黎の幕下若干を加へて新内閣の顔揃を整へた。此中に純帝制派と認むべきものは先づ一人もないが、併し南方派は少くとも三つの点に於て此内閣改造に不満であつた。一つは南方派の入閣がたつた三人に過ぎない事、二は内務、財務、交通等の要職が北方派に依つて占められた事、三は此人選については予め南方に何等の打合せをせず、出し抜けに任命を発表した事である。中にも予め南方に協議しなかつたと云ふ点が、前の旧法復活の場合と同じく、北方派に真に南方を敬重するの誠意なき証憑《しょうひょう》なりとして、最も高く不平の声が挙げられた。従つて世間では初めから南方派は其就任を承諾しないだらうと評判して居つた。果して唐、孫、張の三名は頑として就任を拒んだ。今日に至るまで約半月の間、幾度か当事者間に電報の交換があり、幾度か友人の勧誘を受くるあり、中にも南方を代表して北上した張継など迄が、三氏に上京を勧めたるに拘はらず(八百長だとは思ふけれども)、彼等は頑として其態度を改めない。七月十二日、段は汪大燮《おうたいしょう》を閣外に転じ、内務総長許世英を其後任として交通部に移し、此内務総長の椅子に孫洪伊を据ゑ、更に南方の一領袖范源濂を抽いて教育総長に挙げ、以て更に南方の意を迎へんとしたけれども、それでも唐、孫等は依然として北上を肯じない。斯くて内閣役割の問題は今日尚行悩んで居る。

内閣組織の行悩《ゆきなやみ》が段の一派に取つて如何なる意味を有するか。段は兎も角も時局収拾の功を一手に収めんとして起つた人である。然るに時局の始末を付けんとするには妥協の方法に依らざる可らざる以上、彼は是非とも南方派の入閣承諾を得るに成功しなければならない。南方派を除外して内閣を組織するのでは、時局の収拾でも何でもない。故に今のやうに南方の入閣承諾を得るに行悩んで居つては、彼の手で未だ十分に纏りが付かないといふ訳であるから、内に於ては天下人心の帰嚮《ききよう》が定まらず、外に在つては肝腎の外国の後援を得る事が出来ないといふ事になる。早い話が、差当り入用な金を借りる事が出来ない。目下段の最も困つて居るものは金である。外国の財団は、貸すには貸すが兎に角南方と打合せをつけて天下統一の端緒を開いてから来いと云つて待つて居る。故に段としては否が応でも唐、孫一派の入閣を見るに成功せなければならぬ。若し之に成功するを得ずんば、彼は時局収拾の任を完うし得ざるの責を引いて国務総理の地位を拋《な》げ出さねばならぬ境遇に陥る。今迄あれ丈けの地歩を占めて来たのに、俄に功名の地を一挙に拋棄するといふ事は彼として最も苦しい所である。そこで彼は如何にもして兎にも角にも一応南方側の入閣を承諾せしめんと焦つて居る。如何に段が此点に焦慮して居るかは、七月十四日の北京電報が、将来内閣の役割を定むるに就ては南方と協議を遂ぐる事にすべしといふ宣言を段が発したと報じた事によりても分る。十三日の申令が突如予て南方派の要求して居つた帝制元兇の処罰を公布したるが如きも、亦同様の趣意に出づるものであらう。併し彼は斯くても猶ほ飽く迄南方に屈したといふ襤褸《ぼろ》を出すまいと力めて居る点はあり〳〵と見える。それ丈けまた彼は南方側から内兜《うちかぶと》を見透かされて居るやうにも思はれる。

然らば唐、孫の一派は結局段内閣に入ることを承諾するだらうか。今の所最も強硬の態度を執つて居るものは唐紹儀であるやうである。彼がかくも強硬なる態度を執つて動かざるは、素《も》と彼自身の発意に出づるや、或は南方派全体の要求に従つての事なりやは、予の明確に知らざる所なるも、兎に角彼は上海派の首領であり、又今度の南方革命運動に初めから最も深き関係を有する一人である丈け、彼の態度は大に全体に重きをなすことは明である。彼が頑として動かない以上は、孫でも張でも、或は范でも、彼に背いて又彼の意に反して北京政府に入るといふことはあるまい。其反面に於て又仮令他の二人が極力入閣を拒んだとしても、唐紹儀一人が入閣したと云ふ事であれば、或は一応は収まりがつくかとも思はるゝ。然らば段をして兎も角も時局収拾の名を為さしむるか、或は恨を呑んで引退せざるを得ざらしむるかは、殆んど唐一人の態度によつて極まると云つても差支がない。然らば此際に於て唐紹儀の立場を研究するといふ事は、極めて肝要なる問題である。

唐紹儀は、最初入閣の勧誘を受けた時、或は自分は久しく実業界に入つて政治に遠ざかつたとか、或は目下経営してゐる保険会社の仕事が忙しくて政治に手を染めるの余裕がないとか、いろ〳〵の理由を挙げて辞意を表し、又此際外交の局に当るものは余程の英物でなければならぬのに、不肖予の如きは其任に非らずなど、皮肉つて、断乎として、段の勧誘を斥けた。然らば彼に全然政界に乗出づるの野心はないのかと云ふに事実決してさうではないと思ふ。もと〳〵彼は政界に於て名を為した人である。而して政界に志あればこそ彼は初めから雲南の革命運動に少からず肩を入れたのである。予の最近に得たる情報に拠れば、彼は心密かに乃公出でずんば此難局を奈何せんとの抱負を有し、大に自重して居るといふ事である。又公平に観た所、内外に折衝して北京政府を纏めて行く実際の手腕家を当今に求むれば、何人も先づ指を第一に彼に屈せざるを得まい。若し果して此大確信と此大自重とあるが故に彼が容易に起たないのだとすれば、想ふに彼は段の窮迫して其地位を投げ出すのを心密かに待つて居るのであるまいか。この観察を当れりとせば、今日の南北折衝の形勢は、当《まさ》に段と唐との間に行はるゝ暗黙の政権争奪の戦と云うて可い。唐が出るか段が引くか。南方が負けるか、北方が勝つか。袁の死によつて一旦戈《ほこ》を戢《おさ》めた南北の戦争は、茲に一転して段、唐の無言の掛引きに顕はるゝ事となつた。何れにしても一方が他の一方を圧倒せずんば熄《や》まざる底の戦争であることは同一である。唯此戦争に於て、段には進んで他の意思を動かさねばならぬと云ふ弱味があり、唐には黙つて動かずに居れば可いと云ふ強味がある。更に段に対しては、何時迄も愚図々々して居るなら金は貸さぬぞといふ外国よりの自然的圧迫があり、又早く始末を付けねば軍務院は撤廃しないとか、独立の宣言は取消さないとかの内部よりの圧迫がある。七月十二日張継が総統府政治顧問の任に就いたといふが如きも、黎の名を以て更に有力なる牽制の手が段に加はるを意味するものであらう。之に反して唐には、不本意ながら段の勧請に応ぜねばならぬといふ内外の圧迫を蒙る憂がない。最近唐は極めて日本と接近して居るといふ事であるが、日本とて今更支那の内政に干渉し、段の依頼を受けて彼に北上を勧めると云ふやうな事もしまい。

尚序でに之に関聯して帝制派処罰の問題を説明して置かう。将来の見せしめの為めに帝制主張者を処罰すべしとは、南方派当初よりの要求であつた。然しながら処罰者の範囲及び処罰の方法程度に就ては南方派に於て初めて明瞭《はつきり》した考は決つてゐなかつたやうだ。時局の進むと共に、漸次此問題も具体的に論ぜらるゝやうになつたが、最近に於ては、此点に於て明かに二つの考のあることが明になつた。一つは極端説で、即ち孫逸仙派の主張する所である。中にも山東の居正の如きは非常に広き範囲を指定して之を悉く処罰すべしと要求して居る。然し之は極めて少部分の意見で、他の大多数は皆穏健説を抱いて居る。即ち其範囲も出来る丈け狭きに制限し、徒らに苛酷の条件を以て追窮するを不可とするのである。併しこの孰《いず》れの派に属するを問はず処罰の決定は新国会の決議に待つべしとする北方一部の意見に対しては、均しく皆断乎として反対の見を取つて居つた。南方派は実は寧ろ帝制元兇処分の実行を以て、北京政府がどれ丈け南北妥協の問題に対して誠意を有し居るかを測定する標準と為すべしと観て居る。否帝制元兇処罰の実行が南北の真の融和を議するの先決問題であるといふ位に考へて居つた。従つて彼等は此問題に就いては相当に強硬なる意見を表明して居つたのである。然し此事の解決は実は北方に取つては極めて困難であり又苦痛である。否、殆んど不可能といつてもよい。故に此問題は実際上一番後廻しにされて居つたが、前に述ぶるが如き事情で、遂に十三日の申令を以て段内閣はヤツト此問題に対する解決案を発表したのである。只右の如き事情であるから、此解決案の極めて微温《なまぬる》いものである事は固より言ふを俟たない。即ち此申令に拠れば楊度、孫毓筠、顧鼇《こごう》、梁士詒、夏寿田《かじゅでん》、朱啓鈐、周自斉、薛大可《せつだいか》の八人だけを法に照らして処罰するので、其余は一概に寛免すと云ふのである。去年の暮の雲南討袁檄文以来帝制元兇は右の中の楊、孫、梁、顧、周の五人の外曹汝霖、葉恭綽《ようきょうしゃく》、厳復《げんぷく》、張鎮芳《ちょうちんほう》、袁乃寛《えんだいかん》、段芝貴、施愚《しぐ》、倪嗣冲の十三人と極つて居たのに、其中の大部分を許し、已に天津、上海、香港等支那官権の手の及ばざる地域に逃げて了つたもの丈け八人を処罰の目的物とし、而かも倪嗣冲、段芝貴、張勲等の如き呑舟《どんしゅう》の魚を逸したのは、些か元兇処罰の名あつて、其実を失つた嫌がある。それでも此処迄持つて来たのは、張継の非常なる尽力の結果であると云ふから、今の政府の力では此問題の此以上の解決は余程困難であらう。中にも地方にあつて兵力を擁する者の処分の困難なるべきことは、前章にも詳しく説いたから繰返さぬ。微温いながらも此問題に手を着けた丈け、如何に段祺瑞の立場が苦しいかといふ事は分る。然しそれでも唐紹儀は容易に動きさうにない。

(四)　南北妥協に対する外国の態度

終りに南北妥協の問題に対する諸外国の態度を論じて置かう。

支那の動乱に対する日本の態度は初めから厳正中立を以て一貫して居る。尤も北方を袖にして大に南方を援けたといふ説もあつたけれども、之は袁世凱と日本との関係が兎角円満を欠いて居つたといふ在来の事実と、日本の一部の有志者が南方の為めに物質上精神上多少の援助をしたといふ事実とから起つた好事者の推測であらう。

日本国家としては固より厳正中立であるべき筈である。

凡そ外国の内事に対しては常に必らず無干渉の態度をとるべきことは、本来当然の原則である。然し我国が支那の動乱に対して厳正中立の態度を維持したといふことは、実に初めから何等の困難なしに行はれたことではない。なぜなれば当初「厳正中立」といふことは、支那と関係ある諸外国の一般の通論ではなかつたからである。支那は従来表面は何といつても事実に於ては列国の同情の下に立つて居つた国で、殊に袁世凱の治下に於ては、列国との交渉は極めて密接であつた。従つて列国の支那に対するは、他の純然たる独立国に対するとは、些か趣を異にして居つた。即ち彼等は、支那に対しては、動《やや》もすると何や彼やと世話を焼きたがる。そこで去年の暮新たに南方に動乱が起つて袁政府の大に困憊するを見るや、彼等は忽ち袁を援けて動乱を鎮定せしめんとした。此考は、彼等が平素袁世凱を買ひ被り、支那の平和を維持するのは彼を措いて他に其人なしと盲信して居つた丈け、強烈であつた。然るに若し其際此考に従つて袁を直接間接に援けたとすれば、動乱の蔓延は一時或は之を治め得たであらうが、結局に於ては時局をして益々紛糾せしむる結果を見たであらう。是れ天下の人心は已に袁を離れて居つたからである。此事は西洋人にはよく分らない。西洋人は只一時の事のみを観て袁を助けやうとする。而して此趨勢を妨げて辛うじて彼等をして厳正中立の態度を執るに同意せしめたものは一に我国の力である。之も欧洲の天地が平和の時であつたなら、かくやす〳〵と日本の主張が容れられたかどうか解らない。欧洲戦争に忙殺されて日本の主張に列国が聴従せねばならなかつたのは、支那にとつても勿怪《もっけ》の幸であつた。斯くして始めて諸外国は一致して厳正中立の態度を執ることゝなつた。為めに動乱の火の手は一時盛に拡がつたやうであるけれども、我々は之を以て却つて支那の根本的平和の為めには幸福であつたと信じて居る。

列国の此態度は、袁世凱の死によつて復た少しく動揺した。そは彼等は袁を以て支那唯一の大政治家と買ひ被つて居つた丈け、彼の訃に接して非常に失望し、彼が死んでは最早や支那は暗黒だと考へたからである。而して彼等は嚮導者を失つた以上支那は今後列国の共同監督の下に支配して行くの外はあるまいといふやうに考ふるに至つたらしい。結局に於て之を列国の共同監督の下に置くのであれば、差当り中央の政局に当るもの丶何人たるかは其の問ふところではない。只表向きの当局者に出来る丈の助力を与へて一日も早く紛乱を治めしむるが得策である。斯ういふ考からして列国は黎元洪、段祺瑞を押し立て彼等をして速に時局を収拾せしめやうといふ考になつた。その為めには直接間接大に彼等に助力すると云ふ訳になつた。時に恰も段祺瑞の方から、更に熱心に塩税剰余金交附の要求があり、更に其外に多額の借款の申込があつた。此申込に対して列国は訳もなく応じやうといふ態度を示した。此事に関する細密の消息は我々外間の者には固より十分ハツキリ判らないのであるけれども、然し夫《か》の五国銀行団に新たに米国を引入れんとした計画の如きに見ても此間の消息はあり〳〵と窺はる丶のである。前にも述べた如く、経済借款は各国各自に之を取極めることに差支はないけれども、政治借款丈けは必ず所謂五国銀行団に交渉しなければならぬことになつて居る。政治上の目的の為めに起さる丶重大なる借款には、各国単独の抜駈けの功名は許されない。此約束に加つた国は初め日・英・独・仏・露・米の六国であつたが、後米国は現大統領ウイルソンに至り、之を以て支那の内政に干渉するの端を開くものなりとなして脱退した。之より五国銀行団と称すること丶なつたのである。然るに目下欧洲戦争の際とて独逸は勿論のこと英・仏・露共に支那に資金を供給するの余裕はない。支那に多額の資金を供給せんとすれば、是非共米国を誘はねばならぬ。さういふ必要から、英国は駐支各国公使に対《むか》つて、米国誘引の提議を出したものらしい。こは一部の人の言ふが如く必ずしも独逸が已に聯合者の一人としては有名無実だから、其補充の意味で米国を誘ふたといふ訳のものではなからう。又目下手の空いて居る日本独りに甘い汁を吸はれてはといふ嫉妬から、換言すれば日本ひとりに支那で跋扈さるゝことを牽制するの意味で、米国を誘ふたとのみ見るべきでないことは勿論である。予は英国の提議の主たる原因は、一に米国を入るゝにあらずんば支那に思ふ存分の助力は与へられないといふ考であつたと観る。従つて予は米国誘引の根本の原因は新政府を援けんとする列国の強き決心にありと信ずるものである。然し万一此考が実現すれば一方には非常に結構な様ではあるが、他方には為めに支那が早晩列国の共同監督の下に帰するの惧《おそれ》があるので、之は支那にとつては勿論、東洋の一国としての我日本にとつても容易ならざる大事である。加之、新政府に直に十二分の助力を与ふる事に依つて根本的に時局の収拾を全うし得べしとするのは亦正当の見解ではあるまい。事情を知らぬ人の考としては一応尤もの様ではあるが、実際は却つて支那の時局を益々紛乱せしむるの恐がある。なぜなれば、之が為めに北方は大に力を得て、延《ひ》いて南方に対して屈服を要求することゝなり、為めに益々南方の反抗を激成すべきを以てゞある。そこで日本は表面はどういふ理窟を取つたか知らぬが、兎に角極力此事に反対したらしい。少くとも日本は列国に向つて、如何に助力を与へても北方は到底南方を屈する能はざるべきこと、寧ろ南北の双方に暫らく何等の助力を与へず、かくして両方を窮迫せしむることが、寧ろ速《すみやか》に南北を妥協せしむる所以なること、いよ〳〵南北の妥協が完成して天下の略ぼ一に帰するを俟つて、初めて有形無形の援助を与へた方が有効にして又有益なるべきこと等を熱心に力説したものと思はるゝ。此主張は結局幸に列国の同意を得たものと見えて、支那は、今日のところ、亜米利加から多少の経済借款を得たるの外は、殆んどこれといふ大した金銭上の助力を何処からも得てゐない。斯くて北方は目下大に財政に困つて居る。南方も亦固より同様でツマリお互に虚勢を張つては居るが、窮迫の余り一歩〳〵互に接近しつゝあることは、今日争ふべからざる支那の実勢である。

此頃一部の論者の間には、日本が近頃急に南方に冷淡になつた、支那の時局に対する日本の方針は、袁の死と共に急変したと難ずる者がある。成程日本が南方に対し最近特に冷静の態度をとつて居ることは事実であらう。然し之は厳正中立の主義を一層厳格に守らんとする事の当然の結果であり、少くとも、列国に迫つて独り北方に対して多大の援助を与へざらんことを要求した事の当然の道徳的義務といふべきであらう。従来とても国家として日本が南方側と何等特別の関係はなかつたと信ずるのであるが、仮りに最近急に手を引き締めたとしても、列国の北京に於ける積極的活動を阻止する為めには是亦止むを得なかつたといはねばなるまい。従来密かに多大の援助を与へて居つたのが急に態度を変へたといふのならまだしも問題になるが、従来とても大した密接の関係がないのであるとすれば、最近特に著しく冷静の態度が眼につくとしても、深く之を咎むべきではなからうと思ふ。尤も日本朝野の某々個人の支那南方派の誰彼に対する個々の態度については、予の見聞して居る事実丈けについて云つても大に議すべきものないではないやうだ。余りに日本人の態度に真実がなさ過ぎると思はるゝ節も少からずある。けれども全体として日本政府今日の態度は甚しく正鵠を失してはゐないと信ずる。只予は此上にも当局者に対して、支那の時局の推移には常に細心の注意を怠らず、常に満を持して放たざるの自重を存し、一旦機到らば疾風迅雷の勢を以て突進するの用意あらんことを希望せざるを得ない。支那の時局は今のところ酔歩蹣跚《まんさん》の姿ながら、兎に角フラリ〳〵と大勢の命ずる方向を誤らずに辿つて居るやうだ。遠からざる将来に於て兎も角も天下一に帰するの時は来やう。此時に際して我が当局者は果して如何にして支那を列国共同の監督の網より救はんとするや。又如何にして能く中華民国有識者の誠意ある信頼を贏《か》ち得んとするや。之れ我々の読者と共に刮目して観んと欲するところである。（大正五年八月稿）

(五) 軍務院の撤廃について

南北妥協の話が段々進むに連れて、軍務院をどうするかは政界の一問題であつたが、突如七月十四日附にて唐継尭、岑春煊、梁啓超、劉顕世、陸栄廷、陳炳焜、呂公望、蔡鍔、李烈鈞、戴戡、李鼎新、羅佩金、劉存厚等の名で撤廃の宣言は発せられた。之に続いて雲南、貴州、四川、浙江、広東、広西は相継いで独立を取消し、李の下にある海軍も亦之に倣うた。而して消息通の報ずる所に依れば、之は梁啓超の策に基くとの事である。蓋し軍務院の廃止は北方の兼々《かねがね》希望せる所、而して之を見ずしては統一の端啓《ひら》けたりと為して借款の途に出で得ざるが故に、段の之を欲すること格別に強烈なものがあつた。最初南方の味方として起ちし梁が其後いろ〳〵の理由で中心点を遠《とおざ》かり、今や漸く政界の表て舞台より忘れられんとするを苦とし、局面打開の策として此運動を始めたと云はれて居るが、梁の為人《ひととなり》より押して左もあるべき様にも思はるゝ。岑一派の南方の諸士がうま〳〵と之に乗つたのは、大局の拾収を速ならしめんとの必要にも出でたのであらうが、近来中心点が上海に移らんとしつゝあるを快とせざりし不平もあり、北と相交渉する南方の中心勢力は自分達だといふ気勢を示さんとしたものだと穿つた事をいふものもある。何れにしても此の一事は南北統一の機運の頗る熟せるを語るものとして大に注目の価値ありと思ふのである。（大正五年九月稿）

対支問題

目次

両国人民の自由交通の始まり

日支両国が境を接して居るだけ随分古くから其間に密接の交渉のあつたことは云ふまでもない。併し古くから交渉のあつたと云ふのは謂はば国と国との公けの交渉の事であつて、人民と人民との自由無碍の交通と云ふことになれば決して然《そ》う古いものではない。一つには近いながらも海を以て隔てられてゐると云ふこともあるが、徳川時代の鎖国政策がまた起るべかりし自由交通を妨げたことは説くまでもない。そこで一時盛になつても間もなく消え去り其後に続くものがなかつたと云ふ類のものを姑《しばら》く度外に附すると、日支両国人民自体の自由なる交通と云ふものは案外新しい現象だと思ふのである。私の考では斯《こ》う云ふ意味の両国人民の自由交通は漸く日清戦役以後に於て始まつたもののやうである。而して之《こ》れが如何なる事情の下に起り又如何様の形を取て如何に発展したかを回想するは、今日並に将来の両国関係を考察する上に極めて必要だと思ふのである。

日清戦役前後の支那観

明治初年の支那観　日清戦役の頃までは両国の人民と人民との間に自由交通と云ふが如きものは先づ無かつたと謂つてい丶だらう。尤も明治の初年には、まだ支那古代文明の影響下に在つた旧幕府時代の教養を受けた人が多かつたので、支那と云ふものに訳もなく一種の感情的憧憬を寄する者あり、彼国の文人でも遊覧に来たと云へば喜んで之を迎へ格段の礼をつくして之をもてなしたと云ふやうな事実もあつて、今日に想像し得ざる程の親しい交りの個人的に結ばれた例は可なり沢山あると聞いて居る。けれども斯《かく》の如きは単に其時だけの事で終り、之から発展して双方の国民が盛に交通往来すると云ふ風には伸びて往かなかつた、他日双方の国民的生活の上に何等かの交渉をもつやうな継続的の結果を産み出すまでには発展しなかつたのである。

やがて西洋文明の輸入模倣が漸く我国に於て旺盛となる。西洋文物の盲目的尊崇は自ら一時一切の旧きものを棄てて顧みざるの風を流行させる。乃《すなわ》ち支那の文物も所謂旧来の陋習の中に捲き込まれて顧みられぬやうになる。甚しきに至つては不当に軽蔑され又は邪魔もの扱ひにされることすらある。斯うなつては両国の人間が寧ろ反撥こそすれ最早互に敬愛し親善の誼を通ずると云ふわけに往かなくなるのは致し方がない。即ち昨日まで先輩と崇めてゐたのを今日は頑固な時勢おくれと軽蔑するわけである。軽蔑されてい丶気持のする筈はないから、彼方でも此方の態度を小癪に障《さ》へる。斯《か》くして日支両国の国民的親善と云ふ見地から云へば、明治時代と云ふものは大体其の初めから最も不祥な空気に包まれて居つたものと謂はなければならぬ。故に特殊の事情が起らなかつたら、或は日清戦役後になつても両国人民は容易に親善関係に入り得なかつたかも分らない。

明治十九年の長崎事件　その上幸か不幸か当時の若い日本はまだ支那の実力を看破して居らぬ。西洋人は眠れる獅子などと評してその底力を畏れ乍らも多少侮蔑の態度を示してゐたが、若き日本の眼にはその初め支那は徹頭徹尾威迫的勢力としてのみ映じたやうである。古い事は姑く措《お》き明治十七年十二月の所謂京城の変に於ては、正直のところ可なり手ひどく袁世凱《えんせいがい》の指揮する支那兵から痛めつけられた。明治十九年夏、清国の水師提督丁汝昌《ていじょしょう》が鎮遠・定遠・済遠・威遠の大艦を率ゐて来朝するや、国民が一方に烈しき敵愾心《てきがいしん》を刺戟されつゝ他方に一種の畏怖を感ぜざるを得なかつたことは、今なほ古老の記憶する所である。八月右艦隊の兵員大挙して長崎に上陸し、市中を横行して乱暴狼藉を極め、警察官並に市民と衝突して互に死傷あり、遂に両国の外交案件となる。鳩山和夫・清浦奎吾・河津祐之の諸氏我が政府を代表して長崎にいたり、清国領事と共に事実の調査に努めしも要領を得ず、翌年二月我が外務大臣と清国公使との協議に於て、其の応《まさ》に審理し及び懲罰すべきや否は各自の司法官庁に於て自国の法律に照し公平に処辦《しょべん》すべく、而して其の審理処置に対しては双方互に干予せざることを約して纔《わず》かに其局を結んだ。曲直の存する所頗る明白にして而も我が政府の弱腰の如斯《かくのごとく》なる所以のものは、畢竟清国の兵威を憚りしが為めではなからうか。要するに当時我国の識者は概して皆清国の兵威を恐しく買被つてゐたのである。之等の点は日清戦争以前の歴史が明白に之を語り且つ又〔之〕を憑証《ひょうしょう》すべき当時の文献も今日に沢山残つてゐる。

政治小説『明治四十年之日本』に現れたる支那観　茲《ここ》に一つ面白い本がある。末広鉄腸の著に成る『明治四十年之日本』と云ふ政治小説である。鉄腸は則ち当時政界の錚々たる名士末広重恭であることは申すまでもない。彼れは時勢を描き且つ諷し又自家の見解を舒《の》ぶるに好んで小説を書いた。『二十三年未来記』を始め『雪中梅』から『花間鶯』と読んで来ると、憲法発布前後の政況が実によく判る。『明治四十年之日本』は明治二十六年五月の刊行で、主として我国の対外政策の方面を主題として取扱つたものだ。明治四十年には斯うもあらうかと云ふ予想を書いたものであるが、執筆が恰度日清戦役の前年であるだけ此中に点綴《てんてい》されてある支那観は我々に取て大に参考となる。此事を説く前に序ながらこの小説の荒筋を語つておかう。朝鮮問題で利害を異にする露国と清英同盟とが遂に開戦する、日本は双方から誘はれるが松本子爵を首班とする保守党内閣は結局清英の側に加担する。

先是《これにさきだち》露国は朝鮮に於て為せる所を日本にも行はんとし、間諜を日本に送り莫大の黄白を朝野名士の間に散ぜしめて露国の有利に我が政界を左右せんと企らむ。その手先となつて専ら活躍するものは多年西比利亜《シベリア》に放浪せる妖婦茨木雪子である。茨木雪子と通謀し後にはその夫となり密に露西亜《ロシア》本国の指揮に従つて政界に大勢力を張れるが正義党の首領渋谷八蔵である。渋谷は雪子を通じて露国より得た金の力で多数の議員を傘下に集め、遂に内閣不信任案を提出し上下両院を動かして政府を顚覆するに成功した。新内閣は渋谷の傀儡《かいらい》たる谷川伯の組織する所となつて居るが、実は渋谷の一味を以て堅められ、彼自身は内相の地位に就いて実権を握る。而してこの新内閣は直に清英同盟からの脱退を宣明して朝鮮近海に出動せる艦隊に急遽帰航を命じ、且つ国内の反対を圧抑せんが為めに保安条例を施行し殆んど有らゆる政界の名士を羈束した。茲に玉野成章と云ふ青年がある。多年西洋に学び、帰途を露国に取り西比利亜鉄道に依て日本に帰つた。彼は途中ハバロフ〔ス〕カの旅館で可憐なるお清と云ふ一少女に遇つたが、この少女が茨木雪子の日本に乗り込まうと云ふとき浦塩港《ウラジオこう》に之を訪ね身許を佯《いつわ》り小間使として日本に同伴して貰ひ密かに主人の奸計を探らうとするのである。渋谷と雪子との露語を以てする会話に聞き耳を立て、日本を売るが如き恐るべき陰謀を企めるを知り、遂に其の証拠となるべき書類を盗んで玉野成章に之を送る。玉野は大に驚き、之を剛骨の海軍々人山口少将に諮《はか》る。クーデターに依て一刻も早く現内閣を倒さざるべからずと決し、陛下の御信任最も厚き杉村伯を動かすの外なしとて、両人打連れて同伯を訪ねる。やがて現政府は突如罷免となり、先きに拘束された数多《あまた》の名士は悉く釈放され、新内閣は杉村伯を総理に戴いて組織された。先づ大体斯んな筋で、其間例に依り甘い二三の恋物語も織り込まれて居るは云ふまでもない。

余談はさて置き著者は此小説のうちで日本の対外的地位をどう観るかと云ふに、先づ朝鮮の独立問題を以て東洋和平の禍根と看做《みな》して居る。最も積極的に極東に侵略的魔手を振ふものが露国であり之に脅かされる支那は独力では露に当るを得ず、露と各方面に於て利害の衝突ある英と結んで辛うじて露を制することが出来るとして居る。即ち他の一面に於て英一国ではまた少くとも東洋では露に叶はないと観て居るやうである。而して露対清英となれば其間勢力相伯仲し、其処に始めて日本に漁夫の利を収むべき余地が残される。この形勝の地位を利用して我国は今の中に大に国力を養ふべきだ、今の儘《まま》では支那一国を相手としてすら勝算がないと著者は観て居る。朝鮮から露の勢力を掃つても我国は早晩支那と争はねばならぬ運命になる、然るに国防の状況はどうだ。著者は一官吏の言として「陸上の防備も無論成つてゐないが、海軍の方は近年輿論の追究頗る喧《かまびす》しきに拘らず一向改革の実挙らず、支那の十年此方の軍艦増建のことを考へると迚《とて》も独力で戦争は六《むつ》かしい」と云ふ観察を発表して居る。右の十年間の進歩と云ふを他の所に註して、万事出足の遅い支那も我が日本の内政混乱に乗じて各種の改革を成し遂げ、全国到る処に電線を架設し、鉄道も北京より起りて、一方は山海関・奉天・吉林を経て黒竜江にいたり、他方は伊犂《イリ》及ビルマの界に至る三大線路を完成し、採鉱製鉱〔ママ〕の事業も益々盛大となり、殊に海軍に至っては噸《トン》数艦数とも遥に我国を凌駕したと述べてあるのは、聊《いささ》か誇張の嫌なきに非るも、議場の討論を描写せる他の個所に於て一議員をして、「支那は疆土も人口も我国に十数倍すれば、我国の独手を以て之に対抗するは極めて困難である、是非とも支那と利害の相反する一邦国を求めて同盟せねばならぬ」と云はしめて居るのが、当時の有識なる政治家間の確信であつたらうと思ふ。末広重恭と云ふ人物から考へても、右の如きが当時の識者級の代表的意見だと云ふて過言ではあるまい。要するに我々の先輩は日清戦争の直前に於て実に支那を一の勁敵《けいてき》と観て居つたのである。

日清戦争　斯くて支那は当時の政治家に取つては矢張り怖るべき一強国であつたのだ。従てかの日清戦役の如きも我が日本としては実は初めから歴々たる勝算があつてやつたのではなかつた。支那を積弱の国と観て居ぬからこそ、彼れの圧迫横暴をこの上忍ぶべからずとして已むを得ず起つたので、我国に取つては真に文字通り乾坤一擲の大戦争であつたのだ。若し夫れ第三者の地位にある諸外国の態度はと云へば、恐らく事前に日本の勝利を予想したものは唯の一国もあるまいと思ふ。米国を除いた外の列国は暗黙の間に朝鮮を支那の属邦と認めてゐた位だ。貿易関係から云へば彼等に取つて支那が日本よりも遥に重要の顧客たるは申す迄もない、従て同情は自ら支那に傾かざるを得ない。其の為めも幾分あらうと思ふが、兎に角日本の実力は当時の列国には全く未知数であつたので、彼等が漫然国土の大なる人口の多きより推して終局の勝利を支那に帰したのは寧ろ当然であらう。

英人バートレットの意見　英国国会議員バートレット述『日清戦争ニ就テノ意見』といふ小冊子がある。廿八年三月海軍省で翻訳作成せるものであるが、原文は其年一月公になつたものらしい。筆者は戦争開始の当初より日本の捷利《しようり》を確信し、現に「平壌ノ戦ヨリ六週間前ニ日本人ノ大捷ヲ得ン事誤リナキヲ予期セル一論稿ヲ公ニセ」る珍らしい卓見家であるが、右の小冊子の冒頭に「日本人ノ勝利ハ本邦(英国)幾《ほと》ンド各新聞ノ予期スル所ニ反対セリ。或ル新聞ハ日本人或ハ初メニハ少シク勝ヲ得ルトスルモ、支那ノ資力及兵力ハ日本ニ優ルガ故ニ終ニハ勝ハ支那ノ方ニ帰スベシト論ズルモノアリタリ。概シテ本邦新聞ノ評ハ痛ク日本人ヲ擯斥シ、殊ニ『タイムス』及『スタンダード』両新聞ハ、日本人ヲ以テ英国新聞ノ賛成ナキ内ニ敢テ清国ニ戦ヲ挑ミ敢テ兵端ヲ開ケル大胆不敵ノ島人ナリト悪口雑言ヲ極メタリ」と述べてある。英国は最もひどい例だが、外の国とて大抵みな同様の考だつたことは疑ない。猶ほバートレット氏が何故に爾《しか》く日本人の能力を高く買つたかと云ふに「二十七年前初メテ英国ニ来レル日本少年ノ一群ニ接シ、親シク其性質品行及才能ヲ承知」してゐたからだと云ふ。彼れ続いて曰ふ「此少年ハ我艦隊ノ鹿児島襲撃後薩摩侯ノ国ヨリ来リシモノニシテ、其目的ハ英国憲法・法律・海陸軍・学術其他専門ノ学科ヲ修メンガ為メナリ。此輩ハ世ニ珍ラシク高尚ナル志ヲ懐キ熱心ニ業ヲ修メ貫カザレバ止マザル有為ノ人物ニテアリタリ」と。森有礼をはじめ吉田清成・畠山義成・鮫島尚信・町田久成・寺島宗則(寺島は監督の格)等、慶応元年三月送り出された之等の年少留学生の行状が図らずも後年バートレット氏の如き日本の知己を作つたとはまた面白い話ではないか。

日清戦後の支那観　さて戦つて見ると支那は案外に弱かつた。我国は列国環視の下に正々堂々と見事な勝利を占めた、しかも易々と意外の大捷を博したのである。之《これ》は無論、我国に取つて非常な喜びであり又非常な福《さいわ》ひに相違ない。けれども他の一面に於て、之が我国人の自負心を法外にそゝり、急に前とは打て変つて隣邦の友人を軽侮すると云ふ悲しむべき風潮を作るの原因となつたことを看過してはならぬ。前にも述べたやうに、維新後我々は最早文物制度の先生として支那を尊敬することはやめて仕舞つたのである。唯武力の点に於て侮り難しと観てゐたのに、今度の戦争でこの估券《こけん》までが惨めにも剝落した。西洋人は曰ふ、眠れる獅子と思つたのは見損ひだ、獅子はもう疾うに死んで居ると。之れも或点までは本当だらう。而して中にも我国に於ては戦争最中国民の敵愾心を鼓舞作興する為に弘められたチヤン〳〵坊主膺懲《ようちよう》の歌など云ふ類ひの薬が利き過ぎてか、支那を蔑視するの風潮が格別烈しく流行した。それに今までは外交と云へば強国から窘《くるし》められた経験ばかりで鬱屈してゐたのに、今度は自分が強国の態度を以て彼に臨み得るといふに聊か心誇れる嫌がないでもない。何れにしても日清戦争の勝利は両国人民の親善と云ふ点から観ては、余り好ましい結果を生まなかつたと謂ふべきである。

之を要するに我々の先輩はその始め我々の目前の急務に関係のないアカの他人として支那を敬遠した、否、時には新文明の敵なる旧弊陋習の保菌者として軽侮することもあつた。それでも久しい間国際的に対立する一強国としては十分にその威力を認めて居つたのに、日清戦後に至つては夫《そ》れをすら許さざらんとする。精神的にも物質的にも支那は駄目だと決めて無遠慮な侵略的態度に出づることもあつた。斯う云ふのが日清戦争頃の我が邦人の偽らざる支那観であつたから、口先きでは何と云つても此間から真の親善関係の産れ出で得ぬは当然であらう。序ながら云ふ、斯種の支那観は一部の人の間に今日でもまだ幾分残つて居る。之が為めに時々隣邦の人達の誤解を挑発し色々の意味で尠《すくな》からぬ損失を蒙ることあるは識者の夙《つと》に注意する所であらう。斯うした不快な伝統的支那観は一日も早く我が国民の脳裡から取除きたいものである。況んや支那最近の進歩発達は各般の方面に於て洵《まこと》に驚嘆に値するもののあるに於てをや。

斯う云ふ事情だから日支両国の人民間には実は容易に親善関係は結ばれ得なかつたのだ。或は同文同種といひ或は唇歯輔車といふ、口頭禅は幾万遍も繰返されるが、目前の利害と感情とが斯う著しく喰ひ違つてゐては親まうにも親みやうがないのである。支那がその地位に目ざめて物質的にも精神的にも十分にその力を恢復し、日本も亦従来の妄を悟つて真に平等の地歩に立ち利害の正確なる打算の上に自由なる提携を協議し得るに至るまでは、両国の国民的親善は実際に於て望み難いことなのであらう。日支両国の関係を考ふるものは先づ第一に這《こ》の原則的大勢を眼中に入れて置くの必要がある。

所謂「特殊な事情」 そこで右の大勢にも拘らず若し其間両国人民の間に——少くともその一部局の間にでも——自由な集団的交通の開かれ進展されたものありしとすれば、それは全く特殊な事情に基くものと観ねばならぬ。私は一つにはこの特殊な事情に由る両国人民間の自由交通の開展を語らんとして茲に筆を執つたのである。後に詳しく説くが、日清戦役後間もなく特殊の事情の下に両国人士の密接なる集団的交渉は開かれたのだ。それは幾多の失敗と圧迫とに苦められながらも漸次拡大し、今日に至ては一面に於て切つても切れぬ間柄と成つて居る。が、同時にそれが又絶えず私の所謂原則的大勢をなす偏狭なる伝統的妄想のために累《わずらわ》されて幾多の憂ふべき悲劇をつくつて居ることも看過し得ない。這般《しゃはん》の事情のあらましを手短に説いて両国今後の親善開拓に資せんとするのが実に私のこの小著述の目的である。

日清戦後一部識者の対支活動

支那の復讐戦に対する準備　日清戦争の勝利は我国人の多数には漫然たる支那軽侮の念を懐かしめたが、一部の識者には寧ろ彼方他日の復讐に備ふるの急務を痛感せしめた。国民の多数が安価に支那を軽んずるやうになつたのは、先にも述べた通り、一つには対戦当時政府当局などが敵愾心を鼓舞し国力を一途に緊張せしめんと図つた方策の過度に利いた結果と観るを得べく、少数の識者は少くとも其後北清事変などに依つて支那の正体を十二分に見届けるまでは、依然としてその底力を疑ふを得なかつた。従てまた種々の理由から推して、支那は今度の戦争には負けたもののあの儘をめ〳〵と引込む筈はなく、屹度近き将来に捲土重来の勇を奮ひ我に向つて復讐をはかるに違ひないと観たのである。国土の大なる人口の多き加之《しかのみならず》資源の豊富なる、計数の上で我は到底彼れの敵でないとの考は、戦争後に在ても末広重恭などの考と同様であつた。所謂獅子のやがて睡りより覚めたらどうしよう。末広は露清英の勢力均衡を利用して徐《おもむ》ろに他日の充実をはかれなどと頗る心細い消極方策を提案して居るが戦後の今日はそんな呑気なことで心を安んぜられない。為に秘かに心を痛めた識者は、日本の将来の安全の為めに結局何に考へ及んだか。

軍備の整頓と拡張、之れもいゝ。産業の開拓と振興、之等も無論考慮のうちにあつた。併し之れだけでは追付かぬ。其処で不図《ふと》考へ付いたのは、支那国内の革命的秘密結社の利用である。即ち我の力で到底容易に彼れを屈し得ずとすれば、彼れの内部に潜む所謂獅子身中の虫を刺戟し、之等を駆つて散々清朝を奔命に疲れしめ、あわよくば他に襲はるるを待たずして自ら斃《たお》るるに到らしむるを得ば是れ何よりの幸ひである。支那には昔から種々の政治的秘密結社がある。中にも湖南の哥老会《かろうかい》、広東《カントン》の三合会の如き最も有力なるものである。何れも満族の政権を覆へして漢人の天下に恢復せんことを主要の目的とする。右の外同じ目標を以て結集せる秘密結社は各地到る処に存在すると云ふから、能《よ》く之等団体の活動を注視し、些《いささか》でも之に助勢するを得ば我国の利益たるや測るべからずである。何となれば彼等は満人政府の倒滅を主要の目的とするのだから、彼等の何《どの》種の活動も清朝を牽制することになり、そは又直に我国の対抗的立場を有利ならしむべきを以てである。日清戦争中長江沿岸に於ける哥老会蜂起の噂が殊にこの意味で我国一部の識者を刺戟したるべきも亦想像に余りある。

秘密結社の研究　尤も支那の秘密結社の事に就ては我国に於て従来あまり研究されてゐないやうだ。随分早くから支那の研究はある、世人のまだ然程《さほど》に注意を向けぬとき挺身彼国内部を旅行して人情風俗を窮《きわ》めたものも尠くはない。而して之等の見聞記類を通覧するに、秘密結社の存在は語るも其内容を詳述せるものに接したことはない。最近学友田中惣五郎君が公にした『東洋社会党考』を読んで居ると、明治十七年（清仏戦争当時）樽井藤吉が上海で曾根俊虎から聞いた話だとて、陸軍参謀本部から派遣された中尉小沢豁郎なるもの沢八郎と偽名して目下福州に居る、哥老会と結托し軍需品を仏蘭西《フランス》に仰ぎ、明年旧正月元旦を期して一挙福州城を屠《ほふ》らんことを企てて居る、曾根は同意を拒み且つ軍資金の調達も断はつたが、芝罘《チーフー》領事東次郎は誘はるる儘直ぐ同意したらしいと云ふ記事を載せて居る。之を文字通りに信ずべきか否かは判らぬが、右は樽井が現に明治十七年に書いたものの中にあるのだから、話が多少間違つて伝へられたとしても、曾根氏の如き先覚者が早く此頃から支那秘密結社の利用と云ふことに着眼したと推測しても大過はなからう。併し何分厳しい秘密結社で、いろ〳〵苦心して近づいて見ても向ふがてんで相手にしない。永い間支那の秘密結社は日本人には到底歯が立たなかつたやうである。

日清戦争になると俄《にわか》に支那研究が盛になり、秘密結社のことも無論関心の標的となつた。それでもその真相は丸で分つて居なかつたやうだ。明治二十七年九月の発行にかゝる宮内猪三郎と云ふ人の著『清国事情探検録』にも、「逆党」の見出しの下に之等秘密結社と満洲馬賊とをひとし並に論じ、哥老会等に付ては「是れ率《おおむね》曾国藩《そうこくはん》に従ひ長髪賊を討ちし兵員なるに、彼等衣食に欠乏あり不平の余時々蜂起謀乱を企つ」ると述べて居るに過ぎない。支那をわざ〳〵探検した人でさへ秘密結社の事になるとその見解の浅薄なる斯の如しである。たゞ一つ見逃してならぬことは、分つて居ない乍らも秘密結社の多くが満人統治に反対なる旨を聞知して、之と連絡を取つたら面白からうと考へたもののあつたことである。前記『清国事情探検録』にも「逆党各地に隠見し清政府の転覆を図る」とまでは書いてある。識者の胸中にこの点を中心に種々の空想を描いたるべきも蓋し想像に余りあるではないか。

『釈元恭』　之に関してこゝに面白い本がある。明治二十九年十二月春陽堂から出た上島長久著『釈元恭』と云ふ小説である。著者は如何にも現実の人物の伝記のやうに粉飾してあるけれども、書いてあることの出鱈目は直に時好に投ずる際物《きわもの》的作品なることを証するに余りある。詰り日清戦争でチラホラ問題になつた哥老会を題材に取り、日本の年若き一偉僧が其の中に在て水滸《すいこ》伝《でん》式の武勇を輝かすと云ふ浅薄な大衆ものなのである。当時は之を本気に信じた人もあり、現に筆者も中学生時代戦争物に打混ぜられて釈元恭の芝居を見之を実録だと信じたこともある。くどいけれども荒筋を云へば斯うだ。

元恭はもと名古屋の人、伝馬町の砂糖問屋土屋儀兵衛の子、慶応三年七月の生れ、幼名を鈇三郎と云ふ。十三歳の時父に先《さきだ》たれたが、前年祖父逸斎の永眠の際家法に依て仏門に入る、即ち十一年三月遠州引佐《いなさ》郡奥山村方広寺に預けられ、住職今井東明和尚の薫陶を受けたのである。十三年九月師の了解を得て山崎村安寧寺に移り、十五年三月其処を辞して暫く諸国行脚に出たが、九月に美濃国方《あ》県《かた》郡岩崎村霊照院内に設立せる仏教専門学校に入学した。十八年三月同校を辞し再び雲水の身となつたが、二十年春図らずも哥老会の頭目清人呂嘉祥《りよかしよう》の知遇を得、その伴ふところとなりて彼地へ渡るのである。その次第は斯うだ。彼れは肺疾に犯され紀州和歌浦に保養して居つたが、偶然一清国人の遊観行楽して此地に滞留せるを聞き、其旅舎を叩いて清国渡航の宿志を披瀝《ひれき》した。見たところ客の年輩は六十あまり(実際は七十二三歳なりしことを後にて知る)、仙骨童顔而も威容堂々として風采凡ならず頗る日本語に巧みである。之れが呂嘉祥であつたのである。呂氏は夙に我が神州男子の頼むに足るを知り、之れまでもその股肱《ここう》たるべき幕僚を我国に求めて連れ帰つたが、今度も実は同じ目的で渡来したのである。元恭は固より彼れの鑑査に合格した。約成り一旦山門に帰り夫れとなく分れを告げて呂の跡を追うた。是れ実に二十年四月の事、而して呂に随て哥老会の根拠地たる江蘇省江寧府に入つたのは同六月である。廿二年徴兵検査を受ける為め一旦帰国したが、不合格となつたので再び彼国に入り、それから大に武芸に精励した。師事したものは早く呂に伴はれて彼地に渡つた日本人で、会津役・西南役の脱走者が多い。さて元恭は清国在留中南京を本拠として各地を悠遊し、西は西蔵《チベツト》、南は雲貴、北は山東直隷《ちよくれい》より遼東に及び、四百余州中殆んど足跡の到らざる処はない。印度《インド》に入つたことも再三である。更に爪哇《ジヤワ》に遊び次で遠く和蘭《オランダ》・英吉利《イギリス》・仏蘭西・独逸《ドイツ》に歴遊し、それ〳〵有名な大学に於て研鑽する所があつた。故に彼れは持前の仏典の外、医学・法律・政治の諸学にも精通して居つた。是れ皆呂氏の援助慫慂《しようよう》に依つて成す所である。斯くて元恭は未だ弱年ながら哥老会に於て参謀総長の地位を占め、今や呂氏に取つては掛換へのない大顧問である。明治二十四年頃揚子《ようす》江《こう》沿岸に哥老会匪の蜂起あり勢頗る猖獗《しょうけつ》を極めしが、此時党中の頭目に日僧釈元恭なるものありとの事彼地新聞に見へたことがあつたが、今にして始めて思ひ当るのである。元恭の事、実は我国に於て従来一向に知られて居ない。日清戦争の起るや清朝政府は頻りに哥老会の動静に注目せし故呂は一時元恭等を伴ひて難を米国に避けて居たが、跡に残つた部下の者共が好機逸すべからずと妄動しそうに見えたので、鎮撫のため元恭を帰国せしめた。その滞在中彼れは貴陽県に於て日本軍事探偵の嫌疑を蒙り捕えられたが、詭計を用ひて大難を逃れた。その武勇譚が貴陽週報に出てゐたとて、二十七年十一月中の『日本』に転載され、そこで始めて日本で大評判になつたと云ふ(因に云ふ。二十七年十一月中の『日本』新聞を調査せるに、成程十一月八日・九日の両日に亘り『倭偵偉傑譚』と題せる貴陽週報の翻訳なるものが載つて居る。読んで見ると原文自体が頗る荒唐無稽のものであるが、或は思ふに、之を見て上島氏は急に釈元恭の一編を仮作せるものではあるまいか。姑く疑を存しておく)。然るに二十九年八月突如元恭が遠州の方広寺に帰つて来た。時に今井東明師は老病で今日明日をはかられぬ危篤の状態であつた。師の遷化《せんげ》は八月五日だが、二日に帰つた元恭が生前に恩師と相見るを得たのは奇縁と云ふべきである。此時に人々は寄つてたかつて元恭に身の上話を訊いたのだが、彼れ黙して多く語るを好まず、僅に聞き知り得たのは之れだとて『釈元恭』の一編が世に提供されたわけである。彼れの水滸伝式の武勇譚は貴陽県一件の外、三四ケ条載つて居る。折角実事譚のやうに書き綴つて読者を釣つて来たのに、以上の武勇譚に依つて俄然全編を荒唐無稽の作り物語りたらしめたのは、或る意味に於て残念なことである。

秘密結社の利用　この小説を公にした著者の目的は別にあらう。之に依りて我々の看取せねばならぬ所は、(一)当時世人は漸く支那内地の秘密結社に注目し始めしこと、並に(二)之を日本人と提携せしめたら面白からうと空想を抱きしものあることの二点である。小説のうちにさへ之れだけの事が現れる位だから、日支関係の将来を深切に憂ふる政治家の脳中に秘密結社の利用と云ふ考の浮ばぬ筈はあるまい。何とかして之れと内密の連絡を開拓することは出来まいか。出来れば由て以て我国は始めて安心して支那政府の復讐を迎〔抑〕ふることが出来るのだ。併しやつて見ねば果してうまく連絡のつくや否やは分らない。而して連絡をつけるには平素我方からも多大の援助を彼等に与へねばならぬのだが、彼等を助くるは取も直さず其自体清国政府に敵対することであり、国際信義上公然と出来る事ではない。従つてまた迂闊に政府当局等の与るべき事でもない。いづれにしても事は頗る秘密の間に之を運ぶを必要とする。斯う云ふ空気の間から現はれた一連の新しい事実は、(一)政界の識者某々等が隣邦秘密結社の内情を偵察し並に詳《つまびらか》に之を研究せんとの計画を樹てしこと、(二)その為めの費用として外務省の機密費を利用するに成功せしこと、(三)視察研究の任に当らしむるための恰好の青年を見出し得たこと、是である。

犬養毅氏の周旋　事件の表面に現はれる最重要の役者の一人は犬養毅氏である。支那の秘密結社に最も早く注目せし先覚者は曾根俊虎氏であらうが、その同志荒尾精が恰度《ちょうど》この頃支那に在て頻りに哥老会に近《ちかづ》かんとせるも徒労に属したと云ふ話(宮崎滔天述『支那革命軍談』)もあるから、斯う云ふ支那研究家達が犬養氏を動かしたのかも知れない。いづれにしても犬養氏は或る縁故で宮崎寅蔵・平山周・可児《かに》長一の三人を知り、之に支那内地に入り秘密結社の実状を調査すべきことを托したのである。時は明治三十年夏頃の事と思はれる。丁度松隈内閣の時で、大隈重信が外務大臣であると云ふ関係が、犬養の献策の容易に外務省に容れられ又彼が手軽に其処の機密費を引出し得た所以であらう。之等の消息は右三青年の一人宮崎滔天の書いた『三十三年之夢』(明治三十五年八月刊)及び『支那革命軍談』(明治四十五年一月刊)に詳しい。因に云ふ、『三十三年之夢』は大正十五年七月明治文化研究会から復刻再刊された、新に解題索引等が加へられ研究者の為めに著しく便利になつて居る。この書がいろ〳〵の意味に於て我々の必読書たる所以は問題外だから茲には語るまい。

両国青年の結托　さてこの日清戦役直後の南支探究。其目的の一は秘密結社の実状調査、二は之と何等かの連絡の開拓、裏面に於て之を操つる者は支那に対する日本帝国の安全を永遠に確保せんとする政治家の惨澹たる苦心である。而して其処から結局何が生れたか。曰く日本の青年志士と支那革命党人との密接なる提携ではないか。蓋し日本の青年は支那革命の精神に感激し遂に彼等を派遣したる故国の先輩と縁を切つても単独に献身的声援を支那に寄せようと云ふ気になつたのだ(今年七月の東京朝日新聞に犬養毅氏の孫文《そんぶん》観が載つて居る。其の中に、氏は始めて孫文を日本に連れて来た宮崎滔天を評して、ミイラ取りがミイラになつたと云ふて居る)。而して支那革命党は実に之等日本側の直接間接の庇護の下に漸次その大を致し、後《の》ち遂に清朝傾覆に成功して今や中華民国の政権の中心に立つて居る。支那と我国とは表向き兎角仲はよくないが、如上の関係は又今日の支那の中堅勢力をして仍《な》ほ自ら一部の日本との切ても切れぬ因縁を感ぜしめずには置かない。斯の関係を開拓したものが実に日清戦後彼地に派遣された数名の青年なのである。

孫逸仙の事

宮崎滔天と孫逸仙　南支那に派遣された日本青年に依つて新に作られた日支関係中、最も重大な意義を有するものは、孫逸仙《そんいっせん》を我国に迎へたことである。之を手始めとして我国一部の志士と隣邦革命党員との密接なる交渉を開展するのであるが、革命運動の漸を以て支那国民全体の一致して支持する所たるの面目が明かとなるに従つて、そは則ち日本支那両国民の相扶相助の親密な関係とならざるを得ない。是れ私が両国民の国民としての自由交通が日清戦役後に於て開かれたと云ふ所以である。

孫逸仙を我国に迎へるに付ての殊勲者は宮崎滔天（通称寅蔵）である。宮崎は病気のため平山・可児と出発を共にすることが出来なかつたが、病気もなほつて愈々出発と云ふ間際に、烏森の吾妻館に滞留中の小林樟雄を訪ねた。そこで図らずも曾根俊虎に遇ひ、その曾根の紹介を得て横浜に陳白《ちんはく》先生の門を叩くことになる。この陳白先生こそ実に孫文四天王の一人にて、革命党中の重鎮だつたのである。滔天の自ら記する所に依れば、曾根も陳白も初対面の刹那から自分を亡くなつた兄達と間違つたと云ふから、曾根は宮崎の亡兄と親交を訂し又共に陳白と何等か密接の交渉があつたものと思はれるが、詳しいことは分らない、宮崎自身も亡兄から之に関しては何事も聞いて居ないらしい。孰《いず》れにしても宮崎は陳白に依つて既に多少の予備知識を得、且つその紹介する所の何樹齢《かじゅれい》を広東に訪ね、更に其の手引に依つて区鳳士《おうほうし》と香港に相知り、秘密結社の事に関し大に得る所があつたものと見へる。此時先発の二人の中、可児は病気のため一時帰朝し、平山のみが宮崎と行動を共にした。斯くて宮崎等は彼地革命党の誰れ彼れと大に胸襟をひらいて談論を交換するの間柄となつたが、一日区鳳士は彼に飛んでもない大事を打明けた、曰く、卿等の志もし我党の事業を助くるに在らば、宜しく急に孫逸仙と知つて貰ひたい、孫氏已に前月倫敦《ロンドン》を発するの報あり不日貴国横浜に到着するだらうと。則ち直接大将と相見《まみ》え得ると云ふ思ひもかけぬ吉報だ。乃ち両人は雀躍して翌日日本行の汽船に乗込んだ(前記『三十三年之夢』及『支那革命軍談』参照)。

孫逸仙　こゝに一寸孫逸仙の事を述べて置きたい。一ト通りの事は相当我国に於て知られても居るし、私自身また旧著『支那革命史』に詳述したこともあるから、今はたゞ英国に逃れて再び横浜に来るまでの事を説くにとゞめよう。

孫氏、名は文、逸仙はその字である。同治七年即ち我が明治元年を以て広東省は広州府香山県なる翠微郷の百姓の家に生れた。彼れの兄に早くから布哇《ハワイ》に渡つて農業を営み相当の産をなした者がある。その兄に招がれて彼れは十三歳の時布哇に行つた。十六歳の時故郷へ送り還されたが、それは学校での感化で耶蘇教信者になつたのが兄の怒に触れた為めだと云はれる。暫くして郷党の父老の同情を受け広東省城なるアングロ・アメリカン・ミッション経営の博済医学校に入り、次で英人ケルの香港に創設した純洋式の医学校に転じた。卒業したのは光緒《こうちょ》十八年(我が明治廿五年)で、最初澳門《マカオ》で開業し大に声誉を博したが、葡国政庁の圧迫に堪へ切れず、やがて業を広東省城に移した。而して孫は此間に在つて密かに同志を索め革命思想を鼓吹したと云はれて居る。尤も彼れ自身革命の志を立てたのはもツと以前らしい。彼れが其著『孫文学説』中に語る所に依れば、十八歳(博済医学校入学の前年)の時に始めて清廷を傾覆し民国を創建するの志を決したと云ふ。従て広東でも香港でも、在学中可なり無遠慮に革命論を唱へたものと思はれる。先に私が孫の四天王の一人と云つた陳白先生即ち陳少伯も此頃の学友である(四天王の他の三人は鄭弼臣《ていひつしん》・尤少紈《ゆうしょうがん》・楊鶴齢《ようかくれい》である)。清朝傾覆の秘密結社則ち彼れが推されて頭首となつた興中会の成立は光緒十八年と云ふから、云ふまでもなくそは彼れが医学校を卒業した年だ。開業中秘かに同志を求めたのも怪むに足らない。

興中会の創立は彼れの革命運動に一歩を進めたものであるけれども、何分仲間と云へば要するに青年客気の読書生に過ぎず、いよ〳〵実際運動に踏み入ると云ふには人手の足りない憾《うら》みがある。そこで彼れは昔から湖南の哥老会と并び称せらるる広東の三合会に目をつけた、たゞ如何にして之に接近せんかに苦慮して居つたが、端なくも学友の鄭弼臣が実は三合会の頭目だと云ふことが分つて、忽ち其間に提携が出来た。元来三合会は所属員数万を有する居然たる大勢力だ、惜しいかな、彼等には最新の武器がない又之が運用に堪へる頭脳もない。昔なら在来の武器を振り廻しても相当に政府を窘《くるし》め得ただらうが、今は政府に西洋輸入の精鋭なる新武器の備があるので、迂闊に手向ひは出来ぬのである。そこで彼等は何とかして自分達も之を手に入れたいものだと考へた。之を得るには内証で西洋人と交渉しなくてはならぬのだが、それは彼等の最も不得手とする所である。其時恰度彼等は孫文の噂を聞いた。彼れに革命の志あるは勿論、西洋人の学校に学び外国語も達者だと云ふから、此男に頼つたら武器を得るの便宜もあらうと考へたのである。斯くして頭目の鄭はたゞ孫に接近したいばツかりに同じ学校に入り、大事を打明け得べき機会をねらひつゝ数年の堅苦しい年月を過したのである。如何なる偶然の機会が両者を結び付けたかに就ては面白い噺《はなし》もあるが、問題外だから略する。念のためにことわつて置くが、三合会の本来に期する所は単に満人政治の覆滅であり孫文の理想とする所に比しては至つて低級単純なものである。併し孫にして見れば、先づ清朝を倒すに非ずんば何事も手が着けられず、実際運動の第一段階に於ては両者正に完全に其目図を一にするので、訳もなく其間に提携が出来たのであらう。而してこれは光緒十九年(明治二十六年)の頃の事と云はれる。

明治二十八年の革命運動　興中会と三合会の提携の出来たのは明治二十六年である。その翌年に勃発した日清戦争に依つて清廷の大に狼狽苦心するのを、何で彼等は見逃さう。好機逸すべからずとして孫は軍資金募集のため先づ布哇に走つた。多少の成功を得て帰来するや、広東省城に本部を設け頻りに旗挙げの準備に奔走した。その中に日清間の戦争は済んだ。時機の去つた憾みはあつたが今更中止する訳にも行かず、偶々《たまたま》両広総督が出征の為めに拡張した軍隊の一部を解散し、解散された兵士の流民となりて各地に兇暴を逞《たくまし》うするものあるを見、巧に之を招致し、之に三合会の一部を加へて革命軍を編制した。斯くて密謀は次第に熟して来た。遂に十月某日を以て愈々事を挙げることにきめた。此日恵州・西江の両軍は省城に進撃し、香港の同志四百人も同時に馳せ向ひ、省城に於ては孫と百名の同志とは起つて之に応じ、一挙して省城を掌握せんとの予定であつた。然るに不幸にして広東の同志に送られた兵器のうち六百余挺のピストルが海関の発見没収する所となつたを手始めに、当局の厳重なる警戒は事毎に味方の計画を齟齬せしめ、遂に多数の同志が官憲の捕縛し去る所となつた。即ち彼れの最初の革命運動は斯くして失敗に終つたのである。

孫は鄭弼臣や陳少伯と共に幸に危難を逃れた。彼れは本部に於て、極めて沈着に連判帳を焼棄てるやら爆薬をかくすやら、種々抜け目なく跡始末を為し、省城内に潜伏すること三日、間道より澳門に走り、転じて香港に赴き、居ること二日にして日本に走つた。横浜で洋服に着換へ鬚をたくはひ辮髪《べんぱつ》を剪《き》つた。それから三人協議の上、鄭は南洋に航し、陳は横浜に留り、孫は布哇に赴くことにした。暫くして彼れは更に亜米利加《アメリカ》に入り各地を遊歴して後英国に往つたと云ふから、明治二十九年の始め頃から秋頃までは米国に居たものと見える。彼れの始めて倫敦に着いたのは彼の自ら記する所に依れば一八九六年(明治二十九年)十月一日である。

倫敦に於ける危難　着早々孫は倫敦に於て飛んでもない危難に遇つた。彼れは倫敦に着くや香港修学時代の旧師カントリーを頼つた。カ師は孫を見て大に喜び、程遠からぬ一旅店に周旋して寄寓せしめた。或日曜の朝、一緒に教会に詣づる約束があるので、彼れはカ師を誘ふべく宿を出掛けたが、途中一人の支那人に遇ひ、何や彼や話して居る中に又一人の支那人が現はれ、結局無理矢理に一構ひの大きな建物の中におびき入れられた。それは支那公使館であつた。孫は間諜の為めにまんまとしてやられたのである。彼は密室に監禁され、機を見て支那の艦船に移され不日故国に送還される手筈になつて居た。故国に送らるれば其の運命や知るべきのみだ。何とかして虎口を脱する方法はないかと、千辛万苦の末、遂にボーイの一人に托し、事情をカントリーに知らせることに成功した。夫れからいろ〳〵面倒な経緯があるが、結局英国の外務省が英国法権の侵害として厳重に抗議し、遂に孫の釈放を見たのである。孫の倫敦入りは前記の如く一八九六年の十月一日、支那公使館への誘拐は同じく十一日、釈放はその二十三日午後である。一両日前からこの顚末が新聞に素破抜《すつぱぬ》かれて世間の大評判になり、釈放の日などは群集は孫の周囲に押寄せてとても大変な騒ぎであつたとやら。此事件で従来名も知られぬ東洋の一青年が一躍して革命の使徒たるの名声をあげたことは云ふまでもない。それに彼れは翌一八九七年英国に感謝の意を表すべく Sun Yat Sen, Kidnapped in London なる一書を著し、此中に自分の素望たる革命の精神を宣明して居るが、之がまた大に西洋の人達の共鳴を博したと云ふ事実もある。事柄の異常なるが既に著しく世上の注意を惹いたのに、今また斯んな本を書いたので、彼れはつまり問題の人として一時に有名になつたのである。それでも此頃未だ日本で彼れの名を識るものは殆んどなかつた。彼れの名ばかりではない、彼れが先きにやつた革命運動の失敗の事をすら、之を識るものは極めて尠なかつたのである。

因に云ふ。本年七月発行の文芸春秋臨時特輯号に板倉卓造氏の『倫敦支那公使館の一室』と云ふ読みものが載つて居る。私の観る所にして誤りなくば、右は前記孫逸仙の自著の抄訳であらう。この奇怪な物語に特別の興味を有せらるる読者には右の一読をお勧めする。

さて孫はいよ〳〵横浜に着いた。落ち付く処は同志陳少伯の隠れ家である。最初に孫を訪ねたものは宮崎滔天である。初対面の光景は寧ろ宮崎自身をして語らしめた方が面白い。

孫文との初対面に関する宮崎の手記　余等香港を発して航行一週日、夕陽将に西山に春《うすづ》かんとする頃、船横浜に着す。乃ち一旅宿に投じ浴を取りて晩食を了り、日の全く暮るるを待つて余独り陳白君の寓を訪ふ。見覚えある片眼赭面《しやめん》の下婢は出で来れり。云ふ、旦那様は二三日前に何処かに行きましたと。何処かわからぬかと問へば、たしか台湾でせうと云ふ。更におまへ独りで留守して居るのかと問ふに、イエお客様が一人お在《い》でになり升と答ふ。只今其客はお在宅かと問ひたるに、夕刻より運動にお出掛けなりましたと云ふ。余は此客こそは目ざす孫逸仙ならんと思へり。故に猶問を発して曰く、そのお客は何時頃何処からやつて来たのだと。無邪気なる下婢の答は恰も天女の音楽の如く余が耳に響けり。曰く、言葉が解りませんで善く存じませぬが、たしか米利堅《メリケン》から来たのでせう、ツイ一週間計り前で御座りましたと。余が心は躍れり。最早一時の猶予も出来ざるなり。乃ち下婢に乞うて其出先を捜さしめ、余は戸外に佇んで其復命を待てり。待つて足痺れ腰痛むに至るも回り来《かえ》らざるなり。遂に十一時に至つて回り来る。告げて曰く、どう捜しても判りませぬと。仍《よ》て空しく其労を謝して独りとぼ〳〵と旅宿に還り、事の次第を南万里(平山周)に報告し、酒を呼び酔を買ふて眠に就けり。

翌朝早起、馳せて再び陳白君の寓に至る。乃ち例の愛嬌ある下婢に面し様子如何にと尋ぬれば、マダお寝《やすみ》になつて居ます、イザお起し申さんと云ふにぞ、余は之を制して庭前を徘徊し、彼の起き上るを待つて独り妄想に耽り居たりしが、偶々ビインと音して扉の開くるに何心なく顔上げて打眺むれば、寝衣《ねまき》の儘にて頭を出せる紳士あり。余を見て軽く首肯《うなず》きつゝ、英語もてお上りなさいと云ふ。之を熟視するに曾て写真にて見覚えある孫逸仙君其人なり。乃ち一揖《いちゆう》して玄関に上り、更に導かれて応接間に入り椅子に憑《よ》る。彼亦椅子を引寄せて余と対坐せり。彼は口も漱がず顔も洗はず、ホンの寝起の其儘なり。余は先づ其無頓着に驚けり、而して少しく其軽躁なるを思へり。即ち名刺を出して初対面の挨拶を述べたるに、彼は陳白によりて余が事を知れりと云ひ、且問ふに広東地方の形勢如何を以てす。余は彼地の形勢を詳にするの遑《いとま》なくして回り来りたる理由を述べて、その今日相見るを得たるの喜びを言明したるに、彼も亦陳白に依りて聞きしとて、亡二兄のことより余と陳君と相知るに至りしことを繰返し、而してまた今日此会あるは天の冥命なりと説き、早く既に心を許して城府を設けざるものの如し。余の喜びや知るべきなり。但其挙止動作の漂忽にして重みなき処、人をして聊か失望の心を生ぜしめぬ。既にして下婢は来れり、云ふ、口漱《ちょうず》のお湯は出来ましたと。彼は暫くと云ひつゝ出で行けり。斯《かか》る間に余は独り思ひ惑へり。此人能く四百州を背負つて立つべきか、又能く四億万衆の上に政権を揮ふべきか、吾れ終に其人を助けて我志を遂ぐるに足るや如何んと。然り余は外貌に依りて鼎の軽重を判ぜんと試みたるなり。

既にして彼は再び出で来れり。その頭髪を撫でつけ衣服を改めて椅子に憑りし風采は実に好個の紳士なりき。而も余が予想せし孫逸仙は此の如きものにあらざりき。然り余は猶ほ何となく物足らぬ心地せり。以為《おもえ》らく、モット貫目がなくてはと。嗚呼余や東洋的観相学の旧弊に陥りて自ら覚らざるものなり。

余は先づ問を発せり曰く、君の支那革命を以て志となすは僕曾て之を知れり、但し未だ其詳を知らず、願くは君の所謂革命の主旨と之に附帯する方法手段の詳を聞くを得んかと。彼は徐ろに口を開けり、曰く余は人民自ら己れを治むるを以て政治の極則なるを信ず、故に政治の精神に於ては共和主義を執る。然り、余や此一事を以てして直に革命の責任を有するものなり。況んや清虜政柄を執る茲に三百年。人民を愚にするを以て治世の第一義となし、沃野好山坐して人の取るに任するの悲境に陥る所以なり。心あるもの誰か袖手《しゅうしゅ》して傍観するに忍びんや、是れ吾徒自ら力を揣《はか》らず、変乱に乗じて立たんと欲して而して空しく蹉《さ》跌《てつ》せし所以なり。

処女の如かりし彼は何時しか脱兎の如くなり来れり、否、一言は一言より重く一語は一語より熱し来りて、終に猛虎深山に嘯《うそぶ》くの概を示せり。乃ち言を続けて謂て曰く、人或は云はんとす、共和政体は支那の野蛮国に適せずと。蓋し事情を知らざるの言のみ。抑《そもそ》も共和なるものは我国治世の神髄にして先哲の遺業なり。即ち我国民の古を思ふ所以のものは偏へに三代の治を慕ふに因る。而して三代の治なるものは実に能く共和の神髄を捉へ得たるものなり。謂ふことなかれ、我国民に理想の資なしと。謂ふことなかれ、我国民に進取の気なしと。即ち古を慕ふ所以正に是れ大なる理想を有する証的にあらずや、又是将《まさ》に大に進まんとする兆候にあらずや。試みに清虜《しんりょ》の悪政に浴せざる僻地荒村に到り看よ、彼等は現に自ら治むるの民たるなり。その尊長を立てて訴を聴かしむる所、その郷兵を置きて強盗を禦《ふせ》ぐ所、其他一切共通の利害皆人民自ら議して之を処理する所、豈に是れ簡単なる共和の民にあらずや。然り、今若し豪傑の士の起りて清虜を倒して代つて善政を敷かんか、法を三章に約するも随喜渇仰して謳歌すべし。乃ち愛国心以て奮興すべく進取の気以て振起すべきなり。且夫共和の政たるや唯政治の極則たると支那国民に適合するが為めの故に必要なるのみならず、また革命を行ふ上に便益あり。之を支那古来の歴史に徴するに、国内一たび擾乱《じょうらん》の勃興するあるや、地方の豪傑要処に割拠して互に雄を争ふ。長きは数十年に亙りて統一せざるものあり、無辜《むこ》の民之が為めに禍を受くるもの幾許《いくばく》なるを知らず。今の世また機に乗じて自私を営む外強なきを保すべからず。此禍を避くるの道只迅雷耳を蔽ふに遑あらざる的の革命を行ふにあり、同時に地方の名望家をして其の処を得せしむるに在り。斯くて名声威望ある者をして一部に雄たらしめて中央政府能く之を駕御《がぎょ》せんか、遂に甚しき紛擾を見ずして落着するに至らん。共和政の革命を行ふ上にも便益ありと云ふは是が為めなり。

彼は一種形容すべからざる悲壮の語気と態度を以て下の如くに談話を続けり、曰く、嗚呼今や我邦土の大と民衆の多とを挙げて俎上《そじょう》の肉となす、餓虎取つて之を食へば以て其蛮力を振つて世界に雄視するに至らん、道心あるもの之を用ひば以て人道を提げて宇内《うだい》に号令するに足らん。余は世界の一平民として人道の擁護者として猶ほ且之を傍観すべからず、況んや身其邦土の中に生れて直に其痛痒を受くるに於てをや。余や短才浅智素《もと》より大事を担ふに足らざるべしと雖も、今は重任を人に求めて袖手すべきの秋《とき》にあらず。故に自ら進んで革命の先駆となり、以て時勢の要求に応ぜんと欲す。天若し吾党に幸して豪傑の士の来り援くるあらんか、余は正に現時の地位を譲つて、犬馬の労に服せん。無ければ即ち自ら奮つて大事に任ぜんのみ。余は固く信ず、支那蒼生の為め亜洲黄種の為め又世界人道の為めに必ず天の吾党を祐助するあらんことを。君等の来りて吾党に交を締せんとするは則是なり。兆朕《ちょうちん》已に発す、吾党発奮して諸君の好望に負かざるを努むべし。諸君もまた力を出して吾党の志望を援けよ。支那四億万の蒼生を救ひ亜東黄種の屈辱を雪《そそ》ぎ宇内の人道を恢復し擁護するの道、唯我が国の革命を成就するにあり。此一事にして成就せんか、爾余の問題は刃《やいば》を迎へて解けんのみ。

彼の云ふ所は簡にして能く尽せり。而して言々理義を貫き語々風霜を挟み又箇中自ら熱情の燃えて溢るるが如きものあり。其弁舌巧妙なるにあらざれども、造らず飾らず滔々として天真を発舒《はつじょ》し来る所、実に是れ自然の音楽なり、革命の呂律《りょりつ》なり、覚えず人をして首肯せしむるの概あり。而して談尽くれば左ながら小児の如く田舎娘の如く又一事の胸中に凝滞するものなきを見る。是に至つて余は恥入りて私《ひそ》かに懺悔せり。吾れ思想を二十世紀にして心未だ東洋の旧套を脱せず、徒らに外貌によりて漫《みだり》に人を速断するの病あり、之が為めに自ら誤りまた人を誤ること甚だ多し。孫逸仙の如きは実に已に天真の境に近きものなり。彼何ぞ其思想の高尚なる、彼何ぞ其識見の卓抜なる、彼何ぞ其抱負の遠大なる、而して彼何ぞ其情念の切実なる。我国人士中彼の如きもの果して幾人かある。誠に是東亜の珍宝なりと。余は実に此時を以て彼に許せり。

余は孫君に告ぐるに同志南万里(前に出づ)あるを以てし、殆んど酔へるが如くにして旅宿に帰り、彼を迎へて再び孫君の寓に至り、共に卓子を囲んで閑話暢談せり。乃ち日本の政党談あり人物談あり欧米国是談あり支那の現状談あり宗教談あり哲学談あり、談微に入りて情自ら濃かに縷々綿々として尽くるの期なし。薄暮再会を約して旅宿に帰り、また旅宿を出でて一先づ東都に入れり(『三十三年之夢』より)。

孫文の東京入り　以上は孫文滔天初対面の劇的光景の一斑である。之を以て観ても滔天等が如何に孫文に惚れ込んだかが分かるだらう。犬養翁の評言の如く、ミイラ取りがミイラになり、宮崎一派は早く既に孫党の最も忠実なる同志となつたのである。それでも彼等は犬養より托された表面上の使命をば忘れなかつた。東京に入るや則ち犬養邸を訪ねる。翁の喜ぶこと一《ひ》ト方《かた》ならず、其の勧めに従て外務省に小村次官を訪ね具《つぶ》さに今日までの経過を報告した。小村は役人だけに自ら孫を引見するのを避けたので、宮崎等は犬養と相談し、平岡浩太郎の行届いた財政的援助を得て孫を東京にかくまうことにした(之は固《もと》より外務省の意に反することではある)。即ち早稲田鶴巻町に平山周の名義で一戸を借り、孫はその語学教師と云ふことになつて落付いたのである。

年代の考証　それは一体何時の事かと云ふが自然と問題になるのだが、滔天の手記には徹頭徹尾年代の記載がなく、外にも差当り憑るべき証拠もないので精密には分らない。私の推測に依れば、第一に宮崎等の南支派遣は松隈内閣時代であることは疑ない。松隈内閣は二十九年九月より三十一年一月まで続くが、二十九年には宮崎は暹羅《シャム》に往つて居つたから(支那革命軍談)、その翌年と観ないと勘定が合はない。又同内閣は三十年十一月に西徳二郎を以て大隈に代り外相たらしめたから、その以後でないことも明かだ。して見ると大体三十年夏頃の事と考ふべきではあるまいか。第二に孫文の横浜入りは、宮崎の報告に接して犬養は「大隈には俺が話しておく君は取敢へず小村次官に会へ」と云つたとあるから(支那革命軍談)、憲政党内閣時代(三十一年六月—十一月)、而して大隈兼任外相の下に小村の次官たりし時期でなければならぬ。大隈は同内閣の瓦解まで外相の任にあつたが、小村は九月を以て駐米公使に転じた。故に孫の来朝は憲政党内閣の成立せる三十一年六月末日より九月はじめまでの事とせねばならぬ。孫は二十九年十月二十三日幽囚より釈《と》かれて自由の身となり、三十年には著書を公にし、其の中に故国の残党から呼び還されて三十一年に日本に向つたものであらう。革命党の人達と日本志士との交渉は前々からもあつた様だが、三十年以後宮崎等と相通ずるに及んで革命党人は近き隣りに有力なる援助の期待し得べきを喜びつゝ、遂に孫を呼び迎へたものかもわからない。

日本人の革命援助

孫文と日本有志　その後孫文は少くとも大正の始め頃まで大体に於て日本人の庇護のもとに生活して居つたと謂つてい丶。布哇《ハワイ》亜米利加の方面に放浪したこともあつたが、大部分の歳月を彼れは亡命客として、多数日本人の厚情に裹《つつ》まれつ丶、割合気楽に過したやうである。其の間彼は実地に革命運動をやつたことも一再ではない。而してそは直接若くは間接に日本人の援助に成るものであつた。彼のやつた数多き運動中、全然日本人の干与せなかつたのは日清戦直後の第一次の試みだけである。以て如何に孫文と日本志士との接触の緊密でありしかを知るべきである。之れ程までに日本人の同情を牽き付けたのは、蓋し主として彼れの高潔なる人格に因るものであらうが、又一面に於て日本人中にもよく彼れの精神を理解し誠意を以て彼れの志を遂げしめんとせる者の尠《すくな》からざりしを語るものではあるまいか。その限りに於て彼国の青年中にはまた心中大に我々日本人を徳とする者あることを我々は想像する。心なき帝国主義者などが時々横合から飛び出して邪魔をする様なことが無かつたら、一体排日なんど云ふ事は実際に見るを得ざる筈のものでなかつたかとさへ思ふのである。

孫の志業に対する日本側の同情の具体的に現はれた最初のものは、明治三十三年の恵州事件である。之は例の北清事変を機として企てられたものである。北清事変を解するには三十一年の所謂戊戌《ぼじゅつ》之政変を知らねばならぬが、之等はみな人口に膾炙《かいしゃ》する所だから詳しくは説かぬ。たゞ説述の順序として一ト通りの筋道だけを語つておかう。

戊戌政変　戊戌政変に於ける大立物〔者〕は申すまでもなく康有為《こうゆうい》である。康も亦孫と同じく広東の人だ。共和を排し清朝を戴いて立憲政を布かんとする点に於て孫と異る。始め湖南の長沙に学校を設け又新聞などを作つて青年の啓蒙に努めて居た。猶ほ序《ついで》に日清戦役の敗衄《はいじく》に刺戟され制度の大改革に依て家国の衰運を挽回し得べしとの考が、当時長江沿岸の各地に擡頭しつゝ、あつたことを一言して置く。恰も此際独逸の膠州湾《こうしゅうわん》租借（明治三十一年三月六日）と云ふ事が起つた。之を切つ掛けに支那は更に四ケ所に租借地を設定すべく余儀なくされた。条約締結の遅速の順に並べると斯うだ。露西亜の旅順大連（明治三十一年三月二十七日）、仏蘭西の広州湾（同年四月十日）、英国の威海衛（同年六月一日）及び九竜湾（同年六月六日）。之等の事件が識者をして益々改革の急を痛感せしめたるべきは想像に難くない。伝ふる者曰く、膠州湾占領の事あるや、康は馳せて北京に到り上書して改革の急を奏す、廷臣に妨げられて御前に達するを得なかつたと。四月彼れは召命を蒙り再び北京に上つた。彼れが光緒皇帝の師傅翁同龢《おうどうわ》の推挽に依り仁寿殿に於て破格の謁見を賜はつたのは四月二十七日であるが、二十三日には朝廷に於て群臣の集議を経て革新を始むるの詔が発せられて居る。康は謁見に際し奏して彼得《ペートル》の心を以て心とし日本明治の法を以て法とすべしと言つたとやら。維新政変史二十巻を献じたと云ふ話が本当なら、そは彼れの旧友にて当時湖南の提学使たりし黄遵憲《こうじゅんけん》の筆に成るものではあるまいか（黄は明治初年外交官として我国に駐在し、我国の文人墨客とも広く交際して居つた。その著『日本雑事詩』は所謂文明開化時代を知るの好資料にして、今日でも容易に坊間に索《もと》め得る）。斯くて彼は総理各国事務衙門《がもん》行走の職を授けられ、彼れの同志譚嗣同《たんしどう》・林旭《りんきょく》・梁啓《りょうけい》超《ちょう》等も亦召されて夫れ〲の要職に就いた。之より改革の上諭は雨の如く降る。中には随分突飛な到底行ふべからざる様なものも尠くはなかつた。六七月の頃には最もひどかつた。果せる哉、保守的政治家の間より猛烈なる反対が起る。七月数名の元勲を黜陟《ちゆつちよく》して弾圧の態度を見せたが、西太后を中心とする反動政客の団結は日に日に鞏固になる。於是《ここにおいて》改革派は一挙クーデターに依て反対勢力を一掃せんとし、其為めに必要なる兵力は袁世凱に藉《か》ることにした。袁は日清戦争の責任を負ふて天津附近の小站《しようたん》に退き、此処で新式軍隊を編成してひそかに捲土重来の機を覗《うかが》つてゐた。彼れは一旦誘はるる儘に改革派に左袒した(現に彼れは侍郎候補に擢《ぬき》んでられ練兵事務を転辦《てんべん》すべき命令を受けて居る)が、中途裏切つて一切の陰謀をば栄禄《えいろく》を通じて西太后に密奏したと云はれる。其の結果にや改革運動は挫折し、光緒皇帝は幽閉の憂き目に遇ひ、康の一味は多く縛に就きて刑戮《けいりく》せられた。西太后の所謂垂簾《すいれん》の政の始まつたのは九月二十二日である(拙著『支那革命史』参照)。

北清事変　北清事変は或は義和団事件又は拳匪《けんぴ》事件とも云ふ。戦争の形をとるに至つたのは三十三年の夏からだが、団匪の潜入に依て北京地方の物情の険悪になり始めたのは前年の春頃からである。義和団は「代天行道」とか「扶清滅洋」とかと紅地に墨書した旗を振廻したと云ふから、以て其の目指す所の何たるを知るべきである。つまり極端なる排外思想に燃えて居るのである。それに一種の宗教的迷信がある。神仙を請じ呪文を唱へ以て拳法(義和拳)を修する時は、神霊体に移り刀火も身を害するなく、空拳にしてよく堅を陥れ人を殺すべしと信じて居るのである。従て彼等は一切銃砲等を携へぬ。少数の者の大刀長槍を帯ぶるは専ら指揮の為めに過ぎずして多数の者は神仙を請じ成功を禱《いの》る為めに焚く線香の外は、たゞ焼打用の石油を携ふるだけであつた。之が三十一年暮頃から北清一帯に拡がり、前述の如く三十二年の春頃よりは北京にも多数潜入して、外国人の外出が危険となり、遂に三十三年五月の北京政府に対する外交団の警告となつた。而して事態をこゝ迄危険ならしめたに就て北京朝廷も多分の責任を負はねばならぬは云ふまでもない。何となれば西太后垂簾後の中央政権は端郡王《たんぐんおう》を中心とし、徐桐《じよとう》・剛毅《ごうき》・栄禄等かねて錚々《そうそう》の聞えある反動政治家に依つて取賄《とりまかな》はれ、彼等は義和団の蜂起を喜び、初めは暗に之を扶助し後には公然之と提携して外国軍に対抗したからである。公使館守備隊の始めて団匪と衝突せしは六月十一日、匪賊と官兵との公然提携せしは同十八日、翌十九日には彼方政府より二十四時間を期し外人一切の退京を求め来る。外交団固より容易に之に応ずるを得ず、独公使ケットレルの殺さるるに及んでいよ〳〵籠城防戦に決意する。此間各国は籠城の人達を救援せんと連合軍を組織して天津方面より北上する。清軍匪賊は段々と追ひ捲られ、八月十九日には北京守備隊と北上救援軍との連絡もつき、やがて北清一帯は連合軍の占領に帰し、西太后を始め光緒皇帝以下百官有司は陝西省の西安に蒙塵することとなつた。

斯う云ふ際だ。変をねらうもの如何でかこの好機会を見逃さう。わが孫文も亦奇貨措くべしと為し南支広東の恵州に於て義軍を起さんとしたのである。

唐才常の乱と香港の陰謀　ついでに云つて置くが、北清事変のどさくさに乗じて事を起さんとしたものに都合三つある。一つは唐才常《とうさいじよう》の乱である。彼は湖南省の人で、素《も》と康有為の同志であり、熱心なる立憲主義者である。日本の先蹤《せんしよう》に倣はんとて、日清戦後一度我国に見学にやつて来たこともある。武昌を襲うて総督張之洞《ちようしどう》を屠り以て長江一帯を徇《したが》へんと企てたのであつたが、事前に発覚し、有為の青年数十名と共に刑場の露と消えた。モ一つは事少しく曖昧に属し又厳格な意味で革命運動と云ふことは出来ぬが兎に角一種の政治的陰謀として「両広独立計画」を挙ぐることが出来る。恵州起義の準備として孫文が南支方面に航し香港沖に仮泊せる時、或る朝早く彼れは同船の宮崎滔天に密話して曰く「曩日《のうじつ》吾友香港総督と密会して一議をなせり。総督の意に以為らく、李鴻章《りこうしよう》をして両広を提《ひつさ》げて独立を宣言せしめ（李当時両広総督たり）吾を用ゐて新政を敷かしめ彼（香港総督）暗にその保護者となつて事無きを謀らんと。即ち李に説くに此事を以てせるに、李も老後の思出に一旗樹《た》つべしと之を賛せるも、爾来拳匪の乱漸く旺《さか》んに京廷《きようてい》李の北上を促すこと急且切なり、故に李遂に情に堪へずして今日を将《もつ》て北上の途に就かんとす。仍て総督は之を此処に扼してその行を止めんと欲し、今日十一時を期して李と密会を約せり。故に李若しその行を止めんか、吾も亦保安条令を解いて上陸せしめ共に密議を凝したきことありとて、昨夜半人を遣はして其意を漏らし、以て吾が上陸して密議に列するを諾するや否やを問へり云々」と（宮崎滔天著『三十三年之夢』複刻本二三四頁）。李が上京の決意を翻さざりし為め結局物にはならなかつたが、香港総督が斯の陰謀の発頭人であつたと云ふ事実は一寸注意に値する（拙著『支那革命史』参照）。恵州起義の準備に忙殺されて居つた孫文がその途中で斯んな不埒の誘惑に耳傾けたと云ふことも変な話だが、外国の援助と云ふ事を苦にしなかつた当年の若い孫文として、手つ取り早く志を行ふ機会に遭遇して一応之に手を出さうとしたのは、深く咎むべきであるまい。をめ〳〵と外国の誘惑に乗つても、彼れの一徹なる、決して外国の傀儡たり了らざるべきは、復《また》毫末の疑を容れない。第三は即ち恵州事件だ。

恵州事件　恵州事件は厳格に云へば北清事変に直接の刺戟を受けたものではない。戊戌政変後の紛雑に乗じて長江以南の会匪間に動揺を生じ、就中《なかんずく》広東の三合会と湖南の哥老会との間に巧みな連繫が出来たと云ふ様な事が自ら革命勃発の機運を作つたと謂ふべきであらう。三合会と哥老会は孫文を頭領に戴くの便利なるを思ひ、興中会に提携を申込み来るに及び、遂に三派は合同して新に興漢会の成立を見るに至つた。是に於て孫はいよ〳〵革命決行の志をかため、徐ろに軍資金の募集にかゝると、先づ福岡の人中野徳次郎より五千円の喜捨がある。幸先《さいさき》よしと更に運動の歩を進める。而して専ら帷《い》幄《あく》に在りて謀を廻らしたものは福本日南・内田良平・平山周・末永節・宮崎滔天・清藤《きよふじ》幸七郎等の諸氏であつた。之等の人達(全部ではない)は三十三年六月勢容を盛にして南支方面に向つた。目指す所は新嘉坡《シンガポール》であつた。こゝの華僑から資金を集める意図らしい。所が先発の宮崎と清藤とは意外にも康有為暗殺の嫌疑にて牢獄に捕へられ、為めに一切の計画が齟齬《そご》した。後にも説くが康は戊戌政変の際逃れて香港に来り更に宮崎に伴はれて日本に亡命したのであつたが故あつて今は新嘉坡に居る。然るに宮崎等の日本を発するや、横浜に在る康の末派は何と誤解したものか、孫の一派康暗殺のため刺客を新嘉坡に送ると電報した。康は驚いて之を政庁に告げたから、さてこそ思ひも掛けず憂〔幽〕囚の浮〔憂〕き目に遇つたのである。日ならずして釈放はされた。併し全然嫌疑の解けたのでもないらしい。遅れて入港した孫文の一行も滞留を見合はして一緒に香港に帰つた。所が香港でも孫の一行に対する警戒は厳重を極めて居る。蓋し英国政庁が彼等の革命陰謀を耳にはさんでゐたからである。已むなく一旦帰国(日本へ)と云ふ事になつたが、此時香港沖の船中で定めた一般方略と云ふものがある。要領は斯うだ。

(一) 広東省内の同志は恵州附近の三州田山寨《さんさい》にたてこもり機を見て義兵を挙ぐること。挙兵に就ては鄭弼臣を総大将とし、近藤五郎・楊飛鴻《ようひこう》を参謀とする。

(二) 事成らば福本日南を民政総裁に平山周を副総裁にあげ、其下に部局を分つて施政を掌《と》らしめる。孫文の大統領たるは申すまでもない。

(三) 孫文は日本に在て軍器弾薬其他必要な物資の調達并輸送の任に当る。

(四) 戦運我に利あらば兵の一半を進めて厦門《アモイ》附近に至るべし。孫文の其処に送る所の軍器弾薬等は更に義軍の陣容を盛ならしむるであらう。

孫文は日本に帰つた。資金も意の如くならなかつたが、何よりも困つたのは得らるべかりし弾薬の全く得られなかつた事である。人あり台湾総督に紹介しようと云ふ。乃ち此方面からも有力なる援助を得べきを期待し変名して台湾に往つた。総督は児玉源太郎、民政長官は後藤新平と云ふ曲者揃ひ。流説に曰く、児玉の旨を承けて孫文を引見した後藤は彼れを利用して大陸進出を目論見、孫派に多少の援助を与ふるの代償として、事に托して福建に出兵するの黙諾を得たと。丁度此時厦門に本願寺焼打事件なるもの起り、保護を名として台湾政庁は若干の兵を送り、之れが米国の故障やら本国政府の弾圧やらで、中途で引き返したと云ふ事実もあつたので、一層右の如き流言を弘布せしめたのであらう。いづれにしても事こゝに至つては孫の台北に於ける滞在は台湾政庁に取て迷惑至極である。それかあらぬか、総督府は時の台湾銀行総裁添田寿一博士を遣し、そこばくの金を贈りて孫の退去を求めたとやら。斯くて孫は台湾を根拠として急遽厦門に殺到し恵州義軍と合し之に軍器弾薬を供給すべきの夢をすてて、悄然として東京に帰つた。残る所はかねて菲島独立軍より譲られた弾薬の輸送のみである。之を最後の望みとして彼れは再びその為めの運動を開始した。

菲島独立軍と孫文　茲に序を以て菲島独立軍と孫との関係を一言しておく。米西戦争の結果ヒリッピンの米国領有に帰するや、島民はこの処置に憤激し(元来米国は後に独立を助くるを約して土民を煽動し本国西班牙《スペイン》に反抗せしめたのであつた)、アギナルドを盟主として独立義軍を起したことは人の知る所である。まだ自分達の革命運動の話の進んで居なかつた時の事とて髀肉《ひにく》の嘆《たん》をかこつてゐた孫文周囲の日支両国青年志士の間に、之を扶《たす》けて見ようではないかと云ふ議が起つた。偶々菲島独立軍の代表者が軍器弾薬購入の目的で横浜に来たと云ふ情報を得たので、孫はわざ〳〵往つて之を訪ねた。その結果勝手を知らない菲島代表者が大金と共に一切購入の事務を挙げて孫文に托すると云ふことになつた。孫は宮崎、平山に先づ事を諮《はか》り、次で犬養を訪ねて相談する。犬養は政友中村弥六を推薦して其の衝に当らしめる。斯くて中村は孫より十五万五千円を受領して購入輸送の全責任を負うた。三井より布引丸を買入れる、船長機関長を雇入れる、義軍に投ずべき軍人や浪人も集まつて来る。相当の軍器弾薬を積んで神戸を出帆したのは三十二年七月十二日である。然るに不幸にも此船は上海沖で沈没した。人も物も全部海底の藻屑となつた。所が菲島軍は之にも屈せず更に六万五千円を持て来て弾薬の再調達を乞うた。専ら斡旋したのは矢張り中村弥六である。買ふには買ふたが、菲島独立運動の援助に対する米国政府の抗議的警告、従つて我が官憲の厳重なる監視、之等は購入にも骨折らしたが、輸送の段になると頓と方法がない。其の内に菲島独立軍は敢《あえ》なくも壊敗する。於是折角買つた弾薬は空しく東京某処の倉庫に死蔵さるることとなつた。此時菲島委員は孫文に曰つた、自分達には最早近き将来に於て再起の望みはない、若し貴下方に於て之を必要とするの時あらば遠慮なく使つて呉れと。即ち孫は早くもこの弾薬の使用権を得て居つたのである。之れだけの弾薬が使へると云ふことも、彼れを革命運動の決行に急がしめた一因であるに相違ない。

然るにいよ〳〵弾薬を持ち出さうと云ふ間際になつて、中村弥六の背信と云ふ問題が起つた。六万五千円の金をやつたのに、代金として払つたのは五万円、而も多分のコムミッションを中村が収めたとか、倉庫に死蔵するものは土塊にひとしき廃物だとか云ふのである。中村は之等の非難に対して何等の弁明を与へなかつたので、遂に背徳の烙印を捺され、憲政党よりの除名が公表されて全く政界から葬むられた。『三十三年之夢』は中村との詳細なる交渉顛末をかゝげ彼の不徳を責むること痛烈を極めて居るが、中村程の人物が斯んな事で躓《つまず》くとは誠に不思議の話である。之も事の序でに云つておくが本年四月創刊された『人の噂』(細井肇君主宰)の四、五、六号に、犬飼時男氏の書いた「中村弥六雪冤《せつえん》秘録」と云ふが載つて居る。之は中村が生前(彼れは昨年七月国府津の仮寓で死んだ)特に相馬御風氏を招いで始めて見せた其手記『布引丸回顧録』に拠つたものだと云ふ。中村の没落を専ら犬養の勢力争ひの為めの陰険極まる小策に帰して居るが、必ずしもさうではあるまい。之等の資料を読んで私の頭に残る感想は次の如きものである。(一)中村は孫を通じて菲島独立軍の依托を受けたが、彼れはその依托の範囲を超え、関係友人に諮らず独断を以て可なり大きな計画を樹てたものらしい、(二)その為めに非常に金が掛つた、菲島から受取つた金額の事など眼中に置かずどん〳〵事を運んだので、私財も随分使つたらしく見える。(三)だから彼れには私慾の為めに金を着服した覚はなく、仮令《たとえ》計算が放漫でも、そは国家百年の大計の為めにやつたと云ふ矜持《きようじ》がある。斯う云ふ三つの点を考へれば、彼れが黙して弁解せず而して知己を千載の後に待つの態度を執つたことに同情し得ぬでもないが、事志と違ひ、孫文の一派に絶大の迷惑を掛けた責任は、何と云つても拭ひ消すことが出来ない。

恵州義軍の行動　恵州の義軍は鶴首して孫の便りを待つ。金も弾薬も送れない。同志六百の生死に係はる大事の瀬戸際に、今の今まで信じ切つた人の背信に依てむざ〳〵彼等を見殺しにせねばならぬとは、孫の悲憤の程も想ひやられる。乃ち孫は人を派し令を義軍に伝へて曰く政情忽ち変じて外援期し難し、則ち厦門に到るも亦恐らくは能く為すなし、軍中の事、乞ふ、司令自ら進止を決せよと。斯くて義軍は転戦十七日にして空しく解体した。併しこの十七日間の戦闘は、或る意味に於て、頗る愉快な戦闘であつた。宮崎滔天の伝ふる所に依ると(『三十三年之夢』参照)、三十三年六月孫等の横浜を発するや、予《あらかじ》め令を広東の部将に伝へ壮士六百人を三州田の山寨(三州田は広東大鵬湾附近にあり香港より舟行一日程)に集むべきを命じ、船の香港に着するに及んで略ぼ布置施設の号令を発したとある。かくて孫等は一旦新嘉坡に向つたが、先にも述べたやうな理由に依り、踵《きびす》を返して香港に回航し、間道より密行して三州田の山寨に入るつもりであつた。此時山寨は略ぼ設備を了し六百の壮士亦ひとし〳〵集る、唯携ふる所は洋銃三百弾丸各々三十発に過ぎぬ。而して香港政庁の警防厳にして潜入するに由なし。孫等は山寨を固守して後命を待つべきを義軍に令し、乃ち一味を率ゐて日本に回航した。

孫は日本に帰りて後数月の間西馳東駆計画する所少からざりしと雖も、更に成功を見ず。而して三州田の壮士糧食日に乏しく、漸く附近の各地に分散して同志の家に寄食し、僅に八十人を留めて山寨を守るに至る。所が数月以来隣近の村民誤つて寨中に入る者あれば、天機の露泄《ろせつ》をおそれ、皆内に拘留して外に出づるを許さず、四面の村民山寨に進入する者ありて出づる者なきを見て漸く疑念を挟み、三州田の山寨中叛を謀るものありとの風説頻りに起り、一以て十に伝へ十以て百千に及び、遂に人馬数万の衆ありと伝ふるに至つた。於是両広総督も棄て置き難しと為し部下に大兵を授けて討伐に向はしめた。幸にして官兵は吾軍の大衆を聞いて敢て冒し進まず危惧逡巡して為す所を知らざる態であつた。併し実際のところ吾軍の内容は極めて貧弱なのであるから、一日も早く武備を整へんと欲し、頻りに電報を発して孫の指令を求めた。孫が台湾に往つたり東京に帰つて中村弥六と交渉したりしたのは恰度この際である。

孫の指令未だ来らざるに、清軍の襲撃あるべきの報に接した。坐して敵を待つより機先を制するの利なるに若かずとなし、山内の壮士八十を以て夜に乗じ沙湾の前隊二百人を襲ふ、之を第一戦とする。敵兵四十余人を屠り洋銃四十余・弾丸数箱を獲た。第二回は鎮隆の戦だ。敵兵一千吾軍は六百而も軍器を有する者は三百に過ぎず、軍器を有せざる者には戈矛《かぼう》を取らしめ以て声勢を助けしむ。やがて敵兵と衝突する。吾軍中戈矛を持するもの前にありて気勢を示し、洋銃を有するもの左右両隊に分れ匍匐《ほふく》して山に上り敵軍の両翼にいたりて斉しく砲撃を加ふ。敵大に驚いて潰走した。勝に乗じて敵を追ひ殺傷甚だ多い。敵兵を擒にするもの敵将杜鳳梧《とほうご》を始め数十人、洋銃七百余・馬十二頭・弾丸五万余を捕獲し、旗幟・号長翎頂《れいちょう》の類勝《あ》げて数ふべからずと云ふ盛況であつた。

斯んなことを列挙して居つては際限がないから省略するが、万事この調子で殆んど無人の境を行くが如き概《おもむき》があつた。行く〳〵来り投ずるものも殖え、十四五日目には二万人となつた。併し他方糧食は供せず弾丸も欠乏し、其方の困難は日に益々加はる。せめて厦門まで往つたらどうにかなるだらうと、最後の望みを之にかけて強いて勇気を鼓して居つたのに、第十七日の朝、先きにも述べた様に孫文からの絶望的指令が届いた。そこで残念ながら解散したと云ふわけなのである。戦闘それ自身の好都合に進んだことは、我軍の戦死前後を合して僅に四人と云ふのでもわかる。たゞ惜しみても猶ほ余りあるは、我が山田良政の戦歿したことである。

猶ほ孫は事破れて後、日本を去るべく余儀なくされて亜米利加に亡命した。日本政府としては、清国政府に対する義理としても、今となつては彼れの滞留を許すことは出来なかつたのだ。尤も其の前といへども清国に憚るところあつてか日本政府は孫の東京在住を公然と許したのではない。

以上私は初期の革命運動に関し如何に日本人の熱烈なる援助があつたかを説いた。而して斯うした援助は勿論其以後にも続いた。就中明治三十八年初秋結成を告げたる秘密結社「中国革命同盟会」の如きは、専ら日本有志の周到なる斡旋の下に東京に於て産れたものである。

孫康提携の劃策

中国革命同盟会を説く前に私は一応孫文と康有為とを提携せしむべく日本有志の大に劃策せしの事実を語つておく必要を認める。事は明治三十一年の昔に遡る。孫が迎へられて東京に安住して間もない頃の話だ。

康の亡命　所謂戊戌《ぼじゅつ》之政変の事、即ち康有為の一派が光緒皇帝を擁して一大改革を成就せんとしたこと、それが宮廷守旧派の逆襲に遇つて一溜りもなく壊滅に帰したこと、皇帝は幽閉され西太后の反動政治が出現したこと等は既に之を述べた。康の同志は逃げようと思へば逃げ得る十分の余裕があつたのだが、事茲にいたる以上いさぎよく運命の裁判を待つべきだとて何れも皆従容として捕吏の縄を受けた。其中首領康有為と梁啓超とは、万一皇帝の身上に兇変あつては大変と、前者は英国公使館を後者は日本公使館を訪問して、非公式の警告を清朝に致されんことを乞うた。彼等は無論この使命を果したら寓に帰りて刑吏の来るを待つ意図《つもり》であつたらうが、英国公使館は其の儘康を留め、ひそかに軍艦に依つて香港に送り九死に一生を得しめた。日本公使館で梁啓超に応接したのは時の書記官林権助氏であるが、氏の俠骨も亦梁の情を憫み頻りに日本に亡命すべきを勧めた。幸ひに北京に平山周が居た。林氏は即ち平山に托し自分の古服を梁に着せ一従僕の態にして日本に送つたのである。而して康は香港に於て英国の直接の保護を離れ今後何の処に安住の地を求むべきかの思案最中、偶々香港滞在中であつた宮崎滔天と相識り、彼れも亦宮崎の勧めに依りて、兎も角も日本に亡命することになつた。偶然にも康の東京着と梁の東京着とは僅に一週日を隔つるのみであつた。三十一年九月末から十月始めの事である(憲政党内閣の時の事だから、十一月初めより以前に遡ることはない。此月八日憲政党内閣は倒れて山県内閣に代られた)。

康に東京来住をすゝめたのは固より宮崎一人の計ひであるけれども、爾後に於て人みな彼れの機宜の措置を是としたのだから、或る意味に於ては当時の有志が皆ひとしく康を招来すべしと考へたと観ていゝ。然らば斯く考ふる所の根拠は何かと云ふに、一つには勿論悲運の国士に対する日本人的任俠の発露でもあつたらうが、主としては日本の将来の為め隣邦革命の士に結ばんとする政略的見地に知らず〳〵支配されたものたるは疑ふべくもない。蓋し康は元来必ずしも満洲朝廷の統治に反対するものではなかつたが、今となつてはその地位到底現政府と両立するものではあるまい。日本側より観て之を革命党とひとしなみに取扱ふのは必ずしも失当ではなかつたのだらう。

孫康提携の劃策　是より先き孫文は既に日本人の同情の下に東京に安住して居る。そこへ康がやつて来たのだから、隣邦革命運動の二大巨頭が期せずして我が東京に落ち合つたわけである。是に於てこの両雄を提携せしむべきの案が、自ら我国政治家の胸中に浮ばざるを得ない。もと〳〵彼等を迎へたのが支那革命党を利用するが為めであり、而してこの目的を有効に達成するの捷径《しようけい》は、速かに個々分立の勢力を相連繫せしむるに在るや疑なきを以てである。

併し乍らこの劃策は結局成功しなかつた。この案を以て先づ第一に孫文を説いて見た。孫は軽く之を承けて何時でも康と会見すべきを言明した。次で我が有志は康に説いた。康は意外にも言を左右に托して孫との会見を避けようとする。直接周旋の衝に当つた人達は後に至るまで康の頑迷度すべからざるを説くのであるが、私にはまた別に私一己の解釈がある。孰れにしても孫との提携を康に強ゆるは元来無理な話だと思ふけれども、当時の有志家達は安価に両者提携の可能を盲信し、之に随はざるの故を以てたゞ〳〵康の頑迷を罵るのであつた。伝ふる所に依れば、最後に副島蒼海伯を煩し、所謂大義を説いて康に諭示する所ありしも、遂に其の心を翻さしめ得なかつたと云ふことだ。而して康は斯んな事情から日本にも居づらくなり、やがて居を新嘉坡に移すことになる。其の後でも何とかして彼れを孫に結ばしめんと、多少の運動は継続して行はれた様だが、到底物にはならなかつた。

康の為人　康有為には人格上の欠点もあつたやうだ。少くとも彼れは余りに旧い型の支那人であり過ぎた。自惚れの強い証拠として彼れが「吾の地位を以て外務大臣を説かんか、彼れ必ず同情を寄せて兵を派し守旧党を制して以て我が勢力の輓回を允《ゆる》さん」と信じ切つて居つたと云ふ事実が伝へられる。而も敢て自ら往いて外務大臣に頼むにあらず、外務大臣の方から何とか自分に挨拶あつて然るべきだと云ふ意気込みで時々不平を述べたりするので、側近の日本人は大に手古摺《てこず》つたと云ふ話もある。清国公使更代の発表あるや、新公使の守旧派に属するより速断して、彼れは我を暗殺する為めに来るものとなし昂然として我が政府に新公使の承認すべからざるを要求せんとする。夫れにも拘らず新公使の来るや、彼れは俄に刺客常に我を襲ふとなして夜もろく〳〵眠れず、果ては風の音や鼠のさゝやきにも畏怖を感じて、深夜突然飛び起きて短銃を打つたりする。世話の為め同居せる日本人が堪らない。遂に犬養等の計らひで、一夜家をめぐる庭一面に白粉をまき、翌朝そこに何の足跡もなきを康に見せ、且つ我が警察制度の完備を説いて、漸く康のたかぶれる神経を鎮めたと云ふ。いづれにしても康は随分厄介な代物であつた。それが天真爛漫で些の支那臭なき孫文と比較されて特に著しく眼に着いた。その上日常彼等に接せる日本人は多く礼節に嫺《なら》はざる年少の野人である。孫が格別日本人に愛好され、その反対に康が格別その嫌忌を買つたのも余儀なき事情があると思ふ。康が早くも日本を去つたのは、憲政党内閣に代れる山県内閣(三十一年十一月八日成立)が隣邦亡命客に対する従来の方針を変へた事にも因るが、段々日本有志の同情が薄らいで居憎くなつた為めでもある。新嘉坡発程の頃は、彼れを見捨てずに世話し続けた者は犬養の命を承けた柏原文太郎一人位のものであつたと云ふ。斯かる結果を見たのは畢竟彼れの持て生れた性分の已むを得ざる所なりとして、たゞ併し乍ら、提携の勧誘を容れざりしの故を以て只管《ひたすら》に康を罵るのだけは少しく酷だと思ふ。私は寧ろ政治的見地から判じて、勧誘其事が余りにも短見でなかつたかとさへ考へる。或る意味に於ては、近来我国の無産党問題に関して屢々起る単一戦線論以上の具体的認識欠如の妄見であつたと私は思ふのである。

提携策の失敗　康は光緒皇帝を戴いて変法自彊の大策を実行せんとした、謂はば皇室中心主義の改革家である。守旧派の陥るる所となつたからとて直に朝廷に弓ひくやうでは、彼れの皇室中心主義も怪いものと謂はねばならぬ。彼れを兎も角一代の碩儒と観又一世の師表と許す限り、一時の蹉跌に躓いて直に皇室中心主義を棄てたと解すべきではあるまい。然らば始めから清朝顚覆を唯一最終の目標とする孫文と彼れとを結ばしめ得べしと考へたのは、飛んでもない間違ひではなからうか。孫から云へば、康一派の勢力は出来るものなら一前衛隊として之を利用するを便としよう。康から観れば、孫の企図は実に不倶戴天の恐るべき叛逆に外ならない。両者提携の勧説に康の同意を期待し得べしと考へたのが抑もの誤りである。

然らば当時の政治家は何故に斯んな明白な過誤を犯して省みなかつたか。之には種々の理由を挙げることが出来るが、中に就き今日吾人の最も注意せねばならぬのは、当時の政治家が陰に陽に一種の意図に支配されてゐたと云ふ事である。詳しく云へば、日本の将来の安全の為に隣邦の内部に在る有力な反政府団体の組織的大結成を作らしめたいと云ふ希望に余りにも動かされ過ぎてゐた事である。自家の希望の達成実現に熱するのあまり外国の事情の正しき観測をあやまるの実例は今日にも沢山ある、ひとり此時のみを責むべきでないが、要するに、当時の対支交渉の凡ゆる活動の出発点が右述ぶるが如き事情に在つたと云ふ事は、爾後の日支外交の考察に際して吾人の断じて忘れてはならぬ点であると思ふ。

支那に対する日本援助の意味

孫康提携の周旋は固より、かの中村弥六の菲島独立運動の援助にしても、孫文の恵州義挙に対する台湾の関係にしても、日本側の援助なるものは結局に於てつねに自国の為めと云ふ利己的動機に基くものの様に聞える。が、一概にさうとばかりも云へない。尤も事の抑もの起りが前に述べた様な事情に発するのだから、直接事に当るものが概して然うした考に動かされ、少くも然うした考が先入の見となりて事毎に彼等の行動を支配したるべきは疑を容れない。だが、一方には彼等が隣邦年少の志士と交りを続けて行く中に、其間一種の友情が起り、わけても孫文の如き高潔の君子に接してはその人格に自ら捧ぐる敬愛の情なども加つて、やがて日本の為めと云ふ意図を超越し、単刀直入隣邦志士の抱懐する主義なり理想なりに感激的共鳴を寄せるものも出て来たのである。現に中国革命同盟会創立当時の日本側声援者中には、種々の分子が混在して複雑を極めては居るが、後年に至るまで真の支那同情者として操志一貫せし人も尠くはないのである。要するに日本側の支那声援者なるものは、全体としては決して当初黒幕内に在つて采配を振つた人達の政治的動機(日本の安全の為めに支那の革命団体を利用する——日本の安全と云ふことは後には日本の発展膨脹と云ふことに伸びる)のみに支配されるものではない。たゞ併しその政治的動機の時々相当強く頭を擡げることあるも無論看過してはならない。概して云ふに、日本の対支交渉の或は成功と云ひ或は失敗と云ふも、其の岐《わか》るる所は主として純真の援助と政治的機略との交錯消長に在るのではなかからうか。支那側に在つて若し革命運動に対する日本側の功罪を論ずる者あらば、恐らく亦批判の基準を右の二要素の消長に置くことであらう。

中国革命同盟会の創立

支那の覚醒　明治四十四年秋武昌に勃発した革命義軍は遂に清朝の覆滅を来さしめたが、其の原因を為すものは、実に中国革命同盟会の創立である。而してこの中国革命同盟会は明治三十七〔八〕年秋我が東京に於て結成された。東京に於て斯かる秘密結社の出来たと云ふことに付ては、少しく其の来歴を語る必要がある。

支那が日清戦争に依つて覚醒の端緒を開いたことは云ふまでもない。大きい支那は何故小さい日本に負けたか、負ける道理のないのに負けたのは制度が悪いからである。斯うした考に促されて主として長江沿岸に擡頭した立憲思想は現に一度北清事変の際唐才常の乱として勃発を見て居る。併し此頃は民間の一部に改革の急要を叫ぶ声があつても朝廷はまだ依然として何百年来の甘夢に睡りふけつて居たのであつた。朝廷が率先して改革を唱ふる様になるのは北清事変後である。つまり外国から加へられた打撃の痛さが骨身に沁みたのであらう。流石の西太后も我を折つた、守旧派は屏息《へいそく》せざるを得ず、政界の形勢は一変する。中にも著しいのは国家を維持し外侮を拒《ふせ》ぐには西洋の文物を摂取しそれを肥料として自強を謀るの外なきを悟り其の為めには凡《あら》ゆる努力を惜まざらんとした事である。

海外留学　政府が最も重きを置いたものは一般教育の振興であつた。西洋の文物を摂ると云つても普通学の素養が国民的に普及して居なければ手の着けやうがない。そこで各省在来の書堂を改造して大中小の新式学堂を設けさせたりした。併し盗を捕へて縄をさがす様なもので、従来あまりに実学を無視した為めに学校を作つても教師がない。斯くて教師養成の為めに先づ多数の留学生を外国に送ると云ふことになる。次に政府が重きを置いたものは軍事と法政との改革の為めの人才養成である。軍事法政に限らず産業交通等必要な方面は幾らもあるが、最も急を要するものとして前二項を択んだのだ。而して之も一般人才の輩出を待つて徐ろに着手すると云ふ様な悠長を許さぬと云ふので、速成的に担任者を養成すべく盛に留学生を海外に送つた。斯う云ふ事情からして北清戦役後清国政府は主として教育・軍事・法政の研究の為め続々と留学生を海外に派遣したのである。行く先は亜米利加もあり欧羅巴《ヨーロッパ》もあつたが大多数は日本に向ふのであつた。之は費用の少いのと文字が同一で学習し易いのとから来る当然の結果であらう。我が日本だけでも一時数万の留学生を算へたのであつた。猶ほ序に申しておくが、当時の留学生は多く官吏養成の為め政府の送り出す所であつたから、学費は概ね官給である。其上畢業《ひつぎよう》帰国の上は直に要路に登用される。乃ち海外留学は所謂青雲の志を達する捷径でもあつた。是れ彼国青年の間に一時大に留学熱を盛ならしめた特殊の原因でもある。この同じ理由からして民間でも私費で其子弟を海外に送るものがまた尠くなかつたやうだ。

日本留学生の思想上の変化　所が之等の日本留学生は次第に革命主義者となつた。日本へ来るまでは学問修行一点張りで固より左様な考などは夢想だもせなかつたのであらう。併し国勢の振はない国の有為の青年秀才が突然盛に発展して居る国に送られると屹度革命思想を抱くに至るものである。こは独り支那の青年に限つたことではない。つまり彼我両国国勢の比較から今まで気付かなかつた自国の悪政と云ふことに目覚めるのである。斯くして革命的秘密結社は往々留学生に依り外国に於て結成されることが多い。独仏諸国へ留学した土耳其《トルコ》の青年が一八九九年秘密裡に所謂青年土耳其党を作つたのも巴里《パリ》に於てであつた。ひとり支那の青年が日本に来て愛国的革命家に急変し遂に東京に於て革命的一大秘密結社を作れるを怪むべきでない。

斯く云へば革命的秘密結社は独り手に出来上つたもののやうに思はれるかも知れないが、実はさうではない。隣邦の留学生は強て分ければ漸進的君主立憲派（梁啓超が先輩として陰然その牛耳をとるこの外に此派の一支分として楊度《ようど》を中心とした立憲君主国会速開派と云ふのもあつた。但し同志は極めて少数であつた）と民主共和派（初め其の当時法政大学の速成科に在学中の汪兆銘《おうちようめい》などが中心であつたが後ち老大家章炳麟《しようへいりん》を上海より迎ふるに及び其勢力益々振張した）とに彙類《いるい》されるが、数から云へば殆んど全部急進的革命派と謂つていゝ。けれども元来支那は各省割拠の習性強く容易に他郷の人と親まず、従て同じ大事を胸に懐いても彼此連絡すると云ふことは困難である。又事実連絡をつけようと企てたものもなかつたらしい。故に機運は大に熟したやうに見えて而も大同団結の実現を見るにはそこに一つの特別の拍車が入用であつたのだ。而してこの役目を実に我が日本志士がつとめたのである。故に或る意味に於て中国革命同盟会は日本有志の斡旋に依つて出来たとも謂へぬことはない。

孫黄の提携　中国革命同盟会の成立を見るに至らしめた直接の原因は黄興《こうこう》孫文の相次いで東京に集つたことと此両雄を相提携せしめんとの例の日本側の斡旋とである。孫文の再渡来は三十八年の初夏である。恵州事件の失敗後我が政府のそれとなき圧迫もあつて暫く日本を去り布哇《ハワイ》米国方面に放浪して居たのであるが、日露戦争の勃発に際しじツとして居れなくなつたと見え飄然として東京に帰り、今度もまた宮崎に頼つて安住の地を求めたのである。是より先き黄興は既に来つて湖南出身学生の牛耳を握つて居た。彼れは湖南省の出だ。早く張之洞の建てた武昌の両湖書院に学び、後また東京に来り、暫く早稲田大学の高等師範科とやらに籍を置いたこともある。

夙に改革の志をいだき唐才常の乱に策応せんとして成らず、暫く韜晦して一時東京に遊学し(早稲田に学んだのは即ち此時だ)、間もなく帰つて郷里長沙に学校を設け育英に托して陰に同志の養成につとめた。当時支那では露西亜の満洲撤兵問題がやかましく、而も清廷の無力なる徒らに日本の対露談判を空頼みとするだけで全然何等の行動を執り得ない、是に於て少壮慷慨の志士の血は沸かざるを得ぬ。拒俄《〔オロシア〕》同志会と云ふやうなものは各地に設けられ、其等の肝煎《きもい》りで盛大な示威運動が花々しく挙行される。さらでだに官憲はその五月蠅《うるさ》い応接に忙殺されて居るのに、此の対外硬的風潮を利用して革命主義者までが陰微の間に計を進めて事を起さんとするので一層狼狽させられる。黄興も即ちこの好機を利用し、表面には拒俄運動を標榜し、裏面には哥老会の一頭目馬《ば》福益《ふくえき》と結托して、明治三十六年陰暦十月の西太后万寿節を期し一挙に長沙省城を奪つて先づ湖南全省に革命の旗をひるがへさんとしたのである。不幸にして事前に官憲のさとる所となり、同志多くは捕はれて殺されたが、黄は万死に一生を得て上海に逃れ、暫く身を外国居留地に潜めてゐた。その中不幸にも広西巡撫《じゅんぶ》王《おう》之春《ししゅん》の暗殺事件(彼れは親露主義者なるの故を以て殺されたのである)に関する官憲の捜査に引ツかゝり素性を包んで一旦牢獄の人となつたが、獄吏に賄《まいない》して危くも虎口を逃れ、自由の身となるや否や即ち日本へ走つたのである。彼れが東京に落ちつき牛込の若宮町に一家をもつたのは三十八年の初め頃の事である。因に云ふ、彼れの飄然として東京に来るや、別に頼るべき人もなく、曾て『三十三年之夢』の漢訳を読みしを憶ひ出し、その著者こそ我を見棄てまじと独り決めにきめて先づ宮崎滔天を訪ねたと云ふ。当時宮崎は雲右衛門の弟子となり四谷の某席亭に浪花節を唸り一日四十銭の収入で辛うじて一家の計を立ててゐた。黄興は暫くそこに食客となつたのである。

やがて黄興は湖南出身学生の知る所となり、郷党の先学として敬重せらるること一ト通りでない。そこへ恰度孫文が帰つて来る。彼れの帰朝は支那留学生、わけても彼れの故郷たる広東の出身者を大に熱狂せしめたのである。そこで日本人側はまた考へた、広東と湖南とは昔から満人政治排斥の二大急先鋒である、孫と黄とを此際提携せしむることは啻《ただ》にこの両者の連結のみならず之を機縁として或は支那全体に亘る革命的大同団結を見得るやもはかられぬと。先の康有為の場合とは異り、孫と黄との提携はこの一味の斡旋に依て訳もなく出来た。日本側有志から先づ此事を孫に話すと、彼れは直に之に応じたのみならず、即日黄をその仮寓に訪ねた。細心なる黄は同宿学生の多い自分の宅で会見するを不便とし、日本側有志と共に神楽坂の支那料理屋鳳楽園で孫と会談することにした。その会談の模様に付てもいろ〳〵面白い話があるが問題外だから言及を避ける。兎に角之が後日革命的秘密結社創立の端緒となるのだから、大に紀念せらるべきものたるは言ふまでもない。

中国革命同盟会の成立　斯くして孫黄は日本側友人の一味と謀議を凝らし、先づ瀬踏みとして飯田河岸の富士見楼で孫文先生帰朝歓迎会を開いて見たが、意外の盛況なるに力を得、遂に一歩を進め各省郷友会の幹部を集めて秘密裡に革命党結成の策謀を樹てた。機熟して正式の相談会を開いたのは赤坂新町の内田良平氏邸に於てであつた。中国革命同盟会創立の事はこゝで決まつたのである。次いで発会式を挙げる段取りとなるが、公然と貸席を借るわけに行かぬ、偶ゝ一味の日本有志中に坂本金弥氏を知るものあり、その霊南坂の邸宅が相当に広いので他事に託して之を借りることとし、八月末留学生大会の名の下に花々しく発会式を挙げたのである。外部に対して公然の気声〔勢〕をあげたのは間もなく錦輝館で開いた機関紙〔誌〕『民報』の発表演説会であるけれども、革命的秘密結社そのものは坂本邸の会同に於て既に出来上つてゐたのである。

右の如き事情よりして人或は中国革命同盟会の成立に付き適当の時期を捉へそれに安産の幸福を見せしめたのは日本人の力だと云ふ。之にも一理はある。而して日本人を促して此点に努力を吝《おし》ましめなかつたのは、矢張り出来るだけ隣邦革命的諸勢力を組織結成せしめたいと云ふ伝統的精神に在るや疑ない。但し此際は一般東洋の形勢も複雑であり中国革命同盟会を動かす力も種々様々であつて、日本政治家の思ふ様にばかりはならぬと云ふ状況ではあつた。いづれにしても日清戦争以来の伝統が此時にも相当強く働いた事実は私共の見逃し得ぬ所である。

ついでに一言しておくが、隣邦留学生が革命主義をいだくに至れることは、引いて支那内地に深く革命思想を弘布するの縁《えにし》となつた。蓋し先づ日本に留学したものは更にその親族を招ぎ又その友人を招ぐ、誘はれて来る程の者がやがて亦ひとしく革命主義者に変質するは云ふまでもない。彼等はまた書信に依て己の得た新しい感激を故国の知己に伝へる。その中に彼等は帰つて郷党の間にその思想を散布する。斯くして日本への留学は留学生一人を革命主義者たらしむるに止まらなかつたのである。それに留学生大挙派遣の起りは朝廷の勧奨に出づるものであり、従つて各省督撫は詔命に迎合して命を府県に伝へ府県は更に之を郷邑に転達すると云ふわけで、当初留学生は支那四百余州の隅々から出て来たのであつた。之が逆にまた革命思想を国の隅々にまで沁み亘らせる縁となつたことは当然であらう。故に東京に於て中国革命同盟会の出来た頃は、支那本国に在ては、謂はば火を点ずるものがあれば何時でも燃え上ると云ふ状態であつたのである。

同盟会の創立より清朝顚覆まで

中国革命同盟会の陣容　中国革命同盟会創立のことは前段に述べた。孫文の総裁に挙げられたことは云ふまでもない。黄興は実行部長の地位に据はり、宋教仁《そうきょうじん》・張継《ちょうけい》・胡《こ》漢民《かんみん》・李《り》烈鈞《れつきん》・李《り》根源《こんげん》等が幹事の任に就いた。綱領として三民主義の採用されたのも此時である。但し三民主義の意義は時勢の変遷に伴つて今日は当時とは少しく違つた解釈を与へられて居る。之等の点は後にモ少し立入つて説述する機会があらう。それから東京を本部とし本国各省にそれ〴〵一分会を設けるの計画が樹てられ、各地に遊説員が派遣された。忽にして支那内部の要地には勿論、南洋にも在米在欧の支那人間にも沢山の分会が出来た。斯くして中国革命同盟会は、従来の革命団体の常に必ず地方的なりしに似ず、始めて支那全体を地盤とする国民的団体となつた。やがて機関雑誌『民報』が発刊された。之も先きに述べた所である。汪兆銘・宋教仁・黄復嘉《こうふくか》等が専ら編輯に鞅掌《おうしょう》したが、上海の獄を出て東航し来れる章炳麟を迎へ椽大《てんだい》の筆を揮はしむるに及び、声価頓《とみ》に騰《あが》り、本国の青年にも盛に愛読されて発行高は四五万に達したと云ふことである。而して同誌の標榜する六大綱領は亦一面に於て革命青年の志向を語るものとして注目すべきであらう。(一)現今の悪劣政府を顚覆する、(二)共和政府を建設する、(三)世界真正の平和を維持する、(四)土地を国有とする、(五)中日両国の国民連合を主張する、(六)世界列国に中国の革新事業を賛成することを要求する。

同盟会中の軍人部会　中国革命同盟会は、あらゆる階級あらゆる層の学生を網羅せるものであつたが、就中注意すべきは軍事学生である。清国政府が北清事変後洋式軍隊の編成を思ひ立ち其の準備として多数の官費生を日本に送つたことは前にも述べた。初め之等の学生は成城学校や振武学堂などに入つて居たのだが、暫くして日本政府の好意に依り年々若干名の学生を士官学校に入校せしむるを得ることになつた。そして第一回の士官学校入学生は便宜上当時日本に在留しつゝあつた学生中から募集したが、この時革命主義の青年にしてさあらぬ態《てい》でその募集に応じたものが沢山ある。後年革命の大立物となつた呉禄貞《ごろくてい》(三十四年入学第一期卒業生)、藍天蔚《らんてんい》(三十五年入学第二期卒業生)、許崇智《きよすうち》・蔡鍔《さいがく》・張孝準《ちようこうじゆん》(以上三十七年入学第三期生)、蔣作賓《しようさくひん》(四十年入学第四期生)、李根源・李烈鈞(四十一年入学第六期生、先達て北方政府の首席となつた閻錫山《えんしやくざん》も同期である)等が之れである。彼等の多くは軍人たるが為め他の一般会員と分れて自ら一種の別働隊を為して居たけれども、常に密に孫黄等の領袖連と気脈を通ずることを忘れなかつたと云ふ。因みに云ふ、革命主義の青年が多く軍人と為つたのは、宋教仁が青年土耳其党の成功の素因が軍人党員を中堅とせるに見て着想し、之を以て同志に勧説した結果だと伝へられる。

革命方略　中国革命同盟会の創立を見てから明治四十四年十月武昌の旗挙げを第一声とする清朝顚覆運動の成功に至るまで、約六年の星霜を経て居る。つまり同盟会六ケ年に亘る苦辛惨澹の努力が遂に清朝顚覆と云ふ最後の目的を結果し得たわけなのである。然らば同盟会は此間如何なる活動を為したかと云ふに、固より秘密の陰謀団の事であるから公然表面に現はれたものは少ない、それでも同盟会の分派の運動と見るべきものにして其後世間を騒がしたものは一にして足らない。次にその主なるものを列挙しようと思ふが、それが同盟会本部の方針と如何の連絡あり又如何に統制されてありしかを想像するの料として、茲に先づ『革命方略』のことを述べて置きたい。

『革命方略』は同盟会創立後実行運動の指針として孫文黄興等の編纂起草せるもので、光緒三十二年（明治三十九年）の秘密かに東京に於て印刷され主要なる党員に配布されたものである。次の十三項に分つて挙兵後に於ける軍事・民政・財政・外交等に関する一切の処置を示して居る。（一）は「軍政府宣言」と題し、挙兵の際その首領即ち都督が民衆に提示すべき宣言書の雛形である。（二）は「軍政府与各国民軍之関係条件」で、個々の革命軍とその中心たる軍政府との関係を定めたものである。各省に散在する同盟会の会員は其の準備の整ひ次第また機会の見つかり次第単独に火蓋を切ることを許されて居る、否寧ろ要求されて居る。そして一たび火蓋を切つて起つものあれば他の各地の会員は事情の許す限り速《すみやか》に起つて之に策応すべきである（所謂分途併進主義）。之等各地の革命軍は国民軍第何軍と云ひ其の首領を都督と云ふ。同盟会本部の幹部は此時軍政府を組織して各国民軍を統一し号令する。各国民軍都督と中央軍政府との権限関係等が詳しく本項に規定されてある。（三）は「軍隊之編制」、（四）は「将校之等級」、以上は何れも格別の説明を要すまい。（五）は「軍餉《ぐんしょう》」、兵卒及び将校の俸給に関する規定。（六）は「戦士賞恤《しょうじゅつ》」、（七）は「軍律」、之も説明は要るまい。（八）は「略地規則」、土地を攻略した場合の辦法。（九）は「因糧規則」、財務処理の規定。（十）の「安民布告」、（十一）の「対外宣言」は、（十二）の「招降満洲将士布告」、（十三）の「掃除満洲租税釐《り》捐《えん》布告」と共に是亦説明を省いておく。さて以上十三項の中特に読者の注意を乞ひたきは第二項である。蓋し東京に於ける革命的秘密結社の創設は謂はば清国青年革命家の精神的総動員に過ぎず、未だ其処から直に何等組織的運動の企てらるべき機運には達してゐなかつた。即ち差当りの実行方案としては所謂分途併進の主義により各自それ〴〵便とする所に立つて適宜同一の目標に向つて進むの外はなかつた、是れ即ち『革命方略』第二項の規定ある所以である。而してこの分途併進主義はその後の六年間に於て如何なる実現を見たか。

革命の実行　この六年間に現はれた重なる実行運動を列挙すると次のやうなものがある。

(一)萍郷(江西)及醴陵(湖南)の変　光緒三十二年(明治三十九年)十月の出来事だ。之は同盟会員劉道一《りゅうどういつ》・寧《ねい》調元《ちょうげん》・胡瑛《こえい》等が此地方の炭礦夫を煽動して起した革命運動である。勃発後在東京の同志も奮つて応援に馳せ参じ本部も種々援助の途を講じたが、間もなく軍敗れて解散した。

(二)潮州及恵州の変　明治三十九年晩秋日本政府は清廷の懇請により孫文に退去を命じた。孫は直に胡漢民・汪兆銘二君を伴ひ去て安南《アンナン》に赴き、河内《ハノイ》に機関部を設けて広東に事を挙げようと謀つた。潮州恵州の変は其の結果として現はれたものである。前者は潮州の黄岡に、後者は恵州の七女湖に、共に三合会の頭目に命じて挙兵せしめたのだが、何れも利あらずして潰《つい》えた。之は明治四十年春の事である。

(三)欽州廉州の変　潮恵二州の変と相前後して欽廉二州に於ても暴動が起つた。之は新設の苛税に反対すると云ふ純然たる百姓一揆であつた。然るに孫文は偶々河内に来合はせた黄興と謀り、一方には両広総督が鎮撫の為め差遣せる新軍の将帥郭人漳《かくじんしょう》及び趙声《ちょうせい》を説き、他方には欽廉二州の紳士郷団と声息を通じ、更に一段の準備を整へて大規模の革命運動を起さんと計画した。之には日本人の萱野長知君も関係して居る。不幸いろ〳〵手違ひがあつた為め失敗に帰したが、之によりて革命党と新軍との連絡の端緒のついたことは他日の成功の一因として注目に値するものがある。

(四)安徽巡撫暗殺事件　光緒三十三年(明治四十年)五月安徽巡撫恩銘《おんめい》、巡警学堂の卒業式場に於て校長徐錫《じょしゃく》

麟《りん》の為に殺さる。徐は浙江の人、幼より排満興漢の念深く、日本遊学より還りて後同郷の友陳伯平《ちんはくへい》や余姚の人馬《ば》宗漢《そうかん》などと謀つて光復会なる秘密結社を組織し自らその首領となつた。無論満人政治の倒滅を目的とするものである。然るに彼は広く各省に同志をもとめて之を糾合するを迂遠となし捐納《えんのう》に由つて一要職を得之を利用して大事を決行する方が早道だと考へ、特に兵備薄弱なる安徽を択び、巨額の銀を巡撫に納れ《い》て候補道員の地位を得た(明治三十八年)。巡撫恩銘は彼れの有為の材たるを認め、先づ陸軍小学堂会辦に任じ、やがて巡警処会辦兼巡警学堂監督に挙用した。是に於て彼は此地位を利用して事を挙げんと欲し、一方には巡警学生に種族革命の思想を鼓吹すると共に、他方には海外の同志と謀つて弾薬の密輸を企てた。所が斯うした事は何時までも知られずには居らぬものと見え、物騒な時節柄とて薄々官憲の嗅ぎつける所となつたらしく、上海辺の取締は急に厳重となり、やがて同志一人の捕縛により一切の密謀が顕はれそうになつた。流石の徐錫麟ももはや猶予出来ぬと最後の決心をかため、遂に五月二十八日挙行の筈の巡警学堂の卒業式上に於て巡撫以下の大官を殺戮し各地の同志にも此日を以て一斉に事を挙げしめることにした。所が好事魔多しとやら、二十八日の挙式は巡撫の都合により二十六日に繰上げしめられた。さていよ〳〵当日となると、午後に来る予定の巡撫は午前にやつて来た。斯くして手筈は狂つたが、夫ればかりでなく事の露顕も略ぼ推察されたので、徐は成否如何に拘らず暗殺を断行せねばならぬと覚悟をきめた。巡撫の上庁に依て式の開始せらるるや、機を見て徐は巡撫の前に進み、今日革命軍事を起すと大声に叫びつゝ、隠し持つたる爆弾を投げ付けた。併し爆弾は破裂しなかつた。其時おそく彼の時早く一発の弾丸空を切て巡撫の右手を傷けたものがある(之は徐の部下たる同志が放つたものである)。徐も亦左右の靴の中に匿した短銃《ピストル》二挺を取出して処嫌はず恩銘を射た。恩銘は人に助けられて一旦巡撫衙門に還つたが間もなく死んだ。徐は部下を率ゐて直に軍械所を占領したが、官兵の攻撃に抗し兼ね、多くの部下を失ひ自分は捕囚の身となつた。

間もなく三十五歳を一期とし従容《しようよう》として刑を受けた。さて事件は之で済んだが、其の影響は大変なものであつた。是までとても革命党の事変は少くはない、が、巡撫の如き大官が白昼公然その信頼せる部下から殺されたと云ふ様な事は破天荒である。之では何処にどんな人が潜んでどんな事を仕出来すか分らない、洵《まこと》に一寸先きは暗闇である。之に由て官界が一大センセイションを感ぜざるを得なかつたのも無理はない。加之《しかのみならず》徐と云ふ人物がまた当時の青年に大なる刺戟を与へたことも看過し得ぬ。之に連坐して刑戮された浙江大通女学校長秋瑾《しゆうきん》女史の事も、同様の意味に於て記憶さるべきものであらう。猶ほ此事件は直接には中国革命同盟会と関係するものではない。徐の立場は唯漢人の政権を恢復するに在り、共和政治を排斥する点に於て寧ろ孫派とは相容れざるものである。現に彼れの主宰する光復会は孫派と対立する全然別個の秘密結社であつた。たゞ彼れの運動は、中国革命同盟会に依て醞醸《うんじよう》された機運に乗ぜるものたる点に於て、之と間接の連繫ありと云へぬこともない。彼れの決死的犠牲が中国に於ける同盟会の潜勢力を一層強めたるべきは又言ふまでもない。

(五)鎮南関の変　之は孫黄提携後この両巨頭が揃つて馬を陣頭に前《すす》めた最初の革命戦争である。明治四十年冬(支那暦では光緒三十四年の正月に当る)の出来事だ。孫黄が失敗続きの広東を避けて広西の鎮南関を目指したのは、茲処《ここ》に清仏戦争の時大に仏軍を悩まし西洋人から第二の旅順と呼ばれた要塞があるのと、其の附近の那模《ナモ》郷を中心とする一帯の地方に勇敢善戦の游勇がある為めに外ならない。併し広西で事を挙げるには仏領の東京《トンキン》を策源地とし之を通過して自由に広西にはいれなければならず、夫れには仏国官憲の十分なる諒解を得るの必要がある。丁度いゝ事には那模の游勇が屢々国境を踰《こ》え仏領を掠奪するので仏国官憲がかね〴〵大に弱り切つて居ると云ふことを聞いた。乃ち孫は自ら仏国総督に見《まみ》え、彼等を慰撫して爾後東京を侵す勿らしむべきを申出でた。斯く一方には仏国官庁の歓心を買つておいて、他方人を派して那模の頭目を説き、之を革命運動の前衛たらしむるのみならず、仏領侵入を断念せしむることに成功した。是に於て孫黄は胡漢民兄弟等と共に東京に乗込み、こゝを本部として旗挙げの準備を進めた。初めの予定では先づ那模の游勇をして鎮南関を抜かしめ、次で広東会党の頭目王和順《おうわじゅん》の水口関を破るを待つて一挙竜州を占領し、以て漸次広西一帯を徇《したが》ふると共に又雲南の豪傑を起して河口蒙自地方を占領せしめ、彼此相呼応して大事を遂げようと云ふのであつた。夫れ〳〵連絡もつき、鎮南関の襲撃は十月二十六日、雲南の挙兵は十一月十一日と云ふことにきまり、仏国官憲の好意的傍観のもとに着々手筈を進めた。さて十月二十六日になると、那模の游勇は険を冒して背面より進み難なく鎮南関を占領した。之に付て面白い話もあるが今之を詳述するの遑はない。捷報に接した本部の孫黄以下の幹部は直に結束して鎮南関に向つた。此間政府軍との銃砲の応酬あり又征討司令陸栄廷《りくえいてい》より投降密書が到着したなどのエピソードもあるが、占領後関内を調べて見るに予期した程の弾薬の蓄へなく此儘では要塞を固守すべくもないので、孫黄等は軍需調達のため復《ふたた》び山を下つて東京に向ふことになつた。東京に帰つてから苦心惨澹あらゆる方法を講じたけれども目的を達せず、塞中の壮士また糧食の欠乏に堪へずして十二月九日遂に解散の已むなきに至つた。其結果水口鎮の奪取も雲南の挙兵も画餅に帰したことは申す迄もない。而して孫黄等は一旦河内に引揚げたが、やがて清国政府の交渉により仏国政庁から退去を求められ、孫は新嘉坡に赴いたが、黄は此機会に戦争の経験を積まうとて安南地方の同志二百余人を糾合し若干の武器弾薬を調《ととの》へて復《ま》た広東の欽廉地方に侵入し、官軍に遭うて大小数十戦を試み何れも意外の勝利を博した。斯くして彼は数ケ月の間南辺を騒がしたが、固より由て以て大事を遂ぐるの考もなく又事実後援もなかつたので、遂に兵を罷《や》めて安南へ引上げた。黄興の威名之より大に著聞したのはいゝが、之が資本で後年彼れが陸軍大将になり参謀総長になつたのを思ふと一寸滑稽でもある。因みに云ふ、此の事件には日本人池亭吉《いけこうきち》君が関係がある。彼は現に孫に随つて鎮南関まで往つて居る。明治四十四年に公刊した『支那革命実見記』は此時の見聞を手録したものである。

(六)雲南の挙兵　明治四十一年(光緒三十四年)四月孫文一派は雲南に於て兵を挙げた。之は鎮南関事件の引続きと観てもいゝ。鎮南関に於ける失敗は一時雲南の挙兵をも蹉跌せしめたが、既に孫黄と連繫を約せる游勇と早く已に此方面に潜入して居つた革命壮士とは相携へて更に準備を進め、且つ官兵の中にも反正投降の勧告に応ぜるものが少くなかつたので、扠《さ》てこそ機を見て勃発するに至つたのである。但し孫文は追放の身として現場に臨むことが出来なかつたので、胡漢民が彼れに代り専ら諸般の指揮に任じた。河口の襲撃に第一声をあげたのは三月二十九日の夜半である。一時勢凄まじく発展したが、例に依て軍資に欠乏し就中糧食給せざるの甚しき為め、二十余日の対陣の後、恨を呑んで退散した。

(七)安徽砲隊暴動事件　これも徐錫麟の場合と同じく直接に中国革命同盟会と関係するものではない。安慶の砲兵隊長熊成基《ゆうせいき》といふ者、夙に革命の志を抱き密《ひそか》に徐錫麟の後継を以て任じ、広く同志を募つて機会の到来を待つて居た。光緒三十四年(明治四十一年)十月突如皇帝及び西太后の崩御あるや、人心乱を思ふの情あるに乗じて蹶起したのである(十月二十六日)。併し手筈が狂つてうまく運ばず、遂に潰走して自分は山東を経て日本に亡命した。熊は後ち哈爾賓《ハルビン》に於て欧洲の海軍視察より帰れる貝勒《ベイレ》載洵《さいじゅん》及び薩鎮氷《さっちんぴょう》を刺さうと図つて捕へられ、吉林に送られて死刑に処せられた。時に年僅に二十四であつた。

(八)広東新軍の反乱　之は宣統二年(明治四十三年)正月の出来事である。初め香港にある黄興・胡漢民・趙声・倪映典《げいえいてん》等は広東新軍の兵士を語らひ事を挙げんとし、謀《はかりごと》熟し不日難を発するばかりになつた。然るに期日に先ち兵士等は一小瑣事の為め上官と衝突して爆発してしまつた。偶々省城附近にあつた倪映典は直に馳付け反兵を率ゐて省城に進撃したが、官兵の邀撃《ようげき》に破れ、潰散の已むなきに至つた。倪は流丸に中《あた》りて擒《きん》せられ、間もなく死刑に処せられた。

(九)摂政王暗殺事件　摂政醇親王《じゆんしんのう》暗殺の陰謀が発覚し犯人の捕まつたのは宣統二年(明治四十三年)四月十六日である。発覚の端緒は四月三日夜王邸前の橋の下から爆弾二個を発見したに始まり、やがて摂政王の日々の参内通路に地雷火が仕掛けてあることが分つた。さて捕まつた犯人は数名あるが、主犯は汪兆銘である。従犯の誰《すい》彼《か》と共に終身監禁の刑に処せられたが、死刑を免れしに就ては斯う云ふ話がある。偶々法廷に来合せた粛親王《しゆくしんのう》が不規を図つた理由を訊問せるに対し、汪は紙筆を請ひ立《たち》ど《ど》ころ《こ》に数万言を列《つら》ねて具《つぶ》さに革命の志を述べた。親王は其名文に感じ、殺すに忍びずとて一等を減ぜしめたのだと云ふ。四十四年の革命で清朝が倒れ、袁世凱が北方に拠つて南方革命政府と妥協を策するに当り、特使唐紹儀《とうしようぎ》の随員たるべく赦免され、其後自由の身となり、今日に於てはとにかく国民党左派の巨頭として重きを為して居る。猶ほ附け加へて云つて置くが、中国革命同盟会成立の前後、彼等青年の間に革命実行の手段に関し三種の意見が行はれてゐた。第一は長江沿岸を徇へて天下に号令するの地位を占めずんば到底革命の根拠を確立するを得ずとの説である。如何にも尤もの説だが、之れには非常に大規模の準備が要る、之れ無くんば直に敵の重囲に窮死するの運命を免れぬからである。上策なれども容易に行ひ難しとされた所以である。第二は辺境に事を挙げ、天下を制するの位には遠いが敵の鋭鋒を避けて曠日《こうじつ》持久の計を樹て以て徐ろに同志の対応蹶起を待つべしとの説である。黄興・孫文は此説に一致して事を起したが、軍資続かず失敗に帰したことは前述の通りである。第三は直に北京に乗り入り貴顕大官を殺して先づ敵陣をみださうとの説である。冒険でもあり且つ実際の効果も疑はれるので、下策として喜ばれなかつたのであるが、昂奮狂熱の青年中には此説に傾くもの尠くなかつた。汪兆銘も亦其の一人で、黄孫等の失敗に鑑み革命運動の容易に成功すまじきを思ひ切《つ》めて貴顕大官の暗殺に依つて天下の心胆を寒からしめんと決心したのである。志は勇ましいが結局犬死に終ると見た孫文・黄興は固より、頭山翁や犬養氏を始め多くの日本友人も極力思ひ止まらさうとしたのだが、汪は頑として聴かず遂に内外多数の友人の悲涙に送られて東京を出発したのであつた。果して人々の危惧の通り事は失敗に帰したが、不思議に生命を完うして尚ほ今日に活躍し得るとは、彼れも亦幸運児と謂はねばならぬ。

(十)広州将軍の暗殺　宣統三年(明治四十四年)三月十日広州将軍孚琦《ふき》は広東城外燕塘に於ける飛行機試運転見物の帰途、諮議局《しぎきよく》前に於て一労働者の短銃連射に遇ひ、身に数傷を負つて斃れた。下手人は温生財《おんせいざい》と云ふ鉄道工夫、や、新知識を蓄へ孫文一派の説に傾倒せるもの、四万万同胞の仇として這《こ》の満人大官を殺すと云ふのであつた。

(十一)総督衙門襲撃事件　同じく宣統三年三月廿九日黄興を盟主とする一群の党人は広東城内の総督衙門を襲うた。之れは久しい間の計画の結果であつた。今その来歴を語らんに、広西雲南辺境の挙兵に失敗した黄興は、今度は復た本に反つて広東省城を新活躍の舞台に選んだ。即ち省城内で突然火蓋を切り、先づ総督を屠り次で広東全省に号令しようと企てたのである。資金は南洋其他の華僑から募集した。同志の士も諸方から集つて来た、就中日本留学生中の秀才にして已に同盟会の中堅たりし数十名の来援は此運動の最も強味とする所であつた。彼等は香港と広東とに分れて潜伏し、巧に人目を欺いて軍器弾薬等を続々広東へと運び込んだ。運搬の任に当つた者に農産物を担ふ田舎女に変装した婦人の多かつたことも、この運動の一特色であつた。斯く着々準備を進めつゝ、四月初旬を以て蹶起することに予定してあつたのだが、前記広州将軍の暗殺事件があつてから官憲の警戒頓に厳重となり、機密も屢々《しばしば》漏れた。廿八日同志九人が官憲に捕へられた。之を見て仲間の中に暫く解散して時機を待たうと云ふ者があつた。そこであらためて会議を開き進退を議したが、多数は首領黄興の即時断行に賛成した。遂に二十九日午後蹶起することに衆議一決し、直に電報を以て香港の同志に之を告げた。斯くて当日午後四時頃、百余人の同志は腕に白布を纏ひ、銘々に炸弾・小銃・ピストル等を挟んで驀地《まつしぐら》に両広総督衙門に殺到した。先登の一人は轎《きょう》に乗つて進んだ。これは門番に請謁の者と見せかけて無事に接近せんが為めであつた。彼等は爆弾を投じて第一門を蹴破つた。次で第二門をも破つて大堂に達した。衛兵の防戦に遭ひ同志は盛んに爆弾を投じて奮闘した。衛兵隊はしどろもどろに潰えた。同志は奥深く闖入して総督張鳴岐《ちょうめいき》を索めたが一向に姿が見えぬ。彼れは逸早くも楼上より綱に縋つて墻外《しょうがい》に逃れ水師行台に走つたのである。とかくする中に水師提督李準《りじゅん》は大兵を率ゐて総督衙門に駈けつけた。衆寡敵せず、同志は遂に敗滅した。多数は枕を並べて討死したが、市街に走り出たものは城内の到る処で官兵の追撃に応戦した。四月一日に至つて市街は略ぼ鎮静に帰したと云ふ。極めて少数の者は香港に逃れて無事なるを得たが、多くは城内の隠れ家を発見され厳重な捜索の手に捕へられて殺された。首領黄興は双手にピストルを振りかざして追手を防ぎつゝ場末の民家に隠れ了《お》うせ、後変装して省城を脱出した。この事変に斃れた同志は総計七十二人、悉く皆有為の青年であつて且つ同盟会の中堅たる人々であつた。それだけ跡に残つた黄興の失望落胆は非常なもので、此年の秋武昌の変が起るまで彼れは再挙の勇気もなく全然意気沮喪の状態を続けたのであつた。事変の後広東の街上には戦死した党人の死骸が散らばつて酸鼻を極めた。城中の紳士は官の許しを得て資金を集め、東門外の黄花《こうか》崗《こう》に墓域を設けて悉く其死骸を葬つた。この事変を黄花崗事件とも呼ぶのはこの為めである。可憐の青年が前途に望みを抱きながら義の為めに命を棄てたといふ点に無限の同情を寄せ、我が国に於て白虎隊が一面国民的感激の対象たる如く、彼国に於て文人墨客の之を謳《うた》ふ者なほ今日に尠くない。それだけ此事件はまた精神的に隣邦青年の志気に影響せるの頗る大なるものがある。

以上重なるものを列挙したが、前にも述べた如く之等の間には概して云ふに何等直接の連絡はないけれども、之に依て益々革命的熱情の拡布と深刻とを助長したとすれば、精神的には可なり緊密に相脈絡すると観てもいゝ。斯くして清国の全土は漸次所謂一波起つて万波あがるの趣を呈するに至る。武昌起義の前後長江一帯不穏の警報の久しく伝へられしことなどを顧みなば、蓋し思ひ半ばに過ぐるものがあらう。

第一革命の成功

武昌起義　明治四十四年十月の武漢の旗挙げは、前述ぶるが如き数多き部分的革命策謀中の雄なるものである。最も困難な長江沿岸に事を起して見事な成功を収めたに就ては、一つには時勢の賜でもあるが、又一つには計画の用意周到なりしに因ると観ねばなるまい。主として武昌に居り新軍に革命主義を宣伝したのは、孫武《そんぶ》を始め居正《きょせい》・胡瑛の一派である。上海に於ける陳其美《ちんきび》の一派も長江沿岸に事を起さうとの考で頻りに画策して居つたが、日本から帰つた宋教仁を迎ふるに及び、譚人鳳《たんじんぽう》を盟主として中部同盟会なるものを組織した。中国革命同盟会の一分派として而も直接之と連繫することなく自由に活動する意図に出でたものらしい。彼等は軍隊を味方とするの必要を痛感し専ら力を軍人への宣伝に注いだ。但し事の漏洩を恐れ士官に働く手と兵士に働く手とを互に相聞知せざらしむるに苦心したのみならず、特に飽食暖衣の徒を除くの趣意を以て大隊長以上をば断じて誘はぬことに規定したと云ふ。斯くて計画は次第に進捗した。而して彼等は其間随分慎重の警戒を怠らなかつたのだが、機密の漏洩は絶対に防ぎ得なかつたと見え、九月半頃より誰いふとなく革命党武昌に於て事を起さんとするとの風説が伝はつた。従つて官憲の取締りは非常にやかましくなり、武昌一帯の地方は殆んど戒厳下に在るの状態となつた。

斯うした形勢の下に十月十日の革命勃発となるのであるが、実は之は偶然の事変から起つたので、幹部が予定の計画を実行した結果ではない。下級の仲間が自存のため已むを得ず蹶起したのが、倖《さいわい》にも大きな勢を作り遂に意外の成功に導いたのである。されば当初現場で働いたものは、知名の士ではなく、兵卒とその直接の上置きの下級幹部とに過ぎなかつた。

元来幹部の予定計画では、最初旗挙げの期日を仲秋明月の日(陽暦十月六日に当る)と決めたが、後ち準備の都合上、十日延ばして八月廿五日(即ち十月十六日)と云ふことにしたのであつた。所が十月九日の午後三時頃、漢口露国居留地宝善里第十四号の爆弾密造所に於て、何かの失策から爆弾を破裂させた。露国人の警官がやつて来る。露国領事館の電話に依つて清国の役人も多数駈けつけて来る。一味の者は逸早く逃げ去つたけれども、爆弾・ピストル・旗・印章などが沢山押収された。時節柄とて官憲の捜査は頗る厳しい。夜にかけて党人の巣窟数ケ所が襲はれ、同志の縛に就くもの数十人、其中の数名は時を移さず東轅門《とうえんもん》で銃殺された。押収された物件は山を為す程であつたが、其中に一味徒党の連判帳があつた。之には流石の革命党人も少からず胸を痛めた。

この混乱裡に在て旗挙げを断行した功労者は孫武・張振武《ちょうしんぶ》の一派である。彼等は一旦暫く上海に逃れて他日の再興を謀らうかとも考へたらしいが、連判帳の押収せられた以上多数同志の生命は何れにしても風前の灯である、成敗を顧慮すべき場合でない、進んで難を発する外に最早自存の計なしと諦めて、乃ち予《かね》ての約束に従ひ、即夜急遽起つべきの指令を発したのである。各隊の首脳にしてまた同じ様な考のものもあつたと見え、指令を発すると相前後して、烽火を挙げて同志に合図し腕に白布を捲いて奮起するもの頗る多かつた。斯くて諸方の軍隊の蜂起を見た。総督瑞澂《ずいちょう》と将軍張彪《ちょうひょう》は漢口に逃れた。夜半に至つて砲声は止み、武昌は完全に革命派の掌中に落ちた。

先是張振武・蔣翊武《しょうよくぶ》等二三輩は、一団の兵を率ゐて混成協統黎元洪《れいげんこう》の営所に到り、革命運動の首領たらんことを迫つた。味方の軍隊を統一する為め衆望ある著名な人物を首領とするの必要ありそれには黎が適任だと認めたからである。併し彼れは革命主義者ではない、何れかと云へば忠実なる朝廷の番犬に過ぎぬ。故になか〳〵張蒋の要請を聴かなかつたが、遂に剣と短銃との脅迫に恐れ、嫌々ながら承諾を与へた。それで彼れは鄂《がく》軍都督に祭り上げられ一躍して革命政府の首座に立たされた。が、初め三日ばかりの間は、真意を疑はれて陸軍中学生の監視を蒙つてゐたとやら、譚人鳳の来りて水軍の向背亦定まるを告ぐるに及び、初めて志を決し、自ら辮髪を薙《のぞ》いて他意なきを示したと云ふことである。

やがて中部同盟会の中堅は勿論中国同盟〔会〕本部の志士も来り援け軍政府の組織を見たことは人の知る所である。この軍政府の設立を以て宋教仁は直に支那全体の共和国の成立を宣言せんと主張したが、黄興等の反対で行はれなかつた。一省丈けの独立で全体の共和宣言は早過ぎると考へたのであらう。それでも外部に対しては中華民国政府と云ふ名義で交渉することとし其旨を諸外国に通牒した。同時に年号を改めて黄帝紀元四千六百九年と称したが、後に黄帝は漢民族の祖先に過ぎず、漢・満・回・蒙・蔵の五族を包容する新共和国の精神に適合しないと云ふので之を廃し、翌年から中華民国元年と唱ふることになつた。満人排斥を以て起つた革命の義挙が忽にして五族共和に変転したことは一寸注目に値する。

革命勃発前の形勢　第一革命の意外の成功を見たに付ては、前にも述べた如く、時勢の影響を蒙るの多大なるものありしことを看過することは出来ぬ。中部同盟会系の人々の周到なる画策もさる事ながら、革命的の機運の既に大に熟成するものなくんば何ぞあゝまで見事な成功を収め得よう(成功後に於ける革命政府の内訌《ないこう》並に之に基く許すべからざる失態は姑く別問題とする)。それで私は次に革命勃発前の形勢に一瞥を与へて置かうと思ふ。

清国政府が北清事変の結果、改新の必要を痛感するに至つたことは先きにも述べた。日露戦争後に於ては改革要請の声は一層高くなり、特に憲政樹立と云ふ具体的の形を取つて朝野両方面から叫ばれた。蓋し小国の日本が大国の露西亜に勝てるは全く立憲政治のお蔭である。立憲は総ての人に政権参与を許すが故に挙国一致の実があがる、支那も立憲にさへすれば外侮を免れ優に列強に伍して行けると考へたのだ。斯くて何事にも立憲々々といふ言葉が流行し、呉服屋の包装紙にまで「日本ハ国会ヲ開キテ国興リ朝鮮ハ立憲ヲ成サズシテ国亡ブ」などの文字を見ると云ふ有様であつた。朝廷でも頗る動いて居た所へ張之洞や袁世凱などからも改革の急務を献策して来る。そこで政府も愈々決心したと見え、明治三十八年夏出洋憲法考査大臣といふ名義で五大官を海外に派遣することにした。暮には攷察政治館（後ち憲法編査館と改む）を設立し専ら立憲制度の調査研究に当らしめた。翌三十九年九月には愈〻立憲採用の上諭を発し（期限は定めなかつたけれど）、四十年七月には群言博採の上諭を以て輿論に聴くの態度を明にした。九月には日英独三国に考察憲政大臣派遣の上諭が出る。日本には時の学部右侍郎達《たつ》寿《じゅ》が来た。此人は特に親しく穂積八束、有賀長雄両博士の教をうけ、翌年八月北京に帰り、直に(1)憲政重要調査事項、(2)日本憲政情形、(3)国会開設年限予定、(4)内閣組織及中央行政機関統一等を上《たてまつ》つた。其外法律の改正もやると云ふので、我国より知名の学者（巌谷孫蔵・岡田朝太郎・松岡義正・志田鉀太郎等）を招ぎ各種法律の編成に当らしめ、兼てまた法政専攻の学校を新設し之等の諸博士をして教鞭を執らしめた。而して斯種の学校新設はやがて各省にも流行した。其結果専ら教師の依嘱を受けて支那に赴任した少壮法学者も少くはなかつた。之が革命党系統の外に在て清国内の到る処に改新の機運を助長したことはいふまでもない。後に説く諮議局や資政院やに活躍し更におくれて革命後の国会に気焰を吐いた連中に斯種学校出身者の多いことは隠れもなき事実である。孰れにしても憲政の実施・国会の開設は最早抑ふべからざる天下の輿論となつた。四十年九月資政院設立の上諭がある、之は議会制の仮りの試みとある。十月には各省諮議局設立の上諭がある、之は我国の府県会のやうなものだ。四十一年八月憲法準備清単なるものが発布せられた。国会開設に至るまでの準備施設の年限予定表である。項目は沢山あるが重なるものを挙げると、第一年には諮議局の開辦、第三年には資政院の開院、第九年に至つて憲法・皇室大典・議院法・上下議院選挙法等を発布するといふのである。是れ皆時勢の要求に出づるもので、朝廷としては斯くせずには居れなかつたのであるが、その結果は如何と云ふに、久しく人目を避けて民間に隠れて居つた革命思想は、朝廷自身率先唱道する所の改革論に迎合するの態を装うて、今や白昼公々然として或は演説に或は新聞に主張せらるるやうになる。時勢が政府を促して遂に危険思想の露骨な横行を公認せしめたやうなものだ。

此際清朝に取つて最も悲むべきことは、国歩艱難の秋に際して中央政府の威力が俄然として減退したことである。それは従来中央に重きをなして居た人々が四十一年から四十二年にかけて打揃うて此世から取去られたからである。即ち四十一年の十一月十四日には光緒皇帝の崩御、翌日の十五日には西太后の崩御が発表された(実際の崩御は皇帝は前月の二十二日、太后は同二十四日だと云ふ)。光緒皇帝の跡を嗣いだのは皇弟醇親王の長子溥儀《ふぎ》当時年僅に五歳、宣統《せんとう》皇帝と称し奉る。父の醇親王は摂政の任に就いたが、実権を一手に収めて縦横に之を切廻はす程の才能ではない。従つて中央に重きを為すものとしては今や慶親王の外軍機大臣張之洞、袁世凱を数へねばならぬのだが、袁は四十二年正月摂政王の忌諱に触れて郷里河南の項城に斥けられ、張は其年十月病を以て世を去つた。一慶親王を以てしては到底頽勢を支え切れぬ。朝廷は民間より大に鼎の軽重を問はれざるを得ぬ。さらでも民論は漸く喧囂《けんごう》を増して来て居るのに、中央政府には無識の青年皇族が乗出して来て無謀にして軽薄な政治を行ふので益々民心を遠かつた。斯う云ふ形勢の下に各省諮議局が開かれたのであるから、そが当初創設の趣意に反し徒らに官憲反抗の機関となつたのも怪むに足らない。

諮議局の開かれたのは清暦九月一日(陽暦明治四十二年十月十四日)である。国会速開論は期せずして各省諮議局の普《あま》ねく熱心に主張する所となつた。江蘇省は率先して之を決議した。各省之に倣《なら》ふもの多く、十二月には各省の代表者上海に集り共同運動の策を立て、四十三年一月には三十余名の代員を北京に送つた。北京政府の之を観ること、宛《あたか》も明治十三四年代我国政府の国会請願者を遇するが如きものあつたことは言ふまでもない。八月には各省諮議局聯合会なるものが出来、各省一名づゝの代表者を北京に送らしめる。之等の代員は帝都に於て国会速開請願団を作り、来年から国会を開けと政府に迫る。政府は無下に之を拒絶するの辞に窮し、遂に此運動の果して国民多数の希望に合するやの測り難きを以て答ふるや、請願団の有志は転じて国民大衆の調印を得べく各地に奔走することとなつた。彼等が得たり賢しと公然革命思想を宣伝することに此機会を利用したのは勿論である。日本にある革命党本部も亦ひそかに同志を各地に派遣して遊説運動を助けしめたと云ふ。丁度この頃満洲問題がやかましかつた。中にも露清条約の風評は最も青年の愛国的熱血を沸騰せしめたのであつた。国会請願の有志は併せてこの外交的屈辱を説き大に政府に対する反感を唆《そそ》つたのであつた。

次で翌四十三年十月三日(清暦九月一日)には資政院が開かれる。議員二百名中半数は王族・官吏・学者・富豪より勅任せらるるものであるが、実権は固より各省諮議局議員中より互選せらるる他の半数の掌裡にあつた。果せるかな、開院早々国会速開陳請具奏案なるものが一議員より提出せられ満場一致に近き大多数を以て可決された。その外該院の壇上を占め公然と革命論をやる者もある。無能なる政府が如何に之等の激論に辟易したかは、資政院の決議後間もなく、宣統五年を以て国会を開かうと云ふ年限短縮の宣言を発したに観ても分る。而して民間の騒情は到底斯んな事で鎮静しそうに見えぬ。清朝瓦解の兆は既に此時を以て明白なりと謂ふべき有様であつた。

鉄道国有問題と四川の動乱　そこへ運悪くも鉄道国有問題に絡んで四川に暴動が起つた。その勢ひ猖獗を極め政府も頓《とん》と手古摺つたのである。この暴動が一面に於て武昌の義挙を成功に導いた大原因であることは云ふまでもない。四川の動乱にも中国同盟会の手が這入《はい》つた。之と武昌の計画と直接の連絡なしとするも、共に我が革命党に密接の関係あるは疑ふべくもない。天下が乱れて来ると、各地切れ〴〵の運動が知らぬ間に綜合されて遂に大事を結果するに至るものである。

鉄道国有問題とは、政府財政の窮を救ふ為めに外国から金を借りる、之には担保が要る、担保に何がいゝかと云へば鉄道に若くものはない、そこで先づ鉄道を国有として中央管理下に置かうと云ふ案件である。明治四十四年時の郵伝部尚書盛宣懐《せいせんかい》の計画する所にかゝる。所が民間では数年来所謂利権回収の叫びが高く、一面改革思想が流行すると共に多少排外的と観らるるまでに祖国主義の要請が強調せられて居た。現に盛宣懐が差当り国有にしようとしてゐる川漢《せんかん》・粤漢《えつかん》の二鉄道は、先に民間の要求に基いて商辧主義が確立し、やつと商事会社が出来て若干資本も集められ掛けてゐたのである。然るに政府では、この二幹線を近く国有に収帰して担保に供すべき条件の下に英米独仏の四国に大借款を求め、既に契約が成立してその簽押《せんおう》批准を経た(五月二十日)と云ふ。不意打を喰つた商民の恐しく激昂せるも無理はない。最も早く大騒ぎしたのは湖南である。次で湖北・広東に及び、後広東が主になつて他省に遊説し両湖広川四省を連結して大に反対運動を起さんとした。併し始めは厳に暴動に堕するを慎み専ら所謂文明抵制を以て政府に当らんとしたのであつた。而して始め四川省は夫れ程騒がなかつたのだが、後ち川漢鉄道一部の借款が四川省の収入を担保として居るとの風説を伝ふるに及び、俄然として民心の動揺を来したのである。

九月成都に於て蒲殿俊《ほでんしゅん》等の肝煎《きもいり》により四川保路同志会の設立を見た。商民は此会の名を以て借款契約撤廃の電奏を督府に迫つた。民情の激昂に対し、総督代理の王人文《おうじんぶん》も又やがて正式の総督に任ぜられた趙爾豊《ちょうじほう》も、朝命を奉じて之を抵止《ていし》するの力なく、因循姑息に日を送るのみであつた。新に督辦鉄路大臣に任ぜられ武昌に駐してゐた端方《たんぽう》は、趙の庸懦《ようだ》無能に憤慨して之を中央に奏劾《そうがい》したが、其為めに彼れは更めて入蜀査辦の命を受けた。入蜀はもと彼れの欲する所ではない、が、朝命もだし難く兵を率ゐて四川に向つた。之がまたひどく四川を憤《おこ》らした。保路同志会の代表者はとにかく端の入蜀を阻止せんと欲し、先づ総督を訪ねて此旨を北京に代奏せんことを請うた。然るに趙爾豊はにべもなく之を拒絶した。其故は、趙は固より端の入蜀に依て我が地位の奪ひ去らるる危険を知らぬのではないが、寧ろ此際態度を一変して高圧手段を取り、従来の不評判を取回して以て端方に対抗せんと考を変へたのである。事情を知らぬ群民は趙〔総〕督の態度急変を見て其背信を憤るの念強く、省城成都は蜂の巣を突付いた様な騒ぎとなつた。趙は衛隊に令して轅門に集り来る者を遠慮なく砲殺せしめ又重立つた者を捕縛して投獄した。之より暫くは民衆と督府軍隊との対峙となる。端方は入蜀の後武昌革命の成功を聞き心中不安を感じてゐたが、やがて兵変の為めに殺された。是より先き中央政府は四川に於ける暴民跳梁の甚しきを伝聞し、趙と端とでは心元なしと思つたのか、久しく上海に隠棲せる岑春煊《しんしゅんけん》を起用し会辦勦撫《そうぶ》事宜大臣として速に四川に赴任すべきを命じた。岑は嘗て四川総督を勤め深く民心を収めて居り且つ一世の重望を負ふ英才であるから、此危機に際し彼れを起用して局面を収拾せしめんとしたのは至当の措置である。彼れは一応武昌まで赴いたが、乱情の安撫到底意の如くならざるべきを察し、疾《やまい》に託して辞職してしまつた。夫れ程までに四川は最早中央の威令を以て如何ともし難い状況に在つたのだ。

この動乱に中国革命同盟会の手の動いたことは、第一革命後四川省の独立せる始末に見ても分る。四川の独立が比較的遅れたのは、一つには疆土が広く、中心点が幾つもあつて統一が取れなかつたからである。前の総督趙爾豊はあまりに民衆の怨みを買つた為めか、頻りに自衛の計に腐心したに拘らず、独立後兵変の犠牲となつて身首処《ところ》を異にした。

革命運動と日本　以上長々と述べた所につき静に考へて見ると、革命成功の原因は固より一にして足らぬが、其中の最も重要な枢軸を為すものは中国革命同盟会の活動であらう。故に私は云ふ、支那に於ける革命成功の端をひらくものは革命同盟会の創立であると。

之れだけを明にすれば、支那の革命運動と日本との関係は深く説くを待たずして了解せられるであらう。兎も角も革命運動の枢軸を為すものは同盟会であり、この同盟会は永い間本部を我が東京に置いてあつたのだ。永い間東京の真ン中に在つて安全に各般の画策を掌《と》り得たといふことは、多数の且つ又有力なる日本人の深厚誠実なる援助なくして出来る事ではない。故国の運動に失敗した隣邦の青年は必ず我国に亡命して安住の地を邦人の公義に索める。清国政府からは絶えず八釜しい取締の請求が我が外務省に来る。而も日本の任侠は未だ嘗て斯うした外交的折衝の犠牲者を唯の一人も出したことはない。夫ればかりではない、邦人中には之等亡命客の日常生活をまで引受けた外、時としては巨額の運動資金を提供する者さへあつた。概して云へば、当時自ら支那の友人を以て任ずる人達の世話振りは、何から何まで頗る行届いたものであつた。之等の行届いた世話があつたればこそ、中国革命同盟会は永い間甚しき擾乱を免れて着々其の目指す目標へと進んで行けたのであらう。然らばまた或る意味に於て、支那の革命は日本人の援助に由て見事な成功を見たと謂ふことも出来るのだ。

革命成功当時に於ける日本の新しい立場

それ程の深い関係のある日本は、革命の成功と共に支那から如何に酬《こた》えられたか。簡潔を期する私の此小著は巨細にわたりて之等の点を詳説するの余裕を有《も》たない。結論を急ぐと「排日」といふ一語に尽くる。従つて我邦人中には支那の忘恩を罵り憤るものもあるが、併し茲処《ここ》には何等か大に考へねばならぬものが伏在するのではなからうか。

日本に於ける支那観の一変　右の点を考ふるにあたり、先づ我々の念頭に入れて置かねばならぬことは、日清戦役より日露戦役に至るの間に於て、我が日本一般の支那観が自然と著しく変つて居たと云ふ事実である。

第一に我国は最早支那を怖しいものとは見なくなつた。北清事件に於て清国の正体を見抜き、諸外国と一緒になつて寧ろ彼れを馬鹿にするやうにさへなつた。斯うなつて見ると、日清戦後清国の復讐をおそれたことが今更をかしくもなる。其の結果他日の変に備ふると云ふ意味で革命党を操縦するの必要はなくなつた、従つてまた彼等党人を格別大事にすると云ふ積極的理由も段々なくなつて行くわけである。

第二に我国の「力」の自覚がまた前項の態度を勢ひづけた。殊に日露戦役以後は軍国としての世界の雄たるの自負心が出来、支那などは無論屁とも思はなくなる。但し今度は往時の支那の代りに露西亜といふ強敵を向ふにまわし、其の復仇に備ふるの必要を感じ始めてはゐた。その結果として新に支那を、殊に其の一部たる満蒙を、我国国防上の目的に利用せんとする考を起したことは云ふまでもない。而して斯うした日本の新しい態度は、従来我と最も親しかつた青年革命家の愛国的熱情と悲しむべき正面衝突を免れぬ運命に在つたことは説くまでもない。

第三に上述の如き事情の変化から来る当然の結果として、彼国革命党に対する我国の考の自ら従来の如くなる能はざるは已むを得ない。従来とても利己的立場から彼等を助けたのだとは云へ、清朝に対する一大牽制力として活動して貰へばいゝのであるから、革命党が本来の目標を目ざしてずん〳〵伸び行くことの外に日本側の望む所はなかつた。然るに今はさうした必要はなくなつた。若し必要ありとすれば、我国の国防的見地から又はその大陸発展の見地から従来の関係を餌にして彼等を利用することである。革命党自身の成長発展はどうでもいゝと云ふことになる。中には本当に革命党の大きくなる事は日本の損だなどと考へる者も出て来る。孰れにしても我々は漸次革命党の運命に関しては従来の如き同情ある態度を持続し得なくなつた。

第四に斯かる新しい形勢は自らまた支那革命運動に直接の関係を有する我が所謂支那浪人の一団にも多大の影響を与へずには居ない。革命党の友を以て任ずる彼等が如何なる縁故に由りて支那人に接するに至つたかは先きに詳しく述べた。其中には、極めて少数ではあるが、孫文以下の革命青年と交際を続けて行くうち其の人格の美しさに全面的共鳴を感じ一切不純の動機を拋擲《ほうてき》して衷心から彼等の友となつた者もあるが、多数は行掛りと好奇心とに駆られてその異常なる伝奇的境地に自己陶酔をよろこぶ輩であり、否《しか》らざるも、心から彼等の真剣な精神に同情するのではなく、孤独無援の弱者をあはれむ様な考で徒らに安価な任俠を誇示するものに過ぎなかつた。支那の青年も、革命に成功するまでは、どの道小さくなつて之等日本人の庇護に頼らねばならぬのだから、当初暫くは双方の間に感情の阻隔を来たすやうの事はなくて済んだ。併し対等の地歩に立つての真実の共鳴共感は疾《と》うの昔に失せてゐるのだから、彼方が結局成功を見た暁、両者の親善関係が依然としてうまく続くかどうかは頗る怪しいものとなつてゐた。

第五に右の支那浪人の多数はやがて我国大陸進出主義者の手先となつた。所謂大陸進出主義者の如何の者であるかは此処に説く必要はあるまい。たゞ彼等は無理にも早く大陸に地盤を作り上げんと焦り、その為めに支那人を利用することの急務を感じて居たことを一言しておく。乃ち彼等は支那人利用の目的を達せんが為めに先づ所謂支那浪人を手なづけたのである。斯うした関係は既に第一革命の当時に始まつたと私は思ふが、固より浪人諸君があの時すでに意識して節操を売つたものとは思はない。之も日本の為めだと信じて多少従来の態度を修正したのが事の始まりであらう。去れば彼等は其後といへども革命党に対する好意は全然すてなかつた。併し乍ら彼等の改宗は思想の根底に於て革命青年の理想と絶対に相容るるものではない。従つて両者の間柄は其の後何とはなしに自然と水臭くなり、遂に第三革命の頃には截然としてその離反対立を見るに至つたのであつた。つまり第一革命当時にはそは未だ潜伏期にあつたのだ。之等の点は日支両国の関係を考察する上に決して軽々に看過し得ぬ事柄である。

一変した支那観の具体的の現はれ　斯う云ふ状勢のもとに四十四年十月十日の事変が起つたのである。其後の運びは意外の好展を革命党に示して、やがて南京に革命派の統一政府が設立せらると云ふまでに進んだ。こゝに至るまで無論沢山の日本人が声援に往つて居り、中には親しく帷幄の軍議に参じた人もあり又出でて自ら三軍を指揮した者もあつた。日本からは犬養・頭山の二長老を始めとし手伝の為めにと遥に上海南京方面に出動せるもの亦陸続として絶えなかつた。今となり之を支那に取つて難有《ありがた》迷惑であつたなどと茶化すものもあるが、公平に観て支那側の之を徳とすべき理由は十分にある。政府側でも時の外相内田康哉氏は初め可なりの好意を革命党に寄せんとしたらしい。但しその動機が日清戦争直後の思想と其の類を同《おなじ》うするものかどうかは判らない。所が政府の方針は間もなく突如として変つた。隣邦に革命運動の成功を見るのは我が国体の上に悪影響ありとて、時の朝鮮総督寺内正毅が猛烈に運動した結果だと云ひ触らすものもあるが、真偽の程は分らない。たゞ中途政府が革命党援助の為めに南支那に活躍せる多数日本人に圧迫を加へ、又日本内地に於ける革命援助のあらゆる策動を封じたことは隠れもない事実である。

是より先き、浪人連中の上海方面に於ける革命党援助の策動は曲りなりにも大した障碍もなく進んで居つた。所が北京に在る伊集院公使は独逸公使と同じく北方援助の腹をきめ、本国政府に向ひ此際武漢の鎮圧を助け由て以て満蒙諸懸案の解決に資すべきを建策したとの噂が伝つた。斯んな事になつては大変だと、浪人連は会議を開き、此際少くとも日本政府をして傍観の態度を執らしめようと、其の運動の為めに内田良平氏を急派することにした。内田氏をして杉山茂丸氏に縁《よ》つて桂公を説かしめ更に其力をかりて山県公を動かさうと云ふ筋書であつた。然るに東京に帰つた内田氏の第一電は「革命派に勧告し満廷を存し立憲君主制を樹立するに妥協せしむべし」とあつたので皆吃驚《びつくり》した。木乃伊《ミイラ》取りが木乃伊になつたとは正に此事を謂ふのであらう。今になりて此事は内田氏の思想傾向の当然の結果として怪むに足らぬも、当時上海方面に在つた浪人諸君には――中には間もなく内田氏と行動を共にするに至つた人も沢山あるが――真に青天の霹靂《へきれき》であつたに相違ない。そこへ北京公使館から戦況視察と称して一等書記官の落合謙太郎が来る。革命党援助の鼻柱を挫くを使命とすることは明白に彼れの実際行動に現はれた。之れからまた色々の問題が起るが煩しいから今は説くまい。要するに此一事は、我国は最早支那を以て何等怖るべき勢力と観ず、寧ろ、我国の為めに之を利用すべきだと云ふ考に漸次対策の変つて行く道程を示すものと謂ふべきであらう。

革命成功の前後には随分立入つて所謂粉骨砕身の献身的犠牲を吝まなかつた日本人も沢山あるが、又一方には種々の意味に於て支那に邪魔し多大の迷惑をかけたものも無いではない。之と同時に支那の側にもまた飛んだ損害を我々に掛けたものもあるのだから、此際の個々の出来事をならべて日支関係の変調を説くのは余程慎重の用意を必要とする。たゞ大体の観測としては、其の底に流るる我が対支態度の変化といふものを決して見逭《みのが》してはならぬと思ふのである。

青年革命家当年の意気込み

青年革命家　日本側の対支態度の変調はそれ自身日支関係の前途に相当の影響を与へずには置かぬものである。が、更に翻つて直接にその響きを感ずる当年の青年革命家の心境を想ひやると、其の影響の悪結果が如何に日本の不利に発展しても無下《むげ》に之を彼等に責め難いやうな気もするのである。と云つて私は徒らに支那の為めに余計な弁護をしようと云ふのではない。日支関係を困難ならしめたに付ては事態の変遷に伴ふ聡明なる透視を欠くの点に重大なる責任あるの事実を反省し今後の建て直しの上に復た同じ過誤を繰返さしめざらんとするの老婆心に過ぎぬ。

前にも述べた如く、第一革命成功の素因は中国革命同盟会の創立にある。従つて革命成功後表面の責任者として活躍した者は同盟会の中堅幹部であつた。而して同盟会は我が東京に於て留学生を中心として作られたものなるを思ふとき、その中堅を為す幹部の根本動念の何であるかは之を想像するに難くない。彼等の中には孫文や黄興の部下とでも云ふべき者も若干は居つたらう、夙《つと》に其の主張言説に共鳴してゐたと云ふ者に至つては其数決して尠少《せんしょう》でなかつたに相違ない。けれども大多数は故郷を出るとき革命など云ふ事に付ては何の理解もなかつた連中なのである。官憲の勧誘に応じ又は其抜擢を栄とし数年研磨の結果として獲らるべき青雲の好望を前途に夢想して渡来した謂はばお目出度い連中であつたのだ。それが一朝我国に来て兎も角も百般の事物が生気を帯び駸々《しんしん》乎《こ》として進歩して居るのを見ると今更の様に故国の因循停滞の陋態《ろうたい》があさましく感ぜられる。彼等は初めて活きた世界を見たのである。流石に青年の血は湧き立たざるを得ない。自分の国はあの儘でいゝのか、斯くして彼等は遂に熱烈なる革命家となるべく余儀なくされた。故に私は前にも云つた、積弱の国の有為な青年が生気潑溂たる国に来ると宿命的に屹度革命家になるものだと。之れは実は支那の青年に限つたことではない、西洋にもよく例のあることだ。日露戦争直後支那留学生の思想的傾向日に激越に趨《おもむ》くを耳にし、北京朝廷の重鎮慶親王は遥に手書を伊藤博文に寄せて孫文の追放を迫つたとやら云ふ噂がある。事の真偽は明かでないが、唯疑のないのは、留学生の革命思想を抱くに至るのは一孫文の在否に何の関係もないことである。孫文のやうな男が居るからと視るのは、今日学生の所謂思想悪化の直接原因を二三の教授に帰するの僻説とその迂愚浅薄の点に於て大差がない。

孫文一派との関係　私の観る所によれば、当年の青年革命家の根本動念はよく詮じつめると寧ろ孫文一派の考とは可なりの隔りがあつたものと考へる。前にも述べた如く、其頃の青年は孫文の講説を聴いて始めて革命家となつたのではない。成る程青年革命家の大同団結を作り上げる為めに孫文を利用はした、従つて孫文が無かつたら中国革命同盟会があの時期にうまく出来たかどうか分らないとも云へる。併し大多数青年の革命思想の生成は全然孫文とは関係がないのである。現に中国革命同盟会の構成要素たる人達は孫文の東京に来る以前に於て既に革命家として立派に出来上つてゐたのだ。故に之等多数の革命青年はその発生過程に於て外形上既に孫文一派とは直接何等の関係もなかつたのである。

彼等が孫文一派と連絡を欠く点は独り外形上ばかりではない、内面的の思想上の方面に於ても同じやうな事が見出せる。今之を詳述するの遑はないが、簡単に結論だけを述べると斯うだ。孫文には流石に多年の経歴と又外国に於ける教養とに依り革命の実行に伴ふ一種の政治的並に社会的理想があつた。若い革命家には之が無い。無いと断ずるを早計と咎めるなら甚だ乏しいと云つてもいゝ、外国と故国との比較に昂奮して熱情の爆発したのが差当つての彼等の行動を支配する唯一の要素だから、動念に於ては純愛国的であり目標に於ては徹頭徹尾清朝顚覆たらざるを得ない。尤も彼等とても段々年所を経るに従ひもツと内面的な理想的政策にも眼を開く様にはなる、目標なども時勢の要求に順従して事実どん〳〵改鋳するを厭はないのである。が、当初はなか〳〵然《そ》うは往かなかつた。単純に清朝覆滅を呼号し、孫文のやうに清朝を倒してから先きの事までを苦にする如き態度は迂遠の甚しきものと罵り、果ては孫文に反抗しその主張を排撃するものさへあつた。序に云つて置くが北一輝君の著『支那革命外史』は当時の青年革命家の然うした気分を味うに恰好の参考書である。篤志の研究家には是非一読をすゝめたい。もと此書は支那第三革命勃発の当時(大正四年)我国朝野の識者が常に支那革命運動の真義を誤視するを慨し、著者が一気に筆を呵《か》して孫文を革命の守本尊と崇めるの妄を痛罵し青年革命家の愛国的動念の為めに万丈の気焔を吐いたものである。初めは『支那革命党及革命之支那』と題し数十頁づゝ印刷成るに従つて各方面に配られたのであるが、後大正十年に若干の修訂を加へ数篇の論策を追加して『支那革命外史』の名の下に公刊されたのである。固より本書は孫文の罵倒ばかりに終始して居るのではない、且つ著者は中国革命同盟会には創立当時より深き関係を有し第一革命の当時は初めより長江方面に在つて親しくその経過に参加してゐた丈け、記述する事柄の中にいろ〳〵参考になることが多い。議論が多く又その議論にも褊狭《へんきよう》と思はるる個所も尠《すくな》からず一史記としては遺憾の点なきに非るも、読んで非常に面白いばかりでなく、私に取つては啓発さるる所も頗る多かつた。大正四年稿本の寄贈を受けて感激し一日著者を青山の仮寓に訪うて更に教を乞うたこともある。余談はさておき、当年の青年革命家の思想は何れにしてもその頭目の孫文のそれとは必ずしも同一ではなかつた。彼等を何時までも左様であつたと云ふは誣言《ぶげん》に当るかも知れない、少くとも第一革命前後の彼等が一面に於ては純粋な褊狭と見らるるまでの狂熱的愛国者であつたことは私共の見遁してはならぬ点と思ふのである。

同盟会成立当時の論争　この事を証明する為めに私は中国革命同盟会成立の当時誓詞の議定に当つて孫文と他の幹部との間に烈しき論争のあつたことを述べておかう。この秘密結社に入るに必要とされた誓詞は結局次の如きものに定められた。

当天発誓
駆除韃虜
恢復中華
建立民国
平均地権
矢信矢忠有始有卒如或渝此神入共殛

文面には四項になつて居るが、一と二とは満人を排して漢族の天下を恢復すると云ふのであるから之を一つと観ることが出来、二項三項と並んでつまり三事を誓つたのだと云ふてゐゝ。支那の人は之を民族主義・民権主義・民生主義と呼んで居る。今日の所謂三民主義が之に由来することは人の普く知る所である。而して之はもと孫文の提案に出でたものであるが、之に就ては他の幹部間に実は猛烈な反対があつたと云ふ。その主張する所に依ると、我々は民族主義の遂行で沢山だ、民権・民生と云ふが如きは今の我々の意識の中にはない、而已《のみ》ならず清朝を倒して後の天下をどんな風に組織し其処でどんな政治を施《し》くかは、人に依つて各々その観る所を異にしよう、この点に関しても今既に一定の方向を固定してしまつては、総ての勢力を大同に結束することの障碍になる、と云ふのであつた。申すまでもなく民族主義とは満人の権力を排して漢人の掌裡に政権を恢復することを意味する。民権は民主政治、民生は広義の社会主義と思へばいゝ。孫文の考では折角清朝を倒しても民主的政治組織の下に社会主義を行はないのでは何にもならぬと云ふのだ。そんな事を云つてゐては纏らない、我々は少くとも排満興漢の一点には全然異議はないのだから、宣誓の条件としては民族主義唯一つにしよう、と云ふのが多数派の熱心なる主張であつた。孫文の威望と又容易に人に屈せざる彼れの自信とは無理に其主張を押通して原案を承認せしめたのであつたが、之に就ては其後永い間彼れに対する怨言は絶えなかつたと云ふ。尤も今日となつては三民主義は支那青年の国民的スローガンとなり、之に対して疑を挿むものはなくなつた。それだけ孫文に先見の明を許さねばならぬが、当初はなか〳〵然うは往かなかつた。それ程に当時の青年の心境は純愛国的であつたのである。

民族主義に付て　序に云つておくが三民主義の第一条目たる民族主義は革命の成功と共に少しくその意義を変へて来た。革命前は満人に対する漢人の主張であり満人の専制に対する民族自治の要求であつたが、革命に成功して見ると何も此上極度に満族を窘迫《きんつい》する必要はない。是に於て排満興漢の旗幟は五族共和と変つた。中華民国は漢・満・回・蒙・蔵の五種族から成る、五族の和衷協同が民国の理想だと云ふのだ。既に五族の共和がある、五族相和して一つの支那民族が出来上る。乃ち民族自治の主張は自ら今度は他民族に向はざるを得ない。国際関係に於ける平等の要求が之れだ。関税自主権の確保、不平等条約の撤廃、今や支那の民族主義は斯んな事を現実の内容とするやうになつて来た。

民族主義を今日慣用の意義に解すると其の愛国的たる面目が一層はつきりする。満人排斥に熱中して傍目もふらぬのでは本当の愛国的行動と許せぬのかも知れない。併し理窟はともかく、活きた魂の正直な動き方としては今日までの推移の上には些の無理もないやうに思ふ。寧ろ私は之を愛国的精神の漸進的醇化と観て居る。さて夫れは夫れとして、私が此点に付て特に読者の注意を請ひたいのは、今日の青年はその愛国的動念の醇化されて居るだけ眼界も広く関心の部面も単純でないが、昔日の革命青年は醇化されて居ないだけ一本調子であり唯或一事に心を奪はれて他を顧みる余裕のなかつたことである。成上り者が無用に神経を過敏ならしめて居るが如く、人に接して余裕を欠き猜疑の念に駆られて他の誠意を見損ふと云ふ嫌もなかつたではない。之等の点は当時の日支関係を考察する者に取り深く意に留めておかねばならぬ所と思ふのである。

革命成功後の日支関係

支那某高官の話　第一革命が成功しやがて南京に革命派の中央政府が出来る。その際要路に在つた私の友人が後日私に述懐したことがある。曰く、革命の成功するや日本人某君は遥に上海まで飛んで来た、そして何彼と自分の仕事を手伝つて呉れた。彼れは自分の東京留学の際図らず刎頸《ふんけい》の交りを結んだ親友だ、東京在学中彼れは自分に対し到らざるなき親情を示した、物質的にも精神的にも自分は彼れに負ふ所頗る多い。そして革命成功の端緒の見ゆるや早速やつて来て我事の様に喜び又自分の為めに骨身を惜まず東奔西走して呉れる、此点誠に感謝に堪へない。唯一つ困ることは、日本某実業会社の頼みでも引受けたのか或る利権の許与を迫つて止まなかつたことである。その利権は自分の管掌する範囲内の事であり従つて自分一存の裁量で何とでも出来る事ではあつた。某君には格別の恩義がある。私情に於ては何事にまれ彼れの懇望に背くは忍び得ない。併し公人としての立場を思ふと然うばかりも行かぬ。少しは自分の立場を理解して呉れてもと怨めしく思つたこともあるが、不幸にして某君に頓とその斟酌《せんしゃく》がない。已むを得ず敬して遠ざける方略を執つたが、為めに多年の好情が一朝にして冷却し、今以て友誼旧の如くならざるは千秋の遺憾であると。

或る日本人の話　右と同じ様な事柄の経験を今度は日本人をして語らしめて見よう。第一革命当時上海南京の間を往来して革命派のさる巨頭の顧問格を以て任じてゐた某氏から後日私が直接聞いた話である。右の革命派巨頭某君は、初めの程は上海の彼れ（右の日本人を彼れと云つておく）の旅館にも屢々足を運んで来ては種々の相談をもちかけた。内々日本政府を代表して来て居る二三要人への秘密の使ひをしてやつたこともある。三井物産から金を借りて呉れの大倉組から武器を買つて呉れのと、随分面倒な事も頼まれた。彼れは無論喜んで之を取賄《とりまかな》つてやつた。之に対して巨頭某君は大に感謝の意を表してゐた。事実さうした彼れの援助がなかつたら、某君は後日あの地位を占むる程の功績を挙げ得なかつたかも知れない。従てその当時彼れは某君に取つて実は絶対に必要な存在であつたのだ。だから某君は何時でも彼れの訪問を歓迎する、訪問どころではない、某君が彼れの宿へ泊つたり彼れがまた某君の仮宅に寝起きしたことも稀でない。別れて住んでゐても、彼れが某君を訪問するに固より時を択ぶでなく且つ予告もせず取次ぎをも煩はさずヅカ〳〵と某君のオフィスに闖入して憚らないのであつた。所が段々革命政府の体裁も整つて来、某君の中央政府に於ける地位が決まつて来ると、何時とはなしに威儀をつくらう様になり、彼れの無遠慮な進言などを何となく厭ふ風が見へ出した。私宅を訪ねると毎時《いつも》役所へ出たとか役所からまだ帰らぬとかで、絶対に此処では遇はぬと決めたらしく思はせる。そこで役所に往つて見ると、甚だ癪に障ることには、急に門衛の誰何を厳重にし、一々名刺を受けて主公に訊かねばそこの関門を通さぬと云ふことになつた。成る程見れば顔馴染の門番は一人も居らぬ。顔を見知らぬとあれば軽々しく取次がぬのも尤もなわけだが、何故か某君が急に彼れを敬遠する跡があり〳〵と見へたので、彼れは一つには人情の軽薄なるを歎き又一つには支那人通有の忘恩性を憤りつゝ、遂に詰責の一書を認め送つた儘爾来永く交りを絶つて居る。そして最後に彼れは愀然《しゅうぜん》として語つた、曰く、つまり自分は立身した夫に棄てられた糟糠の妻のやうなものであると。

これだけを聞くと、新に政府の大官になつた某君が急に礼に嫻《なら》はざる日本の野人を嫌ひ出したと云ふ話に過ぎぬやうだが、私が更に根掘り葉掘り聞き訊した所に依ると、矢張り裏面に利権問題が絡んで居るらしかつた。但だ彼れは其事を支那にも利益を与ふる事柄だから彼方に於て喜びこそすれ固より遅疑すべき筈の問題でないと信じ切つて居るので、之が自分の敬遠された主因だとは曾て考へたこともない様であつた。

日支関係の変調　右の日本人は最初に私の述べた支那人と交渉のあつた其人ではない。同じやうな事柄なので右様に誤解される恐れがあるから此事をわざ〳〵ことわつて置く。詰り私は偶然にも二つの組み合せの一方の支那人と他方の日本人との話を聞いたのである。そこで私は思ふ、偶々斯う云ふ同じやうな話を二つも聞いた以上、外にも類似の例が沢山あるのではなからうかと。若し然うだとすれば、仮りに上記の支那人と日本人との話を同一交渉事件の対手《あいて》方の事と見做し、之を以て革命成功後日支両国人士間に起つた不祥な事件の一好代表と観てもよからうかと思ふ。何れにしても第一革命成功後の日支関係を考察するに方《あた》つては、兎に角上述の如き関係が裏面に於て可なり深刻に進行しつゝあつたことを知つて置く必要がある。

右の如き関係が潜行的に進行しつゝあつたと云ふことは両国の要人間に如何の影響を与へたか、又両国間の表面上の関係に如何に現はれたか。少くとも次の二点だけには争ひはない。

㈠支那側の人達は、日本人との接近に由て実際の困惑を感じてゐない者までも、国利を売るに非ずやとの一般からの疑惑を避くるの必要上から、成るたけ日本人に近づかざらんとする様になる。場合に依つては日本に対して心にもなき悪声を放つこともある。この点従来日本との関係の親密なもの程一層ひどい。丁度日本に学び日本に恩義ある者が今日でもともすれば排日運動の先頭に立つのと同様である。

㈡日本人側は概して支那人を頼み甲斐のない者に思ふやうになる。昔の様な好意と同情とは最早持てなくなる。それでも彼等が支那人を見捨てず猶ほ暫く多少の執着を見せて居たのは、畢竟彼等が支那そのものに多大の関心を有つて居たからであらう。たゞ彼等は支那を離れ難しとはするが今や必ずしも革命派青年そのものに未練を寄せるのではない、其の以外に於て彼等を誘ひ彼等の援助を需むる者あらばやがて其方に鞍替《くらがえ》するを辞するものでない。是れ第三革命前後に至り彼等の大多数が挙つて革命運動の敵方に廻つた所以である。而して第一革命直後に於て略ぼ決まつた這《こ》の大勢が第三革命当時まで露骨に現はれなかつたのは、一には他に彼等を誘ふものが無かつたのと、二には第二革命の失敗に依る亡命が新にまた日本人の任侠心を刺戟し、旧怨を忘れて保庇《ほび》救援を辞せしめなかつたからであると思ふ。

利権問題　第一革命成功直後日支両国要人間に交換され而して彼我双方の心ある者を懊悩せしめた利権問題は、大小洩れなく数へ上げると可なりの数に上ぼると思ふ。中に就き最も八釜しい問題となつたのは漢冶萍《かんやひょう》借款である。北一輝君の『支那革命外史』に曰く「……彼（孫文）ト三井トノ間ニ進捗セル漢冶萍借款コレナリ。外国ニ生レテ国家的執着心ヲ有セズ且ツ現下ノ革命運動ニ局外者ナルコト等シク外国人ノ如キ孫君ハ、該借款ヲ以テ目的ノ為メノ手段ト考ヘタルベシ。而モ是レ目的ノ為メノ手段ニ非ズシテ臨時政府ノ政費ニ過ギザル一手段ノ為メニ革命勃発ノ大目的トセルトコロヲ蹂躙スル者ニ非ズヤ。粤川漢鉄道借款ニ反対シテ四川ヨリ起レル革命ハ、南京ニ拠レル革命党ノ首領ガ漢冶萍借款ヲ企ツルヲ寛恕スル能ハズ。満洲ニ於テ日露ノ武力的侵入ヲ扞禦《かんぎょ》セントシ更ニ英米独仏ノ経済的侵略ヲ誘引シタル者ハ亡国階級ノ事ナリ。中原ニ於テ四国ガ鉄道ヲ奪取スル事ヲ坐視セザリシ革命的新興階級ハ、他ノ一国ガ鉄山ヲ占領スルコトヲ拒斥セズシテ止ム能ハズ。彼等ハ禹《う》域割亡《いきかつぼう》ノ因実ニ借款ニ存ストシテ万死ノ間ニ四国ノ虎ヲ前門ニ禦《ふせ》ギタリ。然ルニ数十百ノ日人《にちじん》ニ奉ゼラレテ威ヲ振ヘル局外者ハ何為《なんす》レゾ最モ恐ルベキ狼ヲ後門ヨリ進メントスルカ。……彼等ハ革命ノ始メニ於テ四国ニ向ケタル鋒先ヲ今日本ニ転ゼザルヲ得ザル恐怖ニ戦慄スルト共ニ、彼等ノ奉戴セル偶像ヲ仰ギ視テ実ニ売国奴ノ相貌ヲ持テルコトニ驚愕シタリ。……日本ト日本人トガ隣国ノ覚醒ヲ慶賀シ一点ノ私心ナキ義侠ヲ以テ革命ノ進行ヲ援助セントシタルコトハ俯仰天地ニ誓ヒテ詐《いつわ》ラザル所ナリ。而モ侵略的資本ハ此ノ国家ト国民ノ真意ニ反シテ興国ノ企図ニ割亡ノ毒汁ヲ注ガントシタリ。後ニ回収サレタル滬《こ》杭甬《こうよう》鉄道ノ一部ヲ担保セル三百万両ノ借款ガ宋君ノ不同意ニヨリ行悩ムト聞キテ大倉組ガ彼ノ説得ヲ依嘱シタル時、言下ニ拒斥シタル不肖ハ非愛国者ニ非ズ。日本ノ長計トスベキ対支政策ハ列強ノ資本的侵略ニヨリテ亡ビントスル大陸ヲ保全スルニ在リトセバ、借款亡国ノ警鐘ニ蹶起セル革命ハ、日本帝国ノ将来取ルベキ根本政策ト符合スベキモノナリ。……」と。之れなどは最もよく当時の青年革命家の心事を代弁するものと思ふ。この時三井を代表して(或は表て向きは一個人の資格かも知れない)専ら孫文の為めに漢冶萍担保の三百万円の借款調達に奔走した山本条太郎氏の談話が朝日新聞社で作つた『その頃を語る』と云ふ本に出てゐる。之に依るとこの借款の相談は故ありて不調に終り折角作つた三百万円は謎の大金として誰の所有とも分らず今尚ほ正金銀行の地下室に蔵されてあるそうで、其後孫文が日本に来たとき彼れは帝国ホテルの一室に山本氏の手を握り往年の好意を回想して「君は実に隠れたる革命の恩人だ」と申したとやら。同じ事柄を見る目が北氏と山本氏と斯うも違ふものかとつく〴〵考へさせられるのであるが、理窟は兎も角として爾後の経過は明かに㈠北氏の観察の正しいこと、若し之を多少誇張に失するとせばそれは北氏の説明の誇張なるに非ず支那革命青年の意気の誇張なるの結果なること、㈡山本氏の様な眼中たゞ自国の利害あつて毫も他国の立場を公平に視るの明なく、孫文などの空世辞を真面《まとも》に承けて革命の恩人などと自惚れる様な人が多いので、日支間の本当の親交が伸びないことを我々に教へて居る。わけても漢冶萍の事は革命前盛宣懐を抱き込まうとしてまんまと背負《しょい》投《なげ》を喰はされた〔て〕以来、種々の小策を弄しては支那側から散々内兜《うちかぶと》を見透かされた問題であり、余程慎重の態度を執らないと忽ち無用の誤解を招く底の事件であつた。単にこの問題ばかりではない、革命のどさくさを宜い事にし、青年政客の愛国的動念を無視して煩しき利権問題を以て彼等に襲ひ掛つたのは、何と謂つても日本の大失敗であつた。

第二革命前後

我国朝野の対支関係並に袁世凱の入京　第一革命の勃発に当つて日本側の華々しく乗出した援助活動は遂に尻切れトンボに終つた。斯くなつたに就ての主たる原因が政府側より来る革命援助弾圧であることは云ふまでもない。直接間接の公権的干渉に余儀なくされて多くの有力なる浪人乃至志士諸君は段々革命派の運動から手を引いた、僅々残つた者も、やがて種々の理由で自ら退き又彼方から抛《ほう》り出されることになる。故に革命派が南京政府成立以後に於て北方に対して抗争せる悪戦苦闘の如きは、殆んど日本人の力を藉らないものであつた。

然らば一時政府側の試みたと云はるる北方援助の方はどう為つたかと云ふに、之は袁世凱から見事に背負投を喰はされた形で終了した。是より先き十月十日武昌の変を聞いて朝廷は非常に狼狽した。時の陸軍大臣廕昌《いんしょう》が南方討伐の朝命を奉じたが、各省の独立するもの相継ぎ北京朝廷は宛かも四方包囲の形になり、もう廕昌輩の力では始末が付かぬやうになつた。然らば誰を挙げようかと云ふに差当り岑春煊か袁世凱の外には適才を見出せない。先づ岑に相談を持ち掛けたが其の応ぜざるに及んで袁世凱の起用と云ふことになつたのである。袁と摂政醇親王との関係を思ふとき、彼れの起用と云ふは能く〳〵の事である。之に由て清廷の如何に困つたかも分るが、一面に於て袁の北上して縦横無尽に怪腕を振ひ得る余地あることも想像し得るのである。さて袁は初め湖広総督と云ふ辞令を受けたのであつたが(十月十九日)之では動かなかつた。大命を拝辞するとは云はぬが疾《やまい》と称して河南の故郷から出廬《しゅつろ》せぬ。其の中に直隷省灤州《らんしゅう》の第二十師団長張紹曾《ちょうしょうそう》が十三個条から成る改革要求の上奏文を奉呈したと云ふ事件がある(十月二十九日)。ぐづ〳〵するなら兵を入れて北京を乗取ると云ふ勢を示したので、清朝は驚いてかの有名なる十九箇条の宣明を公表した。是れ清朝に於ける最初にして且つ最後の憲法とも云ふべきもので、所謂虚君立憲の主義を立てた所のものである。間もなく政府の重鎮盛宣懐が資政院の弾劾に遇つて北京を逐はれる。清朝の困惑は極度に達した。十月二十八日袁世凱は改めて全権欽差征討大臣の任を授かり、十一月に入りて更に内閣総理大臣の命を奉じた。清朝は十月三十日をめ〳〵と罪己詔《ざいきしよう》などいふを発布した位だから、事毎に為す所を知らざりし陋態は想像にあまりある。斯れ程まで清朝を窮地に陥れ、自分はまんまと文武の全権を一手に握つて、袁は十一月十三日に悠然として北京に乗り込んだのである。その翌日直ちに自分の内閣を作つた。それから二十日になつて従来政府の大臣は宮中に出仕して政務を見たのであるが今後は忙しいからとて私宅で一切仕事をやるの允可《いんか》を得た。十二月六日摂政王の退位を見るに及んで袁は文字通り北京政府の全権統裁官となつたのである。

全権統裁官としての袁世凱は時局をどう始末したか。当時日本政府は隣邦に革命の成功し共和政府の樹立さるるを以て日本の国体観念に悪影響ありとなし、猛然として之が阻止の為に起《た》つた。此考に基いて南方援助の凡ゆる運動を陰に陽に弾圧したことは先きにも述べた通りである。加之政府は——或は政府内の或有志は——更に進んで清朝擁護の為めなら敢て一臂《いつぴ》の労を辞せざらんとするの態度をも示したと云ふ。伝ふる所に依れば、時の駐支公使伊集院彦吉は時の政府の指令を奉じてか頻りに清朝の万代を保全擁護すべきを袁に迫つたとやら。併し乍ら当の袁世凱は実は初めから飽くまで清朝に忠ならんとするの考はない。日本人の忠君の観念を以て支那の政治家を推量したのは抑もの誤りであつた。袁の為人《ひととなり》や又彼れが明治四十二年没落の悲運に遭遇せし時の事情等を思ひ廻らすまでもなく、単に袁の入京直前直後の行動に見ても大抵事の行き着くべき先きは明瞭だ。且つ客観的に大局の推移を眺むるに、如何に袁の辣腕を以てした所が清朝を戴いて時局を収拾し得べき見込のないのは分り切つて居る。つまり共和政体の承認を条件とする南北妥協は抗すべからざる大勢なのだ。勿論袁を以て初めから清朝を見限つて全然共和の要求に屈伏する考であつたと看做すは誣妄《ぶもう》であらう。たゞ南方革命派がなか〳〵優勢ではあるが未だ支那全体の主人公たるの実力なきを看破し、併せてまた彼れが北方の勢力を統括して之に当れば優に南勢の北上を抑ふるに足るを自信し、南方と妥協する為めに已むを得ず清朝を押し退け、以て労せずして天下を取らんと企つるに至つたのかも知れない。之等の点は私の著作『支那革命小史』及び『支那革命史』に詳しく説いてあるから茲処には略する。孰れにしても袁の力を以てしても根本的に革命党の勢力を剿滅《そうめつ》することは事実不可能だ。今は南北の勢力相若《あいし》くとしても、愚図々々すれば南方は北方を犠牲として日に〳〵伸びる傾向にある。果して然らば捨て鉢的に最後の決戦をすると云ふなら格別、又大々的に外国の援助を藉り国民怨嗟の中に無理な討伐を敢行しようと云ふなら格別、清朝を其儘保全擁護すると云ふが如きは現実の形勢が之を許さない。斯んな事は諸外国の公使達には皆よく分つて居たやうだ。たゞ清朝輦轂《れんこく》の下に駐劄《ちゆうさつ》して居るので敢て公言するを憚つたまでの事だらう。然るに独り日本公使のみは之を心から可能と信じたのか相当執拗に清朝保全擁護を力説したものらしい。相手を軽く見縊《みくび》つて大抵俺の言ふ事を聴かせ得ると考へるのが第一の誤りだ。相手の立場を深く洞察せず自家の「希望」を貫徹するに突進して事態の正視を誤り飛んでもない失敗を見た例は我国の対隣邦外交に頗る多い。孰れにしても斯うした日本の態度が結局老獪な袁世凱の利用する所となり、細かい事は今詳述するを憚るが、見苦しい失敗の迹《あと》を残して晴れの舞台から悄然として我が日本の退かねばならぬ羽目に陥つたことは疑もない事実である。当時之れが為めに伊集院公使の責任問題までもが論議せられたことは世人の耳目にも新たなる所であらう。

袁の勢力の拡大並に第二革命の勃発　其後袁世凱は英国方面の援助をかりなどして着々地盤の開拓に邁進した。日本の如きは今や殆んど眼中にない。欧洲戦争と云ふ意外の出来事が無かつたら、日支両国の関係はその後どんな発展を取つただらうか、想像するだに寒心の至りである。

袁の為めには南方革命派も随分と苦められた。尤も最初に彼等を苦めたものは彼等自身の内訌である。その次第は斯うだ。革命運動が武昌に成功してから引続き之れに呼応して各省の独立を宣するもの多く、僅々一ケ月許《ばか》りの間に支那全体の約四分の三は最早清朝の制命を奉ぜざることとなつた。是に於て武昌を中心とし独立各省を連ねて支那全体に亙る統一的共和国を打建てようとの考《かんがえ》の起るは当然である。然るに斯の考は意外にも先づ上海から叫ばれた。武昌にも早くから此考はあつたが、黄興の主張で延期されたのであつた。上海に機先を制せられたのはこの為めである。此時実は上海には革命が始まつたと云ふので党の有力な幹部連中が期せずして各方面から集まつて来たので、乃ち上海は自然革命派の有力なる意見の発生地となつたのである。そこで各省から集まつて来た代表者は時折会合してゐる中に所謂各省代表会議を開かうと云ふことになり、未だ代表者の来てゐない省には手紙をやつてその派遣を促したのである。斯くして開かれたのは九月二十五日(陽暦十一月十五日)上海に其の第一回を開いた各省都督府代表聯合会である。上海の連中は多くは中国革命同盟会の中堅を以て任ずる人々だから、誰が革命成功の口火を切つたにしろ、斯うなつた以上今後の問題を処置するは俺達の任務だと自信して怪まなかつたのは尤もである。然るに武昌に居る人達は然うは考へぬ。現実の功績を鼻の先にぶら付かせて、俺達に無相談で全体会議を召集するは僭越だと憤慨する。之も一応は尤もだ。夫れかあらぬか、武昌の方でも急に考を変へて九月十九日突如各省代表会議を招集するの案内状を出した。之を内訌の第一段とするが、上海の第一回会同はいさぎよく武昌に譲ることにし、現に集つて居る連中を二分し、一部は上海に駐《とど》まりて各方面との連絡通信に当らしめ、他の一部を武昌に送つて統一政府建設の議に加はらしめた。斯くて正式中央政府組織の事を相談すべき各省代表会議なるものは改めて武昌に於て十一月三十日から開かれることになつた。さて此時北京では既に袁世凱を起用し袁の軍と革命軍との間に戦争が始まつて居た。漢陽の戦では南軍の将黄興は北軍の将馮国璋《ふうこくしょう》に破られた。漢陽が陥落すれば対岸の武昌が安全なるを得ない。恰かもよし漢陽で負けた革命派は南京で勝つた。十二月二日守将張勲を逐《お》つて南京は革命党の手に帰した。そこで各省会議も南京に移さうと云ふことになつた。是より先き武昌の会議で「中華民国臨時政府組織大綱」——宋教仁がその原案を起草したと云はるる——なるものが決定せられて居た(十二月三日)。各省会議の南京に移ると共にこの組織大綱に基いて南京に共和主義の中央政府が作らるることとなる。扨て中央政府は出来た、誰を大総統に選ぶかと云ふ問題になつて又々議論がもつれた。丁度この時北方の袁世凱がまた大勢の枉《ま》ぐべからざるを洞察して共和主義に傾いたと云ふ情報が入つて来た。内部の紛擾に手古摺つた策士は、こゝに恰好の口実を見出して大総統の選挙を延期せしめた。袁まで共和に傾いて居るならやがて南北を統一する全支那に亙る本当の共和国が出来るから其上で大総統を決めようと云ふのである。この弥縫策には各方面に反対するものが多かつた。反対者の最も熱烈なるものは上海に留守してゐた連中である。彼等は初めの申合せでは単に通信の事だけを司ると云ふのであつたが、何分相当の経験と相当の識見を有つて居り且つ同盟会中に在ても相当の地位を占めて居る人達であるから、権限の範囲を守つて黙つては居ぬ。愚図々々して居るべき場合でない早く中央政府の基礎を固めなければならぬと云ふて、遂に南京に於ける正当なる権限者を差し措き、勝手に正副の元帥を選んでしまつた。即ち大元帥には黄興を挙げ、黎元洪《れいげんこう》を副元帥に据ゑ、之を以て中央政府の首脳たらしめよと要求したのである。之れには南京連の固より承認を拒んだのみならず、其の僭越横恣には極度に憤慨した。その結果双方の間に猛烈極まる反目暗闘が始まり幾多の醜状を外部に曝らしたことは既に周知のことである。渦中に捲き込まれて困り切つた黄興は、敗軍の将たるの故を口実として堅くこの選を辞した。黎元洪も固より認諾の意を表さない。そんな事からいろ〳〵の悶着が起り到底纒まりがつきそうにない、政界大に混乱して一時識者は非常に前途を心配したのであつたが、丁度そこへ孫文が外遊から帰つて来た。此人ならば昔からの声望もあるし又何れの方にも無関係で却つて纒まりを付けるに都合がよからうと云ふので担がれた。孫に取つては意外であつたが、政界内部の紛擾は斯くして辛うじて糊塗せられたのである。因に云ふ、孫が正式に大総統に選挙せられたのは十二月二十九日で、翌年一月二日南京に於てめでたく就任式を挙げたのである。

内訌は一段落ついたが、次に控へる大難関は北方との妥協の問題である。前にも述べた通り、北京にしても南京にしても自ら守りて他に侵されざるの安全には自信があるが、一歩を進めて他を圧し以て統一の効を収めようとすれば残念ながら力の及ばざるを認めざるを得ぬ。所謂長鞭馬腹に及ばざるの歎を擁して妥協を已むを得ずとせねばならなかつた所以である。表面上妥協の交渉にイニシアチーヴを取つたものは北方側である。漢陽の勝利が南京の陥落と相殺し南北の戦勢こゝに互角の外観を呈するや、袁は征討軍の総帥段祺瑞《だんきずい》に令して黎元洪に休戦条約を結ばんことを提議せしめた。之には漢口の英国領事の仲介斡旋を見遁してはならぬ。やがて媾和談判を開くと云ふに協議纒まり、北方は唐紹儀を南方は伍廷芳《ごていほう》を代表に任じ、上海に於て会議を開かしめることになつた。両代表の会同は十二月十八日を第一回とし同三十一日まで前後五回に亙つたが、唐の請訓に対する袁の允可がないので決裂した。其後間もなく袁は直接孫との間に電報交渉を開始した。之は随分長くも続き又種々の曲折もあつた。革命派としては腹の判らぬ袁が対手なので如何にして這次《このたび》の妥協をして革命本来の精神を傷くること勿らしめ得るやを最も苦心したらしい。結果から云へば此談判で南方は負けた、妥協の成立の上に余りに多くの譲歩を北方に許して居る。第一に初代の正式大総統の任は袁に譲つた。第二に政府所在地も北京と云ふことにした。僅に大総統就任式だけは南京で挙げると云ふ提案を容れしめたが、之れも愈々其場になつてやつて来ないのみならず、迎ひに往つた蔡元培《さいげんばい》君其他を散々の目に遭はした(部下の兵隊を使嗾《しそう》して掠奪を行はせ蔡元培君等をひどい目に遇はしたのみならず之を以て自分の容易に北方を離れ難きの口実としたのは四十五年二月二十九日である。是より先き二月十二日には隆裕《りゆうゆう》皇太后の名を以て清朝退位の上諭が発せられた。孫文の辞職と共に臨時大総統の改選が行はれ満場一致を以て袁が其選に当つたのは二月十五日である。そして三月十日彼れは北京に於て堂々と就任式を挙行した)。要するに妥協交渉の第一歩に於て南方側はうま〳〵と袁世凱の為めにしてやられた形である。其後南方の有志多く皆袁の心事を怪しむべしとなし、或は憤り或は怨み、少くとも将来を警戒して一日も早く実権を南方に収めざるべからずとせしも怪しむに足らない。猶ほ南方が最初の意気込みに似ず余りにもろく北方に屈したるに就ては、いろ〳〵の原因を数へ得るが、その中外交上の誤解から著しく彼等の愛国的熱情を刺戟したことを看過してはならぬ。一つには老獪なる袁の放つた巧妙なる流言の為めでもあらう、その頃桂太郎が後藤新平、若槻礼次郎等を随へて欧露に向つた事実は、さらでも前々から支那各方面に流布されてゐた、日本と露西亜と結托して満蒙に異図を抱くと云ふ噂を裏書きするの形となり、青年革命家の心胸を痛ましめたことは尠少でない。此考が更に一転して兄弟墻《かき》に鬩《せめ》ぐべき場合ではないと腹をきめさせ遂に涙を揮つて残念ながら屈辱的妥協を甘受したといふ情実を生れしめた。之はたしかに偏狭なる愛国的情熱の一面の弊を語るものであるが、誤解ながらその痛憤の標的となつた我国としては漫然笑つて済ますべき問題ではない。

斯うなつては仕方がない、今度は新憲法の制定に依つて袁を牽制せんと企てた。即ち其後間もなく作つた臨時約法には、内閣各大臣の任命は一々議会の承認を要すなどの項目もあつて、大総統の専制には非常に不利益なものであつた。併しこの方法で袁は閉口したかと云ふに事実は丸で反対に進行した。第一次の内閣総理唐紹儀は元は袁の子分であるが今は革命派の重鎮を以て任じて居る。彼れを総理といたゞく内閣は革命派と袁世凱派と半分々々の勢力を包容する聯合内閣見たやうなものであつたから、必ずしも総理の思ふ様にのみは動かない。それでも彼れは大総統を仏蘭西《フランス》の元首の如く実権の外に超然たるものたらしめようとつとめ、一切の政務は総て内閣の責任でやつて行かうとした。袁が之を認めず事毎に干渉し来るは言ふを待たない。是に於て唐の責任内閣主義と袁の大総統専制主義とは自ら衝突せざるを得ない。当時府院権限の争議として可なり世上の耳目を聳動《しようどう》したものであつた。府は即ち大総統府、院は即ち国務院である。この争で責任内閣主義は負け、実力ある袁に逐はれて唐は到頭内閣を投げ出した。其後の国務院が全然袁の傀儡に過ぎざりしは云ふまでもない。

国務院を以て袁に対抗し得なかつた革命派は今度は国会に拠つて大に彼れの専制を抑へんとした。財政監督権を主張して袁に予算の即時提出を求めその応ぜざるに及んで絶対反対の態度を表明した。閣員任命の承認を拒み内閣組織を不成立に終らしめたことも屢々ある。併し袁は寛厳両様の方法をつくして議員の操縦に骨折るので、結局之もうまく行かなかつた。併し袁も民間輿論の反対には余程弱つたものと見え、我が明治四十五年九月辞を篤うして孫黄を北京に招じ所謂三頭会同の盛儀に依つて大衆の耳目をくらまさんとしたことがある。民国二年三月には総選挙がある。之は新に制定された中華民国臨時約法並に其附属法規たる国会組織法に基き新に上下両院より成る議会を作らんが為めである。革命派は味方の多数を制せんとして熱心に運動した。結果は革命派の大勝に帰したが、袁の之に報《こた》ふる所は、国会開議前に於ける宋教仁の暗殺(三月二十日。新議員として北上の砌《みぎり》上海停車場で殺された。彼れは新議会に於て最も活躍を期待されし者)であり、開議後に於ける議員の懐従〔柔〕・買収・誘惑・脅迫であつた。如何に圧迫の烈しかつたかは、当時北京滞在中の寺尾亨博士が公使館区域に一家を借り、公使館の小村、陸軍の青木、海軍の森等諸氏の直接間接の庇護を受け、イザと云ふ場合反対議員の避難所たらしめんと用意したとの事実に見ても分る。それより彼れの弾圧は益々深酷且つ露骨になる。独り北京の議員ばかりではない、夫れ〲各省に部下を配置して順次に革命派の連中を逐ひ退けることも怠らない。斯くして革命党は段々各地の重要なる地位から振ひ落されたのであるが、最後に袁の一寸手を触れ兼ねた者が三人残つた、一は江西都督の李烈鈞で、次は広東都督胡漢民、第三は安徽都督の柏文蔚《はくぶんい》である。六月に至り袁は遂に之等三人の地位をも動かさんとした。之れまで彼れの傍若無人の高圧手段に憤慨し切つてゐた李烈鈞が先づ堪忍袋を切つて七月十二日九江に討袁の旗挙げをした。戦備の有無を顧慮する遑もなく勝負の数の如き固より念頭に置かず、胡漢民も柏文蔚も響応して起つた。黄興までが遂に南京に討袁旗をひるがへした。七月十七日には袁と仲の悪るい岑春煊を担ぎ上げて討袁軍大元帥に戴いた。之が即ち世に謂ふ所の第二革命である。固より準備あり計劃あつてやつたのではない、夫れに持つて来て袁には六国財団の借款を得て軍資極めて豊富なるものがある。革命軍は一溜りもなく壊滅した。窮鼠猫を嚙まんとして却て返り討ちに遇つた形であつた。

さて此処までは概して支那の人達自身の仕事だ。日本人は大体に於て殆んど積極的の関係を有たない。第二革命の失敗するに及んで革命の直接関係者並に之と党籍を同うする政治家連は遂に挙《こぞ》つて日本に亡命した(殊に十一月四日議会に対して袁の行へるクーデターの結果政治家連の亡命者は一層激増した)。斯くして再び彼等と日本人との関係は息を吹き返した。故に第二革命の失敗は、支那の人には気の毒だが、日本に取つては冷めかけた両国の交情に軽いながらも再燃の機会を与へたものと云ふことが出来る。

第二革命前後の形勢概観　以上述ぶる所を要約し、第二革命前後の形勢に関して更に次の諸点に読者の格別なる注意を喚起しておきたい。

一、第一革命直後暫く日本は袁世凱の依拠する北京政府を後援せるも、間もなく手が切れ、其後政府側としては支那の内争に対して全然傍観の立場を執ることになつた。

二、多年青年革命家の友を以て任ぜし多数の日本人は、一つには官権より夫れとなく襲ひ来る邪魔の為めに又一つには自然と胸中に萌ざす不平不満の為に、何時とはなしに昔日の如き熱心なる同情が持てなくなる。敢て彼等と離れてしまはうと云ふ程の意識的決心に促されるのではないが、水火を辞せず進んで飛び込まうと云ふ感興は最早全然起らない。精神的には是亦絶縁の姿と謂《いつ》てい丶だらう。斯くて第二革命の起る頃までは、大体に於て支那の青年諸君は日本人の後援なしに独立独歩の活動を続けることとなつたのである。

三、第二革命の失敗は再び彼等青年革命家と日本人とを結びつけた。異常の災厄は彼我双方をして旧怨を忘れしめる、況んや其間の感情の阻隔は旧怨と云ふ程のものに非りしに於てをや。

四、併し双方の間に一旦生ぜし感情の阻隔を爾《しか》く軽く取るのは実に皮相的に観ての話である。仲が悪くなり始めたと思つて居る中に直ぐまた境遇が変つたのだから、事件の経過の上から観れば何でもない様だが、併し事の性質に立ち入つて能く考へると、之は決して然う軽く扱ふべきものではない。彼我双方の乖離と云ふことは本質的に観ると、なか〳〵根柢の深いものたるに気付くのである。革命の失敗、之に続く亡命と云ふ事情に同情して、暫く好意と援助とを昔通り与ふるものの、這の態度を日本人が何時までも続けると期待することは一体出来るものか。思ふに青年革命家諸君は何時までも蟄伏《ちつぷく》を甘んずるものではない。再び事を挙げて幸に成功した時、彼等と日本人とは第一革命当時の如き失態を繰り返さず依然真実の好情をつゞけて行けるだらうか、少くとも過去の失敗に反省して同じ過誤を再びする勿らんとするの用意が彼我双方の間に些《すこ》しでも感得されて居るだらうか。此点になると、当時の状勢は決して十分に我々を安心せしむるものではなかつたのである。

帝国主義日本の大陸進出

日本帝国の膨脹　斯う云ふ状勢に対し更に之を険悪に導きし最も不幸なる出来事は、日本の大陸進出であつた。亜細亜《アジア》大陸に対する日本の帝国主義的進出其れ自身の是非得失は、今茲に論ずべき問題ではない。たゞ日本と支那との関係を順当に開展させたいと云ふ立場から観て、之れが非常に不幸な出来事であつたことは云ふまでもない。帝国主義日本の大陸進出が我が国運の開展上絶対に必要であつたと云へば、其の為めに何物を犠牲にしたとて悔ゆべきでないが、之等の点は別の観点から論ぜらるべき問題として残しておく。茲にはたゞ此の大陸進出と云ふ事に依つて、さらでもヒビの入つた日支関係は頓に著しく困難なものにされたと云ふ事実を知つて貰へばいゝ。

そも〳〵日本帝国の大陸進出と云ふ事は、一つには日露戦争の当然の結果でもある。日露戦争の目的は、或は極東から露西亜の脅威を一掃すると云ふだけの消極的のものに過ぎなかつたのかも知れない。戦勝の結果として旅順大連を獲《え》また南満安奉両鉄道を継受した以上、否でも応でも新に手を遠く南満洲の地に伸ばさざるを得なくなる。而して満洲は云ふまでもなく支那の領土だ。その支那は青年論客の鼓吹宣伝に因て漸く抗外的愛国心に燃えんとして居るのだ。日支両国の間に遠からず、少くとも満洲の問題に絡んで、不祥の紛争あるべきは識者の早くより予想せる所であつた。

排日の風潮　日露戦争中支那側が我国に対して陰に陽に多大の便宜をはかりしは公知の事実、併し斯うした関係の永く続かざりし事も亦能く人の知る所である。彼我の阻隔は、小村全権がポーツマス講和条約の跡始末の為め北京に乗り込んで袁世凱を相手に談判を開始せし頃から表面に現はれ始め、其後日本に対する牽制策として各地に排日運動が起るが、その多くは陰に政府の指嗾《しそう》する所たりとの噂が高く、後ち唐紹儀を東三省の総大将に任じて敢然として日本に当らしめた頃には其の最高潮に達したと謂つてゐる。之等の点一々詳説するの煩を避くるが、要するに之よりして支那の民間には、殊に青年論客の間には、排日と云ふことは一の動かすべからざる根本方針となつた。私共には革命成功後の歴史を読み、彼等の間の内訌が異常の紛乱を極め一時到底拾収すべからざるかに見へても、一度日本の禍心を説いて兄弟墻にせめぐべきに非るを訴ふものがあると、不思議に争ひをやめたと云ふ幾多の事実に鑑みて、如何に彼等が日本の大陸経略といふ事に神経を過敏ならしめて居たかに驚くのである。そこへ又不幸にして四十三年の日韓併合と云ふ事件が起る。之が策士宣伝の具に利用せられたと云ふ事実も無論あるが、夫れに拘らず其事自身支那の青年の神経を大に刺戟したるべきは、当時の形勢と照し合せて毫も怪むに足らぬ。日本としては固より相当の理由あつて為した事で、之に依つて直に飽くなき侵略の禍心を疑はれるのは迷惑千万の話であらうが、併し何と弁解しても客観的の形勢は冷然として一歩々々両者を遠く離れ去らしむる。勢の趁《おもむ》く所致方がないと云へばそれ迄だが、日支両国の関係を永く陰惨の儘に放置すべからずとする立場から云へば、之はどうしても速に何とか考へ直さねばならぬ問題であつた。

二十一ケ条の要求

二十一ケ条の要求　右の如き事情であつたから、日露戦争後は彼我両国の間に実は紛議が絶えなかつたのだ、それに日本は韓国併合の結果として一層満蒙方面に積極的活動を試みんとするの意図を熾《さかん》にした。さらでも猜疑の眼をみはつて居る支那の青年は益々神経を昂奮させずには居ない。軈《やが》て欧洲大戦がはじまる。西洋諸国も暫くは東洋を顧みることは出来ぬ。対独宣戦に依て山東を席捲するに成功した日本の政治家は、勢に乗じて日露戦争の跡始末と観るべき満洲方面の諸懸案を一挙に片付け、併せてまた産業日本、軍国日本の大成に必要なる諸利権を新に支那領土の上に確立せんことを企てた。一時大に天下の耳目を聳動した所謂二十一ケ条の要求なるものが之を代表する。

大正四年一月我が政府が時の北京駐劄公使日置益《へき》をして民国大総統袁世凱に提出せしめたと云ふ二十一ケ条の要求は、理窟《こ》を捏ねれば、純粋に要求の性質を有する者と我より彼れに実行を勧告せるに過ぎざる者との区別があると云ふが、実質に於ては何れも要求たるに外ならぬから、爰《ここ》には之を一括して議論の対象とする。さて其要求項目は公文に列挙せられた体裁に依らず内容に基いて分類すると次の如くになる。(一)山東省に就ては既存権利の承継に関するものと新利権の要求に係るものとあり、(二)南満洲に於ては租借地並に鉄道営業に付ての期間延長の外、政治上経済上重要なる権利の要求があり、(三)更に同じ様な関係がやゝ軽い意味に於て東部内蒙古にも及んで居り、(四)中部及南部支那に在ても鉄道礦山に関し重要なる権利を求め、終りに(五)支那全体に亘つて文化的、政治的並に経済的の意味を有する重要なる利権の要求がある。斯う云つただけでは余りに漠然として了解に苦しまるるだらうが併し今茲に其の一々を詳説するの遑はない(拙著『日支交渉論』参照)。

主なる内容 次に私は主なる内容として次の諸点に特に読者の注意を促して置きたい。

一、南満東蒙並に山東を日本の経済的発展の市場として開拓せんとせしこと、就中南満東蒙は独り日本の専属的市場たらしめんとせしのみならずや丶政治的の意味に於ても専属的勢力範囲たらしめんと企図せしこと。要求の第二号第六条には「支那政府ハ南満洲及東部内蒙古ニ於ケル政治財政軍事ニ関シ顧問教官ヲ要スル場合ニハ必ズ先ヅ日本国ニ協議スベキコトヲ約ス」とある。

二、中部及南部方面に経済関係の発展を企図せしこと、殊に日本の工業的発達の将来に至重の関係ある漢冶萍とは最も緊密の関係を確立せんとせしこと。

三、支那を以て日本の武器の供給地と為さんと試みしこと。初め我国は第五号の第四条で「日本ヨリ一定数量ノ兵器ノ供給ヲ仰グカ又ハ支那ニ日支合辦ノ兵器廠ヲ設立シ日本ヨリ技師及材料ノ供給ヲ仰グコト」を希望したのであるが、後には「支那政府ハ他日其陸軍武官ヲ日本ニ派シ日本軍事当局者ト直接兵器購入又ハ支那ニ於ケル日支合辦兵器廠設立ノコトヲ協議セシムベキコト」と改めた。

四、猶ほ右の外に中央政府に政治財政軍事の顧問として有力なる日本人を傭聘《ようへい》せよとか、必要の地方に於ける警察を日支合同とするか、又は此等の地方に於ける警察官庁に日本人を傭聘せよとかの要求もあるが、主として力を注いだ点は上述の三つだとの事である。

支那青年政客の憤激　この要求は最後通牒を発し開戦の決意までを示して大半は目的を達した。目的を達した点から云へば成功といへぬこともないが、之れが無理押しの結果であつた丈け、支那青年の反感をそゝれること夥しく、爾後の両国関係をして殆んど済《すく》ふべからざる窮地に陥れしを思へば、漫然成功を謳歌し難いやうにも思はれる。支那では今でもこの最後通牒の交附を受けた五月七日を以て国恥紀念日となし、年々国を挙げて排日示威運動を行はしめて居る。怒るものが悪いのか、怒られても仕方がないのか、その辺の議論はどうでもいゝとして、兎に角我国最近の対支政策は事毎に支那の青年政客を怒らした。しかも其の怒らした青年は、多く皆日本に学び日本人の世話になり本来日本を徳とすべき地位に在る人達である。之には我々も大に考へさせられる。

其後の支那

例の二十一ケ条問題の鳧《けり》が付て後、支那の政界はどう動いたか。

袁世凱の帝制宣布　大きな出来事を算へるなら、第一が袁世凱の帝制宣布である。外国の承認の容易に得難きを見越してか、国際関係に於ては従前通り民国大総統の資格で交渉すると申しながら、国内関係では立派に帝王になり済まし、世紀も洪憲と改め、群臣をして今上陛下などと称せしめたのであつた(大正四年十二月)。自分には斯うしても治りがつくと云ふ自信のあつたのであらうが、流石に之は著しく国民の反感を挑発し、彼れの不人気を極度に濃厚にした。併し乍ら日本が卒先して袁に公式の警告を送つたことは、決して我国外交上の得策ではなかつた。仮令袁が国民の怨府であつたとはいへ、外国から文句を云はれるのは決して当時の支那国民の快しとする所ではない。此点でも日本は外交上のヘマを重ねたのだが、事柄が事柄だけに、余りやかましい問題にならずに済んだのは幸ひであつた。

第三革命の勃発　第二に挙ぐべきは第三革命の勃発だ(大正四年十二月)。雲南の唐継尭《とうけいぎょう》に依て倡始《しょうし》された革命の叫びは、各地に鬱結して居つた反袁感情に爆発の機会を与へ、到る処に響応するものを生じ、宛も第一革命当時のごとき状勢を呈した。第一革命は袁の横槍に依て滅茶々々にされた、それでも彼は大総統として共和制擁護者たるの仮面は脱がずに居たのだが、今や帝制の宣布に依て無遠慮に革命の大義に反逆せんとする。正面から彼に刃向ふ立派な口実を得たので多年の怨恨は遂に討袁義軍として出現したのである。但し第三革命は第二革命の失敗にも鑑み先づ僻遠の地に本拠を据ゑ、早きに失して敵の大軍と衝突する勿らんことに注意した。持久は名義の正しき側に利であるは云ふまでもないが、中央政府に居る者にはまた格別の便宜もあるので、袁に取ては実はそれ程第三革命の勃発に狼狽すべき理由はなかつたのだ。不幸にして彼れはこのゴタ〳〵の真最中に不治の病を得た。懊悩のうちに後事を段祺瑞に托して遂にあの世の人となつたのは大正五年の初夏六月六日である。

段祺瑞の南方圧迫　第三には段祺瑞の南方圧迫である。暫く傍観の地位に在つた日本は段祺瑞の天下になつて急に活躍を始めた。間違はれては困るから云つておくが段は袁を嗣いで大総統となつたのではない。彼れは国務総理を以て優に独力天下を経略したのである。大総統たり国務総理たることは実力には関係ない。寧ろ実力あるものが其地位の如何に拘らず他を排して天下を掌握すると云ふのであつた。而して段が袁に継いで袁にも優る実権を占め得たのは、一つには袁の歿後難局収拾の能ある第一人者と認められたことにも因らうが、主としては陰に陽に日本から多大の援助を得たからであつた。如何に非凡の英才でも、あの場合赤手空拳を以てしては到底渦乱の中に飛び込めるものではない。甘んじて革命派に降るか否らずんば援を外国に仰いで其討伐に邁進するか、段に取つては此二つの途しかなかつた。其処へ丁度寺内内閣が南方討伐を条件として無限の援助を申込んで来る。国民の反感を顧慮するの遑なく段の之を歓び迎へしは怪むに足らない。

　尤も我が寺内と段との結托に付ては段から頼んで来たのか寺内から誘つたのか、其辺の事情は今私に分らない。たゞ疑のないのは、支那の外交財務の当局者に日本の留学生であり又永く日本に公使でもあつた陸宗輿《りくそうよ》、曹汝霖《そうじよりん》等の青年政治家があり、之と接近せる日本実業家等が寺内との間に橋渡しの役を勤めたことである。而して斯の接近の結果は西原借款となつて現はれた。西原借款が段の対南方策の殆んど唯一の財源であり、従て相当長い間革命運動の進行も之に依て阻止されたのだが、何と云ても大勢には手向ひが出来ず、結局莫大の金の徒費も無益に国力を消耗せしめただけに了り、やがてまた段の勢力失墜を見るに至つたのは、是非もない当然の運命であつた。

南北対峙の形勢　段祺瑞の勢力失墜後は、支那は大体南北の二部に分れたと観ていゝ。北方は其域内に首府を有し、外国使臣の駐在するあるに依りて全民国を中外に代表するの地位に立つも、南方に対抗する勢力としては、当時外国の助援なくして容易に之を維持し難いものであつた。之に反して、南方は概して云ふに全く自力で立つものである。いろ〳〵の点でハンディカップがつくが、それ丈け之には漸を以て伸びるの見込はある。弱い乍らも自力で段々伸びて行く南方、屋台は厳めしいが内容は空虚、外から借り来つた道具立てでどうやら世間を脅かして行く北方、この両者の対峙が支那の其後の形勢であつた。

但し南方を纏つた一勢力と観る可からざるは勿論だ。各地に軍閥が割拠し軍閥はまた外国の武器を入れて互に討伐を交換して居るので、外観上はまるで一種の内乱状態であると謂ていゝ。併し夫《それ》は表面皮相の観察に過ぎぬ。武力の暴圧に抵抗が出来ぬので黙つて居るものゝ、国民多数の希望としては固より平和な統一を実現させたいと云ふに一致して居る。何かの機会で軍閥割拠の勢を抑へることに成功せば、南方を統一ある一団体に纏め上げることはさまで困難ではないと考へる。

此点になると北方の形勢は大に其趣を異にする。段祺瑞の勢力失墜に依て暫く混乱の状態が続いたが、外国勢力の蟠居に依て其の甚しきに至ることだけは免れた。元来此方面に外国勢力の喰ひ入りしは一朝一夕に非ず、全然之を計算外に置いて勢の落ち付く所を予測するは困難である。最近張作霖《ちょうさくりん》の北京入りに依て一種の安定を見たかに思はれたが、夫も束の間で、昨今は首府の地位も南京に取られていよ〳〵影が薄くなつた。今となつては南方に対抗する勢力としては殆んど無意義に近いものとなつた様だが、併し此処に南方の勢力が伸びれば、それは直に外国の勢力と打つ突からざるを得ない。茲に北方の特色がある。是れ北方が纏まる様でうまく纏り得ざる所以でもある。纏まつたと云ふ時は即ち必ず有力なる政治家が外国の勢力を借りた時だ。外国の勢力を抜きにして自力でかたまる見込は薄いと思ふのである。所が其外国の援助といふ事が段々流石の支那でも流行らなくなつた。茲にまた時勢の変を見るべきである。袁や段の時代には、外勢をかりて手厳しく南方の青年を蹴散らしたものだ。段の末年からはそれも難かしくなり近年になりては外勢援助と云ふ事もやヽツと自らの頽勢を支ふるに役立つのみとなつた。夫れだけ国民の力の南北一帯に伸びたことは支那の為に喜ぶべき事であらう。

蔣介石《しょうかいせき》の天下は何時まで続くか、之は問題だとしても、南京政府の覆滅して支那の再び大混乱に陥るべしとは、最早どうしても考へられない。多少の波瀾は免れぬにしても、支那が昨今の調子を以て漸次統一の歩武を進むべきは疑を容れない。斯く観て近き将来に於ける支那の大問題如何を考ふるに、筆頭に来るものは北方に於ける外国勢力の蟠居を如何にして始末するかであらう。而して之は亦実に同時に我国に取ての大問題たるは言ふ迄もない。

著者曰く、本篇はもと昭和四年夏の執筆に係る。其後病に妨げられ修訂に手間取り甚しく公刊を遅延したが、本項だけは故あつて執筆当時の儘とし何等の加筆訂正を加へぬことにした。従つて其後一年余りの形勢の変に関しては全然言及してゐない。そのつもりで読んでいたゞきたいと思ふ。

最近の我が対支政策

支那に対する我国最近の態度　翻て右の期間に於ける我が対支政策を顧みるに、袁に反対した我が政府も第三革命の運動に対しては陰に陽に之を抑へて遂に極力段を援くるの方針に出でた。革命運動抑圧の方針を執つたのは第一革命以来の寺内伯一流の思想に基いたものかも知れぬが、従来支那革命青年の友人を以て任ぜし一団の浪人連までが期せずして彼等に背くに至りしは注意すべき現象である。第一革命以来それとなく醞醸せし阻隔は茲に始めて具体的に現はれたのである。その中に日本政府は出来る丈けの力を挙げて段を援けることになる、その対償としてか満蒙方面に活動の舞台が開かれる。此方面に大に人材が需められたが、之に応じた者の中には、先きの支那革命関係者がだいぶ多かつた。即ち曾ては熱心な革命同情者たりし者が今や革命派の最も呪ふ所の反動的売国計劃の中心人物となつたのである。尤も売国計劃といふのは支那の側から観ての話で、日本側から云へば、満蒙発展の国家的事業に外ならぬ。ひとしく日本の国家に尽す事なので、彼等自身の頭の中では恐らく前後の態度に何の矛盾をも感ぜなかつたのであらう。孰《いず》れにしても第三革命の勃発と聞いて相変らず支那に同情の声援を送つたのは、頭山翁・寺尾亨博士を始め宮崎滔天等の一派に過ぎず、勃発の当初大隈内閣はやゝ好意ある態度を示せるも、寺内内閣となつて革命助援の策謀の一々妨害を蒙りしことは周知の事実である。

之に対して支那は何を酬へたか　寺内内閣の這の態度が決して支那青年の喜ぶ所とならざりしは言を待たぬ。

併し寺内内閣の最も支那青年の憂志を刺戟した者は他にある。第一は西原借款である。経済借款の名義なるも全部南方の討伐に使はれたことは隠れもない事実であり、名義を偽つて政治借款に応じ為に国際不信の譏《そし》りを招きし点で日本内部でも頗る異議があつた。最も馬鹿々々しいのは、借款の全部が手附金の前渡しで本契約は他日の商議に延ばされ、いよ〳〵本契約を結ばうと云ふ段になると民間の反対に押されて彼国当局者に調印の責を負ふの勇気がなく、結局何億と云ふ巨額の金に対し何一つ利権といふ程のものを獲得し得なかつたことである。利権を得もせぬのに支那からは散々に怨まれる、而も貸した金は利子さへも取れぬ。最近に於ける対支外交失敗の最大の傑作は之である。第二は西伯利《シベリア》出兵である。第三は満蒙経略である。西伯利出兵も満蒙経略の一端と支那では観て居る様だ。あの当時えたいの知れぬ多数の日本人が満蒙の天地に入り込んで可なり冒険的な陰謀を企らんでゐたことは、後藤新平の暴露を待つまでもなく、心ある識者をして大に顰蹙《ひんしゅく》せしめた事柄であつた。尤も之は直接政府の関知せぬ事ではあらう。併し之等陰謀団の跳梁を黙過せし点に於て、丁度今度の満洲某重大事件と同じく、帝国官憲は少くとも道徳上の責任を辞することは出来まい。第四は各省軍閥に対する武器供給である。之も政府の直接知つたことではなからうが、各省軍閥に現役の将校を顧問たらしめ、之を仲介として武器弾薬がどん〳〵我から彼に輸送されしの事実を如何ともすることが出来ぬ。支那の人は之を内乱助長と云つて今に我々を怨んで居る。怨むのが間違ひだとしても、此誤解を釈くだけの実績を示さない以上、彼我の感情を円滑に復することは困難であらう。

新日本の大陸進出　以上の方策は支那から観て要するに産業日本・軍国日本の侵略的大陸進出である。斯の如きものとして彼等は日本に好感を持ち得ぬと云ふ。支那の厭ふのは単に其の進出の侵略的なる点に在るのか又は大陸進出その事をすべて非とするのか其辺の事は十分に明瞭でない。唯疑なきは、彼等が過去の成績に徴し日本の大陸進出と聞けば直に其方法の侵略的ならんことを想定することである。彼等の動《やや》もすれば斯く想定するに付ては相当の理由がある。そは政府の支那に向つて為す所又は政府の指導に依て邦人の支那に向つて為す所最近時に至るまで、依然寺内時代の方策を踏襲するかに見えたからである。幸か不幸か日本国民の多数は多くの問題につき政府の対支方策には反対の意を表して来た。此事は幾分支那にも分つて来たらしい。例へば一昨年の山東出兵にした所が、国民の輿論が挙つて之に反対であつたことを彼等はよく識つて居る。何故斯うした輿論の声が確実に政府を牽制し得ぬのかを怪しみつゝも、彼等は将来の日本の平和政策に多大の嘱望を寄せて居る。けれども日本を代表して支那大陸に活躍する諸勢力の態度は依然として旧態を改めない。之をどう始末するか。之が実に我々に取て対支関係の円滑なる発展をはかるに付ての先決問題でなければならぬ。

結語

以上永々と論じて来て、さて結論として私は次の数点に更めて読者の注意を促しておきたい。之等の点をよく了解することが、国民として今後正しい日支関係を樹立する上に根本的に必要だと思ふからである。

一、日本が支那に対して為せる過去の行動を慎密に反省すること。斯うした反省は、如何の点で彼等に徳とされ又如何の点で彼等の怨を買ひしかを明にするのみならず、同時に又我々をして如何の点を彼等に学ぶべきやを識らしめ、以て新に彼我相親の境地を発見するに資するだらう。

二、我方過去の行動の彼地に於ける評価を探り且つ之を味ふこと。どんなに親しくなつても彼等は畢竟外国人だ。同一の行動も彼等からは我々同胞間に於けるとは全く別個の意味に取られないと限らぬ。斯う云ふ点に付ての思ひ遣りは我々に於て実は格別に鈍いと思ふ。殊に支那関係の日本人の最初の出発点が国家的又は政治的であつただけ此点の斟酌は最も大事である。此方面の不用意の為め我々が幾ら無用の疑惑を彼等から蒙らされたか分らない。

三、支那そのものの動きを忍耐して永い目で見ること。支那を日本の維新に比較し、彼国が今猶ほ紛乱を重ねて居るのは国人の無誠意の為だと云ひ、従てまた前途を頗る悲観に堪へぬと説くものが多い。今日の支那と維新当時の日本とを比較するは、塩の辛らさと砂糖の甘さとを対比する様なものだ、時勢が違ひ国情も違へば、其の動く所の規道に共通の基礎なきは当然の話である。第一革命成功後表面に活躍せし人々の変転出没は走馬灯も啻《ただ》ならず、何処に確乎たる中心点があるやら分らない様なものの、僅々十七八年間に兎も角彼処から此処まで大国の支那を持ち運んで来た隣邦四億の大衆は、決して無能の民族だとは云へない。目前の一起一伏に暫く眼を掩ひ、大局を達観して支那の前途を測るに、その将来の姿は大抵想像がつく。どうせ碌な発展は見せぬだらうからとて勝手に振舞つてゐゝと云ふ理窟はないが、従来の日本側の対支方策には、全然将来の発展といふ事を無視して樹てられたものがなかつたか。極端に云へば、どうせ今に破産でもするだらうと見据えの付いた大家の道楽息子に取入つて、うまい汁を吸はうとしたと云ふ嫌も無いでない。西原借款は其の著しい例だ。而も馬鹿息子と見たのは案外馬鹿でなく、却て利口振つた此方が飛んでもない馬鹿を見んとして居るではないか。是れ皆支那の前途の観測に於て余りにも安価な軽侮を寄せた結果である。いづれにしても我々は一応出発点に還つて改めて支那観を鍛え直す必要がある。

四、世界の大勢並に其東洋に於ける波動の注視を怠らぬこと。何と謂ても大勢には勝てぬ。我々が対支政策を樹て直すに付ても、それの世界大勢との協調を図らねばならぬは勿論だ。

五、支那に対する日本の真の必要を攻明すること。今まで日本の支那に求めたものは日本の真に必要とせしものか否か、若し然らずとすれば我の真に必要とするものは何か、誰が見ても成程と肯《うなず》かるゝ様な要求ならば、支那でも故なく斥くることはあるまい。

初出及び再録一覧

本巻には三冊の単行本を収録した。それぞれの発行所、刊行年次は以下のとおりである。

『支那革命小史』万朶書房、一九一七年八月（底本に用いたのは一九一七年一一月発行の第三版）

『第三革命後の支那』（政治研究ノ三）、内外出版／政治研究会、一九二一年二月

『対支問題』（時事問題講座七）、日本評論社、一九三〇年一二月

このうち書*下しの単行本である『対支問題』を除く二書について初出を示す。ゴチックで記したのは、単行本の章、節の標題である。

支那革命小史

第一章　支那革命運動の実体

初出は「支那第一革命ヨリ第三革命マデ（一）」（『国家学会雑誌』一九一六年一一月）の「第一　序論」の「㈠革命運動ノ実体」。

第二章　初期の革命運動

初出は同右論文の「第一　序論」の「㈡初期ノ革命運動」。なお、冒頭「日清戦争頃の革命運動」の節の最後に二行余の補筆が単行本刊行時になされた。

第三章　清朝末期に於ける革命的機運の熟成

初出は同右論文の「第一　序論」の「㈢清朝末期ニ於ケル革命的気運ノ熟成」。なお、末尾の「付記」二行は、単行本刊行時に加えられた。

第四章　第一革命

一　中国同盟会の成立

初出は「支那第一革命ヨリ第三革命マデ（二）」（『国家学会雑誌』一九一六年一二月）の「第二　第一革命」の「㈠中国同盟会ノ成立」。

二　四川省の動乱

初出は同右論文の「第二　第一革命」の「㈡四川省ノ動乱」。

三　武昌起義の勃発

初出は同右論文の「第二　第一革命」の「㈢武昌起義ノ勃発」。

第五章　北京政府の対策

一　北方の形勢と袁世凱の起用

初出は同右論文の「第二　第一革命」の㈤北方ノ形勢ト袁世凱ノ起用」。

二　袁世凱の対時局策

初出は同右論文の「第二　第一革命」の㈥袁世凱ノ対時局策」。

第六章　共和政府の成立と南北妥協

一　共和政府の組織

初出は同右論文の「第二　第一革命」の㈣共和政府ノ組織」。

二　南北妥協

初出は同右論文の「第二　第一革命」の㈦南北妥協」。

第七章　袁世凱の武断的専制政治

一　総統専制主義の漸進的確立

初出は「支那第一革命ヨリ第三革命マデ㈢」(『国家学会雑誌』一九一七年一月)の「第三　袁世凱ノ総統専制」の「㈠総統専制主義ノ漸進的確立」。

二　袁の高圧政策と第二革命の勃発

初出は同右論文の「第三　袁世凱ノ総統専制」の㈡袁ノ高圧政策ト第二革命ノ勃発」。

三　正式大総統の選挙とクーデターの断行

初出は同右論文の「第三　袁世凱ノ総統専制」の㈢正式大総統ノ選挙トクーデターノ断行」。

第八章　第三革命

一　民国二年の失敗後に於ける革命派の動静

初出は「支那第一革命ヨリ第三革命マデ(四)」(『国家学会雑誌』一九一七年二月)の「第四　第三革命」の㈠民国二年ノ失敗後ニ於ケル革命派ノ動静」。

二　日支交渉

初出は「第三革命ニ就イテ」(『国家学会雑誌』一九一七年七月)の「二　日支交渉ト革命党」。

三　帝制問題

初出は同右論文の「二　帝制問題ト革命党」及び前出「支那第一革命ヨリ第三革命マデ(四)」の㈡帝制問題」。両者を組合わせて構成されている。

四　革命運動実行の準備

初出は前出「第三革命ニ就イテ」の「三　革命運動実行ノ準備」。

五　革命の旗揚げ

初出は同右論文の「四　革命ノ旗揚ゲ」。

付録　最近支那政界の二大勢力

初出は「最近支那政界の二大勢力」(『外交時報』一九一七年六月、七月)。

第三革命後の支那

第一章　帝制問題

㈠　帝制延期の警告

初出は「対支警告の批判」(『中央公論』一九一五年一二月)。その一部分を使用。本文の末尾に「(大正四年十二月稿)」とあるが、この例にみられる年月は、おおむね雑誌等に掲載された年月である。以下についても同様。

㈡　袁家帝業の実行

初出は「帝制問題を中心とせる近時の対支外交(1)」(『横浜貿易新報』一九一六年二月一一日)。

第二章　雲南の蹶起

初出は「南支那の動乱」(『中央公論』一九一六年二月)。但し冒頭の「中華民国雲南貴州討逆軍檄文」等二資料は初出誌にはない。また、文中二カ所(本巻一四三頁一一行目と一二行目との間、および一四九頁一〇行目「漲つて居る。」と「殊に」との間)に、計約三六〇〇字の削除部分がある。

第三章　帝制問題に対する我国対支政策の動揺

㈠　帝国政府の対支態度の変調

初出は「帝制問題を中心とせる近時の対支外交(2)」(『横浜貿易新報』一九一六年二月一二日)。

㈡　帝国政府の対支態度の再変

初出は同右論文の(3)(一九一六年二月一三日)。

㈢　我が対支政策動揺の根本原因

㈣　我が対支政策の改善

初出はいずれも「対支外交根本策の決定に関する日本政府の昏迷」(『中央公論』一九一六年三月)。冒頭に一五〇〇字余の削除部分がある。また、文中二カ所(本巻一六二頁一四行目の「努むべきである。」と「且又」との間、および一六五頁一五行目の「見ゆる。」と「袁は」との間)に、それぞれ二〇〇字余の削除部分がある。

㈤　再変後の帝国の態度並に袁政府の困迫

初出は「帝制問題を中心とせる近時の対支外交(4)」(『横浜貿易新報』一九一六年二月一四日)および同(5)(二月一五日)。

第四章　南北両軍の対峙

甲　一月二月頃の形勢

初出は「南支昨今の形勢」(『中央公論』一九一六年三月)。文中一カ所(本巻一八五頁最終行の後)に約一八〇〇字の削除部分がある。

乙　二月三月頃の形勢

初出は「支那革命運動の形勢」(『中央公論』一九一六年四月)。

丙　雲南軍の活動

初出は「第三革命に於ける雲南軍の活動に就いて」(『国際

法外交雑誌』一九一七年四月一五日)。

第五章　革命運動と日本

初出は「支那革命問答㈠～㈢」(『横浜貿易新報』一九一六年五月一四日～一六日)。但し本巻二一一頁及び二一四頁の小活字で組んだ部分は初出にはない。

第六章　袁総統の逝去と最近の政局

初出は「袁総統の逝去と支那最近の政局」(『中央公論』一九一六年七月)。但し本巻二一九頁七行目から二二一頁一三行目まで、及び二二二頁一行目から二二三頁最終行までは、初出は「袁世凱及其遺族」(『新女界』一九一六年七月、本選集第一二巻所収)。

第七章　南北妥協の試み

㈠　妥協に対する各派の態度 から **㈣　南北妥協に対する外国の態度** まで

初出は「南北妥協の支那」(『中央公論』一九一六年八月)。

㈤　軍務院の撤廃について

末尾に「(大正五年九月稿)」とあるが、初出誌未詳。

*〔付記〕『対支問題』を「書下しの単行本」と記したのは誤りであった。冒頭の「両国人民の自由交通の始まり」から「第二革命前後」までは、吉野が「支那と日本」の標題の下に『東洋経済新報』一九二九年四月二〇日号より同年七月二六日号まで九回にわたって連載した文章のうち、第二回より第七回までを大幅に修正加筆したものであり、「帝国主義日本の大陸進出」より「結語」までは、第八・九回分を若干の字句の修正はあるもののそのまま転用したものであった。訂正してお詫びする。

〈解説〉吉野作造と中国
――吉野の中国革命史と日中関係史について――

狭間直樹

一　本巻所収の三著

本巻には、吉野の中国革命史の著作『支那革命小史』『第三革命後の支那』および日中関係史の著作『対支問題』の三著を収める。

『支那革命小史』と『第三革命後の支那』は、「初出及び再録一覧」に見られるとおり、既発表の文章を集めて編んだもので、吉野自身、後者を「革命小史の続編」と言っている（本巻一二一頁）。とりわけ注意を惹かれるのは、後者の諸文章がかの地での事態の進行とほとんど同時並行的に執筆されていることである。単行本にするにあたり、構成の変更、文章の修正、補訂はもちろん必要に応じて施されているが、そのほとんどは論旨の変更に及ぶものではない。ただ、最初期のものには大幅な筆削が加えられており、それが吉野の研究の深化をよく示していると考えられるので、その点は後述する。

後年の作である『対支問題』の扱う時代はやや前後に広げられてはいるが、三著はいずれも一九一一年の辛亥革命、即第一革命とそれにつづく一九一三年の「討袁」第二革命、そして一九一五年の袁世凱《えんせいがい》の帝制に反対する「護国」第三革命、すなわち中国近代革命史を経糸とし、それに日中関係ないし対華政策史を緯糸として編まれている。革命史と関係史といった重点の置き方に違いはあるが、いずれも政治史の専門家吉野のすぐれた興味深い著作である。第×革命とのタームは当時すでに用いられていたにせよ、民国初年の政治過程を、『支那革命小史』のもとになった論文に見るように、第一革命から第三革命へと連続的な革命の流れとして捉えたのは、おそらく吉野の創見といってよいであろう。

なお吉野には、他に加藤繁《しげし》との共著『支那革命史』(内外出版株式会社、大正一一年一〇月五日)がある。同書は一八九四年の興中会の成立から、一九一二年の中華民国南京臨時政府の袁世凱の北京政府のもとへの統一までを詳細に述べたもので、中国を含めて世界でもっとも早くに書かれた体系的な辛亥革命史である。この書物について吉野は、執筆をすべてまかされた加藤が「結構の全部」を「革命史論を踏襲」して仕上げたことを確認し、その出来映えに「我ながら感心」した、との読後感を日記に記している(一九二三年七月二七日)。「革命史論」とは、大正五年末から翌年秋にかけて『東方時論』に連載された「支那革命史論」(未完)のことである。吉野自身、「私の著作『支那革命小史』及び『支那革命史』」(本巻三七二頁)とも言っているのだが、本選集の対象外である。

二　三年間の中国生活

吉野が革命史の研究を始めたのは、頭山満《とうやまみつる》、寺尾亨の依頼に応じてのことである。吉野自身の語るところでは、「この革命(第三革命)勃発して数週の後、当時ひそかに南支の運動に同情を寄せて居つた頭山満翁寺尾亨先生の一派は、今次革命の精神の広く我国朝野に知られざるを慨し、之を明にする為めの用として簡単なる支那革命史の編纂を思ひ立たれ、その事を実は私に託された」。そして「その頃すでに少しく眼を支那の事に向けて居た私は喜んで之を引受けた」のであった(第一二巻三一四頁)。

「南支の運動」とは、中華民国大総統の袁世凱が皇帝になろうとしたのにたいし、一九一五年一二月末に南方の雲南省で帝制反対をかかげた蔡鍔《さいがく》の率いる護国軍が蜂起し、貴州、広西等の省が呼応の動きを示したことをいう。袁は、第二革命を鎮圧して孫文等を亡命させたあと、着々と支配の基盤を固め、そのさらなる磐石化をはかって帝制移行をたくらんだのである。ところが、ことは裏目に出て、これが袁の命取りとなった。

このとき、南方派支援の勢力は中国国内でもけっして大きくはなかったが、日本で声援を送ったのは「頭山翁・寺尾亨博士を始め宮崎滔天《とうてん》等の一派」くらいのものだった(本巻三九〇頁)。そうであればこそ、頭山等は革命支援の輿論の醸成が必要と考えたわけである。依頼を引き受けるにあたり、「その頃すでに少しく眼を支那の事に向けて居た」と吉野が言っているのは、一九一五年初より日中関係の焦点となった二十一カ条要求をめぐって『日支交渉論』(第八巻収録予定)を六月に公刊し、さらに同年後半には日本の対華政策についてしばしば批判的意見を発表してきたことを指していよう。しかしそれらがいわば政治学者の専門の仕事だったのにたいし、この革命史の執筆は明らかに新しい領域の開拓であったから、それを決断するにはいささかの精神の飛躍といったものが必要だったはずである。その点を明らかにするために、それまでの中国との関わりについて見ておかねばならない。

一九〇四年に東京帝国大学法科大学政治学科を卒業するまで吉野と中国との関わりを示すものは、伝統的な漢文の教養いがい、とくにはない。ところが大学卒業後、突如として深い関係を持つにいたる。研究職を希望して大学院にすすんだ吉野にたいし、師の梅《うめ》謙次郎が当面の口過ぎとして中国での仕事を斡旋したからである。仕事は袁世凱の長男袁克定《えんこくてい》の家庭教師であった。結局、一九〇六年一月から一九〇九年一月までの三年間、主として天津に滞在したのだが、のちには北洋法政学堂の講師なども勤めた。法政での教え子としては、李大釗《りたいしょう》が有名である。

袁世凱は清朝政権にあって、漢人大官中もっとも勢力のあった人物である。吉野は待遇が当初の約束とはちがったこともあって、雇い主の袁にあまり良い感情は持たなかった。克定等の人と為り、袁家との関わりの一端は「清国の夏」(第一二巻)等により窺うことができる。在華三年の間、待遇への不満を抱きながらも職務はきちんとこなしたが、のちの回想ではかの地での「立憲運動の旺盛なるに驚」きを記しているのに(第一二巻八三頁)、残された日記にその方面への積極的関心は窺えないし、また伝統文化にたいして精神の高揚を示すこともしていない。帰国して東京帝国大学助教授(政治史担当)に任官したあと、一九一〇年から三年間留学した欧米の地での活発な精神の働きにくらべると、その差はあまりにも顕著なのである。

欧米留学は専門に磨きをかけるための行であるから、もちろん口過ぎのための中国行とはちがう。だから吉野が在華中も将来の西欧留学に心を寄せ、英語、ドイツ語の研究には「夫れとなく骨折つて居つたが支那の事は余り研究しなかつた」(第一二巻五頁)のは、当時にあってきわめて普通の精神態度だったと言ってよい。在華中に中国語を学ぼうとした形跡はあるが(日記、一九〇七年二月二二日)、続いたとは見えない(晩年の一九二九年に再開を確認できる)。授業は日本語で、通訳がつくスタイルなので中国語ができなくても勤まったし、漢文の基礎があることがかえって中国語の学習を妨げるということもあったにちがいない。一方、在欧時の英、独、仏語等にたいする努力は大変なもので、のちにはロシア語、オランダ語にまで手をつけている。もって学問的関心の向かう方向を窺えるのだが、ただ吉野が朝鮮人、中国人との「対等な立場」で交流するためにエスペラントを学んだことは時流に抜きんでた見識であった(日記、一九一九年六月一日他;第九巻解説三九二頁参照)。

言葉、さらには中国そのものに消極的であった原因について、吉野は一九一九年の四月三〇日の黎明会の講演

(「支那問題に就て」)でこう言っている。かの地でいろいろの人と交際して友人を求めたが、旧式の官僚畑の人が多く、「実はほとんど一人も心友を得なかつた。……故に支那に三年も居つたのだが、その時は支那に人物なしときめて、大いに失望して帰つたのであります。あまり支那の前途に光明を認めないから、したがつてその後も支那のことを研究するつもりにもならず、支那のことは全く分からなかつた」と。このあと、在欧時に噂を耳にした王正廷《おうせいてい》が革命党にくわわって運動していることを聞き、それとの関連で「大正三年の春頃から」「支那の事物を研究し初めた」とも言っているが、パリ講和会議で活躍している王正廷に連想的に言及したまでであろう。

このようであったから、辛亥革命にも吉野は目立った反応を示していない。ドイツに居て清朝の崩壊を知った日に「支那ハ愈《いよいよ》共和国トナナリシ様ナリ」(日記、一九一二年二月一五日)ときわめて傍観者的に記すのみである。親友の今井嘉幸《よしゆき》が天津にあって革命派支援のために奮闘し、また師の寺尾亨が大学に届もせずに革命軍に投じて休職処分に付されたのとは、まるで距離のある対応といわねばならない。

のちに吉野はある批判に答えて、三年の在華経験は「今日の私の支那論に何の根底をも与へてゐない」と言っている(第一二巻六頁)。これは袁世凱の家庭教師のときの過去の「貧弱な経験」だけで議論しているとの非難にたいし、いまの「生きた研究」であることを強調しての物言いだから、偏りは免れまい。おそらく今井嘉幸のいう、三年の月日は長くないが「善い頭と鋭い目とを以て、支那といふものを正確に洞察して帰つた。これが後年、欧州留学より帰来、母国の最高学府に嵎を負うて、村正《むらまさ》の名刀の如き筆を振ひ、論陣を張るや、中にも時々出す対支意見なるものが、滔々たる世の所謂支那通の企て及ばざる名説として、読書界に風靡したる所以であつて、その素養は此時に於て作られたものである」(赤松克麿編『故吉野博士を語る』三頁)といったところが妥当なのであろう。いわゆる「暗黙知」、すなわち無形の「体会《テイホウェ》」はやはり重視されるべきなのである。

三　政法学校出講と二十一カ条問題

一九一三年七月、吉野は欧米留学から帰国した。その半年後に、おそらくは意外な形でかれは中国人と接触することになる。政法学校を通じてである。

吉野が留学から帰ったころ、中国では袁世凱の独裁に反対する第二革命が起こっていた。失敗した革命家たちは、中華民国初代臨時大総統であった孫文をはじめとして、つぎつぎと日本へ亡命してきた。当時の新聞には多くの関係記事が載せられている。政法学校はその「支那亡命者」と子弟のために設けられた学校である。「実際経営の局」には法学博士寺尾亨が当たり、背後には「支那人黄興《こうこう》最も深き関係を有し居り」、他に「李《り》烈鈞《れつきん》、孫文等を初め亡命者中の重なる者は何れも多少の関係」があったと言われる。このとき、孫文は革命派の再結集をはかって中華革命党の組織に邁進するのだが、党首の自分にたいする絶対の服従、さらに誓約書に拇印の押印まで要求したため、多くの党員がその独裁傾向に反発して孫のもとを離れ、黄興を中心に対抗的に行動するにいたる(狭間「孫文思想における民主と独裁――中華革命党創立時における孫文と黄興の対立を中心に」『東方学報』第五八冊)。政法学校はその黄興を中心として創られたものなのである。

政法学校の教室は、神田区錦町三丁目一〇番地(錦輝館前)にある東京工科学校に借りた。開校は一九一四年二月九日、まず政治経済科ができ、ついで九月から法律専修科が設けられた。明治時代の私立学校の多くが政治、法律の専門学校であったというが、このころの中国も事情は似たようなものだったのである。月謝は六円とかなりだったが、開校二カ月のころには「生徒百八十名」を数えた。同年末には「三百余人」(『民国』第六期広告)に達したというから、そこそこの発展を見せたようである。

授業は当初、毎日午後に二コマ、講師陣は全員が日本人である。寺尾校長の開校式での講師陣の紹介はこうである。まず小野塚《おのづか》喜平次、「小野塚博士は帝国大学教授、極めて声望の高い日本の政治学者である、平常はけつして私立大学で授業をされないが、わが政法学校には来てくださることになつた。この先生の学問の精密にして博大なることは、講席に列なればすぐに理解できよう」。ついで吉野、「吉野先生は政府にとくに派遣されて西洋に留学、最近帰国された。諸君はその名を知らぬかもしれないが、いま東京帝国大学助教授(一九一四年七月に教授昇任)として小野塚先生を助けて政治史を講義してをられ、いままた本校に出講して帝国大学とまつたく同じく政治史を講義してくださるのである」という。ほかに講師としては、野村淳治、中村進午、美濃部《みのべ》達吉、筧《かけい》克彦、福田徳三、立《たち》作太郎、建部《たけべ》遯吾《とんご》、浮田和民等が並んでおり、錚々たる顔ぶれである。これら「国中法学の名流」を招いての授業は「留学人士の邦語(すなわち日本語)に工みなるものに通訳させて」行われたのである(外務省記録　各国内政関係雑纂 MT1614 1 4461-4471、他)。

寺尾の肝煎りで発足した亡命者用の学校に出講するのだから、中国人革命家との接触の場はできたわけだ。日記に拠れば、吉野は毎年、週に一コマ(時には二コマ)の授業を担当し、一九一九年六月、おそらくは経営困難により閉鎖されるまで、五年以上にわたり終始きわめて精勤に講義している。しかし講義はしても、学生や中国人関係者とは意味のある接触をしなかったのか、一九一五年末までの日記にはその種の記述はない。

一九一五年には、日中両国の歴史にその後ながく影を落とすことになるかの二十一カ条問題が起こった。政法の学生も当然ながらそれに反応した。交渉の開始が明らかとなったあとの二月一二日の日記には、すでに「新聞に依れば日支交渉問題に激して支那留学生大に動揺すと　夫れかあらぬか今日の政法学校の出席者は半数に足らず」とある。

このとき中国人亡命者の指導者の間では、二十一カ条要求への対応策をめぐってかなり深刻な対立が生まれていた。孫文が相変わらず袁世凱打倒を最優先課題としたのにたいし、黄興らは袁世凱を助けて日本に当るべしとしたのである。政法学校の学生は、五月七日の最後通牒を契機にストライキにはいった。当日の日記には、「十時政法学校にゆきしに日支交渉険悪にして帝国政府より最後通牒を発するに決せしとやらにて学生来らず当分休講なりといふ」と記している。この書きぶりは、ともに問題を考えようというよりは、むしろ傍観者流と言うべきであろう。(このときの政法のストは四週間ほどで終わり、六月三日に吉野は講義を再開している。)

かくして、二十一カ条をめぐって、ストまで始めた政法の学生と吉野はなんら意見を交わすことはなかったようである。そればかりではない、政法学校のストが終わってすぐの六月五日、吉野は孫文と同席する機会をもった。築地の同気倶楽部《クラブ》における「外交問題研究」会でのことで、出席者は「松浦伯爵、波多野春房、建部遯吾、金井《かない》延《のぶる》、中村進午、吉野作造、立作太郎、山川義太郎、和田呉松、福岡美井、渡辺千冬等」。孫文の演説後に会食、歓談ののち、一一時に及んで散会している。通訳は、孫文の政治秘書といった格の戴天仇《たいてんきゅう》が勤めた(外務省記録　各国内政関係雑纂 MT1614 1 6108)。

この会で二十一カ条問題が正面から取りあげられることは、おそらく無かったであろう。しかし、六時半から五時間にちかい長時間の会なのだから話しが弾んだに違いなく、しかも組み合わせからして孫文と各日本人学者とのやりとりの形で話題が行き交ったのではないかと想像されるのだが、孫文の演説も会合の話題も、密偵の報告には残念ながらなにも言及されていない。一方、吉野の日記ではこの小人数で長時間の会について、「四時過より同気倶楽部にゆく　孫逸仙《そんいっせん》氏の講話をきく　戴天仇君通訳す　松浦伯爵主人として来会」と記すにすぎない。吉野は少し前に、通訳の戴天仇に「政治史演習の催」で「支那政治思想の変遷」の題で講演してもらっている(日記、四月二六日)ほどの仲なのだから、このそっけなさはやはり中国への主体的関心の薄さのゆえと見るほかはない。

ところで、吉野はこの間に二十一カ条問題について「研究」し、六月には『日支交渉論』を刊行した。したがって、政法の学生のストライキは吉野にとって深刻な問題であったはずである。しかし吉野の観点は、二十一カ条要求は「帝国の立場」から見て「大体において最小限度の要求」であり、「支那にたいする帝国将来の地歩を進むる上から見て、極めて機宜に適した処置」としていたのであった。とすれば、中国人学生の抗議にはむしろ反対の立場だったわけである。しかし同時に、「帝国の支那に対する理想的の政策は、どこ迄も支那を助け、支那の力となつて、支那の完全なかつ健全な進歩を図るに在り」、こういう要求をして反感を買うのは、「列国競争の勢」に迫られた「已むを得」ぬことで「日本の本意ではない」ことを深く理解し、「将来支那の事物に対しては、大いに同情と尊敬とを以て接」しなければならぬ、との隣国にたいする基本精神を提起していることは留意されるべきであろう。

もし日本の行為を「已むを得」ぬものとする自己肯定的弁解を固持するなら、侵略の擁護に終始するしかない。しかし、中国にたいする「同情と尊敬」をもって接していこうとするなら、そのような弁解に止まりえぬことになる。この時、反感を買わざるをえない自国の行為にたいする一方的肯定と、隣国にたいして「同情と尊敬」をもって接すべしとする倫理的要請との間には、ほとんど飛び越えることのできないほどの溝が横たわっていた。のちの歴史が前者の立場の肥大化の方向にのみつき進んだことは周知のとおりであるが、しかし吉野はやがて後者を主とする立場を確立するであろう。

四　第三革命と革命史研究

二十一カ条を受諾したあと、袁世凱は帝制移行に全力をかたむけた。ところが、一九一六年元旦を期しての洪憲元年への改元を目前にして、僻遠の雲南省から帝制に反対の火の手があがった。第三革命の開始である。

吉野が革命史の研究を始めるのは、前述したように、革命勃発後にその「精神」を広めるための書の執筆を頭山、寺尾に依頼されたからであった。吉野がそれを承諾したため、ここに政治学者の手になる中国革命史研究が世に問われることになるが、それまでその方面の研究と縁のなかった吉野に、寺尾は「最近の材料の供給者」として戴天仇、殷汝耕《いんじょこう》を紹介した（第一二巻三一四頁）。吉野自身も自分の「材料は、今日支那全部に亘つて活動して居る人々からの直接の報道、若くは之れを直接に見聞した人の直接の報告に基くもので、この点に於ては私以上に確実にして広汎なる材料を得てをるものは、今のところ日本に余り多くないと確信して居る」（第一二巻七頁）と誇っているが、実際、そのための直接的な援助についての記述が幾条か日記に見えている（一九一七年一月三〇日等）。

さきに戴天仇が孫文の政治秘書格と述べたが、このころの孫文黄興両派の対立にはかなり厳しいものがあった。とりわけ二十一カ条問題をめぐって黄興派が袁世凱をたすけて日本の要求を退けるべしとしたため、たとえば『大阪毎日新聞』は孫文派以外の革命党が袁に「帰順」しつつあることをしきりに報じ、黄興と柏文蔚《はくぶんうつ》、李烈鈞、陳炯明《ちんけいめい》が袁の御輿かつぎをしている風刺の大きなモンタージュ写真を載せたりしているほどである（「日本新聞孫文関係報道資料集成　二」『孫文研究』第一六号）。このような意図的報道が日本の要求貫徹にどれほどの効果をあげえたかは定かでないが、革命党の分裂のイメージを読者に鮮明に植え付けたことだけは確実だろう。

その間の事情を、孫文の終生の親友であった宮崎滔天をして語らしめるなら、このときの争いは「民権自由」の主義を教えながら「専制君主主義」でいこうとした孫が悪い、と断言する。「戴天仇の腹案」によって孫文がそうしたとの説にたいして、宮崎は戴の腹案かどうかは知らないが、戴天仇、陳其美《ちんきび》が「主なる賛成者」であった、と言う。黄興等がその非を説いても孫文が聞かないので、張継《ちょうけい》、李烈鈞、柏文蔚ら「良い乾児」はみな逃げてしまった。そこで頭山、寺尾が心配して戴天仇、陳其美に忠告するが効果なく、最後に滔天がじかに乗り出して孫文と談判におよんだが、そのときには第三革命が勃発していたので孫も非を悟っていた、という（「宮崎滔天氏乃談」『宮崎滔天全集』第四巻三一二頁）。孫文、戴天仇、頭山・寺尾の当時の関係がよく分かる説明である。

殷汝耕のことは、漢奸としての末路にも妨げられてよくは分からない。寺尾の監督下に政法学校の経営に携わっていたこと（大毎、一九一四年四月六日）、中華革命党創立大会までの六四〇名の入党誓約書中にはその名が見えないから（因に戴は第六号）、孫文と距離をおいた位置に居たかのようである。もしそうなら、頭山、寺尾は、戴、殷の両名を推挙することで革命派の全体像を吉野に伝えることを期待したとの推測も許されようか。それはともかく、吉野がかれらに言及するときつねに両名を併せ挙げているところからすれば、戴、殷が吉野にとって区別する必要のない資料提供者であったと見てよいだろう。

戴天仇、殷汝耕が「支那革命初期の歴史を知るに最もいい参考書」として吉野に紹介したのは、宮崎滔天の『三十三年の夢』であった。同書は一九〇二年に世に出されたのだから、革命のごく初期のことしか書かれていない。しかし、翌年に出現した漢訳本（抄訳）の書名『大革命家孫逸仙』が端的に示しているように、それは孫文の革命思想を広めるうえできわめて大きな役割をはたしたものであった。戴等がこれを紹介したのには、他に適当な類書がないということもあったにせよ、当然、このたびの第三革命においても孫文が革命の中心に位置すべきことを吉野に認識させようとしてのことにちがいない。そして後のことではあるが、吉野は同書によって「支那革命の真精神」を味わったと明言しているのである(第一二巻三一四頁)。この「真精神」が孫文の革命思想であることに疑問の余地はない。

五　孫文と第三革命の関係をめぐって

中国の革命史について吉野が公表した最初の文章は『中央公論』一九一六年二月号(二月一日の発行日付)の「南支那の動乱」である。この文章では一月一三日の電報にふれているから、一月後半に執筆されたのであろう。『中央公論』のものは吉野の口述を滝田樗陰《ちょいん》が文章にするのが通例だった(第一二巻一五四頁)とのことだが、それはともかく、原稿が一月二〇日にできたとしても、雲南蜂起から一カ月以内という素早さである。

その文章で吉野は、革命陣営を袁世凱の専制主義に反対して決起した民主主義者の連合戦線とみている。その急進派が革命派で、漸進派が「開明立憲」の康有為《こうゆうい》、梁啓超《りょうけいちょう》の一派、どちらの派にも属さぬ梁の門下の「一代の麒麟児」蔡鍔が両派の「繋ぎになる人物」と位置づけるのである。革命派の内部にはもともと孫文、黄興の両派があって、孫文は「米国流の民主主義」、黄興は「仏国流の民主主義」という違いがあったのだが、後者が「孫派の余りに理想に走るに慊焉《けんえん》たらずして」やがて「別個の一革命団体」を作るまでになる。一方、梁啓超らの「名実相副《そ》ふの立憲政治」の要求は「日本其他外国に留学して憂国の血に湧く幾多有為の青年を惹き付け」えたという。

要するに吉野は、孫と黄の両派の対立を指摘してはいるが、同一の戦線を構成していると捉えていた。ついで、「南支昨今の形勢」(『中央公論』三月号)になると、孫文が余りに空理空論に馳せ、「青年支那党」から「愛措《あいそ》」をつかされたことを強調しながらも、その海外在留の支那富豪の間に有する絶大の勢力と集金力、およびその至誠にして無私なる人格とにより「革命の神」として崇拝されていることを指摘して、孫文の参加の有無が革命の帰趨を決する、という。ところが、近年孫の一派と他の革命派との間で反目しあっていること、また予めなんら孫派に謀ることなく第三革命が発動されたといった内情に言及しながらも、孫が革命派の「大同団結」に参加しようとしないのを「余は其の何故なるかを知らぬ」と訝り、そのうえで孫文派の戦線への参加にたいし強い希望を表明しているのである。

以上、二つの文章の孫文評価についてやや詳しく述べたのは、実はその部分がのちに編まれた『第三革命後の支那』では削除されているからである。吉野は既発表の文章をもちいて単行本を作るさい、もとの文章を内容にわたって修訂することを殆どしないといってよい。少なくとも、本巻所収の『支那革命小史』『第三革命後の支那』の二著をもとの論文とくらべてみると、資料の追加、論述の補訂はかなり見られるにせよ、重要な意味をもつ文章の削除は上述の部分だけである。そして、その削除は「南支那の動乱」が二カ所、約三六〇〇字、「南支昨今の形勢」が一カ所、約一八〇〇字にも及んでいるのである。

孫文と第三革命についての吉野の評価が確立するのは、「支那革命運動の形勢」(『中央公論』四月号)からである。末に「三月一四日記」とあるその文章では、孫文一派を除いた「大同団結」はできており、孫文は「中華革命党を提《ひっさ》げて単独に運動」しようとしていると述べ、その革命家としての傑出した人格は認めてのことだが、孫文を第三革命の孤立した傍流の位置に押し込めたのである。以前に表明した孫文派を含めての団結という希望をとりさげたのは、現実の革命の進行をみてのことだったに違いない。

これよりあと、孫文評価は基本的に定まったと言える。「革命の神」を第三革命における傍流にまで引きずりおろしたからには、革命の動因をどこに求めるのか。「有為の青年」への着目はすでに見えていたが、それを明確に支配者に対抗的な社会勢力として提起したのは『中央公論』三月号の「対支外交根本策の決定に関する日本政客の昏迷」である。そこでは、現在の中心的勢力たる袁世凱に対抗する「支那の将来の永遠の中心的勢力」は「祖国の改革を唱えて居るところの幾百の青年」、すなわち青年トルコ党と同じ意味での「青年支那党」とされているのである(本巻一六八頁)。ついで『支那革命小史』に収められる諸文章では、これら青年留学生の革命主義者は孫文と「何等直接の関係はない」のであって、「熱烈な愛国者」という点で孫文とは「根本的に其思想を異にする」とまで言うにいたっている(本巻二五頁)。このような捉え方は、のちの孫文を中心として整理された斯界の叙述とは違っているが、かえって第三革命当時の歴史の実相に近いものであった。

このような視点を確立するのに与って力のあったのは、おそらく北輝次郎(一輝《いっき》)の『支那革命党及革命之支那』前半部(後の『支那革命外史』の中の一九一五年一一月完成とされる第八章まで)であろう。この意見書を贈られた吉野は、「支那革命党の意気」を論じた部分をこの種のものの白眉と高く評価し、北の「見識の高邁なるに敬服して態々《わざわざ》同君を青山の隠宅に往訪して謹んで敬意を表した」のであった(第一二巻七頁)。のちにはさらに、「大正四年稿本の寄贈を受けて感激し」著者を訪ねて「教えを乞うたこと」、同書が「孫文を革命の守本尊と崇めるの妄を痛罵」し、孫文と革命派青年とは思想的内面に大いに隔たりのあることを知るによいもので、多くの啓発を受けた、とも記している(本巻三六〇頁)。

大正四年のうちに入手していたとすれば、革命史の研究を開始するにあたって吉野はそれを読んだと考えるのが自然である。「南支那の動乱」「南支昨今の形勢」の両文章にすでに、孫文の民主主義は「米国流」との特色付け、排日は忘恩ではなくて愛国者の行動との評価、「青年支那党」の語の使用など(みな削除部分)、北の意見書の影響を受けたかのような痕跡をあちこちに認めることができる。ただし「青年支那党」の語が上引のように非削除部分にもあることは、問題が孫文との関係性においてであったことを示している。これを要するに、革命家孫文のイメージはあまりに大きく、当初にはまだ視点が定まらなかったのである。

六　対時局発言と五四運動での留学生救援活動

孫文評価に見られた混乱を克服して革命史の視点を確立した吉野は、自らの見解を斯界の権威である内藤湖南のそれに対置することにより、この分野での対時局発言を積極的におこなうにいたる。内藤の「支那時局私見」(『外交時報』二七七号、一九一六年五月一五日・『内藤湖南全集』第四巻)にたいする吉野の「支那時局私見」(同二七八号、六月一日)がそれである。同題でもっての素早い対応に吉野の意気込みを窺うに足るが、第三革命の対立勢力を妥協させるべく調停することが日本の任務だと内藤がいうのにたいし、吉野は革命の勝利を確信してそのような干渉を非とした。そのさい、吉野が拠り所としたのは、保守主義の因循派にたいする、愛国的情熱から救国の革命運動へと立ち上がった「生きた精神」に動かされている革命党が最後の勝利を収める、との歴史の発展方向への見通しであって、そこには青年トルコ党のみならず、明治維新をになった「青年日本党」までを登場させて青年支那党の勝利への確信を披瀝したのであった。たんなる勢力対立の分析をこえて、救国の意気に燃えた「生きた精神」に時代を変える原動力を見いだしたところに吉野の新しさがあったし、この視点こそ吉野の革命史研究の基調をなすものであった。

吉野の見解が活字になって世に公にされたまさにその時、袁世凱の急死によって帝制問題そのものは消滅することになった。そのため論争の決着は棚上げされたにせよ、吉野の革命党の勝利への確信はいっそう強められたに違いない。かくして、吉野は同年秋に第三革命にいたる前史の執筆を始めるにあたり、革命運動の根底には「弊政改革」という政治的意義(本巻一一頁)の存することを指摘し、革命の勝利の必然性を革命史そのものに内在させる形で提起したのである。

京都大学付属図書館蔵の『支那革命小史』は「法学博士吉野作造寄贈本」で、大正六年一一月に受け入れられたものである。その本の、上引の「弊政改革」云々の部分には鉛筆で傍線が引かれ、欄外に「弊政改革ノタメノ革命運動ナド支那ニアツテ堪マルモノカ　支那ニ対スル甚シキ認識不足」と達筆で書きこまれている。さらに次頁の「弊政改革」云々の箇所の欄外にも同じ筆跡で、「小児病的書生論ナリ」とある。これらの書き込みが何時のものかは分からないが、その語勢からはなんとなく刊行当時の憤慨の趣が感じられる。この書き込みが吉野の観点を真っ向から否定する、支那人に宿弊改革能力なしとする、その意味で内藤の側に立つ、当時の時代思潮の主流ともいうべき見解の吐露であることにまず疑問の余地はない。

この書き込みが吉野の眼に触れた可能性は絶無に等しいが、中国人の改革能力を確信してはばからない、時流に抜きんでた吉野の見解には、当時からかなりの批判が出されたらしい。しかし、吉野が自分の見解に自信をもっていたことは、それらに反論する文章で「私自身の相当に得意とする支那論」(第一二巻八頁)と言っていることからも分かる。

吉野が二十一カ条要求を当然としつつ、あわせて支那に同情と敬意を持つように提議したことは前述した。ところが、いまや自分の観点で革命史を捉えることに成功した吉野は、『支那革命小史』の「序」において、同書が「実に、支那民族復興の努力を卒直に語るものたると同時に、又何故に著者が支那民族に敬意を表するかの理由を説明するものである」と言い切ったのである。

小史刊行の翌年五月には日華共同防敵軍事協定をめぐって中国人留学生の帰国運動が起こる。一三日の日記には、「政法学校は学生帰国せるもの多く出席者僅二両三名なるを以て本週を以て終了することにするとて今日が最終の講義なり」とある。少しまえの一三日には総長から呼び出されて「留学生待遇の事」につきいろいろ意見を述べたとあるのは、あるいはこの政治風潮の発生とも関わりがあるのかもしれないが、よくは分からない。

翌一九一九年にはパリ講和会議での山東問題の処理を不満として、かの五四運動が起こった。前年が抗議の帰国運動だったのにたいし、今度は国恥記念日の七日に東京でも果敢な抗議行動が展開され、留学生が多数逮捕された。このとき吉野は、きわめて積極的に救援活動をおこなった。「支那留学生拘留事件」につき、外務省を訪問(日記、一三日)、弁護の相談をし(一四日)、地裁に至り判事検事に遇って保釈の件について懇談し(一七日)、釈放学生の会に出席し(二二日)、控訴事件の弁護をたのみ(七月二〇日)、事件決着後の一一月六日には留学生会幹事馬伯援の招待で「五月七日の騒擾事件の尽力者」にたいする謝恩の宴会に出るというような具合であった。馬伯援については、第九巻「月報」の戴國煇《タイクオフエイ》氏の文章を参照されたい。

このような直接的な救援活動への挺身は、さきの二十一カ条のときと比べるなら、吉野にとって大変な飛躍といわねばならない。これは、五四直前の上述の黎明会の講演(「支那問題に就て」)で、日中両国の「協働共益の関係を広め」ていくには、「まづ支那の真実の国民的要求を聞き、支那自ら発憤して立とうといふことを、積極的に助ける迄の必要は無いにしても、これを多大の同情を以て見るといふことは、絶対に必要」と言うにいたっていたことを考慮しても、なおかつそうなのである。

かくして、革命史の観点と実際の行動を一致させることに成功した吉野は、翌年七月の「『台湾青年』発刊への祝辞」(第九巻)では「協同の基礎は独立」にありとまで主張し、一一月に執筆した『第三革命後の支那』の

「序」では「史実の評論の裡に自ら表はる、所の対支政策上の見識」を了解するよう読者に要求した。そして、それらの言論活動と並行しての日中両国学生の交流の実践にまで及ぶのである。

七　『対支問題』およびその他

『第三革命後の支那』の「序」で、吉野は自分の「近代支那研究」の計画を公表している。それは、同書につづけて公刊予定の『段祺瑞の支那と寺内の日本』『参戦より復辟の失敗まで』『支那統一問題』『日支親善の新曙光』『支那と日本と米国』、それらに近く公刊予定の『支那革命小史』改訂版を合わせて六つの著作よりなるはずのものであった。しかし、多くの精力を明治文化研究に注ぐにいたったことが主因であろうが、その計画が実際にはそのような形で日の目を見ることはなかった。加藤との共著『支那革命史』を除くなら、その後に吉野が世に問うた中国関係の著作は、ほぼ一〇年の間隔をおいた一九三〇年刊の『対支問題』だけである。

一九三〇年といえば、国民革命の展開の結果として中国国民党による中国の統一が果たされたのちのことである。中国国民党の支配が確立されたということは、つまり孫文の思想、主義が中国の政治の基本となったということを意味した。この大変化について、吉野はどう説明しているのか。その一例をあげれば、簡単に時代の変化の結果としていまや「三民主義は支那青年の国民的スローガン」となったこと、それだけ孫文に「先見の明」のあったことを言うにとどめている(本巻三六二頁)。それとの関連で「三民主義の解」(『婦人公論』一九二六年一二月)なる一文に興趣をそそられるのだが、三民主義そのものの説明は孫文の『三民主義』を見よというにとどめて、孫文の「当初より確乎たる理想主義者」であったことを述べ、それがゆえに革命の今日の成功を見たと主張するだけなのである。

さて、『対支問題』は書き下ろしの日中関係史の専著である。革命史の流れを基礎に日中関係の問題点を論じながら、そこには晩年の作にふさわしく、明治文化研究の蘊蓄が随所に滲み出ている。政治未来小説『明治四十年之日本』を用いて日清戦争の前後での日本人の中国観の変転を説き、『釈元恭《げんきょう》』の荒唐無稽を証しつつ宮崎滔天等の秘密結社との連絡活動につなげるなどのことは、その明証である。

それはともあれ、吉野がこの書を世に問うたのは「結語」に明言するように、「日本が支那に対して為せる過去の行動を慎密に反省する」ためであった。そのさい、世の滔々たる中国蔑視の風潮のなかで、「僅々十七八年間に兎も角彼処から此処まで大国の支那を持ち運んで来た隣邦四億の大衆は、決して無能の民族」ではないことを認識させ、その了解の上に国民どうしとしての正しい関係を樹立させよう、という所に主眼があった。

吉野の期待した救国の情熱に燃える「生きた精神」がかつての官僚、軍閥支配に変えて新しい政治支配の体制を創りだしたのである。この新体制への移行の原動力となったのは、周知のように、国民党と共産党の協力関係の確立、すなわち「国共合作」であり、それに基づいて展開された国民革命であった。この二つの勢力といかなる関係を結ぶべきかについて吉野の考えはきわめて明白で、日本国民が提携すべきは「巨人孫文先生の衣鉢をつぎ三民主義の綱領を厳守する国民党の外にはない」(第九巻三三九頁)と国共分裂の前にすでに明言している。これは、吉野の国内での無産運動と関連しての主張であったにせよ、共産党を問題外としている点はやはり注目しておくべきであろう。

「過去の行動」の反省を真正面から掲げるにいたった吉野にとって、一九三一年の九一八満洲事変は当然ながらお話しにならない没義道なふるまいであった。関東軍司令官の声明を評して、日記に「日本の軍人は丸で義和団」(一九三一年一〇月五日)と書いているが、その後の一五年にわたる事態を眼にしえていたならどう評したであろうか。

『日支交渉論』では分裂していた自国と隣国にたいする態度を吉野は革命史研究を通じて統一することができ、その基盤の上に国内問題と国際関係を相互関連的に論ずることが可能になった。この変容を可能にした吉野自身の究極的な主義を言うなら、それは北昤吉《れいきち》が吉野の議論を「基督教的人道主義から出発した」ものと見たのにたいし、みずからその「炯眼に全然敬服する」といっている(第一二巻六頁)、そのキリスト教的ヒューマニズムがもっとも当たっていると思われる。

吉野の中国史研究は当時として極めて水準の高いものであり、大にしては新生力量を社会的に把握する観点、また小にしては孫文中心史観を排して歴史の元来の様相を尊重する態度など、今でも十分に評価されるべきである。またそれ以上に、研究を通じての対華政策の提言から自分の中国にたいする関わり方、つまり今風にいうなら国際化にたいする態度をしだいに一方的肯定から共存共生の立場に立つものへと鍛えあげていったと言う点で、二十世紀初頭の日本人の精神史の貴重な軌跡を残してくれたのである。

この一文を草するにあたり、多くの先学の業績のお世話になったが、ここでは「吉野作造と中国」ということで、中国人の手に成る唯一の優れた専著、黄自進《こうじしん》氏の『吉野作造対近代中国的認識与評価:1906-1932』(中央研究院近代史研究所専刊第七五冊、一九九五年)だけを代表的にあげて、謝意を表明させていただくことにする。

■岩波オンデマンドブックス■

吉野作造選集 7　中国論 一

1995年8月8日　第1刷発行
2016年6月10日　オンデマンド版発行

著　者　吉野作造《よしのさくぞう》

発行者　岡本　厚

発行所　株式会社　岩波書店
〒101-8002 東京都千代田区一ツ橋2-5-5
電話案内 03-5210-4000
http://www.iwanami.co.jp/

印刷／製本・法令印刷

ISBN 978-4-00-730425-5　Printed in Japan